缅甸通史

（上卷）

李谋 等著

世界知识出版社

图书在版编目（CIP）数据

缅甸通史. 上卷 / 李谋等著. -- 北京 ：世界知识
出版社，2024.1（2025.4 重印）
ISBN 978-7-5012-6595-4

Ⅰ. ①缅… Ⅱ. ①李… Ⅲ. ①缅甸—历史 Ⅳ.
①K337.0

中国版本图书馆CIP数据核字(2022)第218137号

书　　名	缅甸通史（上卷）
	The General History of Myanmar (Volume I)
作　　者	李谋　等著
责任编辑	范景峰
责任出版	李　斌
责任校对	陈可望
出版发行	世界知识出版社
地址邮编	北京市东城区干面胡同51号（100010）
网　　址	www.ishizhi.cn
电　　话	010-65233645（市场部）
经　　销	新华书店
印　　刷	北京中科印刷有限公司
开本印张	787mm×1092mm　1/16　24½印张
字　　数	440千字
版次印次	2024年2月第一版　2025年4月第二次印刷
标准书号	ISBN 978-7-5012-6595-4
定　　价	155.00元

前　言

　　缅甸位于亚洲东南部、中南半岛西部，其形状像拖着一条尾巴的钻石，从国土的最南端到最北处长约2,052公里，从东到西最宽处约937公里，总面积为676,581平方公里。北部和东北与中国的西藏、云南交界；东部和老挝、泰国毗邻；西部与印度、孟加拉国相连；南面临印度洋的安达曼海，西南濒孟加拉湾。

　　缅甸的地形地貌较复杂，北高南低，东、西、北部均为高山或高原，中部为平原。境内的西部、勃固和东部三条山脉平行自北向南延伸。三条主要的河流伊洛瓦底江、丹伦江（萨尔温江）与锡当河也是自北向南流淌。这些山脉与河流大致将缅甸分成四部分：西部山地、东部高原、若开沿海和中部平原地区。

　　缅甸西部的山地与中国青藏高原的喜马拉雅山脉相连。它的北段海拔一般为2,400~3,000米；最北端的卡格博亚济峰，高5,881米，是缅甸的第一高峰。西部山地自北向南由葡萄山脉、八拐山脉、那加山脉、曼尼普尔高地、钦山和若开山脉组成，崇山峻岭，交通不便。

　　缅甸东部的高原是地质上一个大断层地区，海拔一般在900~1,300米，包括了伊洛瓦底江与丹伦江之间的山脉、掸邦高原、克耶邦高原、德林达依地区，在起伏的山地之间也有一些平坝、盆地和湖泊（如茵莱湖等）。最东侧从高原自北向南绵延的德林达依山脉则构成了缅甸与泰国之间的天然分界线。

　　介于西部山地与东部高原之间的中部平原是缅甸的中心地区。中部平原包括伊洛瓦底江中游平原、锡当河流域平原以及伊洛瓦底江三角洲，其间还有纵贯南北的一条不算太高的勃固山脉。

　　位于缅甸西部面朝孟加拉湾的若开沿海区，由若开山脉把它与缅甸本部隔开，形成了一个相对独立的狭长的地理单元。这个地区被梅育河、格拉丹河和莱茂河等几条不大的河流分隔得比较支离破碎，有些小块平原。

　　缅甸国土大部分在北回归线以南、赤道之北，属热带，但受到印度洋西南季风调节，所以中部与北部并不十分炎热。北部多山，气温也不是很高。除少数高原地区之外一年分为凉、热、雨三季，10月中旬至次年2月为凉季，温度15℃～22℃，气候宜人；3月至5月为热季，平均温度在25℃以上，最高可达40℃以上；6月至10月中旬为雨季，全国普遍多雨，是农作物生长旺盛的季节。

缅甸的各类资源均很丰富，矿物种类繁多，主要矿藏有：石油、天然气，玉石与红蓝宝石，铜、钨、锡等金属，藏量丰富。植物的品种也很丰富，树木中以柚木最为宝贵，且储量占世界第一位，约为85%。橡胶、藤、竹等也分布广泛，储量较丰。水果、香料或油料作物也不少。动物方面，根据缅甸林业部1991年公布的材料显示，缅甸境内有哺乳类动物300余种，鸟类1,000多种，两栖动物370余种。此外，水力资源等也较丰富。

缅甸是东南亚的一个重要国家，是中国西南一个亲密友善的邻邦，两国人民有着深厚的"胞波"友谊。它是我国西南丝绸之路（含陆路、海路）起始点，具有独特的战略地位。在我国提出"一带一路"倡议，中缅共建"中缅经济走廊"的今天，认识了解它的历史发展与现状具有更大的现实意义。

目前我国出版的有关缅甸历史的著述不多，且大多是缅甸或西方一些学者所著的缅甸史中文译本，而我国学者编写的有关缅甸历史的著述则是凤毛麟角，除一些写某个历史时期或某个历史事件、人物，或中缅两国交往史的以外，全面写缅甸历史情况的迄今仅有云南学者贺圣达编写的《缅甸史》一种，但该书也只是写了公元初始至1948年缅甸取得独立时为止，我国亟须出版一部描述缅甸从古至今发展的通史类作品作为人们学习研究的参考。

作为一部通史类作品，恰当地划分历史时期非常必要。过去世界史学界的传统都是按主要当政者的更替来划分历史时期或断代的，较短历史时段的划分，大多以当政的首脑人物的更迭为节点；较长的历史时段的划分则往往以掌政的族系或集团的变化作为分期。对一个国家历史的描述，大多是某某朝、某某人执政时的说法。随着历史学科研究方法的丰富与发展，到了20世纪20年代，唯物史观出现并在世界上广泛传布，人们开始不以人物、集团变更为历史节点，而依据社会总体的进步与演变，划分历史的分期。

关于缅甸历史的分期方法也不例外，大体如上所述也有过两大类分期法。

一类是早期的传统分法，按主要当政者的族系变更时间作为分期点。比如，缅甸国内早期对缅甸历史就是这样认识的，缅甸僧侣作家信摩诃蒂拉温达著《名史》（1502年）、吴格拉著《缅甸大史》（1714—1733年写成）和奉王命由13位僧俗学者集体编写而成的《琉璃宫史》（1829—1833年写成）都是以此法进行历史分期，且在上古一段中将源于佛教的宇宙起源神话、佛祖释迦牟尼的家世统统编入其中，其次将匡扶佛教的印度甘蔗王系、孔雀王朝作为缅甸历史之始写入，把血缘上毫无联系的印欧语系的雅利安人的神话与部分历史也写进自己的历史之始，恐怕这是一个极其特殊的事例，只能说明印度佛教文化对缅甸的影响较为深远。这三部历史在叙述缅甸本国历史时，都是按王朝的更迭分期进行的。早些时候西方学者对缅甸史的研究也是按照缅甸王朝的更迭作为分期标准的，如英国学者哈威的《缅甸史》。同样，我国学者早期也是如此。

用另一类历史分期法写成的著作都是20世纪20年代以后写成的。当然，在具体的分期上也各有特色各有不同。

缅甸学者们写的缅甸历史专著中，波巴信的《缅甸史》[①]就将缅甸史分成古代的缅甸、封建主和国王统治时期（约1000—1824年）、缅甸进入资本主义制度时期（1824—1945年）和缅甸联邦时期（1945年以后）四个时期；貌廷昂的《缅甸史》[②]则分成早期王国（10世纪之前）、缅甸帝国（11世纪—18世纪末叶）、英国征服缅甸（18世纪末叶—1885年）和缅甸恢复独立（1886—1948年）四个时期；奈温政府组织学者集体编写的《基础缅甸政治史》则将缅甸史分为缅甸史前时期（公元前）、古代缅甸（公元1世纪—9世纪前后）、混有奴隶制的地主封建制中期（9世纪前后—18世纪中叶）、地主封建制后期（18世纪中叶—19世纪末）、英帝国主义殖民统治时期（20世纪初—1947年）和获得独立缅甸联邦时期（1948年以后）等六段。

第二次世界大战结束以来，人们大多主张把东南亚看作一个整体来研究，对其中某个国家的研究往往置于东南亚这个大环境中来考察，取得了较好的效果。英国学者霍尔是将缅甸纳入整个东南亚历史发展的体系之中研究的第一人，他把缅甸历史分成16世纪初叶以前（含蒲甘以前的年代、蒲甘帝国和1287年至16世纪前蒲甘灭亡后缅甸境内的诸王朝三个历史时段）、欧洲人扩张初期（包括16世纪的缅甸、1600年至1752年的东吁王朝和1752年至1782年贡榜王朝前期等三段）、欧洲列强扩张领土即1782年至1885年贡榜王朝后期（包括英国占领缅甸之前和英缅三次

① ［缅］波巴信：《缅甸史》，陈炎译，商务印书馆，1965。
② ［缅］貌丁昂：《缅甸史》，贺圣达译，云南省社科院东南亚研究所，1983，原作者按缅语音译应为貌廷昂。

战争）和缅甸民族主义及对英国统治发起挑战的时期（含1886年至1942年英属缅甸时期、1942年至1945年日本入侵缅甸、战后1945年至1947年和1948年独立）等四段。

从1992年出版的由新西兰学者尼古拉斯·塔林主编的多国东南亚史学者联合撰写的《剑桥东南亚史》中，认为东南亚各国的历史分期是一致的。可按史前至公元1500年、公元1500年至1800年、1800年至20世纪30年代、第二次世界大战至今四个历史时期来划分。[①]

2012年出版的美籍缅裔学者迈克尔·昂顿与迈垂尔·昂顿合著的《上古以来的缅甸史》则把缅甸史分为公元前40,000年至前3,000年石器时代；公元前3,000年至前500年铜铁器时代；公元前500年至公元800年城邦时代；古代缅甸——蒲甘王朝时代（800—1300年）；近古缅甸——包括第一阿瓦王朝（1364—1527年）、第一勃固王朝（1358—1539年），第二勃固王朝（1539—1599年）、东吁王朝、第二阿瓦王朝（1597—1752年）和贡榜王朝（1752—1886年）的缅甸王朝时代；近、现代缅甸——英国殖民主义时代（1824—1942年），第二次世界大战与日本人占领时期（1942—1945年），内战与议会政治时期（1948—1962年），革命委员会及缅甸社会主义纲领党政府执政时期（1962—1988年），向多党制过渡时期（1988—2010年）和2010年开始的"训导型民主"进行时等共计十几个时段。

中国学者对缅甸历史分期的看法，比较典型的可举1992年问世的贺圣达所著《缅甸史》。贺圣达把缅甸历史分成了原始社会、早期阶级社会（公元前后—公元10世纪）、封建社会（1044—1885年，又分成初建、分裂、发展、鼎盛和衰亡等五个时段）和殖民地社会（1886—1948年，又分成殖民地社会全面形成与发展、缅甸民族解放运动发展与高涨、日本侵入与缅甸的抗日、英国重占与缅甸争取独立等四个时段）四个时期。

本书参照世界包括缅甸本土学者关于缅甸历史分期的写法与观点以及我国"文革"后史学界提出的一些新理论、新观点，比如，吴于廑先生的"（世界史研究）从分散向整体的发展史观"，强调了世界历史的纵向与横向的发展，罗荣渠先生认为世界历史的发展不是简单的"五种生产方式依次更替"的单线范式，而是"一元多线发展"的；还有缅甸历史发展进程中，确实有过"奴隶"和"王朝"，但绝不等同于西方社会发

---

① ［新西兰］尼古拉斯·塔林主编《剑桥东南亚史》I，贺圣达等译，云南人民出版社，2003。

展中的"奴隶"和"封建制";缅甸历史上的确受到印度文化的深远影响,但绝不能用"印度化"的概念来概括等,把缅甸历史划分为史前时期(远古至公元初始)、早期国家时期(1世纪至9世纪)、中央集权王朝时期(9世纪至19世纪,又可细分为集权王朝的肇始、各族争霸的战国时期、集权王朝的再创、集权王朝的鼎盛和集权王朝的衰亡等五个时段)、殖民统治时期(19世纪末至20世纪40年代,包括英国殖民统治、第二次世界大战前后等两个时段)和缅甸独立后(1948—2015年)等五个时期。限于篇幅,本书将独立前的历史定为上卷,独立后的历史定为下卷。

　　李谋负责上卷第一章至第四章的写作,杨国影负责第五章、第六章和附录部分的写作以及上卷的统稿和修改工作,祝湘辉负责第七章至第九章的写作,李晨阳负责下卷的写作。

目 录

第一章

史前时期（远古—公元初始）

人类的家园——地球已存在45亿年，10亿年前，虽然当今缅甸主体部分（即伊洛瓦底江和缅甸中部一带）的情况尚不明确，但北起密支那、南至克耶邦、东自丹伦江以东、西至掸邦高原的边缘地带已形成一个广阔的大陆块。后经几亿年地壳板块的漂移、碰撞、挤压和2亿多年前的华力西、6,000多万年前的阿尔卑斯以及1,500万年前的喜马拉雅等几大造山运动，缅甸这一带的地形地貌几经浮沉、变化，最终才形成了今日的样子。

到4亿多年前，缅甸这块土地还处于浅海，有了最古老的生物苔藓虫、三叶虫等。

大约4,000万年前，缅甸有了人类祖先——古猿的踪迹。

约100万年前，缅甸出现了人类，至今已发现了不少当时人类生存的证据，并已出土早期人类所用的一些石器。

第一节　缅甸地貌的变迁和生物的进化与繁衍

一、对缅甸的认知过程

由于人类认知的局限，多年来人们对人类是从什么时候来到这个世界的，只有一个朦胧的认识和遐想。缅甸人也是如此，他们凭借祖辈的传说和今日的信仰，形成了对整个世界构成、人类出现的遐想并记于史籍之中。[①]直到20世纪20年代英属缅甸殖民政府考古局开始着手在缅甸进行考古发掘并有一些发现，人们才开始注意到对缅甸早期历史的研究。在这方面，当时在缅甸考古局工作的官员、学者们做了大量工作，缅甸学者杜生诰、吴达妙、吴佩貌丁等人的贡献较大。缅甸境内的考古发掘为缅甸的早期历史提供了不少新证，如1926年对骠国古城室利差呾罗的发掘，20世纪30年代初伊洛瓦底江流域某些旧石器时代遗址的发现和缅甸北部克钦山区直至缅甸中部马圭一带新石器时代遗存的出土，20世纪

---

① ［缅］《琉璃宫史》上卷，李谋等译注，商务印书馆，2017，第8—14页。

50年代末对马圭县东敦基镇西约20公里处的毗湿奴古城的发掘等。以尼尼博士为代表的缅甸地质学者在20世纪60年代中期连续发表了从上古以来各个时段缅甸地质情况变化的系列研究论文。1970年，当时的缅甸政府牵头组织学者集体编写出版的《基础缅甸政治史》（第一卷）成为缅甸出版的加入了科学叙述缅甸史前史发展的第一部缅甸史学著作。加上20世纪60年代末对掸邦东枝县勃达林窟的发掘与考察；20世纪70年代和90年代缅甸政府两次有组织地对缅中崩当崩尼亚地区的考古发掘得到了许多化石残片；20世纪80年代初发现了纳外奎人（缅甸人）的遗骨化石。至此，缅甸史前史才在人们面前显现出一个比较清晰的轮廓。

二、缅甸地貌的变迁与生物进化繁衍概貌

为了更加明晰地说明缅甸的地层与生物的发展情况，笔者结合地质学家们比较一致的看法制成了下表，供读者参考。

世界与缅甸地貌的变迁和生物进化繁衍的对比

地质年代			英文与符号	起止年代	地球生物发展阶段	缅甸地层与生物的发展
冥古宙			—	46亿年前至38亿年前	陆核形成	—
太古宙			Archaeozoic Era（Ar）	38亿年前至25亿年前	晚期有菌类和低等蓝藻存在，但可靠的化石记录不多。	10亿年前现缅甸境内北至密支那、南至克耶邦、东至萨尔温江以东、西至掸邦高原边缘形成大陆块。最古岩脉即摩谷东南的羌玛基岩脉。今日缅甸中部与伊洛瓦底江一带当时的情况尚未考察清楚。
元古宙			Proterozoic Era（Pt）	25亿年前至5.7亿年前	蓝藻和细菌开始繁盛，末期无脊椎动物出现。	
显生宙	古生代	寒武纪	Cambrian Period（E）	5.7亿年前至5.1亿年前	红藻、绿藻等与三叶虫开始繁盛，低等腕足类动物发育。	羌玛基岩脉和迈隆地区的岩层当时是被水环绕的岛屿。掸邦高原、克耶邦崩羌地区都有这种上古岛屿。

续表

地质年代		英文与符号	起止年代	地球生物发展阶段	缅甸地层与生物的发展
显生宙	古生代（Palaeozoic Era Pz） 奥陶纪	Ordovician Period（O）	5.1亿年前至4.39亿年前	藻类广泛发育。三叶虫、笔石、头足类、腕足类、棘皮动物等海生无脊椎动物繁盛。板足鲎类出现。	缅甸的地面变成海底。掸邦高原变成若干大小岛屿浮出水面。发现缅甸最古生物，据考有苔藓虫、腕足类、三叶虫等206种浅海生物化石。
	志留纪	Silurian Period（S）	4.39亿年前至4.09亿年前	晚期原始鱼类出现。末期裸蕨类开始出现。腕足类、珊瑚繁荣。三叶虫、笔石仍繁盛。无颌类发育。	掸邦、克耶邦一带地层岩脉更加厚实。缅甸海域浮游生物出现，但尚未见原始鱼类或蝎类动物。
	泥盆纪	Devonian Period（D）	4.09亿年前至3.55亿年前	早期裸蕨类繁荣；中期蕨类、原始裸子植物、原始菊虫、原始两栖类出现。腕足类、珊瑚发育，鱼类发展；晚期无颌类趋于灭绝。	约在4亿年前，掸邦高原又一次被海水覆盖，出现比以前更大的岛屿，因此温暖浅海出现很多珊瑚群。今日可见那个年代的无脊椎动物化石和珊瑚岩脉。
	石炭纪	Carboniferous Period（C）	3.55亿年前至2.9亿年前	真蕨、木本石松、芦木、种子蕨等繁荣；笔石衰亡，两栖类发展，爬行类出现。	从登尼以北中缅边境一带至缅甸南端丹老（墨吉）整个缅甸东部地层，除一些大小岛屿外，全部处于海平面以下。二叠纪结束中生代开始时出现华力西造山运动（Hercynian Orogeny），被淹没海底的缅甸地层又卷曲隆起；掸邦高原石灰岩山隆起，包括谷底坡地露出海面；德林达依山脉也弯弯曲曲地耸立出海面。
	二叠纪	Permian Period（P）	2.9亿年前至2.5亿年前	晚期木本石松、芦木、种子蕨等趋于衰落，裸子植物松柏等出现，四射珊瑚、床板珊瑚、三叶虫等灭绝。	

地质年代			英文与符号	起止年代	地球生物发展阶段	缅甸地层与生物的发展
显生宙	中生代（Mesozoic Era Mz）	三叠纪	Triassic Period（T）	2.5亿年前至2.08亿亿年前	裸子植物发展，腕足类减少，菊石、瓣鳃类发育，迷齿类灭绝，爬行类发展，哺乳类出现。	这一时段广泛存在的珊瑚礁脉高耸出海面，三叠纪形成的地层在掸邦北部与克耶邦到处可见。
		侏罗纪	Jurassic Period（J）	2.08亿年前1.35亿年前	真蕨、苏铁、银杏、松柏类繁荣，箭石、菊石兴盛，巨大爬行类恐龙、鸟类出现。	当时气候温暖。掸邦北部和东北是大海，石灰岩粉末泥沙等落入山谷；故地表虽未发现生物化石，地层下层却发现许多贝壳；垒安一带是大片森林，所以地层中有煤脉。
		白垩纪	Cretaceous Period（K）	1.35亿年前至6,500万年前	后期，被子植物大量出现，有孔虫兴盛，箭石、菊石渐趋绝迹，爬虫类急剧减少。	白垩纪即将结束时，引发了世界出现最高山脉的阿尔卑斯造山运动（Alpine mountain-building movement），其中包括喜马拉雅山脉等。缅甸西部若开山脉开始从海面露出，形成岛弧，尚未连成一体；而缅甸中部形成低地，掸邦高原与流域平原间断裂，瑞丽河出现；地壳大范围褶皱变形，遂有现孟拱玉石矿，底博、央米丁、德林达依一线的锡钨矿。

地质年代			英文与符号	起止年代	地球生物发展阶段	缅甸地层与生物的发展
显生宙	新生代（Cenozoic Era, Kz）	第三纪（古近纪，新近纪）	Tertiary Period（R）	6,500万年前至164万年前［古近纪/早第三纪（E）6,500万年前至2,330万年前；新近纪/晚第三纪（N）2,330万年前至164万年前］	早期大型有孔虫繁荣。硅藻茂盛。哺乳类繁荣。植物、动物逐渐接近现代。	缅甸此时形成的地层中可见石油与煤炭。初期，掸邦高原西侧与印度东侧间海岸宽阔。掸邦高原和南部山脉继续隆起。温多、蒙育瓦南北狭长地带因火山喷发形成岛屿。4,000万年前敏贡、曼德勒一带地层隆起。钦敦江、掸邦北部有大片森林，今日格雷瓦煤矿与当地煤脉就是证据。帕科库已出土鳄鱼等爬虫类化石。崩当崩尼亚山区也出现过陆生或淡水动物。1,500万年前缅甸地层形成了今日地形，不再淹没在海下：伊洛瓦底江、钦敦江，若开山脉、勃固山脉均出现；掸邦、克耶邦、德林达依等地除少数湖泊外，都成为高原；缅甸中部形成盆地、坡地、湖泊等河谷地带。1,400万年前缅甸出现成群的原始象、马、牛、水牛、鹿等哺乳类动物。
		第四纪	Quaternary Peried（Q）	164万年前至现代	初期人类祖先出现	初始进入地球的冰期。100万至1万年前缅甸火山频发。1万年前冰雪覆盖面开始减退。出现人类活动。

第二节　缅甸境内类人猿的踪迹

据近百年来的考古发掘与研究，古人类学家们认为人类的形成进化可分为五个发展阶段：一是腊玛古猿，二是南方古猿，三是晚期猿人（又称直立猿人），四是早期智人（又称古人），五是晚期智人（又称新人）。

最初，1932年美国耶鲁大学的刘易斯在喜马拉雅山南麓，印度、巴基斯坦接壤的西瓦利克山区发现了一块疑似属于人类的上颌骨碎片，年代在1,400万年—800万年前，定名为腊玛古猿。后来又陆续在肯尼亚、希腊、匈牙利、土耳其、巴基斯坦等地发现过腊玛古猿的颌骨、牙齿化石。自1956年起，在我国云南省的开远、禄丰和元谋又多次发现腊玛古猿化石，尤其是1980年、1981年在我国云南禄丰县石灰坝发现了3个腊玛古猿的完整头骨化石，这是距今800万年的化石，它为探讨人类起源问题提供了极其珍贵的证据。

在缅甸中部偏西北处，约10亿年前就已形成的缅甸境内最古老的地层——掸邦高原大陆块的边缘地带的崩当崩尼亚地区从20世纪初到20世纪末也多次发现古猿的踪迹，据考证也是属于腊玛古猿系列之内的古猿。

关于腊玛古猿是人类祖先的争论，从20世纪30年代发现之时起直到1965年，古人类学界一直没有任何异议。到了20世纪70年代埃塞俄比亚发现了大约400万年前的南方古猿种后，有古生物学家利用分子生物学研究人猿分野（DNA差别）的时间，认为腊玛古猿所处的年代似乎过早，故提出腊玛古猿可能并非人类的祖先。到了1982年美国人R.E.凯又根据解剖学反证腊玛古猿就是人类祖先。这一争论一直持续至今，仍未结束，尚需有更多的依据才能裁定正误。但至今大多数学者仍认定腊玛古猿是人类的祖先。

一、崩当古猿化石的发现与崩当崩尼亚地区的发掘

发现古猿化石的崩当崩尼亚地区有两条南北向的山岗，东侧的山岗名为崩当山脉，西侧的山岗名为崩尼亚山脉。崩当崩尼亚以西有格雷、干高、提林镇区，以东有敏金、甘尼、勃莱、绵因、包镇区。崩当崩尼亚两条平行的山脉平均高度为914.4米左右。从飞机上俯瞰好像两条巨龙并排伏卧在那里。崩当崩尼亚地区在始新世时期曾是个内陆大湖，当时湖中生活着鳄鱼、龟、鱼等，湖边生活着哺乳类食肉动物以及古猿等。崩当崩尼亚山脉的基层岩脉按地质年代来说，是约4,000万年前始新世

前期形成的岩层。

在该地区发现的古猿化石有两类：一类称为崩当吉雅（Pondaungia）；另一类称为阿姆菲比底嘎斯（Amhipithecus）。据说这两种古猿都是腊玛古猿的支系。直至目前所得，前者居多。

第一类崩当吉雅古猿化石是1914年印度考古局学者科特尔（G.D.P. Cotter）博士在绵因镇区帕甘村附近发现的，是带有第二与第三臼齿的左下颌骨残片、带有第三臼齿的右下颌骨残片和带有第一和第二臼齿的左下颌骨残片。1916年科特尔和化石学者皮尔格里姆（G.E. Pilgrim）博士一起著文，披露了这个消息，并将该化石命名为科特尔的崩当吉雅（Pondaungia Cotteri），该化石至今仍保存在加尔各答印度考古局博物馆内。

第二类阿姆菲比底嘎斯古猿化石是1923年由美国自然历史博物馆的巴纳姆·布朗（Burnam Brown）博士在蒙育瓦钦敦江西岸的勃莱镇区孟拱村发掘到的。它是带有第一臼齿，第三、第四前臼齿，第二前臼齿残根的左下颌骨化石残片。该化石是在4,000万年前的崩当砂石岩层中得到的。经过比对，可以认定它是一只雄性类人猿的化石。1927年科特尔博士又在同一地区得到了一件同样的化石，估计是一只雌性类人猿的。1937年美国化石专家埃德温·科尔伯特披露了这一情况，并将其命名为孟拱的阿姆菲比底嘎斯（Amhipithecus Mogaungensis）。现在该化石保存在美国自然历史博物馆。

1978年4月13日，吴巴莫老师在率曼德勒大学地质学系四年级学生进行田野考察时，又在距孟拱村西北一英里半的崩当山区得到了带有第二、第三臼齿的类人猿右下颌骨化石残片。这是继20世纪初的发掘后得到的又一件证物。同年9月，由曼德勒大学地质学系的吴多定、吴拉威、吴埃等人组成的考察小组又在该地附近发现了带有第二、第三臼齿的左下颌骨化石残片。

特别是在20世纪90年代末，缅甸政府成立了维护缅甸文化遗产中央委员会，由政府第三号人物、时任恢复法律和秩序委员会第一秘书的钦纽将军任该委员会主席。1997年2月7日，国防部战略研究局向国家博物馆移交了4件古猿化石。1997年2月12日，国家博物馆邀请一些专家举行了一次讨论会，根据专家们讨论的意见，应重视对缅甸高级类人猿的考察，缅甸类人猿化石的年代可能早于埃及出土的类人猿化石1,000万年，可能创造人类起源年代的新纪录。1997年2月14日，钦纽指示国防部战略研究局与教育部属下大学的地质专家们合作派出古猿化石考察小组前往崩当崩尼亚地区考察，由丹吞上校任组长，小组成员有：毛淡棉大学副教授脊椎动物化石专家丁登博士、达贡大学讲师无脊椎动物化石专家埃哥昂博士、莱学院助教吴迪伦、吴昂乃梭等人。

1997年3月9日—4月25日，古猿化石考察小组在崩当地区的勃莱、绵因镇区发掘考察又发现了不少新证据。当时仰光出版的《缅甸之光报》《镜报》等先后多次报道，还登载了丁登博士、埃哥昂博士等人的多篇文章，文中披露：1997年3月17日，丁登博士在孟拱村西北一英里半莱玛基埃羌处获得一块带有第二、第三臼齿的类人猿右侧下颌骨化石，该化石是成年古猿的下颌骨且带有下颌骨侧翼部分，是迄今发现的最完整的一块下颌骨化石；1997年3月18日，孟拱当地人吴温找到一块带有第一、第四臼齿的类人猿左侧下颌骨化石；1997年4月13日，马圭省绵因镇区巴亨村村民吴包纽在当地找到带有两颗臼齿的类人猿化石残片；波波上尉、翁莱上士和吴昂乃梭等曾分别找到3块化石碎片，经过拼对正好是一块完整的类人猿下颌骨。

1997年5月24日，化石考察小组向国家博物馆移交了此次考察所得的古猿及其他化石共计1,635件。

20世纪20年代在缅甸崩当崩尼亚地区发现古猿化石后，到70年代末又有新的发现。90年代缅甸的集中发掘更引起了缅甸境内外关注崩当山区发掘的热潮。

二、对崩当古猿化石的鉴定

缅甸分别于20世纪10、20、70以至90年代陆续发现的古猿化石，都是残片，所以关于崩当古猿化石的年代，世界各国的化石专家们说法不一，反反复复，争论不休，难下定论。

1925—1928年	古普塔（B.B. Gupta）和拉希里（H.M. Lahiri）在印度古生物杂志上著文考证崩当岩层的年代。他们认定崩当岩层是5,000万年至4,000万年前始新世中期至始新世前期的岩层。
1937—1938年	科尔伯特（Colbert）说它是最早期高级类人猿。
1956年	沃恩科恩尼格斯旺德（Vonkoenigswald）认为它不是类人猿，而是一种小型无蹄古哺乳动物。
1959年	克莱格（Clegg）认为它是类人猿的前期动物。
1965年	西蒙（Simon）认为不能肯定它是类人猿；西奥

乔纳（Russel L. Cionchon）和萨维奇（Donald E. Savage）证实它是高级类人猿。

1972年　西蒙斯（Simons）同意皮尔格里姆博士的意见，认为它是4,000万年以前的古猿。

1976年　康罗伊（Conroy）和鲍恩（Bown）认为它是北美洲低级古猿在始新世时通过白令海峡大陆桥，经过亚洲东北部到达崩当地区的类人猿前期动物。

1979年　美国学者斯赞莱（Fraderic F. Szalay）和黛拉森（Eric Delson）认为还不能肯定。

1980年　基默里希马德恩（Kimrihimaden）研究认定它是低级古猿的一支。

1997年　缅甸邀请四位美国学者和三位法国学者来缅鉴定。其中爱德华大学西奥乔纳（Russel L. Cionchon）博士和加利福尼亚大学的霍尔罗伊德（Patricia Holroyd）博士认定化石是4,000万年前的，但因化石不完整，还难以肯定崩当古猿是高级类人猿。[①]

1999年　日本学者滨田润发表题为《亚洲人类的起源及其演化途径的初步研究》的文章[②]，指出缅甸发现的两种古猿化石说明亚洲人类起源于亚洲东南部。

进入21世纪后，各国学者用各种方法继续对崩当古猿的骨骼进行分析鉴定，意见渐趋一致。印度地质考察团认定崩当地层距今4,000万年，法国学者将崩当砂石岩层定为距今4,010万～3,960万年。日本学者查验了崩当地区得到的火山灰样品，得出结论是距今3,720万年。缅甸本土化石专家埃哥昂博士、吴昂梭乌与缅甸石油天然气应用研究所的学者合作测试结果是崩当地区的岩层距今5,000万～3,370万年。美国宾夕法尼亚州自然历史博物馆主办的类人猿起源专题讨论会上一致同意崩当古猿距今4,000万年。[③]我国广西民族大学的侯振宇在他2012年3月11日发表的《另眼——侯振宇的自然世界——地球卷之人类演化篇》一文中谈及

---

① 历年各国专家鉴定意见参见［缅］丁登博士：《从崩当谈起》，缅甸仰光《镜报》（缅文）1997年11月14日。

② 《地球月报》（双月刊）第20卷第3期，1999年8月出版。

③ ［缅］埃哥昂博士：《从四千万年前的类人猿谈起》，《缅甸新光报》（缅文）2004年1月20日。

人类起源腊玛古猿时，也再次提及了缅甸始新世中晚期的双猿化石。

第三节　缅甸的石器时代

考古学家们把始于距今二三百万年、止于距今5,000至2,000年左右的早期人类在地球上活动的第一个时段，称为石器时代。石器时代又分为旧、中、新三者。20世纪初考古学有了重大突破，先后发现了亚洲人类的祖先爪哇人[①]和北京人[②]。

在缅甸，至今已发掘到石器时代的不少遗物，对缅甸旧石器时代的情况有了较清晰的了解，被命名为"上缅甸（人）文化"[③]。而且，也出土了在缅甸这片土地上生活过的古人类化石，考察了古人生活的某些处所遗址——洞窟。但直至目前，缅甸在这方面还做得远远不够，需要进行更多的考古发掘，以期找出更多的遗迹、化石，且要从多学科的视角对这个问题进行深入研究、分析和探讨。

一、缅甸的直立人踪迹——纳外奎（Nwekhway）人

在距今100万年前的第四纪更新世，缅甸这块土地上开始出现了石器时代的人类。

当时缅甸大地已经被西部山脉、勃固山脉、掸邦高原和德林达依山脉环绕与分隔。伊洛瓦底江、钦敦江、锡当河、丹伦江等自北向南流淌。这是一个水土肥美的地方，气候炎热湿润，适宜于农作物的生长，原始人类在这里繁衍生息着。

1981年4月，曼德勒大学地质学系退休副教授吴巴莫博士率学生去

---

① 自1890年起，荷兰学者尤金·杜巴斯（Eugene Dubois）在中爪哇梭罗河畔特里尼尔附近陆续发现一批人类化石，尤以1891年发现的一个头盖骨、1892年发现的一根股骨最为重要。20世纪30年代"北京人"被发现后，荷兰学者孔尼华（G.H.R. von）、印度尼西亚学者T. 雅各布等又在特里尼尔附近的桑义兰发现了多块化石，1937年被命名为"爪哇人"，据钾-氩法断代，距今约70万至50万年。

② 北京周口店遗址从1927年开挖。1929年12月2日，中国学者裴文中发掘出第一个完整的头盖骨化石。随后，考古工作者们在周口店又先后发现了五个较完整的"北京人"头盖骨化石和一些人体其他部位的化石多件。加上还有大量石器、石片等，共十万件以上。"北京人"被鉴定为距今70万至20万年。北京人遗址也成为迄今为止世界上出土古人类遗骨和遗迹最丰富的遗址。在1941年底为避战祸，北京人头盖骨及其他化石材料被运往美国，但途中失踪。1949年新中国成立后，中国的考古工作者先后在云南元谋、陕西蓝田、安徽和县等地发现60多处古人类化石出土点以及千余处旧石器时代文化遗址，并在周口店遗址深层发掘，又有许多化石出土，为北京人提供了更多的旁证材料。

③ 上缅甸文化（Anyathian Culture），Anyathian是缅甸文"上缅甸人"一词的音译。

曼德勒以西作田野调查时，在实皆省羌乌镇区瑞敏丁山岗纳外奎村西北一块旱田里发现了一块人骨化石。吴巴莫认为所发现的是直立人的带着第一臼齿和门齿的右上颌骨，二齿都很完整，外表釉质完好，可以确认是人的牙齿。该臼齿高10毫米、宽9.9毫米、厚8.9毫米，齿顶端凹槽明显可见，齿顶部和内壁有磨损，齿根有些外露，齿根插入的上颌骨已完全石化。门齿是第二门齿，釉质保存完好，比臼齿略小，外侧完好，顶部有两个小凹陷处，内侧与顶部有破损，齿高8.9毫米、宽8毫米、厚7毫米。根据牙齿大小判断，可以认定是成人的化石。[1] 第一个公布这一消息的是吴巴莫，他把该化石称为"缅甸人"（有学者按音译成"巴玛人"）。[2] 有人说该化石是纳外奎村的吴伯昂首先发现的。有的学者认为该化石尚未完全石化，不可能是直立人的化石，只是晚期智人的遗留物，没有那么古老，只有上万年的历史，不能与"北京人"或"爪哇人"相提并论，不能称其为"缅甸人"，应进一步用现代科学方法鉴定。但是至今仍未见有新的鉴定结果公布，所以缅甸的大多数学者都称其为"纳外奎人"。不过近30年来关于该化石的研究也有了一定进展。如吴缪敏吞等人在纳外奎村距今100万年更新世时代红土层中发掘到直立人的拇指骨化石。据信该化石与之前发掘到的上颌骨化石是同一人的骨骼化石。[3] 此外，著名缅甸历史学家丹吞博士曾著文称，经过对该化石的进一步研究，该上颌骨的主人是一位男性，身高约5英尺1英寸（约1.55米），年龄约30岁，估计他生活在距今30万年前，属直立人，与众所周知的史前北京人、爪哇人是同一年代的人。[4]

二、缅甸旧石器时代文化——上缅甸文化

关于缅甸史前时期旧石器时代与新石器时代的证据都很充分，但作为连接旧、新石器时代过渡阶段的中石器时代的证据却较少。

第四纪更新世时，在缅甸已有人类生存的证据。这是因为早已发现了当时人类用的许多工具。

旧石器时代人们用的工具或武器大多用河岸地层中常见的兽骨或形成年代久远的石头制成。所以这些器物多在河流沿岸、湖泊所在地发现。

---

[1]　［缅］泰威：《骠国文化史》（缅文），仰光吞基金会文学委员会，2009，第18—19页。

[2]　［缅］吴巴莫：《缅人的起源》，原载《蔚达依》1985年第2期，李孝骥译，《东南亚》1987年第2期。

[3]　［缅］泰威：《骠国文化史》，第21页。

[4]　［缅］丹吞博士：《图说缅甸历史》（缅文），缅甸仰光蒙悦出版社，2004，第17页。

因为这些地区易于狩猎，有充足的水，容易获得制作工具或武器的材料。石窟可以躲避寒暑和各种伤害，因此就成了原始人生活栖身的地方。

因为在上缅甸地区出土了很多旧石器时期代的石器，1937年11月至1938年3月，美国哈佛大学、美国哲学学会等派出了海尔穆特·德·泰勒博士（Hellmut De Terra）和哈勒姆·L. 莫维尤斯教授（Hallam L. Movius）专程到缅甸考察原始人遗迹和这些出土的石器，他们后来将50万年前的缅甸的旧石器时代文化命名为"上缅甸文化"（Anyathian Culture）。

把伊洛瓦底江流域所得证据与其他国家的证据科学地进行对比考察，可以发现，缅甸的原始人的生存状况与爪哇、中国、印度北部等东亚国家和地区出现的原始人的生存状况有所相似。许多学者发现缅甸的旧石器时代文化（上缅甸文化）与同期的中国旧石器时代文化是同水平的。

与上缅甸文化相同的文化还有东南亚泰国的芬乃（Fing Noi）和老挝的普莱（Phu Loi）地区发现的石器和人类骨骼残骸。经过对那些残骸的考察，研究人员认为其可能是类似于澳斯特罗（Australoid）人种的遗骸，是介于爪哇人、北京人之间的环节，可能是东南亚最早出现的人。有人认为，其后来就与从北部、西部来到这里的原始人混杂在一起了。[1]

缅甸旧石器时代的石器是用木化石、火山岩浆石制成的，还发现有两类是用石英石制作的。旧石器时代的石器形状多种多样，根据其用途可分为四类：砍砸器、切割器、手斧、刮削器。

发现缅甸旧石器时代石器的地区有：马圭、乔、色垒、良吴、瓦都戛、敏巫、仁安羌、泽丘彬、蒲甘、帕科库、辛古、马圭妙德龙佛塔东部地区、约山口、敏贡与曼德勒附近等，还有掸邦高原发现的古窟。

三、缅甸新石器时代文化

在缅甸境内，从缅甸最北端的克钦山脉到缅甸南部的丹老，从缅甸东侧的掸邦高原到西边的若开邦海岸的丹兑，广袤的范围之内到处都发现过新石器时代的石器。学者们认为，缅甸新石器时代是在公元前8,000年至公元前4,000年。

人称"雷石"（Thunderbolt）的新石器时代石器几乎随处可见，至今缅甸的马圭、敏巫、良吴、仁安羌、乔、蒲甘、敏建、德耶谬、卑谬、卜巴、克钦山脉、丹老、丹兑、掸邦南部、蒙育瓦、东吁等地都有过此

---

[1]　缅甸社会主义纲领党中央组织部：《基础缅甸政治史》第一卷，1970，第61—62页。

类石器出土。而且这些石器大多并未深埋地下，甚至在地表或农耕松土时都可能不经意地挖到这类石器。

对克钦山区、掸邦北部地区出土的石器进行过研究的T.O.莫里斯（T. O. Morris）博士认为，缅甸新石器时代的石器与法属印度支那（今越南、老挝、柬埔寨）新石器时代早期和中期的石器相同。[①]

在出土的石器中，最多的是伐木人用的石器，即斧子、手斧、楔子、扁凿等，它们与今日铁质农具的造型是一样的。此外，还有环石、石槌等。

根据伊洛瓦底江沿岸一带和其他地区所得的考古证据可知，当时生活在伊洛瓦底江流域的人们除渔猎耕种外，可能已经学会制陶、结绳、彩绘、织席等技艺了。

新石器时代的人们不仅在平原上生活，他们为了躲避自然气候的侵袭和野兽的伤害也在缅甸山地一些石灰岩窟中生活。迄今发现的洞窟遗址有貌达瓦窟、丁恩窟、勃达林窟等。

1937年发掘掸邦高原貌达瓦窟时，在窟底土层中发现了陶器残片。这些陶器残片上有绳纹和条格痕。经研究可知，当时的人们已掌握手制陶器工艺和用制陶轮来制作陶器，也有了开始上釉的痕迹。学者们认为这一地区经历了长年的变化，而制陶工艺却似乎变化不大，所以上述结论又不能非常肯定。根据貌达瓦上窟中的陶器碎片可知，这些陶片不可能是新石器时代以前的遗物。在这里还掘得单刃石器碎片，但尚不能辨明是哪个时代的石器。在窟中还出土有陈旧的贝壳，被认为是原始人从洞外带来食用的遗物。此外，在这一带石窟发掘时连续发现煤炭和骨骼碎屑。这可能是后世人曾把窟中第一室里的古代遗物破坏过的证明，从而使我们失去了古代的线索。如果发掘该窟的第二室还有可能出土其他遗物。[②]

美国学者曾对东枝镇附近的丁恩窟进行考察。在石窟进口右侧的一个小室中发现了许多野兽骨骼、贝壳、炭屑。这是史前人类生活的石窟。很明显，在石器时代曾有不少人群在这里生活过。窟内堆放着兽骨、贝壳和炭屑，不禁使人联想：当时人们已有把吃剩的东西和垃圾分别堆放的习惯。可知窟内生活的石器时代的人们在文化知识方面已达到相当高

---

① T. O. Morris, "Copper & Bronze Society," *Journal of Burma Research Society*, Vol. XXVIII, ii, 1938, p.95.

② H.L. Movius, "The Stone Age of Burma," *TAPS, New Series,* Vol.XXVII, iii, Philadelphia, The American Philosophical Society, 1943, p.389.转引自《基础缅甸政治史》第一卷，第72—75页。

的水平。①

这是窟内生活的人们已经达到集体生活共同采集食物的文明阶段的有力证据。

四、勃达林窟的发掘

勃达林窟的发掘，使缅甸新石器时代穴居人文化得到了更充分的证明，可以说勃达林窟是缅甸新石器时代文化的典型代表。②

勃达林窟位于掸邦高原西侧山麓东枝县育瓦安镇区良甲村东北6.44公里、老耶博村以西1.61公里。

地质学家吴钦貌觉最先发现了勃达林1号窟有石器时代的岩画。随后在1969年1月，缅甸考古局、历史委员会、仰光文理大学的地质学系、人类学系、动物学系以及缅甸社会主义纲领党总部等单位的人员又到勃达林窟进行了考察。

石窟群位于海拔304米的高原之上，窟口在高出地面15～24米朝南的悬崖峭壁上，是石灰岩窟。1号窟的条件更适合原始人生活，该窟能够得到充足的阳光，且空气流通性好。从朝南的窟口到北侧窟的内壁仅有9～12米宽。1号窟往西约183米处有个2号窟。窟内面积很大，但窟中布满了石钟乳、石笋等，阴暗潮湿不宜于人类生活。考察组对窟内的土层进行了有序发掘，得到了原始人类在此生活过的可靠证据。

勃达林窟发掘出土的石器有1,500多件。这些石器中有环石、石槌、无柄石锛、切割器和一些石器半成品。此外还有很多在制作石器过程中出现的石屑和废弃石器。有用勃达林窟当地产石灰石制成的石器，也有用当地没有的石英石、花岗石、砂石、火成岩等制成的石器，还有用卵石制成的石器、环石等。同时发掘出土的还有：食后残存的兽骨、疑似的人骨、炭屑、陶器碎片、绘图用的红赭石块、打磨石器的石板等。

通过考察可以发现窟内制作石器的石料优劣均有。窟内制造的石器成品中有新石器时代常见的环石。但粗糙的石器居多，精细的石器较少。在窟内有碎石、废弃的石器，还有制成的或尚未制成的石器，说明勃达林窟是个制造石器的场所。许多石料并非当地所产，还有只在河边才能找到的卵石。这些出土的石器之中，有的刚刚开始加工，有的已画上了

---

① 《基础缅甸政治史》第一卷，第88页。

② 关于勃达林窟最具权威性的文件要数当时缅甸社会主义纲领党教育部所存打字文本《勃达林窟考察报告》，但未对外公布。本文所述大多依据《基础缅甸政治史》第一卷，第77—96页中的转述。

要从某处弄断的记号，有的是刚刚弄断或砍断的，有的刃口部分已开始打磨。从这些发现可以推断，这一石窟在当年很可能是把其他地方产的石料运来此处加工的一个新石器时代的石器"作坊"。

虽然仅从勃达林窟出土的石器尚不能推断当时缅甸畜牧业、农业发展的程度，但是我们还是可以通过勃达林窟出土的石器等物间接地证明：在一定范围内，当时的人们已经可以进行生产某些食物的劳动，已从采集食品开始进步到生产食品了，出土的残留兽骨、炭屑和陶器碎片等表明当时人们已能用火和陶器煮饭。

在1号窟向东伸展的窟壁上发现了岩画。岩画在离窟底地面3米至3.7米处，是用红赭石画的，共有12幅，其中9幅可以辨明其内容。画面生动而神秘，有太阳、鱼、母牛和牛犊、手掌和一些兽类图形。

岩画上的太阳处于自上而下的两条略有些弯曲的斜线中间，两条线间的距离上宽下窄，太阳周围画有太阳的许多光芒，似乎表明太阳正从两座山之间冉冉升起，表达了绘制者向往光明的心境；也可能表示原始人对太阳能发射出滋生万物的光芒无比崇拜的信念。

有一幅岩画是野牛牴撞图，另有一幅是母牛与牛犊，画面生动。这两幅画使人联想当时是否已有了养殖畜牧业呢？

勃达林窟岩画中有手掌，且掌上绘有纹路。有的学者联想到在法国、西班牙发现的西方石器时代的岩画中也有手掌，表明某些信仰的征兆，两者是相似的。勃达林窟带纹路的手掌是否也代表了某种信仰？这值得进一步探究。

史前岩画产生在文字出现以前，是当时唯一的文化载体，成为早期人类表现他们自己和他们对世界看法的最原始的证据。这种艺术形式表现了史前时期人类的经济生活，也体现了当时人类的形象思维与艺术创作的才能。缅甸发现的勃达林窟岩画和东南亚其他地方以及中国西南边疆一带发现的岩画的风格与造型都有许多相似之处。比如，中国云南沧源的岩画与勃达林窟岩画就很相近。这些岩画表现了人们对太阳崇拜的原始信仰。岩画形象生动，风格粗犷，也体现了原始人类的审美观念。

从勃达林窟所得石器时代文化，不仅补充了缅甸石器时代文化的证据，对东南亚石器时代人类历史以及世界石器时代人类文明发展史也是有力的证明。学者们认为，勃达林窟新石器时代文化与越南北方北山新石器文化的特征是一致的。

遗憾的是，勃达林窟或附近并没有人体骨骼出土，在缅甸至今也尚未发现新石器时代完整的人体骨骼，只发现过一些史前时期的骨骼残片。

比如，在摩谷地区一个山窟的入口处，美国学者海尔穆特·德·特勒（Hellmut De Terra）博士曾找到一块人的下颌骨。① 胡丹（E.A. Hoonton）教授说过新石器时代初期女性的头骨与现代女性头骨没有多大区别。胡丹教授对特勒博士找到的下颌骨进行了鉴定。他认为该下颌骨应该是上部宽平长圆形头骨的一部分，可能是史前时期某个穴居女性头骨的残片。②

五、缅甸的金属时代

国际学界的意见，把公元前4,000年至前3,000年定为铜器时代。在缅甸各地也有出土铜器证实了缅甸历史上的确也有过铜器时代。而出土过铜器的地方大多分布在掸邦一带登尼、孟密等地和萨尔温江沿岸；在上缅甸实皆省的布德林、曼德勒省标贝、央米丁等地也有过铜器出土。克伦族、克耶族的铜鼓也是其中一类。20世纪60年代缅甸的地质学家尼尼博士曾著专文列举了各地出土的铜器，综述了缅甸铜器时代的情况。③ 众所周知，缅甸的古都蒲甘过去曾被称为丹巴迪巴，这个巴利文名称的原意是“铜都”，也可从一个侧面说明缅甸曾有过铜器时代。

在缅甸实皆省的布德林、委莱，曼德勒省的默莱、东沙、文敦、标贝、央米丁等地均发现有铜器时代的墓葬。缅甸政府考古局对实皆省布德林镇区的良甘铜器时代文化区，先后在1998年进行过两次挖掘，1999年又进行了第三次发掘，共得到43具尸骨（其中较完整的尸骨有20具、不完整的尸骨有19具及4个头骨）和环石、铜器、陶罐、念珠等器物。

东南亚发现青铜器的典型地区之一是越南东山，东山铜鼓是其代表性的器物。缅甸境内克伦族的“蛙鼓”与东山铜鼓相同，它的鼓面上有太阳状纹，有人体或动物形象，还有青蛙状花纹，掸邦一带也出土过一些铜器。缅甸出土铜器的工艺水平相当高超，人们都认为缅甸铜器受到印度、中国和越南铜器文化的一定影响。④

德冈地区也是连续经历过石器、铜器、铁器等时代的地区之一。德

---

① H. De Terra, "The Pleistocene of Burma," *Transactions of the American Philosophical Society*, Philadelphia, The American Philosophical Society, Vol.XXVII, iii, 1943, p.324, 转引自《基础缅甸政治史》第一卷，第96页。

② E.A. Hooton, *Up from the Ape* (New York: The Macmillan Company, 1947), pp.366-392, 转引自《基础缅甸政治史》第一卷，第97页。

③ ［缅］尼尼博士：《缅甸的青铜器时代》，《劳动人民日报》（缅文版，仰光），1964年4月15日。

④ 参见泰威《骠国文化史》，第44—46页。

冈地区出土的铜器有铜斧、铜块、铜铃、铜手镯等。有的是在耕地时无意间得到，有的是因水土流失而露出地面。

缅甸曾出土大量的铁质厨具等铁器，证明缅甸曾经历铁器时期。缅甸阿摩罗补罗市的当德曼湖地区发现的陵墓，是缅甸年代最久远的铁器时代遗址。这里出土的铁刀、铁鱼叉等铁器证明，在公元前3世纪，缅甸已经结束新石器时代、铜器时代，即将进入铁器时代。曼德勒文物局曾在央米丁镇的谬拉村出土一处铁器时代初期陵墓，发现了人类骨架、骠时期佛珠、陶罐陶器、铁质武器、伴有人骨的铜质武器等。在谬拉村以西2英里处，发掘出铁质厨具3个、矿渣块和大量含有铁矿石成分的石块。在内比都达贡德耶村波萨岗村附近，出土了骠国时期的佛珠、铁质箭头，均为铁器时代初期的文物。当德曼、谬拉、波萨岗等地发现的陵墓，均为骠国之前铁器时代早期骠人祖先的陵墓。[①] 此外在曼德勒、实皆、马圭、勃固等地均有铁器发现。在缅甸历史最悠久的毗湿奴古城，人们也已熟练掌握了铁质器具的制作工艺。骠国正值铁器时代，其纯熟的铁器制作技艺效仿了印度起源的制造技术。[②]

---

① ［缅］泰威：《骠国文化史》（缅文），仰光，通基金文学委员会，2005，第46页。
② 同上书，第49页。

第二章
早期国家（1世纪—9世纪）

世界上，从人类的出现到多民族的形成是经历了一个漫长过程的，有所处环境客观因素的种种变化的影响，也有因各种因素的左右主动迁徙的结果。今日某地的某个民族与千百年前徙来此地生活的某个民族的先民绝不可等同看待，因为该民族本身已有多方面的变化。千百年前徙来的民族早已融入当地社会，已成为当地的土著，不能等同于近代以后迁来的移民。

东南亚全境，石器时代时有澳大利西亚人（Australasia）、美拉尼西亚人（Melanesian）、尼格利陀人（Negritto）以及属于蒙古人（Mongoloid）的孟高棉、藏缅和侗台等语族人在此居住，而在缅甸则主要是后两者。进入公元年代，在缅甸尼格利陀人已很罕见，只有属于蒙古人的多个民族分布在各地生活。

其中发展较早且人数较多的若开、孟、骠和掸人等在他们的聚居区先后建立起一些城邦式的国家。由于这些不同族群的先民已在这块共同的土地上生活多年，所以这些不同族群建立的早期国家的社会经济状况大同小异，特征基本一致。

第一节　缅甸境内民族的形成与分布

按缅甸官方说法，今日缅甸有135个民族。[①] 但是，这种分法与当今世界按语系划分民族之间的亲疏办法相距甚远。一般学者认为，今日缅甸除南端一些海岛上尚有为数不多的尼格利陀人外，其他居民皆属蒙古人种的孟高棉语族、藏缅语族、侗台语族人。属孟高棉语族的有：孟、佤、布朗、德昂等族；属藏缅语族的有：缅、若开、克钦、钦、那加、傈僳等族，今日已消亡的骠族也属此列；属侗台语族的有：掸、克伦、克耶等。属这三大语族的各族先民从石器时代起陆续向今日缅甸境内迁

---

① 　1983年缅甸政府公布缅甸境内共有135个民族分为8大支系。具体名单是：（1）克钦族族支共12种，分别为克钦（Kachin）、克尤（Kayo）、德朗（Dalaung）、景颇（Gyeinphaw）、高意（Gawyi）、克库（Kakhu）、杜茵（Duyin）、玛育/劳高（Mayu/Lawgaw）、耶湾（Yawan）、拉希/拉漆（Lashi/Lachit）、阿济（Azi）、傈僳（Lihsu）；（2）克耶族族支共9种，分别为克耶（Kaya）、泽仁（Zayein）、克延/勃当（Kayan/Padaung）、给扣（Geikho）、给巴（Geiba）、巴叶/格约（Paye/Kayaw）、玛努玛诺（Manu-Manaw）、茵达莱（Yintale）、茵道（Yindaw）；（3）克伦族族支共11种，分别为克伦（Kayin）、白克伦（Kayinphyu）、勃雷底/勃雷齐（Paleiti/Paleichi）、孟克伦（Monkayin）、色郭克伦（Sakaw Kayin）、德雷勃瓦（Tahleipwa）、勃姑（Paku）、勃外（Bwe）、木奈勃瓦（Mawneipwa）、姆勃瓦（Mpowa）、波克伦（Po Kayin）；（4）钦族族支共53种，分别为钦（Chin）、梅台（Metai）、克岱/旧译卡随（Kathe）、萨莱（Hsalai）、克林都鲁些（Kalintaw-Lushe）、克米（Kami）、奥瓦克米（Aw-wakami）、阔挪（Khawno）、康梭（Khaungso）、康塞钦（Khaunghsain Chin）、卡瓦西姆（Khwahsim）、孔立/西姆（Khunli/Hsim）、甘贝（Ganbe）、贵代（Gweite）、阮（Nywan）、西散（Hsisan）、辛坦（Hsinhtan）、塞丹（Hsaintan）、扎当（Zataung）、佐通（Zohton）、佐佩（Zophei）、佐（Zo）、赞涅/赞尼亚（Zanhnyat/Zanniyat）、德榜（Tapaung）、铁定/铁迪姆（Tihtein/Tedim）、德赞（Teizan）、达都（Tado）、多尔（Tawr）、定姆（Din）、岱/茵都（Dain/Yindu）、那伽（Narga）、丹都（Tandu）、玛茵（Maryin）、勃南（Panan）、玛甘（Makan）、玛乎（Mahu）、米延/玛雅（Miyan/Mayar）、米埃（Mi-e）、门（Mwin）、鲁鲜鲁些（Lushain-Lushe）、雷谬（Leimyo）、林代（Linte）、劳都（Launt-htu）、莱（Lain）、莱佐（Lainzo）、巴金姆/玛尤（Parkim/Mayo）、华尔诺（Hwarlngo）、阿努（A-nu）、阿南（A-nan）、乌布（U-pu）、林杜（Lyintu）、阿休钦（Asho Chin）、养突（Yaunghtu）；（5）缅族族支共9种，分别为缅巴玛（Bamar）、土瓦（Dawe）、丹老（Beit）、约（Yaw）、耶本（Yabein）、克都/孔姑（Kadu/Konku）、格南（Ganan）、萨隆（Hsalon）、蓬/喷（Phon/Phun）；（6）孟族族支仅1种，即孟（Mon）；（7）若开族族支共7种，分别为若开（Yakhain）、克曼（Kaman）、卡密（Khamwi）、岱奈（Dainnet）、玛尔玛基（Malamargyi）、谬（Myo）、德（Thet）；（8）掸族族支共33种，分别为掸（Shan）、云/老（Yun/Lao）、桂（Kwi）、频（Phyin）、达奥（Tha-o）、萨诺（Sanaw）、勃雷（Palei）、茵（In）、宋/散（Son/Hsan）、卡姆（Khamu）、果/阿卡意果（Kaw/Akha-I-kaw）、果敢（Kokant）、坎地掸（Khanti Shan）、贡/空（Gon/Khun）、当尤（Taungyo）、德努（Danu）、布朗（Palaung）、苗（Myaungzi）、茵加（Yingya）、茵奈（Yinnet）、小掸（Shankalay）、大掸（Shangyi）、拉祜（Lahu）、仂拉（Lwela）、茵达（Intha）、艾对（Aittwe）、伯奥/东都（Pa-o/Taungthu）、傣仍（Tainlwe）、傣连（Tainlyam）、傣龙（Tailon）、傣雷（Tailei）、迈达（Maintha）、木掸（Mawshan）。

徙，与早已在此定居的人们相互融合，直至公元初始前后才形成了分布在各地的这些民族。

当然，关于这些民族先民迁徙的时段、路线与走向，历来有着许多不同的主张，古代的一些传说也从侧面为人们思考提供了某些线索。直至今日，才有了相对一致的看法。但是，还有大量的少数民族的材料未能得到发掘与利用，当这些材料得到充分发掘利用之后，相信我们对缅甸各族的认识会更加明晰与准确。

一、尼格利陀人

"尼格利陀"一词出自西班牙语，原意为"小的非洲黑人"，故意译为"小矮黑人"或"类黑人"。从生物学方面考察，尼格利陀人与今日东南亚生活的其他民族在外形、骨骼与遗传基因等方面都有着非常明显的不同。他们"身材矮小（身高1.53米以下），皮肤黄褐色，卷曲发或卷结发，面部特征与澳大利亚人近似，如牙齿硕大、下颌前凸、长头、宽鼻"。[①] 与其他人种之间的差异还"表现在铁传递蛋白、免疫球蛋白、千兆周血清蛋白质系统，迪戈红细胞和人类白细胞抗原系统，以及线粒体基因等方面"。[②]

据考证，4万年前东南亚的最早的居民尼格利陀人生活在除靠近赤道以外的东南亚广大地区，甚至在南亚次大陆一带也有他们的踪迹。"巽他大陆架最后一次全部显露是在前1.8万年的前后几千年的时间里，后冰河期迅速出现，巽他大陆架被淹没，海平面变化达到与现在差不多的高度。"[③] "海平面的迅速上升导致人们失去了土地，从而迫使他们从巽他大陆架向东进入太平洋。"[④] 这些南亚、东南亚地区的最早居民遂被分割成若干个小族群，孤立地存在于中南半岛边缘地带和某些岛屿之上。但是至今仍难以判定他们最初是否也是从其他地区移居此地的外来者，他们的故乡到底位于何处仍是一个谜团。他们以采集植物果实和渔猎为生。直到距今7,000年以栽培农业为生的蒙古人种先后徙入东南亚后，他们的生存环境再次发生变化，长年累月历尽沧桑，他们或被自然淘汰，或

---

① 《简明不列颠百科全书》卷6，中国大百科全书出版社，1992，第228页。

② 《剑桥东南亚史》I，第60页。

③ 同上书，第49页。

④ J. 吉本斯、F. 克卢尼：《海平面的变迁与太平洋史前史》，《太平洋杂志》1986年第21期；《海平面的变化对太平洋史前史的影响》(P. 贝尔伍德的答复)，《太平洋杂志》1987年第22期的论断，转引自《剑桥东南亚史》I，第64页。

被后来徙入者们融合或同化，或被迫向更加偏僻的海岛或山区转移。

关于这一种族的情况，中外史料都有相关记载，只是所称族名不同，所述内容也比较简单。比如《不列颠百科全书》有关安达曼岛的条目中就写有："9世纪中叶的时候，阿拉伯作家告诉我们这个岛上的居民吃生人，他们人口约有2,000人，色黑发如羊毛，眼睛与形貌，使人可怕，……他们裸而徒跣，……假使有船到此而缺吃水，而找他们供给的话，可能就被他们杀死。"[1]《简明不列颠百科全书》有关安达曼人的条目中也写有："操安达曼语的约有1,000人。直到19世纪中叶，安达曼人由于住地遥远，极端排外，屠杀一切外人，在物质或文化上都没有重大变化。残留的部落现仍不识耕种，仅靠打猎和采集为生，是唯一不知取火方法的民族。"[2]我国南宋地理学家赵汝适1225年写成的《诸蕃志》中说："三屿乃麻逸之属，曰加麻延、巴姥酋、巴吉弄等，各有种落，散居岛屿，舶舟至则出而贸易，总谓之三屿……穷谷别有种落，号海胆，人形而小，眼圆而黄，虬发露齿，巢于木颠，或三五为群，跧伏榛莽，以暗箭射人，多罹其害。"[3]西班牙人齐连诺（Chirino）在其著作中也提到过海胆人："在毗舍耶（Bisayas）人中，有些矮黑人，他们比之几内亚的黑人，没有那么黑，相貌也没有那么夸张，可是他们却较矮小而怕生，至于他们的发与须，却是一样的，他们比之毗舍耶及菲律宾人，较为野蛮，他们既没有房屋，也没有一定的住处，他们没有种植，也没有收获，他们好像野兽一样，携着妻子在山林中游荡，差不多是裸体，他们猎取鹿或山牛，假使他们在某一个地方获得一个野兽，他们杀死后，就停留在这个地方，待到吃完其肉，然后再到别的地方。他们除了弓矢以外，没有别的财产。"[4]

一些民间传说中也可以发现尼格利陀人的踪迹。比如，孟族中有这样的传说，"公元前3世纪左右，须那迦与郁多罗长老率领僧团来到金地，念诵吉祥经，驱逐了与孟人为敌的'水鬼'（学者们认为所谓水鬼，很可能指的是在缅甸南端岛屿上生活的熟谙水性的土著人尼格利陀人）"，佛

---

① 《不列颠百科全书》（旧译《大英百科全书》或《大英全书》），转引自《陈序经东南亚古史研究合集》上卷，商务印书馆（香港）有限公司，1992，第44页。

② 《简明不列颠百科全书》卷1，第269页。

③ 转引自中山大学东南亚历史研究所编《中国古籍中有关菲律宾资料汇编》，中华书局，1980，第14页。

④ Padre Chirino, *Relacion de Las Islas Filipinas*，转引自《陈序经东南亚古史研究合集》上卷，第46页。

教才开始在孟族地区传播开来。① 著名的缅甸史籍《琉璃宫史》中也有一段记述与上述传说相呼应：

> 第三次佛经结集后，阿育王派员到边远九地弘法，须那和郁多罗长老一道来到金地（《格拉亚尼碑文》和《孟族史》都说，金地即缅甸南部的直通）。据说金地有一来自大海的罗刹女，凡宫中生下婴儿都会被她吃掉。二位到来之日，正值宫中生下一婴儿，人们见到长老误以为是罗刹女的同伙儿，都手持武器来到近前。须那长老问："你们为什么都手持武器来了呢？"答道："我们以为你们是宫中生下婴儿就来吃的罗刹女同伙儿呢。""吾等并非罗刹女的同伙，是罗汉僧伽。吾等不杀生，不偷盗，不奸淫，不妄语，不饮酒，只在黎明到正午进食，持守斋戒，坚持善行。"听到此处，众人才安静下来。此时，罗刹女携其随从走出大海，打算去宫内吃刚生下的婴儿。人们见状惊恐万分哭嚎道："师父们，罗刹女来啦！"是时，须那长老立即变成比罗刹女高大两倍的身躯，与人们一起将罗刹女团团围住。罗刹女见自己身陷重围，思忖："此地定是毗沙门多闻天王赐给他们食邑之地，如此今日吾等必成他们的食物了。"不禁惊恐起来，与众罗刹一般风似的逃之夭夭。须那长老让罗刹们逃到人们见不到的地方，让罗刹们立誓再不敢来到金地一带，又安排了守卫者。②

时至今日，在东南亚中心地带已没有尼格利陀人遗存，在泰国南部边缘地带的诺格人、马来半岛中部不发达的蛮荒地带的塞芒人或班干人、安达曼群岛的安达曼人、菲律宾中部和北部偏远地区的海胆人或埃达人等就是今日还能见到的少量尼格利陀人分支人群。而且他们之中许多人已不再使用他们的原始语言，改操临近民族的南岛语系或南亚语系语言了，生活习性和谋生方式也有了很大改变。

二、孟高棉语族人

在缅甸属于这个语族的有孟、佤、布朗、德昂等族。今日孟族主要居住在下缅甸和泰国中西部地区。在缅甸境内约有150万人（占缅甸总人口的3%左右，现在缅甸境内的孟族人大多集聚于孟邦，在德林达依、

---

① 李谋、姜永仁：《缅甸文化综论》，北京大学出版社，2002，第43页。
② ［缅］《琉璃宫史》上卷，李谋等译注，商务印书馆，2017，第121—122页。

勃固、仰光、伊洛瓦底等省和克伦邦也散居着一些孟族人），佤族约有100万人，聚居于中缅边境一带。人口更少的布朗、德昂等族则聚居于缅北山区。

东南亚民族再一次大迁徙发生于距今3,000年前后，即公元前1000年左右。这一次徙入的是南亚语系人（即澳斯特罗—亚细亚语系。该语系有三个语族，孟高棉语族、蒙达语族或称门挞语族、尼科巴语族）。孟高棉语族是这一语系的主体，此语族中包括了东南亚大陆地区的几种历史记录较长的重要语言，如越南语、高棉语和孟语等，使用者遍布中南半岛及周边地区，而且他们的居住区域基本是连成一片的。但当公元初始前后汉藏语系骠人、缅人等先后徙入缅甸后，南亚语系的孟族人大部被同化融合于后来的族群之中，或被分割遗留在缅甸南部、泰国西部沿海一带，尤其是当孟族政权力量逐步被削弱，到18世纪中叶丧失本族的政权以后，被同化的速度大增，孟族才最后沦为今日在东南亚居住范围较小、人口也较少的一个民族群体。佤族、布朗族、德昂族等则留在缅甸北部偏远山区一带。

关于南亚语系人的起源主要有两种截然不同的观点：一是印度起源说，另一是中国大陆起源说。前者是个较古老的观点，他们认为这一语系的民族起源于中印度，在今日印度的主要民族雅利安人的排挤下才逐渐外移的。蒙达人早就在中印度定居，比雅利安人更早。而最初就处于蒙达人东面的孟高棉人被迫进一步向东迁徙，最后形成今日南亚语系人在东南亚分布的态势。他们的主要依据是这一族系的主要民族大多使用南印度字母构成书写文字；而且他们的文化深受印度教、佛教的影响。但是人类学家们将孟高棉语族人与印度人相比较后发现，二者在体质特征上有着本质的区别。所以在没有更多的论据的情况下，大多数人都不再认同这种说法。我们认为，这种观点的最大疏漏是：人们常说的印度文化的一切都是在雅利安人进入印度以后才逐渐形成的，如果按上述逻辑推论，孟高棉语族人是在雅利安人到达印度之前就迁入东南亚了，何以能从其发祥地带来印度文化？

许多中外学者从考古、语言学等方面进行研究与考察，得出了南亚语系人中国大陆起源说的结论。"到目前为止，没人尝试从语言学和考古学的视角去撰写一个南亚语史前史的综合报告，但是有一点是可能的，即泰国东北部的许多史前遗址，如侬诺他和班清，原来是由使用南亚语系语言的居民占据，在公元13世纪的泰人王国建立以后，这些居民最终成为同化倾向的牺牲品。另一项很有意思的研究是重建的原始南亚语言的词汇表明，从印度东北部到中国南部和越南北部的新石器时代考古方面有关稻谷方面的知识，是完全一致的。南亚语系语言一度也曾在中国南部非常广大的地区使用，其语言踪迹甚至向北远至扬子江。"①大多数中国学者认定该语系人源自我国西南的百濮族群。京人的越南语、高棉人的高棉语（即柬埔寨语）和孟人的孟语是这一语系中最重要的代表性语言。越南语、高棉语还是时至今日越南和柬埔寨两个国家的国语。而孟语和高棉语两者则更加接近。

按大多数学者的意见：孟族先民从华南一带南迁至湄公河上游，再经湄公河、湄南河河谷继续逐步南迁，最后到达缅甸与泰国南部。它是在今日缅甸和泰国境内首先建立国家的民族。据英国学者卢斯（G.H. Luce）的观点，可能早在公元前2000年左右，孟族就已来到今日泰国西南部和下缅甸一带，过去称为罗摩迎的地区（巴利文Ramanya，原意为"快活之地"）。著于6世纪的锡兰《大史》的第76章中也出现过这个地名。②

我国学者陈序经曾论证过："他们——猛与吉蔑（即"孟与高棉"的另一音译法）最初可能是居住在中国的西南而靠近现在的中越缅与老挝交界的地方，在越南北部有所谓猛安南（Mon-Anam）的名称，后来慢慢地向南迁移，居于湄公河的上游的孟（Mun）河一带。""东南亚各处的猛人似乎是从湄公河的上游而来，所以他们被称为猛吉蔑人。大致上，他们分为二支，一支向东南移，建立扶南真腊，一支向西南移，建立猛族诸国。"③

综合中外史籍所述，参考至今所得的少量考古证据和一些学者的研究成果，可知泰国、缅甸、马来半岛的北部一带，"这些地方，我们相信在公元前数世纪中，已有了孟人居住。到了公元1和2世纪，孟族的势力逐渐扩大，其所占领的土地，可能延伸到现在缅甸的西边达到孟加拉湾海岸。""在扶南建国之前，这个孟人国也可能是一个统一的国家，到了后来，才分为好多个国家，成为一种邦联制。在某个时期中，某个国家

① 《剑桥东南亚史》I，第88页，转引自A. 齐德、N. 齐德：《原始蒙达文化词汇：早期农业的证据》，载P. N. 詹纳等编《南亚语言研究》，火奴鲁鲁，1976，第2卷，第1295—1334页。根据J. 诺曼和T. 李·梅的观点，甚至"扬子"一词本身就来源于南亚语言，参见《古代中国南海地区的南亚语言，某些词汇的证据》，*Monumenta Secrica*，第32期，1976年的论断。
② ［缅］《缅甸百科全书》（缅文）第10卷，缅甸翻译学会，文学宫出版社，1968，第409页。
③ 《陈序经东南亚古史研究合集》下卷，海天出版社，1992，第739—741页。孟族曾被译成蒙族或猛族，孟高棉也被译为蒙吉蔑或猛吉蔑。

是霸主，但是在另一个时期中，可能某个国家又成为霸主。"[①] 当时人们统称它们这些国家所在的地域为"罗摩迎"或"金地"，后来因此地正处于中南半岛乃至中国西南的出海口，又被称为"堕罗钵底"。这几者所指的地域范围却是完全一致的。

从古代孟族碑铭得知，他们早期自称Rmen（《汉书·地理志》中的邑卢没国可能就是此名之汉译名），9世纪初至11世纪中叶孟族的白古王朝自称Rman，到了现代，他们才自称Mon。[②] 缅甸人曾一度称孟人为"得楞"。据考证，这一称谓是从14世纪中叶才开始出现的，缅甸人误以为从中天竺来到金地的Tilingana人就是孟人，将其统称为"得楞"，而孟族人则认为这是一个侮辱性的称谓。所以在缅甸独立后，缅甸政府为了民族和睦，曾三次下令废除此称谓。

三、藏缅语族人

历史上最后一次的民族大批向东南亚地区的迁徙，是在公元初始前后，由汉藏语系人进行的。汉藏语系中的藏缅语族人进入东南亚略早，而该语系的侗台语族人则稍后。

进入缅甸属藏缅语族的有：骠、缅、若开、克钦、钦、那加、傈僳等族。今日骠族已消亡；缅族已成为缅甸的主体民族、第一大族，约占缅甸总人口的69%，3,470万人；若开族约占缅甸总人口的5%，250万人，主要聚居于缅甸若开邦内；克钦族约占缅甸总人口的2.5%，126万人，主要分布在钦敦江上游和伊洛瓦底江上游，以克钦邦为聚居中心；钦族约占缅甸总人口的2.2%，110万人，大部分聚居在钦山区，还散居于实皆、马圭、勃固等省和若开邦；那加族约占缅甸总人口的0.2%，10万人，散居在印缅边境的那加山区；傈僳族约占缅甸总人口的0.11%，5.5万人，散居在高黎贡山区。

缅甸的骠、缅等族的源流问题，历来有两种主张：一为土著说，一为移民说。移民说又分为两种，其一是源自印度说，另一是源自中国大陆说。

土著说，早在缅甸古籍中就有如下记载：

小历16年（公元94年）全国分裂为三支，即骠、干延（若开古

① 陈序经：《猛族诸国初考》，《中山大学学报（社会科学版）》1958年第2期。
② Rmen→Rman→Man→Mon 是个音变的过程。

称）、缅甸各一支。此后骠与干延开战，双方达成协议：人马多者胜，各造一大佛塔。骠建塔于室利差呾罗城西，干延建塔于城北，先竣工者胜。干延用砖块建造，塔未完成；骠人聪明，用竹子编成塔状，围以白布，塔尖升伞。干延人见了，自知失败，匆匆逃遁。干延走后，骠人自相争斗，随后又分裂为三：一股并入甲宾，一股并入德，最后一股在当纽一地立国。3年后，在孟人的攻击下崩溃，之后又在班当德达一地立国，6年后又遭干延人的进攻而陷落，继之又建敏东，又历3年，到小历29年（公元107年）时萨牟陀梨王在永录遵开始立国。[①]

缅甸独立后，一些缅甸学者重新提出此说，其中最具代表性的是吴巴莫。他在1985年发表过的一篇题为《缅人的起源》的论文中谈道："在缅甸崩当地区发现了高等人属和猿属等灵长类动物，当时把所发现的古猿化石定名为'崩当种'，该地区的地质年代约4,000万年。正是在缅甸，发现了迄今世界上年代最久的高等灵长类动物。""从猿猴到人的进化顺序是原上猿、埃及猿、森林古猿、腊玛古猿、西瓦古猿、南方古猿、巨猿、直立人、智人、现代人。因此上述高等灵长类的始祖就应该是崩当种了。此外，在缅甸瑞敏丁山岗纳外奎村附近发现了人类上颌骨的化石，上面还保留着臼齿与前臼齿。这进一步说明，我们开始找到了人类进化过程中早期与晚期相连的环节。现在已经把所发现的化石定名为'缅甸人'，它可能与'北京人'同时代。""特别值得一提的是，在缅甸发现高等灵长类动物化石在中国还没有发现。因此可以下这样的结论，即人类进化的发祥地只可能是缅甸。所以缅甸人的祖先不大可能是蒙古人和中国人，恰恰相反，蒙古人和中国人是'逐水草而居'逐渐北迁的。"进入20世纪90年代以来，缅甸政府又在崩当崩尼亚地区进一步发掘到一些古猿化石，所以包括缅甸官方在内的一些缅甸人更加相信并大力宣传"缅人起源于缅甸""缅人起源于史前时期"的观点。有的缅甸学者更进一步将缅甸的族名Mianmar按字意解释为"既敏捷又强壮"的民族。有的缅甸学者则认为骠族也是出自缅甸本土的民族，声称"骠即缅，缅即骠也""真正的骠人就是缅人"。我国一些学者如方国瑜先生、

---

① ［缅］《琉璃宫史》上卷，李谋等译注，第154—155页。佛历624年，缅甸苏蒙陀利王辞世之年，废622年余2年称为小历。后蒲甘卜巴苏罗罗汉王在位时又将小历562年，废560年余2年，改为今日的缅历。但泰国称缅人谓"小历"者为塞伽历，而称缅历为"小历"。

陈茜先生等也曾著文发表过类似的观点。① 但是上述吴巴莫的论述推理显得过于简单，令人难以信服。其原因有三个。（1）古猿与原始人类是两个概念。据考证，原始人类是从古猿一步一步经过了一个漫长的过程进化而来的，但并不能认定所有古猿都是人类的始祖。（2）某地的原始人类并不一定是当今该地主体民族的始祖。（3）缅甸所发现的古猿化石也好，纳外奎人的骨化石也好，至今都还没有得到国际相关学科专家学者们的认证。

　　源自印度的移民说，是古代缅甸学者的观点。在释迦牟尼尚未成佛的很久以前，中天竺的般遮罗王与拘利耶王因联姻事引起大战。拘利耶王所辖拘利耶、提婆陀诃、迦毗罗卫三国大军败北。迦毗罗卫的阿毗罗阇遂离开中天竺到达缅甸北部创建太公城为王。② 其后，很长一段时间缅甸人都坚信这种说法。比如在民族觉醒的年代，德钦丁写于1930年为广大缅甸民众所熟悉喜爱的《我缅人歌》开始就明确写道："我们缅甸人，太公王朝阿毗罗阇传至今。"一些缅甸学者又结合缅甸历史所述印度神话的说法：人类是梵天神下凡而成的，推断 Myanmar（缅甸）一词由 Byahmar（梵天）一词音变而来，所以缅甸的族名就是取"梵天神下凡而成的"民族之意而来的。曾任下缅甸英国专员多年的潘尔（Arther P. Phayre）在他1883年出版的《缅甸史》中也沿用此说，指出公元前850年印度王子来到缅甸建立了太公古国，并且提出缅甸人的另一自称 Bamar 的命名缘由在于缅甸人来自印度布拉马普特拉河流域。但此种源自印度移民说，推敲起来也难立足。其原因有四个。（1）历史上某个王朝的最高统治者或集团并不一定是该地主体民族的一员。（2）经考古发掘测定太公城并不像传说中的那样久远，它还没有缅甸境内骠国故都毗湿奴城古老。③ 毗湿奴城存在于1—5世纪。④（3）印度的主体民族雅利安人与今日缅甸人从民族上分析根本不属于同一民族支系。（4）如上所述，缅甸族名 Myanmar 一词源自 Byahmar（梵天）之说纯属臆测推论，并无其他依据。

　　另一种是源自中国大陆说，英国学者卢斯（G.H. Luce）在20世纪初

---

① 方国瑜：《古代中国与缅甸的友好关系》，《东南亚》1984年第4期；陈茜：《试论缅族的形成问题》，《东南亚资料》1982年第2期。

② 《琉璃宫史》上卷，第126—131页。

③ ［缅］吴昂道等：《古代缅甸都城》（缅文），仰光，1993，第218—219页。

④ 根据碳–14年代同位素测定法，毗湿奴城存在于公元60—220年。参见 Bob Hudson, "*A Thousand Year before* Bagan: Radiocarbon Dates and Myanmar's Ancient Pyu Cities," http://www.researchgate.net/publication/329865827。

提出此观点。他以中国史籍为依据认定缅甸境内骠人、缅人等的先民是羌人。其实，汉藏语系人源自中国大陆西北地区的氐羌族系，这是毫无疑问的。在中国北方鲜卑人势力大盛的影响下，部分羌人在中原与汉族融合，部分羌人逐步南迁，在公元初始前后到达川滇一带，有的则更早一些就沿着这个"民族走廊"进入了东南亚。中国西南川滇通往东南亚印度的通道早在公元前就已形成。据印度《政事论》和《摩奴法典》记载，早在公元前4世纪四川的丝绸已经通过云南运到缅甸、印度出售，并转销西亚、欧洲。我国《史记》载：公元前2世纪张骞出使大夏（今阿富汗）见该地有四川特产，知已有川滇印古道存在。法国东方学家保罗·伯希和在他的《交广印度两道考》一文中也曾对云南入缅各通道进行过仔细考证。① 这一通道为民族的迁徙提供了便利条件。

藏缅语族人中最早进入东南亚的是骠人。从缅甸考古材料得知，公元1世纪至9世纪缅甸境内曾出现过骠国。已发掘的骠人古城遗址有毗湿奴、汉林、室利差呾罗等多处。卢斯在《早期缅甸史的资料》一文中说："在语言上，他们（指骠人）显然属于藏缅语，看来已经失去了全部结尾辅音，但在书写的八个声调上可做区分。"② 《缅甸大百科全书》中也说："骠人所操语言是藏缅语之一，和缅语很接近。"③ 大多数中国学者根据中国古籍材料也推断骠人源于我国西北。有学者推断："骠人属于羌族，又谓出于朱波或朱江，源于黄帝族裔帝尧之子丹朱的一个支族。当丹朱族由河南丹江南迁至湘西时，其中可能有一支族人由丹朱族分出而成朱波。朱波即朱婆，又称朱江，与朱公一音之转。朱江或即今湘西之麻阳县锦江，因产丹砂色带红而得名，亦为朱江人迁此之故而得名。朱婆、朱公似为母族、父族之名称。故在（湖南）黔阳有漂水、龙标山、龙标等地名，当为骠族发源地之一。"④ 我国浩瀚的史书典籍中也有不少有关骠人骠国的记述。只不过是所记名称多样，使人以为是多个不同国家而已。如《史记·大宛列传》载："然闻其西可千余里有乘象国，名曰滇越，而蜀贾奸出物者或至焉，于是汉以求大厦道始通滇国。"⑤ 据缅甸华裔学者陈孺性考证，"滇越""盘越""汉越"等皆为"漂越"之误写，而"越"

---

① ［法］保罗·伯希和：《交广印度两道考》，冯承钧译，中华书局，1955。
② 卢斯（G. H. Luce）编《早期缅甸史的资料》，赵嘉文译，《东南亚资料》1981年第3期。
③ 《缅甸大百科全书》第7卷，第90页。
④ 何光岳：《百越源流史》，江西教育出版社，1989，第182页。
⑤ 余定邦、黄重言编《中国古籍中有关缅甸资料汇编》上册，中华书局，2002，第2页。

字亦非"百越"民族之"越"，而是"地域""国家"之意。① 再如《汉书·地理志》中写有"谌离国"，据考证故地在今日缅甸中部卑谬一带，原名"室利差呾罗"，故"谌离"很可能就是"室利"的另译，即骠国一故都名。就连"骠"这个名字在中国史籍中也出现过"漂""剽""缥""僄"等多种异写。根据考古所得和各方面史料对应考察可以得出的结论是：早在公元前些时候骠族就已经进入今日缅甸中部，② 公元初始时开始建国，公元9世纪中叶骠国被其同族的南诏国所灭，其后骠人逐步被后来进入缅甸境内的缅族同化。值得人们注意的是，从历史、经济、习俗、信仰和语言等方面将骠族与南诏主体民族——白族进行平行对比，足以令人惊奇地发现两者实际上是一个民族的两个分支而已。③ 相信通过进一步的对比研究与考证，一定能更加清晰地看出骠人的源流与迁徙历程。

缅人是继骠人以后进入今日缅甸境内的另一批藏缅语族人。虽然缅人与骠人并非像缅甸一些人所说的那样："缅即骠，骠即缅"，但是两者的关系的确非常密切。首先骠、缅两族皆源自中国西北的羌人。他们南迁的时间虽然有先有后，但是迁徙的路线是基本一致的。20世纪30年代研究缅甸问题的英国学者卢斯根据对中国史籍的研究，认定缅族先民是生活在甘肃一带羌族的一支逐步南迁而来的民族。公元后到达云南澜沧江以西，7—8世纪才进入缅甸。他还考证了缅语和11世纪生活在甘肃一带的羌族一支党项人的语言有着密切的关系。④ 卢斯的观点得到了大多数缅甸学者的认同，其中包括缅甸的丹吞博士、波巴信等著名历史学家，也得到许多世界历史学家、人类学家的赞许。但卢斯具体分析我国史书上的"望苴蛮""望外喻""芒蛮"等是原始缅人，却值得商榷。因为我国一些民族学家考证"望苴蛮""望外喻"是属于孟高棉语族的佤族先民，而"芒蛮"则是属于侗台语族的傣族先民，与缅人没有直接的族源关系。⑤ 我国学者岑仲勉曾指出《史记·西南夷列传》中所说的"靡莫"

① 陈孺性:《关于"僄越""盘越"与"滇越"的考释》，台湾《大陆杂志》第84卷，1992。

② 陈孺性:《关于"僄越""盘越"与"滇越"的考释》。该文甚至认为:"骠族人约于公元前4世纪至公元前3世纪期间，即已定居于伊拉瓦底江流域的平原地带，亦即今日缅甸的中部。"此结论时间似略早。

③ 李谋、李晨阳:《骠人族属探源》，《北京大学学报》(哲学社会科学版) 1997年第3期。

④ G.H. Luce, *Old Burma: Early Pagan* (Locust Valley, New York, NY: J. J. Augustin, 1969).

⑤ 尤中:《中国西南的古代民族》，云南人民出版社，1980。

可能就是缅族的前身。①岑仲勉先生虽不懂缅文，但他的推论是非常正确的。据查在缅甸发现的刻于1102年的孟文碑铭《江喜陀王建宫碑》中出现了孟人称缅人的Mirmar一词，而缅文早期碑铭中Mirmar一词是在蒲甘出土的刻于1190年的《当古尼碑》正面20行末首次出现的。到1342年以后，Mirmar一词才逐步被Mrammar或Myanmar所取代。②非常明显，"靡莫"与"Mirmar"本来就是同一个词在几种不同文字中的不同写法而已。③缅族进入缅甸定居后，初始时与骠族混居。直到"太和六年（832年），南诏掠其民（骠人）三千，徙之拓东"，④"该王（彬比亚）即位后第三年，即缅历211年（公元849年）建蒲甘城"。⑤此后，骠人式微，缅人才掌握了蒲甘王朝的政权，逐步成为缅甸的主体民族。

　　若开族徙入缅甸境内的时间是个尚未破解的问题。因为根据族系推算，他们进入东南亚的时间为公元初始前后，而"据若开古代史传说，早在公元前就有人在此生息繁衍了。后来到此的是来自印度的相互有着亲缘关系的两支人群。一支在维沙里（Vesali，旧译吠舍厘），另一支以瓦杜（Wadu）神兄弟十人为首到堕罗钵底（Dwayarwaddy/Dharyawaddy，即今日丹兑）定居。后来在堕罗钵底的人们相互争斗，堕罗钵底毁。某些遗民投奔北边的维沙里。据传维沙里的历史可以追溯到公元前3325年，一些学者认为是公元前3341年。但这仅是史籍中所述，还没有考古发掘的材料可供证明"。⑥因此，本书也暂定骠人为最早进入东南亚的藏缅语族人。

---

　　① 岑仲勉：《据史记看出缅、吉蔑（柬埔寨）、昆仑（克仑）、罗暹等族由云南迁去》，《中山大学学报》1959年第4期；《东南亚历史论丛（第二辑）》，1979。

　　② ［缅］德班梭迎：《缅甸文化史》，亚敏文学社，1968，第56页。

　　③ 李谋：《缅族源流考析》，载梁志明、赵敬主编《北大亚太研究》第5辑，香港社会科学出版社，2001，第124—131页。

　　④ 《新唐书》卷二二二下《骠国传》。

　　⑤ 《琉璃宫史》上卷，第184页。

　　⑥ ［缅］吴瑞赞、吴三觉达、吴觉拉貌、吴达三昂：《缅甸若开邦发展史》，李谋译，《南洋资料译丛》2007年第4期。这是从缅甸购得的一本非正式出版的打印稿。原文上标明是1984年9月的打印稿，名为《若开邦发展史》第一卷（历史部分），作者为吴瑞赞、吴三觉达、吴觉拉貌、吴达三昂。书中写明了成书经过：1981年4月8日第二届若开邦人民委员会第七次会议通过了吴漆貌委员关于编写邦区历史的提案；1981年7月11日第二届若开邦人民委员会决定编写一部若开邦历史、政治、经济、社会、文化发展史并成立了以吴瑞赞为首的编写组；1983年9月26日全文（包括图片）定稿；1984年9月3日若开邦人民委员会主席吴觉貌为该书写了序言，打印成书稿。

四、侗台语族人

比藏缅语族人进入东南亚略晚的是侗台语族人（亦称壮泰语族、壮侗语族或台/泰—卡岱语群）。

而今日生活在缅甸的掸、克伦、克耶族等则属于侗台语族的泰掸语支者较多。掸族是缅甸的第二大族，约占缅甸总人口的8.5%，427万人，有一半聚居在掸邦，其余则杂居在克钦、克耶、克伦邦与实皆省；克伦族是缅甸第三大族，约占缅甸总人口6.2%，312万人，三分之一聚居在克伦邦，其他与缅族混居在三角洲一带；克耶族约占缅甸总人口的0.4%，20万人，聚居在克耶邦。

泰掸语支各族大多自称Tai 或Thai，中文则译成"泰""傣""岱"等，甚至我国壮族中也有这样自称的。"在壮泰系列民族中，自称Tai 的人很多，有中国广西龙州县金龙乡的壮族，云南的傣族，越南的岱族、泰族，老挝的老龙族和普泰人，泰国的泰族，缅甸的掸族。"[①] 在缅甸居住的掸族支系有傣卯、傣泐、傣腊、傣亨、傣定等30种。[②] 据考证，Tai字的原意是"人"，后来才派生成民众、族名和国名。而Shan或Siam等则是我国古代和临近一些国家对这一种族的称谓。我国不同时期曾译作"掸""裳""单"或"暹"等，如越裳（Shan族的国家）、掸国（Shan族的国家）、文单（Shan族之城，"文"为Vien的译音，即"城"）、暹（Siam族之国）等，实际上都是我国不同时期对Tai 族人建立国家的一个泛称而已。

通过语言、民俗、传说等多方面的对比或考证，人们逐步认识到泰掸人以及中国云贵两广一带的一些民族的的确确是同属一个语族的，而泰族、佬族、掸族和我国的傣族之间的关系更为密切，属于该语族的泰掸语支。

早在19世纪末20世纪初就出现了有关泰掸语支人发源地的几种不同说法：英国学者拉古伯里的川陕地区起源说[③]，美国学者杜德的中国西北

---

① 范宏贵：《同根生的民族——壮泰各族渊源与文化》，光明日报出版社，2000，第316—317页。

② 同上书，第243—244页。

③ 伦敦大学教授拉古伯里（Terrien de Lacouperie）在1885年发表的《在掸族中》一书的导言中说："掸族的发源地是在中国本部内，位于四川北部与陕西南部的九龙山脉。"

阿尔泰山说①，英国人派克的源自云南南诏说②，英国人戴维斯、泰国丹隆亲王、德国学者克勒纳等的源自华南两广云贵说③ 等。到了20世纪中期，随着一些学者对侗台语族归属于汉藏语系的质疑和泰国东北地区考古的新发现，又出现了美国学者路斯·本尼迪克特的源自马来半岛和印度尼西亚群岛说④ 和泰国学者清·裕里等提出的源自泰国本土说⑤。

泰掸语支人的起源是一个学术研究问题，人们各持不同的意见，原是很正常的，但却因政治因素和意识形态的渗入，将问题复杂化，以致曾长期争论不休，难获共识。这个问题包含三个互为联系的议题：一是泰掸人源于何地与邻近各族的渊源关系；二是泰掸人南迁；三是南诏国的族属。为探索这些问题，国际学术界与中国学者先后作了许多有益的研究与考证，近年来已取得了不少共识，有的早期提出的论点今日已无法立足，有的观点得到了修正，大多数人的意见渐趋一致。

看来，"侗台语族的先民是公元前生活在岭南一带的西瓯人，即我国史籍中称其为苍梧蛮者"的观点是正确的。⑥ 西瓯人在向南迁移的过程中又陆续分化出诸多民族支系来，泰掸语支人就是其中的一支。"西瓯人的后裔，即现今的壮泰各族是从一条根发展、分化出来的，泰国的泰族、缅甸的掸族、老挝的老龙族、中国的傣族、越南的泰族受到印度文化和佛教的影响以及地理环境的不同，朝一个方向发展。"⑦ 从侗台语族分化

① 1923年，美国牧师杜德（W. C. Doda）发表《泰族——中国人的兄长》一书，认为"泰族的故居在阿尔泰山一带，以后逐步从北方迁入中国，公元6世纪起又从中国中部大规模迁到南部，再从南部迁入印度支那半岛"。

② 曾任英国驻海南岛领事的派克（E.H. Park）在其1894年所著《南诏》一书中说："南诏是泰人的王国，尤其是南诏创业始祖细奴逻王室是地地道道的泰族王室。"

③ 英国印度殖民政府情报官员戴维斯（H.R. Davies）1909年出版的专著《云南——连接印度和扬子江的链环》。丹隆·拉查奴帕亲王于1924年在朱拉隆功大学发表了关于暹罗古史讲演稿，后辑成《暹罗古代史》出版。此书被译成外文，中译本于1930年由商务印书馆出版。丹隆亲王说："汰族（泰族）初发源于中国之南方，如云南、贵州、广西、广东四省，以前皆为独立国家。泰人散处各地，中国人称之曰番。"德国克勒纳博士（Dr. W. Credner）1930年在《暹罗学报》上发表《南诏故都考察记》一文，原为德文，后又译成英文。他认为："泰族并非由北面徐徐移居于云南南部地势最低的现代住所。他们乃从华南的热带低地移来，最先由粤、桂两省移至南部和西部。"

④ 1942年美国学者路斯·本尼迪克特在《人类学》一书中写道："泰族人有马来血统，是从马来半岛的南部向北部迁徙的。"

⑤ 1967年泰国艺术厅出版了泰国著名考古学家清·裕里撰写的《泰国的史前时代》一书，裕里在书中写道："远在50万年至1万年前的旧石器时代，在现今泰国的土地上就已经有人类居住。以后经历了中石器时代、新石器时代、金属时代并进入历史时代。"现在人们"还可以看到各个时代延续至今的文化遗迹"。

⑥ 范宏贵：《同根生的民族——壮泰各族渊源与文化》，第322页。

⑦ 同上书，第17页、第322—325页。

出的泰掸语支人早在公元前就已到达了中南半岛北部和云南南部的峡谷平原一带繁衍生息，具体来说，"泰语民族的先民居住的地方就在今广西西部、云南东南部和越南北部交界一带的地区"。[①] 公元初年，其中一部分再南下进入中南半岛成了今日掸族的先民，而另一部分泰掸语支人仍留在云南及与中南半岛交界一带成了傣族的先民。到了13世纪，居于中南半岛北端的泰族先民才开始建立国家，再逐步向南拓展。

第二节　缅甸境内的早期国家

根据中印和缅甸本地古籍以及一个多世纪以来的多次考古发掘所得文物与遗址，参照缅甸境内各主要民族的迁徙发展形成史，虽然直至今日尚无法确认在缅甸最早出现城邦式的早期国家是哪个年代哪个民族的，但是可以断言，从公元初始至9世纪这一段时间内，在缅甸境内曾存在过许多民族的城邦式早期国家，尤其是骠国属下有18国之多，它们几乎遍布全境。缅甸西部若开北部有甘延族（缅甸对若开族的古称）的定耶瓦底、维沙里，缅甸东北角有掸族的掸国，缅甸南部临海有孟族的苏伐那蒲迷（金地），中部伊洛瓦底江流域有骠族的骠国（包括德冈、汉林、孟卯、毗湿奴、蒲甘、室利差呾罗等古城），甚至在南端土瓦河畔还发现了可能也属于骠国的达格雅和牟梯古城。

一、若开人的早期国家——定耶瓦底、维沙里

当今缅甸境内西南若开狭长的海岸地带是梅育河、格拉丹河、莱茂河等的河谷平原，平原的土地肥沃。平原南侧是海，其他三面都被高山围绕着。它和东侧的伊洛瓦底江河谷被若开山脉间隔开来，其间只有当构山口和安山口相通。这一地区在史前时期就有人类活动，原住民是小矮黑种人即尼格利陀人，后来人们称这一地带为若开。[②] 这一地带多处发现过石器时代的砍砸器、石斧等，也有不少古代洞窟。

定耶瓦底时期若开有句俗话："若开始自定耶瓦底[③]。"缅甸某些史籍

---

①　何平：《中南半岛民族的渊源与流变》，民族出版社，2006，第244页。

②　后来者把原住民看作是印度神话中所说的魔——罗刹（Raksasa），把这个地方称为罗刹国。随着时间的推移，语音发生变化，Raksasa变成了Rakain，即今日若开名称之来源。印度人称其为Arakan，故近代也有人译之为阿拉干。

③　定耶瓦底（Dhanyawati）是传说中若开最早王朝的名字，原意是"粮食富有的地区"，据各代若开史所记，定耶瓦底在今若开邦东北部。

记载，早在第一定耶瓦底王朝之前，定耶瓦底城即今日的丹兑城就已存在了。[①]

根据若开史载，约公元前3325年至公元前1483年是第一定耶瓦底王朝，前后共历59代王，是马来由王创建的。传至第54代敏艾骠拉西都王时（公元前1507—公元前1506年），离开定耶瓦底向南行至吉萨巴那底河东岸建新都称王不足一年，就被三名奴仆短暂篡位，合计在位也不满两载。这个王都就被后人称为甘东钦（遵东钦变音而来，遵东钦意即"三代奴"）；此后敏艾骠拉西都王的王后又迁都至尼拉勃东；再后来兵败的德冈国主大甘罗阇逃亡至此，娶敏艾骠拉西都王后之女紧靠尼拉勃东建皎勃当城为王24载。因公元前1507年以后20余年间政权多次易主，定都地保持时间较短，故历史学家们把这一段时间都归入第一定耶瓦底王朝之内。公元前1483年，大甘罗阇王将王都迁回定耶瓦底，从大甘罗阇王传28代，至公元前580年底里罗阇王时，即第二定耶瓦底王朝。公元前580年底里罗阇王死，其子继位迁都皎道，是第三定耶瓦底王朝之始，下传25代，至公元327年，王朝结束。

继其后的是定都于格拉丹河谷的维沙里王朝[②]。

虽然如上所述关于若开的传说非常丰富，而且年代久远，但是因至今尚未进行过系统的考古发掘，仅仅得到少数文物，所以很难证实像传说中的那样若开历史极其久远。若开出土的一块8世纪碑铭具体列出了公元前6世纪以后的各位王名和继位年代与传说相差甚远。而且根据碑文所述，从公元前518年至公元202年的720年间有6位若开王，即平均每人在位120年，也是不足信的。[③]

根据目前考古所得到的一些线索，对照印度史、印度与东南亚交流

---

① 缅甸文化部国家博物馆长杜努妙三：《妙乌考古博物馆显示的古都妙乌》，载《缅甸古都》，第116页。但为何此处孟人故地堕罗钵底与若开人古代定耶瓦底王朝会混在一起，待考。关于丹兑城有个神话传说，敌人一来该城就会自动飞上天空到达大洋彼岸，等敌人返回之后，再飞回原地。后来瓦杜德瓦（意为"蛇神"或"毗湿奴"）、巴拉德瓦（意为"力量之神"）兄弟二人占据了该城，并使其不再会飞，建都称王。在该兄弟二人子辈时城毁。缅甸史中把该城称为"甘延国"。该城毁后，瓦杜德瓦王妹金萨纳德瓦与一位婆罗门学者逃亡北方，在无王的维沙里停留下来建都称王。此后，又在吉萨巴那底河东岸建鄂奎叮当城。瓦杜德瓦王的后裔遂在吉萨巴那底河东岸的99镇与西岸99镇繁衍称王。后来，维沙里因被称为"魔"的食人野人来攻而毁。

② Wethali，一般认为维沙里是继定耶瓦底之后，若开史上一个非常光辉的时代。一译吠舍厘，原意是"盛产各种各样谷物的地方"或"商贾们集中生活的地方"。

③ 若开曾出土了一块公元729年阿难陀旃陀罗王在位时刻制的一块石碑。碑文追述了在他以前的35位君王即位的年代与名讳，其中最早的6代王有4人是佚名，且每人均在位120年。可见最早几位君王是否真的有过，是不足信的。

史和若开当地情况，可以肯定的是：1世纪至2世纪左右由印度逃亡来的贵族开始在此地建国。

1956年缅甸历史学家丹吞博士在考古发掘所的材料和前人研究的基础上，根据刻于公元729年阿难陀旃陀罗王碑文编制成了若开三个王系表①，这是至今比较权威的一种意见。

其中，除第一王系表中从公元前518年至公元202年的最前的6位各在位120年的君王的存在不足为信以外，表中所列公元202年以后继位的30代君王的在位时间大致上都是可信的。另外，"从出土的银币得知还有碑文上未提及的10位君王"。②

维沙里时期。据传虽然处于妙吴城北8公里的维沙里早已是若开的一个名城，但定耶瓦底王朝诸王曾定都于定耶瓦底，到了327年第三定耶瓦底王朝的最后一位国王岱旃陀罗（碑文中写作兑温旃陀罗）继位，并于当年将都城迁往甘送辛，后又将都城迁回维沙里地区。维沙里城建于山岗和平原交界处。"该城宏伟壮丽可与神国媲美"，是个有着极好城墙和壕堑的城堡，面积约为7平方公里。城的四周有人们的居住区，西部不远处有延河码头，城南利用山势建造了一座水坝，城内的小山岗和东部环绕的山岗是天然的观察来敌的瞭望台。前后几代君王都是威德显赫、武功精湛的人，曾征服过邻近的很多国家。③因为对维沙里尚未进行系统的发掘，所以还无法从地层状况确切得知它最后是如何毁灭的。根据若开古籍所述，733—769年在位的素拉旃陀罗王因头疼从水路移驾到下属顶兑国，返回时御舫在那加意外损毁，王崩，国内大乱。769年若开的马尤族父子三人夺得维沙里政权；776年东部卑谬的骠人借机大举进犯维沙里，马尤族的贝漂王子率众抗击了来犯之敌；793年掸人侵入

---

① ［缅］吴瑞赞等：《缅甸若开邦发展史》，李谋译，载《南洋资料译丛》2007年第4期，第25—43页。此处将《缅甸若开邦简史》所列王系表补列于后，供研究者们参考。公元前518年—公元202年的720年间先后有6位君王各在位120年，此说极不可信，可略去不计；202—229年旃陀罗答亚，229—234年安娜蔚达王，234—311年一位佚名者，311—334年任勃伊亚巴，334—341年顾维亚米王后，341—361年乌玛维偌，361—368年祖格纳，368—370年林给等人先后在位；370—425年兑温旃陀罗，425—445年罗阇旃陀罗，445—454年伽拉旃陀罗，454—476年德瓦旃陀罗，476—483年伊尼亚旃陀罗，483—489年旃陀罗班度，489—496年布米旃陀罗，496—520年布帝旃陀罗，520—575年尼帝旃陀罗，575—578年维耶旃陀罗（或）维岳旃陀罗，578—590年勃伊蒂旃陀罗，590—597年勃伊蒂瓦旃陀罗，597—600年陀伊蒂旃陀罗等王先后在位；600—612年摩诃维耶，612—624年维耶亚扎，624—636年得温印，636—649年陀尔玛杜耶，649—665年瓦扎亚嘎蒂，665—701年泽利陀尔玛维扎亚，701—704年那岩陀罗维扎亚，704—720年陀尔玛旃陀罗等王先后在位，720年时阿难陀旃陀罗王继位；公元6世纪以后继位诸王中，有多位都有出土银币可佐证。

② ［缅］吴瑞赞等：《缅甸若开邦发展史》，第25—43页。

③ 同上书。

若开，贝漂王逃亡去世，掸人烧杀抢掠，一年后才退兵。丹兑被骠人占据。794年素拉旃陀罗王的遗腹子绍瑞鲁称王，他将都城迁往维沙里东部的山巴威。他是一位有能力的国王，但818年被东部卑谬的细作谋害身亡。他的同母异父兄弟齐拓丁继位，又将都城从山巴威迁往彬萨，建彬萨城，这是若开历史一个新阶段的开始。历史学者们将山巴威城毁的818年作为维沙里王朝的结束，非常光辉的维沙里文化由于掸人的入侵而败毁了。[①]

二、孟人的早期国家——苏伐那蒲迷（金地）

"在东南亚的各国历史上，孟人或孟族国，是历史很长，而文化又很高的国家。它比之我们所知道的较古的扶南，其历史似乎还要古；其文化，可能还要高。在地理上，孟人国的地位，是介于西边的印度以至欧洲与东边的扶南以至中国的中间。这是历史上东西交通的一个要冲，是商业繁荣的区域，是物产珍品丰富的地方。"[②] 孟人在东南亚古代历史上占有重要地位，对东南亚历史和文化的发展作出了重要贡献。

据孟族本族的史料记载，有的说公元前17世纪就已存在；有的说早在佛陀尚未悟道成佛之前，即公元前5—6世纪时孟人就在金地、直通[③] 建立了孟族的第一个王朝——苏伐那蒲迷直通王朝。在第一孟王朝时期，孟族的语言文学、文化艺术等就有了较充分的发展。[④] 在直通未建城之前，当时曾有一城，因一条大河横贯城中，大河两岸鳞次栉比非常繁华，故名之为"杜本那那加"[⑤]。该城败毁后，天帝释与仙人等又为杜窦达玛那路林[⑥] 王建造了一座墙、壕各有七层的杜达玛瓦底[⑦] 城，该城即直通城。城又毁，天帝释又与两位仙人为悉利亚贡玛王子重建一座墙、壕各有七层的城，该城名为苏伐那蒲迷。[⑧]

---

① ［缅］吴瑞赞等：《缅甸若开邦发展史》，第25—43页。

② 陈序经：《猛族诸国初考》，载《陈序经东南亚古史研究全集》下卷，第374页。

③ 直通：缅甸地名，孟文原名为给随萨东（意为"榕树荫下一石窟"），后因语音变化Keiswe Satong → Satong → Thahtong，成为直通。

④ 缅甸社会主义纲领党编《缅甸联邦民族文化传统·孟族卷》（缅文）1977年4月，第14—15页。

⑤ Subennanaga, su意为"美好"；benna意为"被分开"；naga=nagara意为"城镇"。

⑥ Suddhamarnalulin, suddha意为"心地善良", marna意为"气质不凡", lulin意为"青年"。

⑦ Sudhammavati, 意即"善法城"。

⑧ 转引自［缅］《缅甸古都》，第203页，吴彬尼亚编《直通史汇编》，缅甸直通，杜达玛瓦底出版社，1927，第36页。

公元前5世纪前后就定型了的印度两大史诗之一的《罗摩衍那》中就出现有"苏伐那蒲迷"①之名。公元后第一个提到这个地名的是古希腊著名地理学家托勒密（Claudius Ptolemaeus，90？—168年），在他的巨著八卷本《地理志》（亦译《地理学指南》）中谈到印度以东有"金地"，并说在莫塔马湾一带有矮小粗壮的野人。②其后，《岛史》《大史》和三藏经中的《一切善见律》中都出现了这个地名。中国古籍载，3世纪时今泰国中部靠近暹罗湾的地区有金邻国，故中国古代也曾称暹罗湾为金邻湾。还明确记载该国的地理位置是"从扶南西去金陈二千余里"。③ 9—10世纪阿拉伯史籍中有从苏伐那蒲迷运往印度销售金银饰物、香料的记载；15世纪的格拉亚尼寺孟碑文将苏伐那蒲迷定义为罗摩迎地区，就是如今的孟邦。根据佛教传说和格拉亚尼寺碑文，须那迦长老和郁多罗长老受印度阿育王派遣，第一批来到这个小镇传播佛教。

苏伐那蒲迷古国的准确定义，在远东早期地理学上是一个争论不休的问题。亨利·耶尔爵士认为苏伐那蒲迷或金地属于古印度到印度支那地区；兰森将苏伐那蒲迷的位置定为如今的勃固或伊洛瓦底三角洲；耶尔上校将该名称定义为莫塔马湾的一个海角或海岸某地；知名印度历史学家马宗达博士将苏伐那迪巴和苏伐那蒲迷定义为印度支那（缅甸和泰国）和马来群岛；罗米拉·塔普博士则提出苏伐那蒲迷可以被认为是若开；公元17世纪中期的贾布提·巴·尤春·克延姆认为，苏伐那蒲迷地区的57个镇区是泰国清迈。④

总之，学界认为苏伐那蒲迷（金地）地处今日下缅甸、泰国中部靠近暹罗湾一带的人居多。苏伐那蒲迷的中心在哪里，缅泰两国学者一直争论不休，未能达成共识。

缅甸学者认为直通是当年金地的中心，直通地区最早被称为耶卡补罗（Yekkhapura，水鬼们的国家）。据传，比林镇的邹窭村梯桑塔就是水鬼们建造的，至今丹伦江口还有个比鲁岛（魔鬼岛）就是证明。但是，泰国学者则认为在今日泰国西南部的佛统才是最早建立孟族国家的中心。泰国国家博物馆长巴通·储平攀（Prathoom Chumpenth Pan）根据泰国地

---

① 梵文为Suvarnabhumi，印度史籍称为苏伐那蒲迷，英文意译为Golden Land，即"金地"，中国古籍中的金邻、金陈都是金地的异名。

② 《基础缅甸政治史》第一卷，第189页。谈到此处，托勒密继续评论道："那些人可能就是土著澳斯特罗人，缅甸文中称其为魔鬼的人，当孟高棉人来到他们生活的地方时，无力抵挡，最后只好退到海岛上去了。"

③ 《太平御览》卷七九〇《金邻国》。

④ ［缅］敏昂：《考古田野考察溯源》，《劳动人民日报》（缅文版，仰光）1976年1月29日。

区发现的扶南王国时期遗留下来的大量金器，以及湄南河流域许多地名都跟金子有关这一事实，断言泰国素攀府的乌通城（U-Thong意为"金城"）才是当时金地的首府。

关于直通城传说曾两次兴建。第一次在乌巴德瓦王在位时初建，就在该王时城毁，民众分成两支逃离。一支向南在莫塔马附近建堕罗钵底城。另一支由乌巴德瓦王之子佐达贡玛（即亚扎索尼王）率领向北在今日岱基村附近建玛尼达罗蒲迷杜达玛瓦底城，七年后王死，其子悉利马索卡（即亚扎梭威王）在比林河附近瑞当因地区建哈利亚蒲迷杜达玛瓦底城，但该城疫情严重而再次移至给拉达山脚下建杜达玛瓦底城，此城即苏伐那蒲迷，开始了第二孟王朝。传了10代之后，由于水土流失城毁，尤甘那亚扎王时又迁回了直通旧城处重建城池，再传40余代。直通王朝共传了59代，至摩努哈王时（1057年）为缅甸蒲甘王朝阿奴律陀王所灭。[1] 有的则记为："在孟族史中记载有在直通进行统治的底哈罗阇王至摩奴哈王共7代王的名号。看来这些国王当时不仅统治着直通，也一直统治着堕罗钵底国（故地在今泰国境内）。泰国的一些历史学家认为1057年阿奴律陀王攻打的并非直通，而是佛统（Parapahton）。这的确是应该考虑的一点。"[2] 现在人们能描述清楚的只有存在于13世纪末至18世纪中叶的莫塔马王朝（旧译马都八），缅甸人称其为第三孟王朝。从1287年瓦里鲁（旧译伐丽流）开始在下缅甸称王，传至第八代彬尼亚乌（旧译频耶宇，1353—1385年在位）迁都勃固，再传至第二十二代彬尼亚达拉（旧译莽哒喇，1747年即位），1757年被缅甸贡榜王朝开国君王吴昂泽亚所灭。此后孟王朝属地完全并入缅甸版图，成为缅甸的一部分。

对直通城的实地考察的情况如下。

对直通关注的第一人是殖民主义统治时代直通县县长安德鲁·圣·约翰（Andrew St. John）。1867年他曾实地丈量过直通古城的城墙、壕堑以及宫殿的布局，发现了瑞萨延佛塔院内的建筑遗址和碑铭，考察研究天帝释塔的画像砖上画的是佛本生故事。

1884年，英属缅甸考古学家富察莫博士首次发现了岱格拉（Taikkala）[3] 古城遗迹。

1891年，英殖民政府考古局官员杜生诰等曾到下缅甸考察，在瑞萨

---

① 根据《琉璃宫史》等缅甸史籍所载综合所得历史简况。

② ［缅］《缅甸百科全书》（缅文）第10卷，第411页。

③ 因位于都格伦（Dokhalun）山脚下，因此被称为敦岱格伦（Dontaikkalum），后逐渐被误传为敦岱格拉（Dontaikkala）、岱格拉（Taikkala）。

延佛塔院墙内发现四块碑铭。另外，杜生诰对安德鲁·圣·约翰的关于天帝释塔的画像砖上画面的判断提出不同的意见，他认为是印度婆罗门教信奉的湿婆像。

1892年，R.C. 坦普尔（R.C. Temple）对天帝释塔考察后，认为该塔是印度式塔，与爪哇婆罗浮屠相同，但他认为佛像砖上所画的是十大佛本生故事。

1931年，直通县政府就根据安德鲁·圣·约翰量得的数据绘制成直通古城的地图。

1932年，尼哈·兰简·雷再次提到同意杜生诰的看法。

1933年，碑铭局的吴妙到直通考察，经比较，他进一步认定天帝释塔的佛像砖画面是属十大本生故事的大隧道本生、布利达本生、维丹达亚本生等的画面。

1940年和1958年，曾两次对直通古城进行了航拍。

1958年，缅甸历史委员会成员、杜廷基教授参考1931年所绘地图与两次航拍所得图像重新绘制了直通古城地图。

1975年到1978年整整四年间，对位于给拉达山脚下的艾萨马和温加①（北纬17°13′，东经97°4′）这两个毗连的村庄进行了发掘，1975年对古城北30英里（约48.3公里）处进行了发掘。

1986—2000年，对基科沙（Kyaikkathar）古镇进行了发掘。

1999—2000年，对直通东侧城墙进行了发掘。

目前可以得出的结论是：位于北纬16°55′、东经97°22′的直通古城，就处于今日直通城所在地。大致呈方形的直通古城并非正南正北，而是向西偏斜了约15度，横向坐落在妙达贝山岗西侧斜坡之上，面向大海。看来当时该城是很重视海路交通的。根据两次航拍图像，它的东北角和西北角并非呈折角状，而是弧状的，且不是直角，东北角为95度，西北角是85度。东西两侧城墙、南北两侧城墙都是平行的，所以严格地说，直通古城是一座平行四边形的古城。南城墙、北城墙各长约1,219.2米，东城墙、西城墙各长2,347米；城的面积约为2.83平方公里。城中心宫殿旧址是一块高地，南北宽329米，东西长350.5米，面积约为0.12平方公里，四周有宫城墙围绕，墙外是护城河。目前还能明显地看到宫城东侧护城河的遗迹土壤。从航拍的图像中可以明晰地看到直通古城东侧城

———————

① 温加一词从孟文weka音译而来，意为"鱼类躲避海浪的环礁湖"，中古时期或更早时此地是一个征税中心。

墙有两层，北侧有五层，西侧与南侧已模糊不清。经实地考察原来城东、城北人烟稀少，而城西、城南居民甚多，因为后来者居住生活的关系，古城墙大多已不见踪影，只有少数地方尚留有断壁残垣。内外墙面由石块和带手划纹的大型砖块垒砌，中间用铁钒土、黏土等填实，筑成城墙。经考证，东侧城墙北段和南段可分别从妙达贝山的瑞羌珊和斌莱珊溪引水注入护城河；城北有源自妙达贝和拉瓦山的耶布珊溪靠近北侧城墙流过；靠近南侧城墙有洼巴羌溪流过；耶布珊溪和洼巴羌溪都向城的西侧流去，注入雷音湖和西部的萨羌河，经称作郭丹羌的直通河、邹格耶河流入莫塔马湾，可见这是当年直通城从处于城内的雷音湖到莫塔马湾的一条水路通道。直通古城北侧城墙中部有个达米道岗，西北方有个辛漂遵岗，看来是抵御来自北方敌人的堡垒。

　　直通古城内有成群的佛教建筑遗存。在宫殿高地南面457米处就是瑞萨延佛塔的院落，院内有瑞萨延佛塔（今日瑞萨延塔高73米）、三藏经塔、天帝释塔和瑞色坎塔。在该院东北角有个18.6平方米的方形铁钒土水坑，可能是当年建塔取土时留下的坑。据史籍记载，5世纪时用铁钒土砖砌成方形地基后建塔，和瑞萨延塔同时还建造了东侧的天帝释塔和瑞色坎塔，天帝释塔有十大本生故事图像的佛像砖是5—11世纪的文物。在瑞萨延塔的北面有座三藏经塔是5世纪直通达摩巴拉王在位时，存放佛音长老从锡兰取来的三藏经处，瑞萨延塔院墙外向东91米多处有座用铁钒石建造的仰昂敏塔。紧靠瑞萨延塔院南面有格礼亚尼禅堂，禅堂四周的砂石柱上的石雕图案也是5—11世纪间这些建筑已存在的证据。直通古城之西有庞道乌塔，塔的顶部建有塔龛，塔龛之上还建一小塔，作为塔尖。在庞道乌塔的西面田野里有座庞道蓓塔，据传，庞道乌塔（意为"宝船头塔"）和庞道蓓塔（意为"宝船尾塔"）都是直通年代为了纪念达摩巴拉王在位时佛音长老从锡兰取来的三藏经船只停靠处而建造的塔，从建塔用的铁钒石块和带手划纹的大型砖块可知塔的建造年代与建城同期，但是当时的民居却已无遗迹。

　　在这块土地上出土的文物有用金、铜、砖、砂石等制成的坐佛像和立佛像，这些都是2世纪至5世纪锡兰和南印度风格的佛像。出土带有印度教符号的钱币，说明当时贸易发达，在基科沙古镇处发现极多，与泰国中部乌通古都成堆发现的钱币相同。还有画像砖、印度教人物俑、巴利文或古孟文碑铭、念珠、石制工具等。

　　根据古籍和传说，直通肯定是个古老的城邦，甚至从公元前就已存在，目前根据考古所得却仅有5世纪以后的确凿证据，但是我们将直通古城与从公元初始就已存在的骠人几个古都相比，发现它们有许多相似之处。只是因为直通古城曾多次败毁后，在原址重建，重建时对原有的地貌破坏甚大，以致直通早期历史遗迹被破坏殆尽，故可以认定孟族古城直通也是公元前后就已存在的古国。多年来考古方面突破尚少，尚待继续深入研究。

三、骠人的早期国家——骠国

经考古发掘，铜器时代末期铁器时代初期出现的骠人城邦遗址遍布全缅各地，将缅甸境内建立的早期骠人城邦与其他民族建立的早期城邦国家相比，是迄今发掘较多、史料较为丰富的一个。仅骠人先后建于伊洛瓦底江沿岸一带的著名城邦就有五六个。但这些骠人城邦之间的关系，至今仍是一大谜团。它们之间是否存在隶属关系，是否是一个统一国家的几个城镇，骠人国家统治者传承的具体名讳和事迹几乎全是一片空白。

"骠（人）"一词在缅甸文献中出现的时间还是比较早的。据考证，缅甸的第一部史籍是1520年僧侣作家信摩诃蒂拉温达所撰的《名史》[①]，其中就出现了骠王一词，只是对骠国并没有展开来多谈。一些文献中也曾多次提及"骠（人）"这个字在缅文书写法中的历史演变，甚至后来出现的"蒲甘"这个地名也是由"骠人之村"音变而来的。截至目前，具体谈到骠国历史发展的文献史籍不多，内容比较简单，且所述年代相差甚远，有的讲早在公元前5世纪中叶就已建国，夹杂有许多神话传说，令人难以确认，与今日考古所得也难以找到关联之处。

但在中国古籍中对骠国历史的记载有不少篇，内容丰富，记述发生年代大多也较具体，参考价值较大，而且确有不少记述可与今日缅甸境内的考古发掘相对应。

早在记述公元前206年至公元23年前后230年历史的班固撰《汉书》中就提到了有关骠国的内容：

> 自日南（西汉郡名，辖地在今越南中部地区）障塞、徐闻（汉置县名，故地在今广东徐闻县海康县一带）、合浦（汉置县名，故地在今广西合浦县一带）船行可五月，有都元国（一说泛指今马来半岛东岸，一说指今日泰国克拉地峡一带）；又船行可四月，有邑卢没

① 详情可参见姚秉彦、李谋、杨国影：《缅甸文学史》，世界图书出版广东有限公司，2014，第52页。

国（一说在今泰国南部，一说是今日缅甸直通）；又船行可二十余日，有谌离国（即室利差呾罗，今日缅甸之卑谬）；步行可十余日，有夫甘都卢国（据考按音可意译为"骠人地区之路口"，指今日蒲甘）。自夫甘都卢国船行可二月余，有黄支国（古国名，故地在今印度南部康契普腊姆附近）。[①]

到了公元4世纪时，中国晋代常璩撰《华阳国志》又出现了骠国的国名，当时已有了骠、漂、剽、僄、標（标）、缥、僄等多种同音异体的写法。

（东晋）明帝（322—325年在位）乃置（永昌）郡，以蜀郡郑纯为太守。属县八，户六万。去洛六千九百里，宁州之极西南也。有闵濮（指布朗、崩龙、佤族之先民）、鸠獠（傣族之先民）、僄越（僄=骠，越=地区或国家）、裸濮（景颇族先民）、身毒（身毒即印度，此处指永昌郡内有印度侨民）之民。[②]

唐代时，中国史籍中对骠国有了更加详尽的论述。

骠国，在永昌故郡南二千余里，去上都（唐代长安）一万四千里。其国境，东西三千里，南北三千五百里。东邻真腊国（今柬埔寨），西接东天竺国（今印度），南尽溟海，北通南诏些乐城（今云南盈江或遮放）界，东北距阳苴咩城（今云南大理附近）六千八百里。[③]

骠，古朱波也，自号突罗朱，阇婆国人曰徒里拙。在永昌南二千里，去京师万四千里。东陆真腊，西接东天竺，西南堕和罗，南属海，北南诏。地长三千里，广五千里，东北袤长，属羊咩城。
…………
凡镇城九：曰道林王（东敦枝），曰悉利移（昔卜），曰三陀（汉林），曰弥诺道立（瓦迪、那都基），曰突旻（孟卯、古梅附近），

① 《汉书》卷二八下《地理志》。
② 《华阳国志》卷四《南中志》。此文也说明了地处西南丝绸之路中转站的云南的永昌郡也有来自缅甸和印度的侨民。
③ 《旧唐书》卷一三《德宗本纪》。引文括号中字系当代学者解读的地名。

日帝偈（提坚），日达梨谋（泽贡），日乾唐（甘底达），日末浦（梅茵附近的毛利亚）。

凡部落二百九十八，以名见者三十二：日万公（久谷附近），日充悫（登尼以北的莫弥、建多），日罗君潜（畹町），日弥绰（若开海岸一地名），日道双，日道瓷，日道勿（德贝金一带），日夜半（伊洛瓦底江西岸杰沙、瑞古之间），日不恶夺（阿隆、蒙育瓦一带），日莫音，日伽龙睒（乌佑溪头的耶勃弥），日阿梨吉（敏亩镇区安拉伽巴），日阿梨阇，日阿梨忙，日达磨（班朗河与佐基河汇流处达牟），日求潘（色林附近贾彬），日僧塔，日提梨郎（提林），日望腾，日担泊（丹巴迪巴、蒲甘），日禄乌（岱乌），日乏毛（锡唐河流域中段），日僧迦（僧伽夏、顶兑、德冈），日提追（额牟叶溪头的迪佑），日阿末逻（阿摩罗瓦底），日逝越（东吁附近的泽亚瓦底），日腾陵（欧德白古），日欧哗，日砖罗婆提（巴拉瓦底），日禄羽，日陋蛮（直通），日磨地勃（莫塔马）。[①]

根据缅甸所获考古材料，参照缅中史籍所载，缅甸学者对骠人问题做过很多研究，近年来已获得不少共识。他们认为骠人源自中国西北，在公元前3世纪或公元前早些时候进入缅甸界内，他们在中印陆路商道上建起了他们的城邦。

下面我们仅举几个骠人古城为例分述如下。

孟卯（彬莱）　叫作"孟卯"的古城有两座。一座是"景洪孟卯"，位于瑞丽江边，是从甘迪达古城迁徙来的德冈城本那加罗阇王后裔建立的。另一个孟卯古城是位于麦克亚敏塞地区的"彬莱孟卯"，彬莱孟卯古城也是本那加罗阇另一支后裔建立的，故地在今日掸邦古梅镇区（北纬21°17′，东经96°21′）附近被誉为"粮仓九县"的皎栖平原上，以位于圆形古城中央的孟卯村命名。据古代文献记载，原名叫"彬莱"。

《南岛之纲》中载，彬莱孟卯古城是四大佛祖都曾在此挂单的地方，由"麦克德意"更名为"欧信彬萨拉意"。这个国家的第一任君主是瓦那达伽鲁窦巴，最后一任是泽底达王，共历97代君主。拘楼孙佛时叫那玛，拘那含佛时叫那玛巴特伽，迦叶佛时名叫欧德拉，乔达摩佛时叫欧杨彬萨拉，骠国时才称为彬莱。

---

① 《新唐书》卷二二二下《骠国传》。引文括号中字系当代缅甸学者陈孺性等所考证的当代地名。

孟卯这个地名不仅见于缅甸古籍文献之中，且在中国史籍（约在1060年成书的）《新唐书》卷二二二下《骠国传》中提到镇城九，其中有一名为突旻者即指古梅附近的孟卯。甚至公元150年成书的世界著名地理学家托勒密著《地理志》中也出现过这个地名，可见2世纪时此城已存在。孟卯初建时是个独立的城邦，但后来被室利差呾罗等其他骠人城邦所掌控，遂成了骠国的一个城镇。据丹吞博士考证，孟卯可能始建于公元前2世纪早期，是最早的一座骠人古城。①

关于孟卯地名的由来有多种说法。有些老人讲，传说当地曾有一位国君非常愚蠢浑噩，竟将其生母立为王后，天帝释盛怒，天色昏暗大雨倾盆，将其制伏；后来该城从maitmaw（昏暗）音变成了mainmaw（孟卯）。一说英国殖民统治时期兴修铁路经过孟卯古城所在地，在赞基宝村挖得一口釉棺，棺内有一具栩栩如生的非常美丽漂亮的女尸浸泡在药液中，遗憾的是后来该尸体被英国人销毁了，后人取metmaw（令人喜爱的）一词作为该城之名，后音变为mainmaw（孟卯）；按当地老人说法，孟卯这个词本身就是掸语metmaw音变而来，metmaw这个字的本意是"此城是由一位木掸裔掸族妇女殉葬建成的"。

彬莱孟卯古城中有两层内城墙，最里层的内城墙呈圆形。靠外的那层内城墙呈四边形，但是只有南面的城墙能够清晰可见，古城方圆约2.41公里。缅甸考古局从1978年底开始至2002/2003年度曾先后12次对孟卯发掘考察，得到了不少文物，经与其他几个骠人古城发现的文物进行比对，完全一致。

毗湿奴城 是缅甸境内最古老的骠族城邦之一。毗湿奴古城位于东敦基镇以西约19.3公里，马圭—东敦基公路上够勾夸村附近（北纬20°00′，东经95°23′）。古城位于伊洛瓦底江支流茵河源头处。总面积有8.55平方公里，海拔137.2米。城墙呈不规则的四方形，西面的城墙已经被水流侵蚀坍塌了，古城墙所剩无几，仅可见少量断壁残垣。

毗湿奴古城在过去又叫班特瓦城。在吴格拉的《缅甸大史》中介绍了室利差呾罗的竺多般王和毗湿奴城的班特瓦公主的故事。据《琉璃宫史》所述，毗湿奴城来历如下：太公国德多摩诃罗阇王生有摩诃丹婆瓦、素拉丹婆瓦两个盲兄弟。大王非常羞愧，王后遂将兄弟二人载于木筏之上顺流漂下。后经上筏偷食干粮的姜陀牟纪女妖精精心治疗，二人复明。两王子到达舅父仙人修行处——贡德林，摩诃丹婆瓦娶舅父之女蓓达莉

---

① ［缅］泰威：《骠国文化史》，第228—232页。

为妻，在舅父的安排下摩诃丹婆瓦在南坎骠王后称王之地继位为王，南坎骠王后和蓓达莉二人成为他的两位王后。摩诃丹婆瓦在位六年后辞世，当时蓓达莉已怀有三个月身孕，胎儿足月出生后成为竺多般王子。摩诃丹婆瓦之后，素拉丹婆瓦继位，但他仍立嫂夫人蓓达莉为王后，没有理睬一直服侍左右的王妃姜陀牟纪女妖。姜陀牟纪女妖十分伤心，便带着儿子毗湿奴前往卜巴山建立村庄住下。①

敏东王时期弥腊监军所著的《东敦基史》中写道，摩诃丹婆瓦和女妖姜陀牟纪结合育有一女，被女妖遗弃。遗弃女婴被一仙人收养，长大成人后向佛献上贝叶祝祷（缅文原文音为：Panhtwa班特瓦）。这一举动被天帝释看到了，知道她前世与毗湿奴神曾是兄妹，就请毗湿奴大神的佑护为她建造了城池、宫殿，供她享用。天帝释还送她神鼓一面。②

这就是此城又名班特瓦城的由来，缅甸多部史籍还写过其后发生的故事。统治室利差呾罗的竺多般王曾谋求夺取班特瓦城，班特瓦公主擂起了天帝释送来的大神鼓，环绕班特瓦城的延别河（意即：却敌河）水满漫出，来犯大军只得狼狈撤离。竺多般王用计毁了班特瓦城的神鼓，再次来攻才如愿以偿攻破城池，俘获掳走班特瓦公主，并与其成婚。另一说，竺多般王到班特瓦城征收税款，班特瓦公主献上一块用女筒裙改成的手帕，竺多般王未经查考，径自用其擦拭脸颊，致使竺多般王额头显示威严的活痣顿时消失。竺多般王震怒，遂夺城，俘获公主，带回国去，娶其为妃。

我们发现该城的出现是与公元前2世纪中国和印度间开通了陆路与海路的商路通道有关，这一通道实际就是大家常说的中国西南丝绸之路的起始段。而毗湿奴城正处于中印商道的中间，它是这一商道的中转站。关于这一商道我国史籍中早有记载，可作旁证：

及元狩元年（122年），博望侯张骞使大夏来，言居大夏时见蜀布、邛竹杖，使问所从来，曰"从东南身毒国③，可数千里，得蜀贾人市"。或闻邛西可二千里有身毒国。骞因盛言大夏在汉西南，慕中国，患匈奴隔其道，诚通蜀，身毒国道便近，有利无害，于是天子

① 概括《琉璃宫史》上卷，第135—140页所述丹婆瓦两兄弟的故事。
② ［缅］吴昂多:《毗湿奴古城》，缅甸政府宣传部编《缅甸古都》，1963，第1页。
③ 指古印度。

　　乃令王然于、柏始昌、吕越人等，使间出西夷西[1]，指求身毒国。[2]

　　初，汉欲通西南夷，费多，道不通，罢之。及张骞言可以通大夏，乃复事西南夷。[3]

　　而今日从毗湿奴城考古发掘所得证实：正是经水路来到此地的印度南部人的文化与技艺理念建造了该城。[4] 这从一个侧面证实了毗湿奴城此地不仅是当年中印陆路商道的中转站，也是经海路去往印度南部的一个中转站，进而使人了解到海上丝绸之路开通初期，受当时航海技术的限制，缅甸也曾是一个重要的中转站。

　　1905年，缅甸考古局对毗湿奴古城南部的两处高地进行了最初的考古发掘。之后，考古局断断续续在1959年至1962年间发掘遗址坑25处；1995年至2002年间发掘遗址坑11处；2003年6月又发掘了10处。截至21世纪初，百年间缅甸考古局在毗湿奴古城中发掘过的遗址坑已达48处之多。百年来考古的最大进展就是直到2003年才第一次出土了佛像，改变了多年来人们认为当时信仰的是无佛像的教派，事实是当时供奉的有佛像。

　　2003年出土的铜制佛像是一尊双腿下垂善跏趺坐[5]的坐佛像。像高14厘米，宽6.4厘米；面部丰满，两颊微微隆起，呈方形；鼻部硕大，鼻梁挺直；眼睑下垂；耳朵硕长，上部稍宽，双耳下垂及近肩部；颈部短粗；头发呈螺旋状卷曲；胸部宽大，手臂和腿脚都十分粗壮；手呈说法印[6]状，左手置左膝上，右手拇指与食指捏起呈环状，手掌向前展开，置于右侧腿上。

　　同年出土的文物中还发现六个奇特的骨灰罐，罐盖、罐口边缘和底部等处都有飞鸟图案。这些骨灰罐上的飞鸟图案形状、构图和装饰各异，有斑鸠、孔雀、鸭子、鸳鸯等。

　　学者们根据史料与考古发现，经潜心研究，对当时该城的情况得出

---

①　指缅甸。
②　司马迁：《史记》卷一一六《西南夷列传》。
③　同上书，卷一二三《大宛列传》。
④　［缅］泰威：《骠国文化史》，第260页。
⑤　Pralambanasana佛像坐像之一，双腿下垂，不交叉，也叫倚坐。
⑥　佛说法时所结的印相。以拇指与中指（或食指、无名指）相捻，其余各指自然舒散。此印表示以法轮摧破烦恼，使身心清净，又称"转法轮印"。这一手印象征佛说法之意，所以称为说法印。

不少不尽相同的结论，但大同小异。大多数学者认为：依碳-14测定的结果，得知该城始建于1世纪。4世纪至5世纪间该城曾因室利差呾罗之敌来犯而毁，后重建。到了5世纪时室利差呾罗竺多般王再次率军来攻，城破，女王班特瓦被俘，毗湿奴城遂毁。①

经考古发掘得知，毗湿奴是以农业经济为基础的。它处在中印贸易通道的中间环节，是商人们的一个驿站，从伊洛瓦底江奔向中国—罗马商路和印度南方商路的连接点。南部与北部商路，被利用更多的是南部商路，这从毗湿奴表现有更多的印度南部文化痕迹得到了证明。虽然有银币出土，但看来物品交易中用的更多的是贝壳。人们除了从事农耕，还从事贸易、纺织、砖石建筑、串珠手镯等首饰制造、陶器、木工、铜铁器等行业以谋生。

汉林（林阳）　汉林古城以其当时所处的村落为名建成，据华裔学者陈孺性的考证，"汉林"这个地方原有一个梵文名为Thamatata（意为"平坦的大地"），中国史籍《新唐书》卷二二二下《骠国传》中提到的一个地名"三陀"就是该梵文字的中文音译名。汉林故地在今日瑞波之南约17公里、委莱镇东北约9.7公里，属委莱镇区内曼德勒—瑞波公路线上的一个地方，位于北纬22°28′、东经95°36′。汉林古城呈方形，城墙南北长2,926米，东西宽1,768米。

《南岛之纲》载，汉林古城建在曾是拘楼孙佛前世鸳鸯王生活的、摩诃三摩多王在位时叫作汉达瓦底的地方，在拘楼孙佛时名为中天竺，在拘那含佛时名为汉达那伽亚，在迦叶佛时名为伽玛瓦底，在乔达摩佛时汉林玛靠，到骠国时才名为汉林。根据波道帕耶王在位时的达钦诗大师吴昂皮尤著《汉林史林伽诗》所述，中天竺摩诃三摩多王之次子伽亚波来到缅甸建汉林金国称王。在耶瑟久镇区纳瓦腾村附近发掘出的石碑（此碑现存蒲甘考古博物馆）碑文中，出现了骠国王室兄弟汉达那伽亚的名字。

另外，我国古籍中曾记有一个名为"林阳""林杨"或"嘭杨"的国家，经查出于222—237年间三国孙吴丹阳太守万震的著作《南州异物志》、226年以后孙吴出使东南亚的使节康泰所著《扶南传》②和南北朝时到过该地的僧人竺枝（一作竺芝）于446—524年间所著《扶南记》等

---

① ［缅］吴巴新：《历史上的毗湿奴古城》，转引自《基础缅甸政治史》第一卷，第146—165页。

② 《扶南传》又作《扶南土俗》或《扶南土俗传》，三国时期（公元220—265年）吴国康泰所著。

三部已佚失的古籍。

> 《南州异物志》曰：林阳在扶南西七千余里，地皆平博，民十余万家，男女行仁善，皆侍佛。康泰《扶南土俗》曰：扶南之西南有林阳国，去扶南七千里，土地奉佛，有数千沙门，持戒六，斋日鱼肉不得入国。一日再市，朝市诸杂米、干果、石蜜，暮中但货香花。[1]

> 竺芝《扶南记》曰：林杨国去金陈国步道二千里，车马行无水道。举国事佛。有一道人命过烧葬，烧之数千束樵，故坐火中。乃更置石室中，从来六十余年，尸如故不朽。竺枝目见之。[2]

关于林阳国所在地、是哪个民族的国家，学者们的意见不一。有的学者认为该国位于今莫塔马湾一带，当时孟族人已在这一带居住，是孟族人的国家，陈序经先生是这种主张的代表。陈序经先生说："假使我所说林阳或嘌杨的对音是Rammanya没有错误的话，那么中国人之知道这个国家应是在三国吴时，或是3世纪的上半叶，这也就是说，中国人之知道这个国家，比之大食人之知道这个国家，要早了六百多年。假使林阳国就是Rammanyadesa，是猛人所建立的国家，那么这个国家，应该是我们所知道的猛人最早的国家。"[3] 有的学者主张故地在缅甸中部卑谬或比之更北一些的地方，是骠人建立的国家。结合我国古籍所述和缅甸考古发掘所得的材料，我们认为：其一，Rammanya的对音并非是林阳或嘌杨，而是罗摩迎，是下缅甸孟族聚居区；其二，众所周知，古名金地或金陈是泛指莫塔马湾一带孟族人聚居区，"林杨国去金陈国步道二千里，车马行无水道"，说明林阳只能处在缅甸中部一带；其三，缅甸考古发掘出的汉林城遗址据一些缅甸学者考证，中国古籍中记述的曾在东南亚兴盛一时的林阳国即汉林，更为可信。[4]

缅甸学者吴敏昂认为："汉林文化起始的确切年代目前尚难定论，但可以肯定大约在3世纪初始时就已建成城池存在了。4世纪至9世纪之间曾很繁盛。换句话说，虽然无法知道毗湿奴文化开始兴盛之时汉林文化

---

① 转引自《太平御览》卷七八七。
② 转引自桑钦：《水经》卷一，郦道元注。
③ 《陈序经东南亚古史研究合集》下卷，第748页。
④ 林阳与汉林乃同一地名，因 linyan→yanlin→hanlin 音变而来。

是否已经肇始，但可以肯定毗湿奴尚未败毁前汉林文化已经发展起来了，而毗湿奴败毁后汉林文化仍然存在。"①

虽然该城离毗湿奴和室利差呾罗都有一定距离，但从城镇布局与建造、建筑风格、铸造银币的特点、人们的生活用品等方面观察，皆与毗湿奴、室利差呾罗两城一致，尤其与毗湿奴城几乎完全相同。据信汉林在毗湿奴城建成后不久便开始兴建。当5世纪毗湿奴女王班特瓦战败被骠王带回室利差呾罗时，毗湿奴的大部民众逃亡到汉林，汉林实力大增，直至9世纪。缅甸历史上有传言说，该城毁于一场"热灰之雨"，即毁于一场的意外大火，所以缅甸有的学者认为该城可能是毁于一次火山爆发。陈孺性等学者认定：802年，骠王子率乐团随南诏使唐；832年，"南诏掠其民三千，徙之拓东"，②骠国遂亡，其中所指骠国为汉林。

对汉林的发掘始自1905年，1963—1966年开始了对古城科学性的发掘工作。当时的研究认为，骠人在约公元3世纪时建立了汉林古城并定居于此，公元4世纪至公元5世纪该城繁荣一时。后又发掘多次，至21世纪再次发掘时又有了新发现。

比如，2005年3月5日在汉林古城瑞古基佛塔东南约640米处对吴貌奈旱地中的水井进行试发掘时，在地下约2.3米深的地方发现一具遗骸。发现遗骸的地层是沙性土层，呈黄褐色。据分析是一名身高约1.62米、年龄在40岁至50岁之间的妇女的尸体。遗骸已呈半石化状态，由此推测已有5,000多年历史，出现在铜器时代初期。遗骸腰部两侧埋有一大一小两个罐子。距遗骸北部约6.1米处还发现三个半石化了的颅骨，其中两个是男子的，一个是儿童的，都已半石化了，年代和女子遗骸相同。目前尚不清楚这几具遗骸与汉林城的关系，这也使汉林城的断代更为复杂。

总之，缅甸考古部门已对该城遗址发掘多次，收获也较丰富，除了发现古城城墙、宫殿所在地、古时建筑用砖，还有人的遗骸、骨灰罐、陶器、金银铜器、骠金银币、念珠、碑铭等。

所以缅甸有许多历史学者、考古专家们都依照历史资料和考古所见做出了自己的判断，经过这些年的积累大家意见趋于一致。根据碳–14

① ［缅］吴敏昂：《汉林古城》，转引自《基础缅甸政治史》第一卷，第176页。后来吴敏昂又修正了他的意见，即他认为可能约在1世纪汉林城就存在了。他的修正可参见［缅］都拉博士：《地上地下文物讲述的古代缅甸史》（缅文），缅甸玛岩达林出版社与米耶布恩出版社联合出版，2004。

② 《新唐书》卷二二二下《骠国传》。

测定，汉林大约始于一二世纪，甚至可能更早始于公元前2世纪，它一直延续到10世纪，是一座历史相当久远的古城。

室利差呾罗　　室利差呾罗是古代缅甸建立的骠人城邦中最大的城镇，也曾是骠国的重要都城，该古城建于距今日卑谬约8公里处的茂扎村。城廓介于椭圆形与圆形之间，城墙周长约13.88公里。

该城也处于当年中印贸易通道之上。关于该城兴建的时间，缅甸史上曾有三种不同的神话般的传说。[①]但根据对几处古城城墙遗址的碳-14年代测定数据，有该城建于2世纪、4世纪和公元前2世纪诸说，尚无定论。直至10世纪城毁，存在了1,000年左右。[②]

室利差呾罗古城是在1,900年之前由缅甸的第一任考古局长E.弗查曼博士（Dr. E. Forchammer）实地考察时最先发现的。之后，在1907年，法国将军里昂·德·贝利（Leon De Beylie）与缅甸考古官员杜生诰首次对室利差呾罗城进行了发掘。之后，杜生诰、多若依塞勒（Mons C. Duroiselle）、吴卢佩温等人，在第二次世界大战之前，又对室利差呾罗古城进行了几次发掘。1963—1964年开始，缅甸考古局开始对室利差呾罗古城进行科学系统地发掘工作，至1970—1971年，已经发掘遗址25处。在之后也陆续进行过发掘工作，到目前为止，室利差呾罗古城已发掘遗址36处，在骠国时期的古城中，它是规模最大的一座古城，也是发掘次数最多、获得出土文物最多的古城。

1993年3月18日，在室利差呾罗古城茂扎村附近帕耶当佛塔内的第31号遗址发掘坑地下2.74米处掘出一个石质大骨灰罐（罐高1.07米、罐口直径2.02米），上面有5行骠文，共1,127个字符。在该骨灰罐上发现的这篇骠文被称作"帕耶当佛塔骠骨灰罐碑文"。要解读全文意义已很

---

①　其一是：据缅甸蒲甘王朝江喜陀王时代（1084—1113年）所刻的一方孟文碑文记载，该城的始建时间甚早，是乔达摩佛祖涅槃之年由名叫毗努（毗湿奴）的仙人与伽湾波堤天尊、天帝释、龙等建造的，这纯系一神话传说；其二是：据1650年前后阿扎古鲁婆罗门所著《君王生辰八字天宫图始末》所述，"室利差呾罗在佛祖涅槃之后60年（公元前484年）时由德冈（太公）王子摩诃丹婆瓦称王建成的"；其三是：据缅甸的《缅甸大史》《琉璃宫史》等所述，竺多般王在位佛历101年（公元前442年）的时候，仙人、天帝释、龙、妙翅鸟、鸠槃荼、月天、梵天王等修建了室利差呾罗城。据《南岛之纲》记载，因建该城之地乃德冈国摩诃罗闍王之姻弟奉王命追杀祸国殃民野猪，事毕并未返回，在该地修道成为仙人，故室利差呾罗也叫罗西城（意为"仙人城"）。该城共26任国王，最早的一任是摩诃罗闍王之子、仙人之婿的摩诃丹婆瓦，最后一任是杜彬尼亚那伽罗岑耶。摩诃丹婆瓦和蓓达莉所生的竺多般在佛历101年（公元前442年）的时候建立了室利差呾罗城。在拘楼孙佛时叫作崩那瓦底（意为"婆罗门城"），在乔达摩佛时才叫作室利差呾罗。

②　［缅］泰威：《骠国文化史》，第327页。

困难了，但是可以分辨出来，写有统治过室利差呾罗的维嘉玛王朝诸王的名讳。以前出土的骨灰罐上也曾发现过若干骠王名号，但是至今仍无法考证出在室利差呾罗执政的王系，只能从众多的零散材料中看出室利差呾罗曾是一个繁荣强盛的国家。但该王朝后期对外穷兵黩武，对内横征暴敛，造成国力大减，不仅国中骠族内部争权，也与孟、甘延（若开）各族混战，最后导致国家崩溃灭亡。[①]

德冈（太公）　　"德冈"系掸文名，意为"堆积货物的码头"。德冈位于曼德勒省彬乌伦县抹谷乡德贝金镇区伊洛瓦底江东岸，从前的古城位于伊洛瓦底江西岸。确切地说，德冈古城位于东经96°11′、北纬23°30′，北回归线穿过德冈古城附近。传统认为，德冈古城呈鱼尾状。德冈古城东至抹纳欧湖和德拉瓦溪，北至德拉瓦溪和梅努岛，西至伊洛瓦底江，南及上蒲甘古城。

　　缅甸传统说法是：缅甸始自德冈，意即缅甸德冈王系开始建国时就是缅甸之始。[②]公元前6世纪，德冈地区开始建城。[③]缅甸多部古籍中都提到过它。最早提到德冈的是1629—1648年间由名叫阿扎古如的一位婆罗门所著的《君王生辰八字天宫图始末》，该书讲德冈王系有15代君王。吴郭基大法师著的《德冈史》中记载，从前的德冈古城位于伊洛瓦底江的西岸。而现在的德冈古城，因为河流改道的原因，坐落于伊洛瓦底江的东岸，该城在公元前就已存在且很繁荣。蒙悦大法师著《南岛之纲》里记载，在拘楼孙佛时名叫"丁达亚"，在拘那舍佛时叫"罗塌"，在迦叶佛时叫作"顶兑"，在乔达摩佛时叫作"德冈"。此外，还有过哈提那补罗、般遮罗、般遮太公等其他几个名称。而他写的《南岛之主》中写明，德冈城东有中国大道，南至普鲁山，西有琥珀矿，北及金河畔。吴格拉著《缅甸大史》明确提到是德冈王系建立的室利差呾罗城。《琉璃宫史》讲到，在"佛祖尚未成佛前"，中天竺拘萨罗与般遮罗两国因联姻事反目成仇陷入大战，释迦族系的迦毗罗卫王子阿毕罗阇王从东天竺来此，始建称为僧伽夏的德冈城，传33代。传至第33世本那伽罗阇王时，乾陀罗国入侵，本那伽罗阇王退至马垒羌固守。本那伽罗阇王死后分成三支，一支去往掸邦东部19县，一支沿伊洛瓦底江南下至苏那巴仰达（蒲甘一古名），另一支与那伽岑王后一起在马垒羌当地发展。当时中天竺乔达摩成佛，释迦族诸王不和交战。释迦族的陀罗王率大军从中天竺来到马

---

① 《琉璃宫史》上卷，第152—155页。
② ［缅］《缅甸百科全书》第4卷，第398页。
③ ［缅］吴波腊《缅甸之始》（缅文），缅甸仰光彬尼亚南达出版社，1973，第10页。

叁地区与那伽岑王后结合又建立了德冈第二王系，后传17代。缅甸古籍中只有这先后继位的50代君王的名讳，对当时经济政治社会等方面却均无记述。

因此，从1904年开始，缅甸考古学家、历史学家们就对德冈古城产生了浓厚兴趣。考古局在1967—1969年，对德冈古城组织过12次考古发掘。此后，1993—1999年又发掘多次。但在该地考古发现的建筑、文物等都与蒲甘时期的遗物相同，说明德冈城并不见得像缅甸史籍中所说的那么古老。进入21世纪后，缅甸考古局对德冈的发掘有了新突破。2000年在古城附近辛尼亚贡村吴丁温的田里发掘到了更早的骠人生活过的证据。遗址里发现了骠人时期古建筑常用的带有手划纹的砖块，还有带装饰花纹的陶土烧制砖块。这些装饰砖块里，有莲花花瓣纹的砖块，还有带"格纳欧"（缠枝莲）雕花的砖块，以及在圆形中带有浮雕凸显式法轮状纹饰的砖块。这些砖块的背面、表面和棱角上都带有半月状图案，与室利差咀罗城发现的砖块相似。因此，可以判定辛尼亚贡村发掘到的文化遗物是出自骠人之手。2003年在辛尼亚贡村和德冈城中，以及2004年7—8月在德冈市立高中院内和在该校的东南方向，集中挖到了65个画有人和动物图案的骠人骨灰罐和饮水罐。为了探求伊洛瓦底江古代的情况，又由众多地理学家、水资源局的专家、地震专家、水文专家、历史学家、考古学家组成考察小组，在2004年2月23日至26日对德冈古城的周边地区、茵耐地区、妙当地区、洞艾地区、坚尼亚地区、马叁地区等进行了实地考察。由文化部上缅甸考古局的负责人对此次伊洛瓦底江古道的勘探工作进行监督。共挖了6处探井，不是根据表层泥土层、河道的情况，而是根据已经演化成砂土和石块的冲击土层、干涸的冲击土层以及包括河沙、石头等在内的混合土层来判断，最后在茵耐村北部的泽金地区发现了断层，得到了此处曾经是伊洛瓦底江旧河道的确切证据。

前期蒲甘 多年来人们大都把缅甸境内的蒲甘王朝定格为由阿奴律陀王于1044年建立起的国家，而阿奴律陀王之前的蒲甘情况却很少被世人提及或语焉不详。实际上，缅甸典籍中对此早有一些类似于神话的简单记述，只是没有更多地得到人们重视并进一步探索研究。直到进入21世纪后，学界对蒲甘王朝的起始时间有了共识，认为是从彬比亚王即位时开始的。在许多学者的努力下，彬比亚王之前的蒲甘——前期蒲甘情况也逐步明晰起来，当然还有许多问题有待深入探究。

依据缅甸古籍所述和当今缅甸学者们研究的新成果，我们分析认为，前期蒲甘也是骠人建立的一个城邦。

苏蒙陀梨王辞世之年为佛历624年（公元81年），此时又值削元之年，天帝释化身摩汉拉伽婆罗门于废历622年在该地石板上写下了"小历2年"字样。[①]

摩汉拉伽婆罗门改元后，小历16年（公元94年），室利差呾罗灭[②]，骠、干延之间发生战事，骠人得胜，在当纽、班当和敏东等地先后立足，前后共历时13年。两者相加，即小历29年（公元107年）之际，萨牟陀梨王与19村民众在永录遵（意即"永录岛"）建（蒲嘎雅玛[③]）国。

该19村是：良吴、那伽薮、那伽极、曼基基、杜底、皎色加、欧泰登、良温、阿努罗陀、丹仓宫、育瓦蒙、金罗、高果、当巴、美开敦、德叶亚、辛古、永录、育瓦赛。每村设一村长，共19位。萨牟陀梨王统管19村，自立为王。[④]

从上文得知萨牟陀梨王无疑系骠人。过去很多人认为在一个不知名的永录岛上建国不足信。但到了现代，有学者得出的结论是：此处的"遵"并非"岛"的意思，而是缅甸古语中的"莽莽林野"的意思。而据缅甸古籍《亚扎温达扎利尼》（意即"君王世系变化"）所述，永录遵地处距伊洛瓦底江6英里，杜云山东侧1英里处。塞耶佩基著《新蒲甘史》（手稿）中，甚至画有永录遵宫殿所在地还有旧砖块儿的地图。所述19村中的良吴、当巴、美开敦等至今还沿用原名。[⑤] 德贡纳辛曾在1969年5月出版的《兑道》（同志）杂志上发表文章，对19村所在地的北纬与东经的度数一一进行明确的考证，只有欧泰登和德叶亚两地没有考证出来。[⑥]

萨牟陀梨王建阿梨摩陀那城（意为"无敌城"）。萨牟陀梨王在位期间，巨鸟、大猪、恶虎、飞鼯四害为患。后骠绍梯[⑦]王消灭了巨鸟、大猪、恶虎和飞鼯，继承了王位。

关于骠绍梯王的身世有多种说法。其中以太阳神王子与龙公主结合

---

① ［缅］吴格拉：《缅甸大史》上卷第（177）节，缅甸仰光汉达瓦底出版社，1960，第131页。

② 关于室利差呾罗灭亡的时间有不同的说法，考古的证据显示其一直存在至10世纪。

③ 蒲甘古称，Pyugama。

④ 《缅甸大史》上卷第182节，第134—135页。

⑤ ［缅］丁乃都：《新蒲甘史》，仰光卜巴出版社，第1页。

⑥ 同上书，第2页。

⑦ Pyu Saw Htee，旧译骠苴低或骠苏蒂。

所生的传说流传最广，且在故事细节中也有多种不同，加之，骠绍梯名字本身的意思就是"尊贵的骠王"。所以许多学者认为此事不足信，可能是一个虚构的故事，此人并不存在，连他前后的这段缅甸历史也不敢断言，干脆放置一旁，语焉不详。但《琉璃宫史》中所述一段值得重视，可能更符合事实真相。

  ……太公王世系的后裔德多阿蒂佳罗阇释迦王，避开马垒社会的不宁，以平民身份来到静处从事园田耕作为生。在其园圃中有一龙洞，是时人们有虔敬龙神的习俗，每日祈求龙神赐生贵子。一次，德多阿蒂佳罗阇王的王后，有福怀孕，胎足十月，生下一五官端正的王子，起名绍梯。……

  王子16岁时奏请父王母后准其前往蒲甘城。父王母后忆起高师曾言及王子将为下缅甸未来君王一事，便允其请求。启程时，父王亲授其宝石弓箭。……

  王子接受神弓之后直赴蒲甘城，住在一骠族老夫妇家中。骠族老夫妇无子，视其为亲子。一次，王子告骠族老夫妇，他要到林中习箭。老夫妇出于对孩子的爱护，担心发生意外，说："亲爱的孩子，此国中东有一大猪，西有一巨鸟，南有一恶虎，北有一飞鼯，它们各有500同类护卫左右。国王无力制服它们，故每日必为大猪送去60块米饭团、9车南瓜、9车细糠；每7日为巨鸟送去7名少女。此等从未见过的凶顽大敌，糟蹋此国已12年之久矣！"王子完全相信自己之神力，遂去寻找恶敌。国南之恶虎、国北之飞鼯、国东之大猪均被其寻着，并用其父王所赐之神弓宝箭杀死。①

  骠绍梯16岁时被定为王储。②

  前期蒲甘大约又可分为第一、第二和第三蒲甘三个时期。

  骠绍梯王之后，继承王位的有梯明尹、尹明拜两王，皆以阿梨摩陀那为都，即第一蒲甘。

  尹明拜之子拜丁里王（324—344年在位）在19村中的皎色加村处建底里毕萨亚城（意为"吉祥物所在地"）为都，为第二蒲甘之始，皎色加在今日蒲甘城南耶欧辛河北岸，据悉在该地曾出土沙石雕成的4—5世纪

①《琉璃宫史》上卷，第157—158页。
②同上书，第166页。

的佛像。① 拜丁里之子丁里姜王在位时诱捕了王后之兄——力大无穷的铁匠鄂定代，并用火烧死，王后也纵身跳入火中，丁里姜王遂在卜巴山上雕像供奉，自此，国王每年率众赴卜巴山祭拜一次称之为摩诃吉里的兄妹二神。

丁里姜王（344—387年在位）时，佛音长老西渡锡兰岛取经，人们认为这是上座部佛教传入的一个起始年代。丁里姜王之后先后继位的有姜都律、底坦牟克曼（大臣，在位三个月）、都耶（大臣，在位55年）、达拉蒙帕耶、代傣等。代傣王于516年在19村中的育瓦赛村建新都，取名丹巴提巴（意为"铜都"）为第三蒲甘之始。因王后名叫普瓦绍，后世亦称该村为普瓦绍村，地处达摩雅兹伽佛塔之北。在该塔西侧河中曾得到骠文金叶片和带指痕的砖块，这些物品表明了第三蒲甘的年代。② 代傣王之后传至第14代卜巴苏罗汉王时又削元560年，改为缅历2年，时年公元640年。代傣王下传丁里姜艾等21代君王，这时期人们称为第三蒲甘。直到第22代彬比亚王在位时建起今日的蒲甘城，才是蒲甘王朝之始。

总之，根据缅甸史籍，公元107年至846年，前期蒲甘历史发展脉络是清晰的，只是没有更加详细的记录而已。前期蒲甘是骠人建立的一个城邦也是可以肯定的，今日对蒲甘的考古工作尚待开展。

四、掸人的早期国家——掸国

缅甸境内的掸国是当今缅甸境内早期国家中史料和考古发掘都不太充分的地方。当地史料尚不为人所知，且近百年来也无相关的考古报告，目前仅有的材料是中国的史料。

掸国这个名字最早出现在中国古籍范晔所著的《后汉书》中。该书明确记有公元97年、120年和131年掸国与我国交往的史实，而且关于97年和120年的往事在同一史书的不同卷中有着详略不同的记述。后来，班固、陈宗等先后续修的《东观汉记》、杜佑的《通典》等书也记有相同内容。

（永元）九年（公元97年），徼外蛮及掸国王雍由调遣使重译奉国珍宝，和帝赐金印紫绶，小君长皆加印绶、钱帛。

---

① ［缅］丁乃都:《新蒲甘史》序。
② 同上。

⋯⋯⋯⋯⋯

永宁元年（公元120年），掸国王雍由调复遣使者诣阙朝贺，献乐及幻人，能变化吐火，自肢解，易牛马头。又善跳丸，数乃至千。自言我海西人，海西即大秦也，掸国西南通大秦。明年元会，安帝作乐于庭，封雍由调为汉大都尉，赐印绶、金银、彩缯各有差也。[①]

永宁元年（公元120年），西南夷掸国王献乐及幻人，能吐火，自支解，易牛马头。明年元会，作之于庭，安帝与群臣共观，大奇之⋯⋯今掸国越流沙，逾县度，万里贡献⋯⋯[②]

（永建六年，公元131年）十二月，掸国遣使贡献。[③]

另外，中国古籍中提及一古国名"越裳"（亦作"越常"或"越尝"），如有"交趾之南有越裳国，周公居摄六年制礼作乐，天下和平，越裳以三象重译而献白雉"[④]等记述。据学者们的考证，实际"裳"字同"掸"字，都是泰掸语支人自称Shan 或Siam 等的译音字。"'越'的中古音为vad/vat，中国佛学典籍以'越'作为梵语vastu、巴利语vatthu 的略译，其义为'地域''国家'，如迦毗罗越的'越'，就是vastu 或vatthu 之略。"[⑤]

所以大多数中国学者认为，古掸国的主体部分在今日缅甸北部。"大致地说，掸国建国的时期，应该在西汉的初年，这是公元前2 至公元前1世纪。到了后汉，才与中国交通，三国以至南北朝还存在⋯⋯掸国在南北朝时已衰弱，或者也是在这个时候或是到了隋唐时这就是6 世纪以至8世纪，遂为骠族所灭亡。"[⑥] 近年来，也有少数学者依据中国古籍中曾提及"掸国越流沙，逾县度，万里贡献"，推论古掸国乃今日之叙利亚，但尚无其他证据可寻，不足以令人信服。

总之，古掸国问题仍有待对掸泰族人本身的史料和考古的进一步发掘，才能得出令人满意的明晰的结论。

---

① 《后汉书》卷八六《南蛮西南夷列传》。

② 同上书，卷五一《陈禅》。

③ 同上书，卷六《顺帝纪》。

④ 同上书，卷八六《南蛮西南夷列传》。

⑤ 陈孺性：《关于"僄越""盘越"与"滇越"的考释》，台湾《大陆杂志》1992年5月第84卷。

⑥ 陈序经：《后汉的掸国》，载《陈序经东南亚古史研究合集》下卷，第891页。

第三节　缅甸早期国家时期的特征

虽然缅甸境内各族源流与最终形成的时间、历程有些差异，至今也未能得出确切的公认结论。但是根据现有史料和多年来考古所得，可知若开族、孟族、骠族和掸族等几个民族在缅甸境内建成以一个民族为主体的早期国家的时间是不相先后的，且大都与中印两国于公元前 3 世纪左右开通商道有关，毫无疑问，上缅甸是这条商道陆路的中间站。缅甸各族纵贯南北的母亲河——伊洛瓦底江也因此成了中国西南与印度南部水路交往的中介，这样也就促成了伊洛瓦底江沿岸以及下缅甸沿海一带民族城邦的兴起，所以我们可以发现缅甸各族的主要城邦都是公元初始前后建立起来的，而且大多受到中国文化和印度文化的影响，表现在各个方面。在这些城邦中数量最多的是骠人的城邦，总体来说，至今相关的考古发掘工作进行的还很不充分。加之，缅甸本身保存下来的有关这些城邦的缅文史料寥寥可数，而今日已成为缅甸境内少数民族的若开族、孟族、掸族等本民族的史料文献尚未得到应有的重视和发掘，已湮没的骠族的文字记载更是罕见。缅甸的两个重要邻国之一——印度本身的传统就是善于想象，轻视史料文献的积累与历史研究；中国虽很重视文化传承与史学研究，但是由于过去长期"宗藩关系""华夷秩序"思想的影响，史料文献中有些可资借鉴参考的材料，年代比较确切，但观点却不见得客观，其他国家留存下来可以利用的参考史料则更少，所以笔者只能按现有资料文献，尽可能做些分析。

一、社会与经济

纵观这一时期缅甸境内各族早期国家，都是些以农业经济为基础、重视对外贸易的国家。国内有王室、群臣、商人、工匠、艺人、农民、奴隶（但没有西方奴隶制下的奴隶们那么悲惨）等阶层。所建诸城都有一定规模，城中除有王族的寓所、臣民的房屋、行政司法衙门、商业集市等生活设施外，往往都有一定数量的农田、较好的供水系统和一些手工作坊。一旦敌人来攻，也可紧闭城门，依靠城内供应体系，维持全城些许时日的生活，再图退兵还击之策。孟族所建古城尤为突出，城墙往往不止一层，有的甚至多达七层。

若论这些国家的行政机构则大都比较简单。例如，《梁书·扶南传》（446—524 年竺芝撰）载：

顿逊国（又称典逊国，缅甸孟人古国，故地在德林达依），在海崎上，地方千里，城去海十里。有五王，并羁属扶南（今柬埔寨）。顿逊之东界通交州（今越南北部），其西界接天竺、安息（今伊朗东北）徼外诸国，往还交市。所以然者，顿逊回入海中千余里，张海无崖岸，船舶未曾得径过也。其实，东西交会，日有万余人。珍物宝货，无所不有。①

又如:《新唐书·骠国传》载:

骠王姓困没长（"困没长"三字尚未得解），名摩罗惹（意为"大王"），其相名曰摩诃思那（意为"大将军"）。王出，舆以金绳床，远则乘象。嫔使数百人。青甓为圆城，周百六十里，有十二门，四隅作浮屠，民皆居中，铅锡为瓦，荔支为材。②

此外，当时这些城邦式国家虽有刑法但无酷刑:

其理无刑名桎梏之具，犯罪者以竹五十本束之，复犯者挞其背，数止五，轻者止三，杀人者戮之。③
⋯⋯⋯⋯⋯
刑法，盗贼重者死，轻者穿耳及鼻，并钻鬓。私铸银钱者截腕。④

缅甸早期国家的农业发达，粮食作物以稻米为主，也产豆类；经济作物有甘蔗、香料和热带果树等；也养有家禽、家畜。

土宜菽、粟、稻、粱，蔗大若胫，无麻、麦。⑤
⋯⋯⋯⋯
顿逊国，梁时闻焉。一日典逊，⋯⋯出藿香，插枝便生，叶如

① 《梁书》卷五四《扶南传》。
② 《新唐书》卷二二二下《骠国传》。
③ 《旧唐书》卷一九七《骠国传》。
④ 《通典》卷一八八《投和国传》。
⑤ 《新唐书》卷二二二下《骠国传》。

都梁，以裹衣。国有区拨等花十余种，冬夏不衰，日载数十车货之。其花燥更芬香，亦末为粉以傅身焉。①

············

昆仑国正北去蛮界西洱河八十一日程。出象及青木香、旃檀香、紫檀香、槟榔、琉璃、水精、蠡杯等诸香药、珍宝、犀牛等。②

手工业也有相当规模：有建造居屋、宫殿、都城、城壕、水渠、佛塔、浮屠的建筑师；有制陶、釉砖、石板、石块等的技工；有矿业开采以及铸造铜铁武器和冶炼锻造铅锡等的工匠；有制造船舶的工匠；有制造金银首饰的工匠；等等。还有制琉璃、磨宝石、制银币、铸钟铃、炼蜂蜡等行业的技工。

以农业经济和手工业为基础，缅甸境内的贸易有了较大发展。布料、陶器、装饰品等是主要商品。初期金银等是装饰品，后期金银则成了交易中用的钱币。③

至今，在缅甸境内除已发现的骠国银币外，还有若开维沙里的金银币。维沙里是孟加拉湾一个重要的贸易基地，在若开各地和孟加拉境内都出土过若开金质或银质古硬币。硬币面额有五种，即：一架（一元）、五目（五角）、一码（二十五分）、一目（一角）和一贝（五分）。早期铸造的硬币上没有王的印记，后期的硬币正面铸有王朝的印记——公牛，在它之上是王名，用的文字是婆罗米字母衍生出来的字母；背面是早期硬币都有的吉祥图案。现在已出土的最古老的带有文字的硬币是德瓦旃陀罗王（411—433年在位）时代的，至今发掘到带有文字的硬币已有21种，这一发现也可以说明当时若开维沙里的贸易活动非常发达和广泛。④孟族地区出土了带有印度教符号的钱币，也说明当时的贸易很发达。

二、宗教信仰与文化

缅甸早期国家信仰的宗教是多元的，除了有本土的原始神祇信仰，有星相、占卜以及炼丹术之外，大多是从印度传来的宗教，先后有婆罗门教，印度教的推崇性崇拜的湿婆教派、毗湿奴教派，还有佛教的上座部教派、大乘教派、咀特罗教派（阿利僧），而最主要的是佛教。

① 《通典》卷一八八《投和国传》。
② 《蛮书》卷一〇。
③ 《基础缅甸政治史》第一卷，第215—216页。
④ ［缅］吴瑞赞等：《缅甸若开邦发展史》，第25—43页。

　　佛教最早传入位于中南半岛上的地区就是孟族聚居区，有不少传说都谈到这一情况。据缅甸仰光大金塔现存的孟文碑及史籍所载，孟族商人两兄弟帝富娑和跋梨迦在佛祖成佛之时拜谒了佛陀，得到8根佛发带回大光（今日仰光旧称）建成仰光大金塔，经多次加高，直至缅甸勃固王朝的女王信绍布（旧译信修浮1453—1472年在位）在位时才修葺成今日这样庞大的规模。佛教传说，公元前3世纪印度孔雀王朝阿育王在位时进行了佛经第三次结集，结集后曾派9个僧团分赴各地弘法。其中有一个僧团赴锡兰（今斯里兰卡），亦有一个僧团赴金地，佛教的上座部教派遂在孟族地区广泛流传并成为占主导地位的教派。

　　若开维沙里时代的文化也是以佛教为基石的文化。无论是维沙里的诸王还是民众对佛教都很虔诚。当时若开信奉的主要是上座部教派，建塔、造庙、立佛像、布施庙产、广做善事积德修来世，著名摩诃牟尼大佛像是若开人的主要信奉物。[1] 当时也有一些人信奉印度教，所以当地也有印度神庙和神龛。

　　而骠国地区信仰的主要是大乘教派，这从该地区考古发掘到的文物可以得到证明，但是咀特罗教派（阿利僧）一度在这个地区大盛。

　　佛教的影响不仅仅局限于信仰方面，而且深入到人们的思想理念和文化的方方面面。

　　比如缅甸各族建立的早期国家的执政者王族们的施政、立法或修身理念都摆脱不了佛教基本教义的影响；日常生活中相互交往文质彬彬，以礼相待：

　　　　俗恶杀。拜以手抱臂稽颡为恭。明天文，喜佛法。有百寺，琉璃为甍，错以金银，丹彩紫矿涂地，覆以锦罽，王居亦如之。民七岁祝发止寺，至二十有不达其法，复为民。[2]

　　在艺术或技艺方面也无不如此。比如建筑方面，佛教不仅直接影响到缅甸境内各族地区的佛塔及其他宗教建筑的风格与式样，也影响到城池、宫殿、民居等非宗教建筑的建设理念。城池的形状有两类，一类属圆形或椭圆形，另一类是长方形或正方形，有的甚至类于平行四边形，前者似乎相对更为古老。非常注重御敌的功能，用巨型石块、砖块等砌

---

　　① 该佛像一直被若开人供奉，1785年缅甸人攻破妙吴城，若开王朝亡。若开王族、臣相、将士、各类工匠等约20万人被虏往阿摩罗补罗，摩诃牟尼大佛像也被拆运至曼德勒一带。
　　② 《新唐书》卷二二二下《骠国传》。

成，有的为了城墙更厚、更加牢固，砌好内外两层墙面之后中间填入大量黏土夯实；且环绕城的外侧大多挖有护城壕堑或筑有堡垒，便于守卫。宫殿往往都建于城镇之中心地带，呈方形。佛塔除建有地宫深藏舍利等宝物的实心型佛塔外，也有在塔的上部建塔龛可供信徒入内膜拜的空心型的浮屠。雕塑方面除了影响到佛像造型的特色，还影响到人物及动植物甚至一般雕塑图案的创作的手法与想象，所以可以发现早期佛像面部呈印度人特色，而后来建造的佛像面部有了明显不同，更像缅甸人的轮廓。音乐舞蹈方面也是如此，除在节奏、身段的选择制定方面有佛教直接影响的痕迹外，其他影响也是显而易见的。中国文献有多处提及公元802年骠国乐团在唐代长安引起轰动事，用许多文字进行了具体描述就是证明，尤其是通过其在唐代宫廷内表演的曲目可以看出，所演音乐几乎全部与佛教有关。

关于语言文学方面的影响更是明显，初期这些民族大多直接借用古印度的梵文、巴利文记事。后来在缅甸建立早期国家的孟族、若开族、掸族和已经湮没了的骠族，它们的文字无一例外，都依照南印度流行的字母系统进行再创造，并进而影响了后来成为主体民族的缅族的文字。缅甸文学也是由记录佛事的碑铭开始的。

第三章
缅甸集权王朝的肇始——蒲甘王朝
（9世纪—13世纪）

今日缅甸的主体民族——缅族，是在骠人早期国家衰落时才进入缅甸境内的。他们继承了骠人早期国家之一——前期蒲甘的衣钵，并进一步发展壮大，把狭小的城邦连成了拥有较大国土面积的国家，由一个城邦逐步变成一个集权王朝——蒲甘王朝。缅族也由此逐步壮大，力量逐步超越早在缅甸这块土地上生存的若开、孟、掸等族，成了缅甸境内的第一大民族。蒲甘王朝初创期经历了200年，统治国家的王室经历了多次的争夺，逐步稳定下来。直到阿奴律陀王时进一步扩张版图，一方面着力继承发掘骠族文化，另一方面击败了下缅甸的孟族王朝，取来孟王朝保存的佛教经典并迎奉孟族年轻的阿罗汉法师为国师，用上座部教派的佛教统一了全缅的信仰，将大量孟族的工匠移民至上缅甸，把孟族文化直接吸纳进来，国势大盛。阿奴律陀王亡故后，其子苏卢浑浑噩噩执政7年后被反叛者所杀。后又经历了江喜陀、阿朗悉都两代君王的治理，前后120年是蒲甘王朝的鼎盛期，缅甸文化也在这一阶段日臻成熟，形成了辉煌的蒲甘文化。此后，蒲甘王朝先后有十代君王当政，但大多是无能之辈，蒲甘王朝遂逐步走向衰落，从兴至亡，共历522年。

第一节　缅甸第一个中央集权王朝——蒲甘王朝始末

关于蒲甘王朝的起止时间有三种说法。

其一是缅甸的传统说法，自107年至1368年。吴格拉著《缅甸大史》中提到，室利差呾罗灭亡时缅甸国内分成了骠、甘延和缅人等三支。随后，公元107年萨牟陀梨王在永录遵据19村为蒲甘王朝建国之始，下传34代，经849年彬比亚王建蒲甘城，至第42代王阿奴律陀登基[1]，蒲甘走向鼎盛时期，到1368年第55代苏蒙涅王去世，王朝灭亡。蒲甘王朝前后历经55代，共1,262年。[2]

---

① 原文为巴利文Anuruddha，意为"令人喜爱的或不可战胜者"，有人认为该王曾食邑公元初始蒲甘首次建国时19村之一的Anuradha故名，后人因读音变化称其为梵文Anawratha，中文习惯译为"阿奴律陀"。

② 《琉璃宫史》下卷，第1118—1123页载《蒲甘王朝世系表》。

其二是近代以来许多学者的看法，认为蒲甘王朝自1044年阿奴律陀即位之时起，下传12代，至1287年那腊底哈勃德王被弑时止。因阿奴律陀王之前诸王的传承，只有缅甸史籍简单记述，语焉不详，其时尚未完全形成全缅一统的王朝；而那腊底哈勃德王之后即位的觉苏瓦、苏涅、苏蒙涅三王又沦为地方邑主，所以1044年前和1287年后皆未计入蒲甘王朝之中。①

其三是20世纪末21世纪初一些缅甸学者认为蒲甘王朝的起止年代是从849年至1368年。他们依据大量史料指出：公元107—846年这一段历史可称为前期蒲甘，前期蒲甘是一个骠人的城邦，并非缅人国家。缅族进入缅甸定居后，初始时与骠族混居。直到"太和六年（832年），南诏掠其民（骠人）三千，徙之拓东"，② 此后，骠人式微，缅人才掌控了蒲甘政权。"该王（彬比亚）即位后第3年，即缅历211年（公元849年）建蒲甘城。"③ 从849年彬比亚王建蒲甘城起，至苏蒙涅王1368年去世为止，缅甸第一个中央集权的蒲甘王朝共历520年。④

笔者认为，以上说法中的第三种说法是正确的，因为现在已有许多旁证材料。而整个蒲甘王朝可以分成三个阶段，即：彬比亚王即位建城至阿奴律陀王即位之前共约200年是蒲甘王朝创建期；阿奴律陀王即位至阿朗悉都王被弑之间120年是王朝的鼎盛期；那腊都王弑父自立至苏蒙涅王时约200年是王朝的衰落期。

一、蒲甘王朝的创建

缅族在迁徙进入缅甸本部之前就一直受到南诏文明的影响，他们学会各种生产技艺，如利用桑木制作弓箭，饲养马匹和骑马、淘金、制盐、宝石开采、修造梯田和水渠等。据学者们的考证：公元7—8世纪，缅族才从中国云南一带，随南诏征伐骠国，陆续进入缅甸本部。中国多部史籍有802年骠人乐团随南诏使唐的记载，可见9世纪初，骠国已沦为南诏的属国。832年，南诏又攻打骠国，掳走其居民甚众。骠国实力大减，缅人遂取代了骠人，在原骠人地区建立起缅甸的第一个统一王朝。

彬比亚王在846年即位为王，三年后的849年，蒲甘城的修建是蒲

① ［英］G.E. 哈威：《缅甸史》，姚楠译注，陈炎校订，商务印书馆，1957；贺圣达：《缅甸史》，人民出版社，1992。
② 《新唐书》卷二二二下《骠国传》。
③ 《琉璃宫史》上卷，第184页。
④ ［缅］丁乃都：《新蒲甘王朝史》（缅文），第17页。

甘王朝建立过程中的一件标志性大事。蒲甘古称丹巴提巴[①]，巴利语称为"阿利摩陀那补罗"（Arimadanapura），意为"克敌制胜者城"。初建时城池规模并不大，为正方形，城墙用砖石砌成，高约10米，厚约4米，每边长约3,655米，东西南北各有3个门，共有12个城门。城门上端由多个立柱搭成塔形尖顶，城墙上有供士兵巡逻的甬道，墙外有护城河（河宽约30米）。蒲甘古城经过多年风雨冲刷，年久失修，加上战火破坏，今日能见到的城墙已经残缺不全，西北部的城墙塌入伊洛瓦底江中，城门只剩下东面称作"达拉巴"之门。[②]但人们还是可以从遗存的这座城门，推想出当年蒲甘城宏伟的全貌和精湛的建筑工艺。蒲甘城刚刚建成不久，858年就面临了锡兰派兵来袭的考验。[③]

　　蒲甘王朝初创期还仅仅是个孤立的城邦，先是获得王位的新兴缅族王室内部争权，信奉呾特罗教派（阿利僧）的势力又与缅甸王族争夺王位，后逐步将势力扩张为能控制若干个城镇的邦国，但全国局势一直动荡不安。据《琉璃宫史》所载，彬比亚王的五世祖登空战胜其弟后，经过五代六王的传承，才将王位传至彬比亚王手中。但彬比亚王传给其子丹奈时，当年登空之弟的后裔色雷鄂奎杀死丹奈，夺得王位。色雷鄂奎将王位传给其子登科。[④]但前期蒲甘时就有广泛社会基础的信奉呾特罗教派（阿利僧）的势力一直心有不甘，欲夺取政权。946年信奉呾特罗教派势力的代表农夫良吴苏罗汉打死登科王继位。[⑤]991年，丹奈王的遗腹子宫错姜漂[⑥]杀死良吴苏罗汉后称王。宫错姜漂夺得王位后，将良吴苏罗汉的三位王后纳为自己的后妃。南宫王后和中宫王后分别生了良吴苏罗汉的遗腹子基梭和叟格德，而北宫王后育有宫错姜漂的亲生子阿奴律陀。

----

①　缅文为Tampadipa，意为"铜都"。

②　《新蒲甘王朝史》，第25页。

③　杨慎《南诏野史》载："大中十二年（公元858年），（南诏王劝丰）佑遣。……段宗牓救缅。牓汤池（今云南宜良）人，佑之能将。先是狮子国（今斯里兰卡）侵缅，屡求救，至是许之。（公元859年）段宗牓救缅回至腾越，……牓救缅以败狮子国，缅酬金佛，当得敬迎。"参见杨慎：《南诏野史》上卷，第23—25页。

④　缅族新兴王室争权的具体过程可参见《琉璃宫史》上卷，第182—186页，128—130节。先后有彬比亚（846—876年在位）、丹奈（876—894年在位）、色雷鄂奎（894—924年在位）、登科（924—946年在位）等王在位。

⑤　之所以说农夫良吴苏罗汉是呾特罗教派势力的代表，可从该王的名字、夺权经过和夺权后的政策得到明确的证据。良吴苏罗汉的本意即良吴地区的大德高僧。当时呾特罗教派的阿利僧就是带发修行的僧人。该王登基后大力支持阿利僧众。可参见《琉璃宫史》上卷，第186—188页，131节。

⑥　宫错原意即征税官，姜漂原意为"白庙"，因其母丹奈王之妃落难在"白庙"地区生下他，故取名为姜漂。

22年后，三王子皆已成年。为夺取王位，基梭和叟格德假意恭请宫错姜漂王前往他们所建的寺庙祈福，却在庙中将宫错姜漂王擒拿，逼其落发为僧，让出王位。基梭篡位称王，但在位仅6年（1013—1019年在位）。基梭死后，其弟叟格德继位。叟格德乱伦，竟然纳父王之妻北宫母后为王后①。1044年，宫错姜漂王之子阿奴律陀刺杀了叟格德，夺回了王位，至此新兴缅族王室才坐稳了江山。

蒲甘建立初期直至阿奴律陀王登位之前的年代里，版图尚小。"当时中央政府所能控制的仅有农业发达的11县（今日皎栖）、东卑雍县、敏巫（6县）等地。在阿奴律陀之前诸王仅仅建立了县级、地区级的统治。可以说，到了阿奴律陀王之后诸王才把附近各地纳入掌控范围，有了'国'的概念。"②蒲甘初期的版图以蒲甘城为中心逐渐扩展到密铁拉、杰沙和马圭等地，南北长约322公里，东西长近129公里。

二、蒲甘王朝的鼎盛

阿奴律陀（1044—1077年在位）登基后，经多方努力将蒲甘从一个小城邦建成了一个强大的幅员辽阔的国家。

首先，统一信仰，建立权威。

面对国内存在着上座部教派、大乘教派、信奉毗湿奴的教派、信奉龙的教派、信奉伽湾波堤天尊的教派等③，以及主要敌对势力呾特罗教派（全国有30名阿利僧和6万门徒，且有广大信众）的严重挑战，阿奴律陀王急于确立一种全民信奉的信仰。所以在他加冕为王的同时，"为其父举行隆重仪式，授君王登基五宝，封其父为僧王"。④ "（直通）摩奴哈王在位期间，逢三灾。直通境内大饥，一沙弥在林中云游，与猎夫相遇，猎夫引沙弥见蒲甘阿奴律陀王。沙弥原名达磨达蒂，到蒲甘后始改名阿罗汉。"阿奴律陀遂请上座部教派的孟族青年僧侣阿罗汉为国师，使"民众抛弃了过去的信仰，改尊佛法"。缅甸境内上座部教派遂大盛。"其时，大批僧众从直通国纷至沓来。阿罗汉又将虔诚于佛教者收为僧伽。国王命30名阿利僧及其6万门徒还俗，并征他们充任刀枪手和象粪清扫夫等。阿奴律陀王说：统治吾国的历代先王曾信奉阿利教。如信奉该教果有益

---

① 《琉璃宫史》上卷，第186—191页，130—133节。
② 《基础缅甸政治史》第一卷，第234页。
③ 同上书，第240页。
④ 《琉璃宫史》上卷，第193页。

处，吾愿重新信奉。"[1] 此后阿奴律陀在全国各地广建佛塔，并到处布施制作有亲笔印记的佛像砖。砖长17.78厘米、宽12.70厘米、厚7.62厘米。表面雕成薄薄一层的双手触地佛像，左右两侧是过去佛、未来佛像或者是两座佛塔，像的下端以及砖的背面都用梵文写明"伟大的帝王不可战胜之神（Maha Anuruddhadewa，阿奴律陀王的名号）制成此砖遗存于此"的字样。在砖的背面还用手写上"朕阿奴律陀命人制成此佛像砖，愿朕之善举将使朕在未来佛时亦能获得正果"的字样。此种佛像砖在蒲甘内外、德冈、密铁拉、敏巫、卑谬等地到处可见，最北发现此砖的是孟密境内的纳瓦德雷村，最南部的丹老也曾发现。[2] 此举增加了阿奴律陀执政的合法性，确立了统治权威。

其次，整顿行政管理，大力发展经济。

阿奴律陀王时开始将全国分成五大行政区，由效忠朝廷的五位大臣代表国王行使行政管理权，有一支数量相当大的常备军驻守京都，以保卫中央朝廷的安全。同时为应付来自北部掸族的诸多城邦与大理国的威胁，1060年前后，阿奴律陀王在缅甸北部一带建立了43个军事重镇，随时防范外敌入侵。阿奴律陀王采用"屯兵于民"的政策，按人口多寡将全国城、镇、乡分为不同的等级，战时应征人数"以十万丁城为首，其余各城镇分别定为千丁、八百丁、四百丁、三百丁、二百丁、百丁、八十丁、五十丁、三十丁、二十丁城（镇）。国王出巡时，每到一地，该地必须按照规定应征兵丁数目出人护卫"。[3] 阿奴律陀"王在全缅各地，因地制宜地兴修堤、堰、渠、塘。王到南部的垒敦后，登达良山，环视四周，见格育山泉水下泻。王思忖：'如层层设堰筑坝，引水灌田，将在佛教长存之五千年中为众生造福。'遂用7,200万士卒在班扬河附近筑金达、鄂乃丁、彪比亚、古弥四堰。上述四堰和麦克亚河上的那娃岱、关塞、古道三坝共建堰坝七处，以此营造了80万缅亩[4] 的田地"。[5] 这促进了农业发展，使国家实力大增。

再次，四出征讨，扩大版图。

"阿奴律陀……往攻若开北部，若开史中记有：骠王率九万骠人来

---

① 《琉璃宫史》上卷，第203页。

② ［缅］丹吞：《1044—1077年的缅甸》，载丹吞：《新观点缅甸史》（缅文），缅甸仰光翠湖出版社，1975，第48页。

③ 《琉璃宫史》上卷，第225页。

④ 缅亩，按缅语pe音译为"派"。1缅亩=1.75英亩=10.62亩。

⑤ 《琉璃宫史》上卷，第223—224页。

攻。"① 据《若开史》和《摩诃牟尼塔史》载："杜拉珊达雅王的王侄姜陀拘王在位时，阿奴律陀王进军若开。阿奴律陀王未能迎到摩诃牟尼佛像，只得到一些金银佛像和佛额带。"② 但吴瑞赞等著《缅甸若开邦发展史》③中所载姜陀拘王（838—843年在位）在位时间与阿奴律陀在位时间不符；此外，该文另一处又有"敏巴蒂（1090—1103年在位）在位时东部卑谬人进犯若开"。所以，虽然肯定阿奴律陀曾以弘法名义征伐过若开，但具体时间，且是否仅仅一次都不能肯定，只能等待今后进一步考证确认了。

阿奴律陀以取三藏经典为名南下征服孟族的直通夺取出海口，打通与印度、锡兰诸国的往来通道。

> ……尽起全国兵马水陆两路进军直通。水路计有战船80万只、水军8,000万人。陆路派江喜陀、鄂推友、鄂隆赖佩、良吴毕四员大将为先锋，阿奴律陀王亲率大军殿后，计有战象80万头、骏马800万匹、士卒1,800万人。……大军攻陷直通。国王摩奴哈和王后、王子及大臣们被俘，献于阿奴律陀王前。
>
> 阿奴律陀王将直通历代国王供奉盛在宝盒内的圣物舍利及30套三藏经，用直通王的32头白象驮回。国王亦将大批武士和象、马带回。
>
> 此外，还带回许多雕刻匠、镟匠、画匠、瓦匠、泥塑匠、金银首饰匠、铁匠、铜匠、乐师、宝石加工匠、象马驯养师和兽医、弓箭盾牌枪炮等武器制作工、厨师、理发师和香料配制师等。并按工种分队，不使混杂。还迎请了一批精通三藏经书的高僧法师。直通国王摩奴哈和王后、王子、公主等也被带到京都蒲甘。④

阿奴律陀以索取乾陀罗国（又意译为妙香国，即中国云南大理）珍藏的佛牙回国供奉为名，尽起全国兵马北上，不过乾陀罗国君以礼相待，说明佛陀早有预言佛牙将长存于此。"如佛牙愿巡幸贵国，只管迎去。"阿奴律陀无奈只好求得玉佛一尊返回，但也不虚此行，臣服了木掸九

---

① 《基础缅甸政治史》第一卷，第236页。
② 《琉璃宫史》上卷，第214页。
③ ［缅］吴瑞赞等：《缅甸若开邦发展史》，第25—43页。
④ 《琉璃宫史》上卷，第205—207页。

邦①，娶得土司之女苏蒙拉返回。②

阿奴律陀再进军室利差呾罗，拆毁竺多般王修建的佛塔，取出佛额骨，将室利差呾罗城夷为平地。

阿奴律陀在位期间还曾派兵援助孟族的欧德白古国抗击炯国（吴哥）的侵扰；派兵去锡兰迎取佛牙的副牙，协助抗击南印度注辇军来犯，派高僧赴锡兰弘法，净化佛教；控制了处于缅甸之南的外贸中心克拉地峡。③

总之，阿奴律陀是缅甸第一个中央集权王朝的拓疆扬威者，为缅甸成为雄踞中南半岛的强大帝国奠定了基业。"他（阿奴律陀）的王国疆域西至印度的勃代格亚邦（今孟加拉国）；西北至格杜鄂那基耶敦米国；北连又称为妙香国的中国；东北临亦名格温底的班德国；东至又名色底达的宾加国；东南至称为阿约萨的炯国。"④

1077年阿奴律陀死，其子苏卢（1077—1084年在位）⑤即位，但苏卢不仅缺少治理国家能力，而且"昏庸无能，经常故意使文武大臣们不快；未继续建造父王未建成的瑞喜宫佛塔；且不能纳贤听谏；终日享乐，纸醉金迷"，⑥以致引发下缅甸地区原被封为勃固侯的孟族领袖鄂耶曼甘的叛乱，叛军沿伊洛瓦底江向北进军，在卑道达与朝廷官军交战，结果官军大败，苏卢俘后被杀。危急时刻，留守京都的大臣们拥立战功卓著的江喜陀为王。

江喜陀（1084—1112年在位）平定叛军，稳定全国局势后，注意民族团结，发展经济、贸易，人民安居乐业，国家繁荣富强，政绩斐然。缅甸史上亦称其为梯莱辛，因曾受封于今日曼德勒省文敦镇区的梯莱村而得名。

关于江喜陀的身世，一说"江喜陀之母与变化成人形的龙子相爱产下了江喜陀"；⑦另一说根据莱陶佛塔碑文认定他是阿奴律陀之次子。阿奴律陀即位后，派遣使臣前往邻邦访求王妃，得到中天竺吪舍厘国年轻美貌的般萨格勒亚尼公主，在返回缅甸途中使臣与公主二人有私。阿奴

---

① 木掸九邦指：孟拱、孟养、孟密、孟乃、当突、摩别、良瑞、底博和登尼九地。
② 《琉璃宫史》上卷，第208—211页。
③ 《基础缅甸政治史》第一卷，第238页。
④ 《琉璃宫史》上卷，第227页。
⑤ 《基础缅甸政治史》第一卷根据缅甸Thetsotaung碑文，称该王又名"明路林"（Minlulin），意为"年轻的王子"。
⑥ 《琉璃宫史》上卷，第232页。
⑦ 同上书，第238页。

律陀与公主成婚后，使臣进谗公主身份真假难辨，阿奴律陀遂将公主贬至勃舞马乡间，不久生下一男孩。因占卜师先后三次向王奏报将有新王出世，于是阿奴律陀先后三次下追杀令，有孕妇7,000人、新生婴儿6,000人和少儿5,000人被杀，但公主所生男孩幸免于难，后被冠名为"江喜陀"，缅语意为"躲过捕杀的幸存之人"。[①]

第一种说法纯系神话，无稽之谈。第二种说法也不确切，因"江喜陀本人刻写的古孟文碑文中从未提过他是阿奴律陀之子"。[②]其次，按1886年在蒲甘南部妙齐提佛塔附近发现的石刻碑铭《妙齐提碑》（后缅人又多称其为《亚扎古曼碑》）的记载与江喜陀的生辰八字推算，他生于公元1030年，1084年54岁时才继位为王，在位28年，死于1112年。而阿奴律陀生于1014年，比江喜陀仅年长16岁。且1044年阿奴律陀30岁登上蒲甘王位后，才迎娶了印度吠舍厘公主，因此江喜陀绝不可能由她所生。

再有，有学者认为江喜陀中的"江"字源自孟语按古音应读为"格兰"，即蒲甘时地方一级官员的名称，意为地区监督官；"喜陀"也是蒲甘王朝时期的一个官职名称，这个官职名一直被沿用至贡榜王朝。[③]缅甸史学家丹吞则认为"喜陀"意即军士。上述推断亦不可靠。

笔者认为可以认定的是：江喜陀绝非阿奴律陀之子，他们之间并无血缘关系。他原是阿奴律陀王麾下的一名智勇双全、英勇善战的将军而已。江喜陀名字的本意就是一个"做格兰的军士"。另外他即位后，非常重视孟族文化，所刻许多碑铭皆用孟文，重用孟族官员，立孟族公主为后，采用孟族式的加冕礼等举措，表明他很可能本身就是个孟族人。

他即位时，缅甸境内缅族和孟族北南对峙，缅、孟两族不论从人口多寡，还是从发展水平来看都不相上下，相互间的矛盾与竞争却长期存在。所以他首先着眼于要搞好民族团结、稳定国内大局，执政后审时度势，立即将前王苏卢之子跛脚的苏云收为驸马，稳定住原执政的缅族王室和广大缅族的心绪；当其外孙出生后，"梯莱辛（江喜陀）王将王孙抱于怀中说：'朕将为王孙摄政，只是为未来者[④]摄政而已。'赐名底里泽亚都拉[⑤]，为其灌顶加冕为王。有些史籍载该王诞生时，恩辛大鼓不击自

---

① 《琉璃宫史》上卷，第193—195页。
② 《基础缅甸政治史》第一卷，第241—242页。
③ 《新蒲甘王朝史》，第82页。
④ 音译：阿朗，缅文原意：未来者、未来将成为……的人，尤指未来将成佛者。
⑤ 原系巴利文，音译：底里泽亚都拉；意即：吉祥、胜利、英勇。

鸣，称他为阿朗悉都① 王"。② 这样，让缅族人看到原有缅甸王室宗系未变，更加信服。而在孟族看来则目前王权已落入孟人手中，从而缓解了缅族、孟族之间敌对的矛盾，使人忘却他是一位有篡夺缅人王位之嫌的非王族出身的孟族人。

江喜陀王对内大力兴修水利，发展农业，使百姓殷富，安居乐业；注意生态保护，植树造林，提倡放生；巩固民众信仰，自称是印度教毗湿奴大神再世，注重对毗湿奴大神的供奉，并修复残毁佛塔，广建寺庙，遍施庙田，供养僧侣，诲人向善；重视文化建设与发展，命人勘校抄录三藏经，提高乐曲创作水平，修缮古宗教建筑；遗存至今的一块碑铭还详细记录1101年江喜陀曾建一座雄伟豪华的木结构宫殿，但今日已无遗迹可寻。③

江喜陀王对外也一改前王阿奴律陀的四处征讨、武力扩张的政策，采取友善相处的办法。比如，他曾派员赴印度佛祖成佛处菩提伽耶修复塌毁佛塔；劝导南印度一王子改信佛教。④

今日人们可从江喜陀王在位期间所刻孟文碑铭中看到他当年执政时的许多信息。比如在他的碑铭中第一次同时看到当时缅甸境内中心地带三个主要民族的名字mirmar（弥勒玛，缅的古称，汉文典集中写作"靡莫"）、mi（弥，即孟，汉文古籍中有称为"弥臣"或"弥诺"的古国）和tirsul（提勒苏，骠的古称，汉文古籍中写为"突罗朱"或"徒里拙"），这从一个侧面也可说明当时全缅几个主要民族是和睦相处的。但是这些碑铭中谈及江喜陀王个人信息的却几乎没有，连他在阿奴律陀王麾下任职，青年时代因触犯王威而逃亡，逃亡中的爱情故事等⑤也没有提及，只有他的儿子亚扎古曼在1112年所刻的碑铭才透露了他的即位年代以及他临终时的情景。

---

① 音译：阿朗，意即"未来成佛者"；悉都，按缅文意："悉"即大鼓，"都"即人。若按巴利文演变而来的缅文看，意则为"英勇胜敌者"。缅甸王朝时常用此作为勋衔称号，一直沿袭至今，应取后者释义。阿朗悉都旧译为阿隆悉都，现代有些学者则认为阿朗悉都是直通被废的摩奴哈王的玄孙，其父是摩奴哈王的曾孙那伽德曼。

② 《琉璃宫史》上卷，第239页。

③ 《新观点缅甸史》，第51页。

④ 同上书，第51页。

⑤ 江喜陀在阿奴律陀麾下任职时，一次奉命护送欧德白古王献予阿奴律陀王之公主，来京途中与公主有染，王大怒欲诛之，遂逃亡外地，逃亡途中又巧遇一高僧甥女单补拉，两人相爱结合。1077年苏卢王继位后，召江喜陀重回御前任职。1084年苏卢被孟叛军杀害后，群臣拥立江喜陀即位。他即位后封欧德白古公主为后，即位若干年后单补拉携子亚扎古曼到京城认亲，又封单补拉为另一王后，而王储已立，亚扎古曼遂成为一位普通王子。

阿朗悉都（缅甸史亦称其为第一悉都）在位时间有多种说法。由于《妙齐提碑》的发现，他即位于1112年无可争议，但他被弑的年代仍其说不一。有1158年[①]、1160年[②]、1162年[③]、1167年[④]、1169年[⑤]等诸说。阿朗悉都在位约50年，蒲甘呈现兴旺的局面，不仅农业生产发展，经济繁荣，国力大增，而且他经常外出巡游，重视对外交往，使蒲甘与周边国家建立起睦邻友好关系。

为了发展经济，阿朗悉都"合并土地村寨，建立镇、县，规定统一建制"；"丈量土地，规定标准缅亩，开垦耕田，生产粮食饲料，以足兵勇象马之需"；到处兴修水利工程；为了货物流通交换贸易的方便统一度量衡，"确定钦[⑥]、架[⑦]、木[⑧]、贝[⑨]等重量单位与町[⑩]、奎[⑪]、塞[⑫]、萨由[⑬]、卑[⑭]、侩[⑮]、萨垒[⑯]等衡量单位"。[⑰]

为了能更好地管控全国各地，阿朗悉都经常携众多官员去各地巡视，且备有专乘车马舟楫。[⑱]

但由于阿朗悉都经常外出巡游，随从的兵丁将士、官员差役疲惫不

---

① 《缅甸大史》第五卷307节所述。

② 《新蒲甘史》，第97页。

③ 《基础缅甸政治史》第一卷，第244页。

④ 《琉璃宫史》上卷，第248页。

⑤ 贺圣达著《缅甸史》的第39页如此写道，但不知依据缅甸哪部史书所记。

⑥ Chein，音译钦，等于40缅斤（1缅斤 = 1.6329千克）。

⑦ Kyat，音译架，或意译为缅钱，约合16.33克。

⑧ Mu，音译木，约合2.04克。

⑨ Pe，音译贝，约合1.02克。

⑩ Tin，音译町，意译为缅斗，也有译作箩，约合40.91升。

⑪ Khwe，音译奎，约合20.46升。

⑫ Seit，音译塞，约合10.23升。

⑬ Sayut，音译萨由，约合5.11升。

⑭ Pyi，音译卑，意译缅升，约合2.56升。

⑮ Khwek，音译侩，约合1.28升。

⑯ Sale，音译萨垒，约合0.64升。

⑰ 《琉璃宫史》上卷，第241页。

⑱ 《琉璃宫史》上卷，第241页载："据说阿朗悉都王计有大臣6万名、白象32头、黑象80万头、马800万匹、船800只、士卒16,000万名。国王率众巡游各地所乘12艘御舫为：东路布佐、东路甲岸、卑基瑙、瓦济拉丁卡、昂达德果、摩奥界、遂赖雅迪、那瓦雅、卑基湾、丁雅卑松、永珍、那伽皆等。阿朗悉都偕王后嫔妃文臣武将巡行缅甸南北。"此处所述数字明显纯系夸张之词，不可信。但相对来说人数众多是肯定的。

堪，怨声载道，各地叛乱事件也时有发生，[①] 他虽能控制全国局势，但却难防内部叛变。他有两个精明的王子，为预防王室内争权，他把长子明欣绍流放外地，却未料到，在他81岁高龄之际，控制了宫中大权的幼子那腊都却趁他年迈患病之机，将他废黜，后又将其弑毙。[②]

蒲甘王朝鼎盛期自1044年阿奴律陀即位为王起，1077—1084年阿奴律陀王之子苏卢在位，后经江喜陀掌权，到1162年阿朗悉都王被弑时止，前后长达118年之久。依靠阿奴律陀、江喜陀、阿朗悉都三代君王的聪明才智和文韬武略，国家治理取得巨大成就，使得蒲甘王朝空前兴盛。据刻于1196年蒲甘那拉勃底悉都在位时的一方名为"达摩亚兹伽"的碑文记载：当时"国家疆域是：东至丹伦江东岸；南至土瓦、萨尼亚、顶都、德林达依、德括、达林杰、毕斯格里、堕罗瓦底；西至密萨格里、勃得伽；北至德冈、额仓千、乌骚迪伽、鄂第叶斌和良彬"。[③]

三、蒲甘王朝的衰落

阿朗悉都去世后，蒲甘王朝逐步衰落，历经那腊都、明因那拉登卡[④]、那腊勃底悉都、梯罗明罗、加苏瓦、乌兹那、那腊底哈勃德、觉苏瓦、苏涅和苏蒙涅十代君王，共计200年后瓦解灭亡。这些君王中只有那腊勃底悉都一人略有建树，其余大多是横征暴敛、贪图享乐的无能之辈，那腊底哈勃德则更是畏敌逃亡之君。

那腊勃底悉都（1174—1211年在位）是一位贤明的国王，继位后，亲赴各地视察，整顿吏治，并按照地方发展情况重新划分城镇设置。此时国家疆域有一定拓展，南部已到达马来半岛一带。为加强对朝廷的保卫工作，他设立禁卫军，建立象军、马军；建立宫廷公职人员等的薪俸制度，规范各种税金的征收法；重振上座部佛教，重视与南传佛教中心锡兰的宗教往来。

---

① 参见《琉璃宫史》上卷，第245页所述："由于阿朗悉都王经常出京巡游各地，致使手下水、马、象、步各军将士疲于奔命。勃生，即得楞国叛乱；鄂迪在岱他岛起兵；鄂内在开丁山另树一帜；泽亚敏加拉在德山蠢蠢欲动；派驻锡兰岛的印度兵哗变；德林达依拒绝像以前一样进贡；德明格东忘恩负义背叛朝廷。大将鄂耶僳、鄂耶乃奉命率领大批象军马军出征。大军行至鄂辛盖，德明格东迎战，胜之获大批战俘。"

② 《基础缅甸政治史》第一卷，第244—246页。

③ 同上书，第235页。

④ 一般缅甸史书只记为那腊都在位三年后，其子明因那拉登卡又在位三年。但年代混乱，经缅甸史专家、英国著名学者卢斯考证：那腊都在位三年死后，曾有九年时间无王在位，后来那腊都之子明因那拉登卡才得以继位。可参见《基础缅甸政治史》第一卷，第248页的脚注。据丹吞等历史学家考证，根本就没有明因那拉登卡这样一位国王存在过。

那腊勃底悉都王有5子，临终前，命幼子泽亚登卡越过4位兄长继承王位，[①]兄长们甘愿接受父王授予幼弟王位的决定，与幼弟共议朝政，处理国事。那腊勃底悉都和泽亚登卡在位的近60年间，国家出现了暂时的安定局面。

此后在加苏瓦（1235—1249年在位）年间，国内局势相当严峻，经济形势不佳，盗贼蜂起，不得不加重惩治力度，加苏瓦王亲自下令在全国范围内树碑警示民众勿犯盗窃罪行，但为时已晚，未能挽回全国的颓势。那腊底哈勃德于1256年继位后，情况更糟。他排斥有功于国的贤臣和辅佐执政的绍王后，过着骄奢淫逸的生活，据缅甸史籍记载，那腊底哈勃德"要备足菜肴三百种，酸、甜、苦、辣、咸、香、腻、涩各种味道俱全才进餐"。[②]更为劳民伤财的是，他下令修建规模宏大的敏格拉佛塔，在塔龛四周安放着当朝已故51位国王及王后嫔妃、王子公主、大臣乡吏的纯银塑像，因而当时就流传着"宝塔建成，国化灰烬"的谶言。[③]那腊底哈勃德在位时，国家经济力量耗竭，国势日衰。当1283年元朝军队再次进攻缅甸时，这个腐败无能的昏君竟弃城南逃，为此缅甸人讥讽他是"德由别敏"，意为"畏惧华人而逃之君"。

元军撤离后，缅甸朝廷本应全力恢复生产，重建家园，稳定百姓生活，但此时蒲甘朝廷内讧。1287年，躲避元军弃城南逃至卑谬的那腊底哈勃德被卑谬侯底哈都王子弑毙。随后底哈都又前往勃生，将王兄勃生侯乌兹那杀害。底哈都在回师攻打勃固时，在阵前拉弓射箭，用力过猛，反而自己中箭身亡。底哈都死后，群臣公推那腊底哈勃德王的另一王子达拉侯觉苏瓦继位称王。此时国内动乱蜂起，干戈不断，中央王权衰落，上缅甸的统治权力实际上已落入掸族三兄弟之手，缅王只是名义上的国王而已，下缅甸的孟族乘机重新恢复自己独立的王国，而西部的若开也宣告独立，蒲甘王朝分崩离析，只能维持蒲甘城周边一小块地方的实际控制权而已，再传了两代，最后被掸族三兄弟取代。

蒲甘王朝衰落的原因

对此史学界看法不一，有人认为中国元朝军队的入侵是导致蒲甘王朝解体的主要原因，这种看法是不够准确也不够全面的。至今大多中外

---

① 泽亚登卡王号梯罗明罗，意即"伞也中意，王也中意"。据《琉璃宫史》记载，那腊勃底悉都临终前，立一白伞于五位王子间，白伞倒向幼子泽亚登卡，故而得名。《琉璃宫史》上卷，第275页。

② 《琉璃宫史》上卷，第292页。

③ 同上书，第292页。

学者已有相对一致的共识，即内因才是导致蒲甘王朝解体的主要原因。归纳起来，内因有四。

一是寺院经济扩大而中央王朝的经济基础日趋削弱。伴随着国王对上座部佛教的推崇、佛寺的大量修建和国王及贵族大臣对佛寺的捐赠，寺院经济迅猛发展。在蒲甘时代，国王们"作为寺院的庇护者，通过施予较多的捐赠，他们可以取得最大的功德"。[①] 13世纪初，佛寺占有的土地甚至超过国有土地。由于国王把土地和土地上的居民一起赠给了寺院，寺院不仅拥有了土地，而且有了劳动力，寺院的主持和僧伽有许多塔奴为他们服役。寺院享有特权，可免纳租税，寺内劳动者不必服徭役。寺院经济的发展，一方面促进了蒲甘的建筑业、商业与手工业的发展，另一方面导致寺院经济的过分膨胀，从根本上动摇了蒲甘王朝的经济基础，并给国家经济带来许多负面的后果。

二是大兴土木，广建寺塔。从阿奴律陀在位时起，以后诸代缅王都大力推崇弘扬佛教，无论是中央朝廷、地方官府还是普通黎民百姓，都把广建佛塔寺塔作为头等大事，大兴土木使蒲甘地区的生态平衡遭到毁灭性的破坏。自阿奴律陀以后的200年，在蒲甘王朝全国各地普遍形成建造佛塔的热潮，而在京城地区尤为突出，仅在京城蒲甘20多平方公里的范围内建成的佛塔群，规模之大、数量之多堪称世界之冠。[②] 再加上平日名目繁多、连续不断的各种佛事活动，耗费了国家大量财力、物力。人数众多的信众，频繁地参加各种佛事活动，沉迷于信仰的虚幻之中，相信只要平日积德行善，来世必有好报，死后亦可步入天堂。因此，人们不再注意发展农业、繁荣经济，国家陷入"坐吃山空"的境地。

三是民族的冲突和分裂，对蒲甘王朝造成一定的压力。自蒲甘王朝建立以来，掸族、孟族和若开族等民族，虽然表面上臣服于中央朝廷，实际上却是貌合神离，各霸一方，反叛事件从未间断，削弱了中央朝廷的实权。在此期间居住在北部的掸族逐步南迁，遍及京城蒲甘及周围地区，势力日渐强大，他们以敏塞为基地控制了上缅甸大部分地区，最后操纵了朝政，使后来即位的觉苏瓦成为毫无任何实权的傀儡。随着王权的萎缩，边远地区开始自行其是。缅族独霸蒲甘的做法则导致孟人的疏

---

① 《剑桥东南亚史》I，第200页。
② 蒲甘周边建有的佛塔无法计数，素有"牛车轴声响不断，蒲甘佛塔数不完"之说。人们根据前半句缅语辅音字母相对应的数字，说应该是"4,446,733"座，而这个数字确有夸张之嫌。又据缅甸学者的考证，估计蒲甘原有佛塔5000余座，经过千年的风雨侵蚀，以及战乱和地震的破坏，现今尚存有2217座，故蒲甘有"万塔之城"的雅称。

远和随后下缅甸的丧失。下缅甸孟王国的瓦里鲁，自1281年起在莫塔马自立为王，到1287年其势力遍及下缅甸地区，正式建立瓦里鲁王朝；位于西南部曾臣服于蒲甘的若开王国也另立旗帜宣布独立。因而有学者指出："在分析蒲甘瓦解的原因时，或许应该把民族冲突问题放在与土地控制问题同等重要的位置。"[1]

四是自阿奴律陀即位，到苏蒙涅为止，蒲甘王朝共计14代君王，只有早期的阿奴律陀、江喜陀、阿朗悉都和那腊勃底悉都等几位，励精图治，多有建树。蒲甘后期的帝王腐化堕落，无所作为，无力挽救蒲甘王朝走向崩溃的厄运。

在上述内部衰败诸因素形成的条件下，元朝军队的入侵，又给予了孱弱的蒲甘王朝以沉重打击，进一步削弱了王朝的政治、经济和军事实力，成为促成蒲甘王朝迅速解体的一个外部因素。

第二节　蒲甘王朝政治与经济的发展

一、政治法律体制

蒲甘是一个中央集权的王朝。国王拥有至高无上的权威，是国家最高统治者，是全国水、土地和生命的主人，是绝对的行政权与立法权的拥有者。从宗教信仰角度出发，他又是未来成佛者。

首都蒲甘城是国家政治与文化的中心，以国王为中心的宫廷有为其服务工作的人员。侍奉国王左右为他出谋划策或代表他在全国各地行使权力的有总督（Maharthiman，音译"摩诃达曼"，意为"最高权力拥有者"）、亲王、大臣和主持基层工作的丹彬、格兰等。再下一层就是为国王办理具体事务的王役人员了，还有处理司法事务的丹帕玛（Thamphama）、法官等人。[2]

首都以外分为三类地区。第一类是靠近首都的腹地，即"京畿要地"，以首都为中心，半径约150公里内的缅人聚居地区，由国王委派亲信官员直接统治。王子王孙、王亲国戚做各地的食邑主，代表国王进行管辖。第二类是外围的边沿地区，国王派出总督全权负责。第三类是其他民族居住的地区，通过当地头人和部落首领进行统治。[3]

---

① 《剑桥东南亚史》I，第137—138页。
② 《基础缅甸政治史》第一卷，第264—265页。
③ 同上书，第265页。

这些官员平时负责司法管理、征集税款，战时则负责统领军队、征战疆场。

军队是蒲甘国家机器的重要统治支柱，由王室直接控制。国王是军队的最高统帅。统率军队的将领称"摩诃达那巴底"（Mahatheinapati），这一职务往往由王储兼任。此外，设王室侍卫队长，称为"昆木"（Kun Hmu）。来自北方的蒲甘人擅长骑射，早已建有马军、象军和步军，在兼并孟人王国后又拥有了水军。

蒲甘王朝拥有一支数量相当大的常备军驻守京城，以保卫中央朝廷的安全。同时为应付来自北部掸族的诸多城邦与大理国的威胁，1060年前后，阿奴律陀王在缅甸北部一带建立了43个军事重镇，随时防范外敌入侵。为避免消耗国家大量财政开支，阿奴律陀王采用"屯兵于民"的政策，屯兵于民的措施节省了国家的财力和物力，减轻了平民百姓的负担，但也在一定程度上不利于军队的军事技术的提高和军事素养的完善。

> （至元）十四年（公元1277年）三月，缅人以阿禾内附，怨之，攻其地，欲立寨腾越、永昌之间……阿禾告急，忽都等昼夜行，与缅军遇一河边。其众约四五万，象八百，马万匹。忽都等军仅七百人。缅人前乘马，次象，次步卒；象披甲，背负战楼，两旁挟大竹筒，置短枪数十于其中，乘象者取以击刺。[1]

一次战役，蒲甘王朝竟能动用如此大的兵力，足可见当时兵力之强。

蒲甘王朝初建时，虽然尚无一部健全完备的法典，但是据信有骠国竺多般王和骠敏梯王时代的判案案例可供依据与参考。[2] 阿朗悉都王时，为健全国家法制，他颁布了《判卷》，作为判案的法律依据，具有法律效力。学者认为，蒲甘的法律深受印度《摩奴法典》影响，一类为刑法，主要是国王的敕令，是针对有关偷盗、杀人、纵火、谋反等犯罪的律令；另一类为民法，涉及婚姻、财产、继承、土地与奴隶买卖等纠纷的处理。到了蒲甘王朝后期"出现了精通法律的摩奴亚扎（Manuraza，意为"精通摩奴法典者"）、达摩伐罗沙（Dhammavilartha，意为"善法者"）等人士，立法已经有了足够的基础"[3]，才有了自己编撰的法典。那腊勃底悉都在位时，孟人僧侣达摩伐罗沙用巴利文编纂了第一部缅甸法典，即

---

① 《元史》卷二一〇《缅国传》。
② 《基础缅甸政治史》第一卷，第282页。
③ 同上书，第282页。

《达摩伐罗沙法典》，后来这部法典译有孟文版和缅文版。①

蒲甘王朝建立了司法机构。王城的法庭称为"达亚贡达亚"②，设有法官、大法官，还有到各地办案的巡回法官。从留下的碑铭看出，蒲甘王朝的刑法严酷，法律规定对犯人施行种种残酷的刑罚，以保护上层阶级的利益，并镇压谋反者；蒲甘王朝设置了司法专门机构，任命了为数不少的法官，并审理了大量的土地与财产纠纷案件，反映了当时社会关系的复杂与阶级矛盾的尖锐。

目前发掘所得蒲甘王朝晚期刻有加苏瓦王在缅历611年（公元1249年）2月9日颁布的一项命令的全文的碑铭《加苏瓦王公告碑》，也在一个侧面展示了蒲甘王朝时期立法理念与司法的情况。从碑文中得知，当年官方曾下令：

> 防晒避风，建棚树碑444方，以五十户为限，每村必立。每月十五月圆日，村长、村民皆穿着整齐，祭祀神明，击鼓，聆听碑文。初始先祭典供奉，宣读碑文者需正装佩戴。也要召集未立碑的小村到树碑处恭听。③

截至目前，缅甸考古已发现同样碑铭十余方，可见所述属实。但该文告已值蒲甘王朝末期，地方上是否能按朝廷之命村村皆立此碑，且共立444方，则令人存疑。碑文中还提道：

> 尔等民众若望得到人生与来世幸福，就要敬畏相信朕之所言，恭听遵从。因朕言并非个人感知，是据伟大佛祖一切种智所言。先前诸王对盗贼皆用穿钢钎等酷刑处死，朕不愿见众生蒙受此难，希众生皆能像朕富有怜悯之心，才出此言。定要敬畏顺从、恭听必行！
>
> 盗贼以为偷窃能得到幸福，焉知岂能？毁坏、抢夺他人家园、妻儿、财物，岂能获得幸福。此非真正幸福，乃自毙也，只能毁灭自己。尔等切切思之！若盗贼被抓获，将被钢钎穿、巨斧砍、铁板烤……受尽种种磨难。若未被抓获，久而久之，坐卧不宁，无片刻幸福，胆战心惊。不敢家中居留，受尽日晒雨淋之苦。非偷盗者，

① ［缅］貌廷昂：《缅甸史》，第48页。
② 缅文为Tarakunthaya，意即"美好的正义殿堂"。
③ 《缅甸文学史》，第24页。

遇难藏匿家中，并不烦恼，盗贼却无计可施。历来盗贼无一能长期逃脱者，长者仅两三年耳。此言并非今日言，佛法中也如此说。被人忘却的盗贼，地狱、饿鬼、阿修罗、畜生等四恶道才是此类人等之归宿。离世后必赴该地。未死被捕，汝会被耻笑为窃贼。即使未被冠以偷儿之名，也会被人称作是个有偷窃念头者。若未查清，会被放过。查清，则读此命令，命令中已讲明盗贼犯罪应得之处罚，将偷窃罪行与命令比照，给予相应处罚。[①]

可见当时统治者以佛法为理念教育民众，用酷刑威慑之，使其遵纪守法。

二、经济与社会状况

蒲甘王朝是在内陆地区建立的农业国家，并对沿海地区行使统治权，农业是其经济基础。蒲甘时期，皎栖成为缅甸人工灌溉的农业中心，这一地区逐步形成由水渠、水库、池塘、湖泊与人工开挖的运河组成的灌溉网，11世纪前建成了密铁拉湖。原来干燥的蒲甘地区变成了富庶的粮仓，一个旱涝保收的农业区。阿奴律陀在位时，在全缅各地因地制宜地兴修堤、堰、渠、塘等水利设施，营造了80万缅亩良田。以后继位的诸王大多也很重视农业的发展，比如阿朗悉都、那腊勃底悉都等均在蒲甘周边地区和皎栖、色林、密铁拉等地修建过新的水利设施。灌溉农业是蒲甘王朝的经济繁荣发展的基础，凭借这个地区丰厚的人力、物力，蒲甘王朝成为缅甸史上空前统一和繁荣的国家。

蒲甘时期，铁器农具（铁犁、铁锄）的使用与牛耕方式日益普及，农业生产力比骠国时期大为提高。稻谷是主要农作物，但其耕种面积缺乏确切的统计。学者估计，蒲甘时期人口约150万人，稻田至少有50万英亩（相当于303.51万亩或2023.43平方公里）。[②]

此外，还种植粟、高粱、豆类、芝麻、棉花等作物，甘蔗、木瓜和其他热带果蔬也很普遍。生产柚木等木材、藤蔓、药用植物等的林业有一定规模。养蜂酿蜜、饲养鸡鸭等家禽、放牧牛羊等家畜、养殖象马等特需大牲畜的畜牧养殖业与捕鱼业发达。手工业和建筑业发展也较快。

蒲甘王朝的土地制度是以国有制，即王有制为基础。蒲甘王室控制

---

① 《缅甸文学史》，第23—24页。

② Michael Aung-Thwin, *Pagan: The Origins of Modern Burma* (Honolulu: University of Hawaii Press, 1985), pp.232, 257.

着灌溉农业地区的肥沃土地，国王直接掌控一部分王有地，将一部分封赐给王室成员、贵族大臣和寺院僧伽。国王拥有土地的最高所有权，受封赐者则只享有使用权和收税权，王有土地由属于国王的奴隶、农奴耕种，还有些土地是赐给军事组织及其首领的，由这些组织的成员耕种，首领们将土地的一部分收入作为租税，上缴国王。

蒲甘时期的内外贸易有一定发展。当时蒲甘城为国家的行政与宗教中心，还没有成为全国性经济贸易中心。但蒲甘王朝已有一些地区性商业市镇。例如上缅甸的江头城（今八莫）、德冈和木连城（即敏塞），下缅甸的勃固、莫塔马、直通等。除缅甸人外，一些城镇已有来自印度以及中国和波斯的商人。但蒲甘王朝的商业贸易并不发达，仍是以物易物为主，也有用金、银块作为交换媒介的。蒲甘时朝有土地买卖，碑铭记载，有贵族、富人用金银、奴隶、象、马及船只交换土地的情况。各类土地价格不一，平均价格为一派（缅亩）地2～3缅斤银。果园的价格最高，最高曾卖出一派地176缅斤银。[1] 蒲甘的各地领主、部落首领与村社头人对土地拥有实际支配权，这使国王的土地所有权受到限制。

蒲甘王朝经济发展中的突出现象是寺院经济与土地占有的过度发展动摇了蒲甘王朝的统治基础。

在君主集权的蒲甘社会，存在着对农奴和奴隶[2]的剥削，这种剥削有服劳役（包括服兵役）和交纳实物租税两种形式。被奴役者分为两类：一类是"遵道"[3]，为政府服兵役和各种劳役；另一类是村社成员（即后来的"阿岱"，平民），不为政府服役，但要向政府缴纳各种实物税。

蒲甘碑铭中记载，社会上有不少奴隶，缅语称奴隶为"遵"（kyun）。奴隶来源多为战俘，也有负债为奴的，奴隶所生仍为奴隶，所以世代为奴者不少。奴隶可以赎身重新变为自由民，也有奴隶主行善把奴隶释放变为自由民的。奴隶可买卖。蒲甘社会不仅有全家人为奴的，还有整村人为奴的奴隶村，以及从国外买回来的外国奴隶，如印度奴隶。奴隶按身份又可分为塔奴与家奴两种，为寺塔服役的塔奴多是由国王、贵族将其和土地一起赠予寺院，他们耕种寺院的土地，服各种杂役。甚至有人

---

① G.H. Luce, "the Economic Life of the Early Burmar," *Journal of the Burma Research Society*, 30 (1949), pp.283–335.

② 缅文为遵（Kyun），译成中文即"奴隶"，但与所常说的西方贩卖奴隶或奴隶制下的奴隶截然不同。此处所说奴隶则相对有更多的人身自由。

③ 遵道（Kyuntaw）意即"国王或王室的奴隶"。他们为国王承担包括兵役在内的各种劳役，到了14世纪后发展成为"阿姆担"（Ahmutan）组织，即王役人员组织。缅甸语中的"遵道"这一词语，发展至今已经成为第一人称代词"我"。

为了表示对佛教的虔诚，把自身捐给某个寺庙做塔奴。家奴有王室的奴仆，有贵族官僚大臣以及富人的家内奴婢。此外，蒲甘王朝有一些身份为艺人，包括歌手、舞人、鼓手与乐师等较特殊的奴隶，人数少，待遇比一般奴隶高许多。学者研究，蒲甘社会虽存在大量奴隶劳动，"奴隶买卖的规模也很大，一次买卖几十名奴隶的记载屡见不鲜。奴隶的价格，一般是一名奴隶值20～25缅钱（Kyat）的银、5～20缅斤（Peittha）[①]的铜或20箩稻谷再加3缅斤铜，50～60名奴隶才值一头象，40名奴隶可换一匹马或一艘船"，[②] 但"蒲甘的奴隶制是以村社制度为基础的封建制的伴生物，而不是占统治地位的社会生产方式"。[③] 有学者认为"缅甸历史上，奴隶制与封建制是同步形成的"，这种共存现象被称为"古代缅甸社会的封建—奴隶制结构"。[④]

概言之，蒲甘时期缅甸的社会大致可分成几个阶层：国王，大臣、官员等辅佐国王的王族及宫廷内部人员，食邑主、商人、手工业者、艺人等，农民和各类奴隶。国王、王族、地主等富人的利益得到保护；商人、手工业者，农民等贫苦人群还有若干利益可寻；而处于社会最底层的奴隶只能任奴隶主的左右或管控，是他们的私有财产，任由他们役使、买卖，或处置。此外还有僧侣这个特殊阶层，他们可能是处于所有人之上，具有无上威望的人，为所有人指明生活方向的人，有时甚至能与国王的地位相提并论，但是，从蒲甘王朝进入鼎盛期之后，僧侣们就少有直接干政的记录了。[⑤]

第三节　蒲甘王朝的文化

一、蒲甘文化的源流

早在云南境内发展的靡莫人是缅族的前身，深受南诏文化的影响，因为南诏的主体民族是白族，而白族与骠族是同族。当缅人随南诏征讨骠国进入缅甸后，9世纪中期骠人式微，缅人开始在骠人之地建立起第一

---

① 100缅钱等于1缅斤。1缅斤约合1.6329公斤。

② ［缅］吴佩貌丁：《蒲甘碑铭中的妇女》，《缅甸学会学报》第25卷第1期。

③ 贺圣达：《缅甸史》，云南人民出版社，1992，第55页。

④ 何平：《东南亚的封建—奴隶制结构与古代东方社会》，云南大学出版社，1999，第67—75页。

⑤ 《琉璃宫史》上卷，第302—303页。但笔者并不同意原文"没有见到僧侣干政证据"等语。只能说到蒲甘王朝鼎盛期后，王权战胜了教权，将教权严格地控制在王权之下。

个国家蒲甘，且缅人与当地的骠人逐步融合，所以早已发达的骠国文化就成了蒲甘文化的重要基石。

缅甸南部的孟人具有古老的文化底蕴，它汲取相邻各民族尤其是印度和中国两大古老文明的营养，信仰佛教上座部教派，创造了辉煌的孟人文化，也是蒲甘文化的另一基石。

蒲甘王期建立初期，宗教信仰多样化，既有缅人古老原始的神祇崇拜，又有来自印度的婆罗门教湿婆与毗湿奴教派的信仰，还有佛教的大乘、呾特罗等教派的信仰。属于呾特罗教派的阿利僧势力一度兴盛，甚至压倒了王权。阿奴律陀王当政后，取缔阿利教派，并南征直通王国，统一了上、下缅甸。他奉孟人阿罗汉为国师，独尊上座部佛教，并在全国广为推崇与弘扬，从此上座部佛教在缅甸得以传播和发展起来，占据了主导地位。在对王室有着巨大影响力的阿罗汉长老飞升后，盛涅法师、阿南达法师等上座部派的高僧一直是对蒲甘宫廷进行教诲的国师。[①]

学者们认为，阿奴律陀的巨大成就之一是使"孟人文化大量注入蒲甘"。[②] 而具有孟人血统的江喜陀王即位后，更加重视孟族文化，他任用孟族官员，立孟族公主为后，采用孟族式的加冕礼，执行缅孟团结政策。著名的英国东南亚史学家霍尔说："败者征服了征服者：孟族文化在蒲甘宫廷中取得最高的地位。巴利语成为蒲甘宗教的语言，缅语的文学著作也终于采用了孟族的字母。"孟文化在全缅蓬勃发展起来，占据了主导地位，比如建筑、雕塑、绘画等艺术都一改以前的传统为孟式，最明显地表现在佛塔等宗教建筑上。所以，丹吞博士把1057—1113年称为"蒲甘文化的孟时代"。1174年以后，蒲甘文化进入了一个新阶段。那腊勃底悉都王一改前王们的做法，排斥孟文化的影响，大力推崇缅族固有的文化。仅举记事的碑铭来说，1112年以前，缅甸只有巴利文或孟文碑铭，且孟文居多；1113—1174年，则梵、巴、骠、孟、缅文均有；1174年以后，大多只用缅文。这时的缅文，文字朴实无华、简洁明了，文体也有所创新。

但蒲甘的宗教文化无疑是多元混合的。[③] 学者认为蒲甘占主导和统治地位的无疑是上座部佛教，但它是和大乘佛教包括密宗混合在一起的，

---

① 《基础缅甸政治史》第一卷，第245页。
② 《剑桥东南亚史》I，第135页。
③ ［缅］D.G.E. 霍尔：《东南亚史》上册，中山大学东南亚历史研究所译，商务印书馆，1982，第190页。

并融入了婆罗门教的那伽崇拜和骠人、缅人、孟人的原始神祇崇拜①。神祇崇拜是一种万物有灵的精灵信仰，在蒲甘社会，超自然的神祇信仰与祖先崇拜和佛教相结合，渗入家家户户，影响极为广泛深入，不但家家有神龛，寺院内也供奉神祇，阿奴律陀王兴建的瑞喜宫佛塔内便安设有37个神祇之位。蒲甘社会生活浸透着浓厚的宗教色彩，也使缅甸的文学、艺术、语言、风俗习惯无不带有深刻的宗教印记。

蒲甘时代，佛教教义与思想被认为是衡量每个人行为好坏和善恶的准则，是分辨与判断事物是非的标准。同时，佛教的哲理决定着人们的思想情感、道德准绳和心态理念，从而使缅甸社会形成了生性平和、心地善良、温文尔雅的鲜明民族性格和诚信待人、尊老爱幼、乐善好施、愿意助人的良好社会风尚，代代传承至今。阿奴律陀在位时，为了弘扬佛教，捐建佛塔寺院，以示公德。以后各代也都坚持弘扬传播佛教，上至王公大臣，下至黎民百姓，都把捐建佛塔寺庙视为笃信佛祖、积德行善、修行来世之大事。

二、蒲甘文化的特征

蒲甘文化以佛塔众多为其突出特征，故有学者认为，蒲甘文化可以称作佛塔文化。而蒲甘的佛塔具有上座部佛教内涵与缅甸民族形式相结合的鲜明特色，从中不仅可以看到缅甸特有的建筑艺术形式，还可以见到印度和中国建筑艺术的影响和它们之间的融合。在这些佛塔中，既有像瑞喜宫、阿难陀、他冰瑜等高大雄伟的巨型佛塔，也有斗室般大小的小型佛塔。它们在设计、结构和建筑风格上各不相同，形状各异，千姿百态，却都有很高的艺术水平。

瑞喜宫佛塔是阿奴律陀王捐建的，1077年阿奴律陀驾崩时尚未完工，后由江喜陀将其建成，塔身呈钟形，实心，高35米，塔坛底座四周长135米，塔顶端部贴敷金箔，在晴空日照下金光闪闪，显得富丽堂皇。瑞喜宫佛塔的建筑特点与风格，奠定了后来缅甸佛塔建筑的基本模式，这种佛塔建筑式样一直传承至今。佛塔建筑的结构和形状的特点与北京北海公园内的白塔近似，塔院门前石狮颈上的系铃饰物也相同，此外，蒲甘佛塔建筑的多层飞檐楼阁和半圆拱门也与中国传统庭院有许多共同之处，明显受到中国文化的影响。②

---

① 一些学者按缅文"神祇"（Nat）一词的发音直译为"纳特"（崇拜）。

② 陈炎：《中国和缅甸历史上的文化交流》，载《陈炎文集》上，中华书局，2006，第364页。

阿难陀佛塔是蒲甘江喜陀王所建，塔身高达56米，底层为十字形建筑，每边长57米，四面均有一个脊形屋顶的过廊通入塔内。塔体为阶梯形，往上逐层缩小，塔顶尖端贴敷金箔，另外，佛塔每层阶梯上竖立着许多小塔和神兽雕像，工艺精湛、形象逼真。塔体内存一石窟，四面有对外通道的窟壁，四周有80个佛龛，四面还各有一尊高10米的金身立佛。在龛壁上不同方位开有窗口，光线随时能照到立佛的头部和肩部。在通道终端有佛塔捐建者江喜陀和国师阿罗汉的跪像，佛塔内外壁上，有1,600余幅佛本生经故事的浮雕和壁画。可以说，这座佛塔既是一座宏伟的宗教建筑，又是一座代表蒲甘时代绘画和雕塑风格的杰作。人们从阿难陀佛塔的建筑结构和数目众多的壁画的内容，不难看出其文化受到来自印度文化的影响。

蒲甘文化的又一特征是雕塑艺术的大发展。蒲甘时期，为把佛塔建筑装饰得美观庄重，在佛塔、石窟、寺院的墙壁、天花板、梁柱、拱门上都雕刻作画，这使"蒲甘时代建筑、绘画、雕刻、制伞、刻制佛像等艺术，以及制造瓮、壶、盘等制陶技术和金银首饰、纺织等手工业也得到空前发展"。[①] 以致人们说，古代蒲甘的艺术史也就是缅甸的艺术史。

蒲甘王朝的文学创作进入了一个新时期。随着佛教的广泛传播，众多信教的善男信女，积极行善布施，广建佛塔寺院，并习惯将本人所做的善事内容、日期、施主名字以及誓言、咒语等镌刻在石柱或石碑之上，有的放在所捐建的佛塔之内，成为缅甸最早的文字记录的载体，至今已发掘到1,500多方。碑文被称作"蒲甘碑铭文学"，蒲甘王朝时期的碑铭对缅甸语言文字的发展、文学创作与写作风格都产生了深刻的影响，故又有"缅甸文学始于蒲甘碑铭"之说。这些碑文内容虽多为进行佛事的记录，并非纯正的文学作品，但它对了解蒲甘时期的社会结构、政治、经济、文化和语言文字的发展状况，提供了重要的参考依据。

其中著名的首推《妙齐提碑》（人们又称其为《亚扎古曼碑》）。《妙齐提碑》刻于公元1112年，碑铭主要记述江喜陀王病危，王子亚扎古曼感谢父王养育之恩，祈福父王早日康复之情意。碑铭行文流畅，内容生动，为一篇感人肺腑的上乘抒情文。这块碑铭的发现，对了解和研究蒲甘王朝的社会文化、语言文学，乃至风土人情都具有重要意义。《妙齐提碑》碑身为一正方柱体，同一内容的碑文在碑身四面分别用缅文、巴利文、骠文和孟文写成。其中，巴利文为41行、缅文为39行、孟文为

---

① 《缅甸历史汇集》，第69页。

33行、骠文为26行。① 碑文不仅确切记载着缅王江喜陀于1084年即位，1112年去世，解决了缅甸史学界长期的争议，而且由于内容相同，四种文字可以相互对比印证，从而使消失多年的骠文又被重新认识和解读。此外，碑文还记载了向寺院僧侣捐献奴隶和土地，这也反映出当时的政治、经济、社会与文化状况。

第四节　蒲甘王朝的对外交往

一、与锡兰（今斯里兰卡）的关系

据锡兰《大史》记载，早在公元前3世纪，印度阿育王在位时举行了佛经第三次结集，并派9个僧团往周边地区弘法，其中就有一个僧团到达了下缅甸的金地，同时有另一个僧团到达锡兰，带去了佛教经典三藏经，这也说明缅甸与锡兰两国的宗教信仰源头本来就是共同的。

蒲甘王朝初建时，当时的锡兰曾多次前往侵扰，后被击退。

阿奴律陀王在位时要打击威胁着王权的宗教势力——阿利僧，阿奴律陀王便推崇上座部佛教，找到了统一全国的思想武器。经过阿奴律陀王继位后的十余年的经营与征讨，在11世纪50年代末强行将南部孟族城邦和西部若开族城邦纳入了自己的势力范畴。据缅甸史书记载，为提高蒲甘佛教的正统性，阿奴律陀王听信佛陀入灭后有两尊佛牙尚在人世间保存供奉，一尊在锡兰、另一尊在中国的佛教传闻，拟亲往锡兰迎回佛牙。天帝释怕阿奴律陀此举引起与锡兰的战争，导致生灵涂炭，遂引导阿奴律陀王派人去锡兰求取佛牙。蒲甘王朝约在1071年求得副牙迎回国内，分为5尊副牙并建5塔供奉。② 此说虽表明了当年缅甸王室的真实心愿，但所记内容有许多虚构成分，似非事实。且除在当代应缅方之邀，保存在我国的佛牙几次赴缅巡游后，缅甸在仰光、曼德勒和内比都建成三座副牙塔外，在缅甸从未见到佛牙的副牙塔。

1112—1167年阿朗悉都王在位时，曾亲至锡兰访问，锡兰王献公主苏乌推和摩诃迦叶像一尊。③

1180年，那腊勃底悉都王之国师欧德拉济瓦长老率弟子僧伽多人，

---

① ［缅］耶突拉：《缅甸史概论》（缅文），第23页。
② 《琉璃宫史》上卷，第216—219页。"副牙"是佛教用语，是指经过作法从佛牙分化出的佛牙。
③ 《琉璃宫史》上卷，第242页。

包括勃生沙弥萨巴达，赴锡兰朝觐大寺，史称第一赴锡兰求法者，他还命萨巴达留在锡兰受戒为僧，学习经藏。①

1191年，萨巴达在锡兰学成巴利文经藏，与信底瓦利、信达马棱达、信阿难陀、信罗睺罗四名长老一同乘船回到勃生，萨巴达被称为第二赴锡兰求法者。后信罗睺罗赴马来由岛还俗；萨巴达飞升；余三人又分成三派。自此蒲甘僧人分成四支，一支为最先传入的阿罗汉派，亦称布利马（意即"前驱"）派；其余三派是底瓦利派、达马棱达派、阿难陀派，统称为毕西马（意即"后继"）派。

二、与中国的关系

蒲甘王朝建立时正值中国的唐代末年，先后与中国云南的南诏和大理关系密切，受到锡兰（当时亦称作狮子国）袭扰时还多次要求南诏派兵增援，击退来敌。

> 大中十二年（858年），佑（南诏国滇王劝丰佑）遣……段宗牓救缅。牓汤池（今云南府宜良县地）人，佑之能将。先是狮子国（今斯里兰卡）侵缅，屡求救，至是许之。（大中十三年，859年）段宗牓救缅回至腾越，闻佑卒，世隆立，嵯巅摄政，移书王嵯巅曰："天启不幸，驾崩嗣幼。闻公摄政，国家之福。牓救缅以败狮子国，缅酬金佛，当得敬迎……"②
>
> 蒲甘国……皇朝景德元年（1004年），遣使同三佛齐、大食国来贡，获预上元观灯，崇宁五年（1106年），又入贡。③

蒲甘王朝兴盛时正值中国宋代，据缅甸《琉璃宫史》记载，11世纪50年代末，阿奴律陀曾前往中国云南求取佛牙，未果。

---

① 《琉璃宫史》上卷，第267—268页。

② ［明］杨慎：《南诏野史》上卷，云南图书馆，第23—25页；《南诏野史全证》中的记载略有不同，该书载："蒙晟封佑，石刻作劝丰佑。唐长庆四年立年十六岁，改元保和，立常平仓。（段）宗牓救缅，胜之。先是狮子国侵缅，缅求救于幽王，王遣牓助之。牓勇而贪，与缅约，成功要厚酬。牓遇狮子兵尽杀之，缅酬金佛一堂。牓回至腾越，闻嵯巅篡位，牓遣书曰：天启不幸，父崩子幼。闻公摄位，国家之福。我救缅甸，缅酬金佛，本国无人，惟公与我同日，可亲迎佛，与国争光。"参见木芹：《南诏野史会证》，木芹会证，［明］倪辂辑，［清］王崧校理，［清］胡蔚增订，云南人民出版社，1990，第130—131页。

③ ［宋］赵汝适：《诸蕃志》卷上《蒲甘国》。

此后两国来往开始增多，与中国的中央王朝有了进一步的交往，仅中国史籍中就载有：

> 崇宁二年（1103年），……缅人、波斯、昆仑三国进白象及香物。①
>
> 蒲甘国，崇宁五年（1106年），遣使入贡，诏礼秩视注辇。尚书省言："注辇役属三佛齐，故熙宁中敕书以大背纸，缄以匣檗，今蒲甘乃大国王，不可下视附庸小国。欲如大食、交趾诸国礼，凡制诏并书以白背金花绫纸，贮以间金镀管籥，用锦绢夹檗缄封以往。"从之。②
>
> 政和五年（1115年）缅人进金花、犀象（于大理国）。③

据缅甸史籍载，阿朗悉都在位年间曾再次赴大理迎请佛牙，但仍与先王阿奴律陀一样未果而归。④

总之，从蒲甘建国开始，中缅一直保持着相互尊重、相互赠予、相互帮助的友好关系⑤。直到蒲甘末年中缅关系一度出现危机，兵戎相见。

蒲甘王朝衰落瓦解时已是我国元代开始大盛之年。关于蒲甘与中国的官方往来，在缅甸和中国古籍中都有些记录。

13世纪70年代末80年代初中国元朝皇帝忽必烈派使臣到蒲甘，使臣被蒲甘那腊底哈勃德王全部斩首，种下了两国交恶的祸根。1284年中国皇帝忽必烈派军入缅。缅军在八莫渡口阻击。中国军队渡河攻克额仓千，那腊底哈勃德王大惧，拆毁大量佛塔以加固蒲甘城防。中国军队继续进攻，王弃城逃往勃生，被后人称为"德右别敏"（意即惧中国人逃跑之王）。⑥王在逃亡途中决定派国师信第达巴茂克高僧出使中国求和。高

---

① 《南诏野史》上卷，第40页。
② 《宋史》卷四八九。
③ 《南诏野史》上卷，第40页。
④ 《琉璃宫史》上卷，第249页。
⑤ 应该注意中国古籍中常用"入贡""进献"等词，实际上这只是官员们为迎合王朝领导者妄自尊大的观念所用。而实际上缅方没有这一概念，缅甸国君与中国朝廷来往以兄弟相称。朝贡或宗藩关系实际上只是一种单方面的虚幻观念而已。
⑥ 关于蒲甘末年中缅之战，缅甸与中国史籍均有记述，只是所记年代略有出入，详略不一。元代佚名《至元征缅录》一篇更较详尽。

僧于1286年受缅王委派赴华，在大都（即北京）会见了元朝皇帝忽必烈，以高超感人的语言成功劝说两国停战。[①]

---

① 中国史籍中记有缅甸盐井大官阿必立相来华的简况，缅甸史籍中则根本没有派出使臣谈判的记载。只有后来在蒲甘附近敏加拉佛塔发现的一块《信第达巴茂克碑》才彻底解开了这个历史谜团。关于《信第达巴茂克碑》较详细的情况可参见《缅甸文学史》，第25—26页。

第四章

民族争霸的战国时期

（13 世纪末—15 世纪末）

1287年蒲甘王朝那腊底哈勃德王死后，蒲甘王朝虽然继续存在，延续至1368年，先后还有觉苏瓦、苏涅和苏蒙涅三位君王当政，但已无力控制全境，沦落为只能掌控蒲甘一带的一个地方政权。缅甸全境大乱，各地割据分立，争霸称雄，直至1503年东吁明基纽王宣布成为独立政权时止，前后近220年。缅甸史称这一时期为"战国时期"。

这一历史时期又可分为三个阶段，第一阶段是群雄割据时期（1287—1385年），第二阶段是南北"四十年战争"时期（1386—1425年），第三阶段是四雄对峙的后四十年战争时期（1425—1503年）。

总之，战国时期的社会、政治、经济等方面均发展缓慢，有的方面近于停滞，甚至有所倒退。但是这一时期的动乱使得缅甸境内诸族的文化进一步碰撞融合，人们思想非常活跃，促进了缅甸文化的发展，尤其是文学创作的繁荣局面，以至人们称阿瓦时期是缅甸古代文学发展史上的黄金时代。

第一节　缅甸全境的民族争霸

一、近百年的群雄割据

（一）上缅甸的权力争夺

1287年觉苏瓦继承蒲甘王位时，以敏塞为基地的掸族三首领——大哥阿丁克亚、二哥亚扎丁坚、三弟底哈都的势力已相当强大，欲控制觉苏瓦王操纵朝政，而觉苏瓦王则试图依靠元朝力量保住王位。1295年底哈都获白象之主（信漂辛）称号，1296年他改称大王。1298年，掸族三兄弟以邀请觉苏瓦王去敏塞参加寺庙落成典礼为名，将他软禁，强迫其出家为僧。觉苏瓦王不从，三兄弟将他处死。留在蒲甘城内的朝臣们又拥立觉苏瓦王之子苏涅继位为王，然而苏涅王更加软弱无能，无力扭转政权摇摇欲坠的颓势，蒲甘王朝已名存实亡。

1300年（亦有1301年之说），元朝军队应苏涅王之邀再次进入缅甸境内，向敏塞进军问罪。但掸族三兄弟向元军将领示好，元军反而帮助修渠后，不战而回。自此掸族三兄弟势力更加嚣张，阿丁克亚、亚扎丁坚和底哈都同时称王，并分别驻军敏塞、麦克亚和彬莱三地。1306年，底哈都又获阿南达底哈都罗（意为至高无上的狮子般的勇士）衔。1310年4月13日，长兄阿丁克亚病故，底哈都与二哥亚扎丁坚共同继承大哥的事业。后三弟底哈都又毒死二哥亚扎丁坚，于1312年建维扎亚补罗（彬牙城）为王都。底哈都有五子：乌兹那、觉苏瓦、诺亚他、德耶帕亚基和阿丁克亚苏云（其中乌兹那是王后敏绍乌与前夫的遗腹子，德耶帕亚基是阿丁克亚苏云之母带来的前夫之子，其他三人是底哈都亲生子）。底哈都派他们四出征战，先后镇压了东吁侯德温艾、东敦侯本拉乌底哈勃德等的反叛，又鼓励他们之间实兵演练，底哈都原本希望这样锻炼五子，使国力更强。但事与愿违，非但没有建成他强大的帝国霸业，反而成就了其幼子阿丁克亚苏云建立了以实皆为中心的北方强势地区，成了直接威胁自己霸业的一方力量，1315年，阿丁克亚苏云在实皆建成了实皆王朝。随着时间的推移，掸族三兄弟的后辈形成了彬牙、实皆两个并行争霸的王朝。但两个王朝只能各自囿距一地，并立约60年，均无所建树。

彬牙王朝传6代：底哈都（1309？—1325年在位）、乌兹那（1321？—1340年在位）、敏塞西都（1340—1344年在位）、五象主底哈都（1344—1350年在位）、觉苏瓦（1350—1359？年在位）、底哈都（1359—1360年在位，即木巴那腊都，意为被木掸人掳走的那腊都）。① 值得一提的有：1331年彬牙乌兹那王在位时洪水为患，不少寺院佛塔被淹。1359年3月，彬牙觉苏瓦王在位时曾下令搜集碑铭核查庙产。

实皆王朝先后传7代：阿丁克亚苏云（1315—1327年在位）、德耶帕耶基（1327—1335年在位）、瑞当代阿奴律陀（1335—1339年在位）、加苏瓦（1339—1348年在位）、敏耶多涂艾阿奴律陀（1348—1350年在位）、德耶帕耶（1350？—1352年在位）、敏边底哈勃德（1352—1364年在位，又称"明标"）。② 瑞当代阿奴律陀将其父德耶帕耶基赶下王位，夺权自

---

① 见丹吞：《公元1300—1400年缅甸历史》（英文），《缅甸研究会学刊》17卷第2分册。丹吞据所发现碑文加入了敏塞西都，去掉了乌兹那比昂。缅甸史籍中所述为：底哈都（1312—1322年在位）、乌兹那（1322—1343年在位）、五象主觉苏瓦（1343—1350年在位）、觉苏瓦艾（1350—1359年在位）、那腊都（1359—1364年在位，为了消灭实皆王朝，不惜借助北方孟拱的木掸军南下进攻实皆。但木掸军却在攻破实皆后，又乘机攻打彬牙，并俘虏了那腊都。后人贬称其为"木巴那腊都"，意即"被木掸军虏走之那腊都"）、乌兹那比昂（1364年仅在位3个月）。

② 此乃丹吞所列王系。与缅甸史籍所载年代上有少许差异。有的史籍将敏边底哈勃德称为明标。

立。当时阿丁克亚苏云之子加苏瓦等兄弟几人逃亡到实皆以西敏巫、敏东一带。瑞当代阿奴律陀将王叔加苏瓦等几人抓获，带回实皆，大臣南达帕坚把加苏瓦藏起。被废黜的德耶帕耶基用计将其子瑞当代阿奴律陀杀死，大臣南达帕坚又把德耶帕耶基弑毙，奉加苏瓦为王。

当王族内部争权不断，彬牙底哈都（木巴那腊都）与实皆敏边底哈勃德在位时，北部一带孟拱掸人势力大振，对彬牙实皆构成威胁。这时阿丁克亚苏云的后人德多明帕耶成了德冈侯。1364年，德冈侯德多明帕耶控制了彬牙和实皆，并先后平息东敦基、色固等地的叛乱，攻占了蒲甘城。整个上缅甸皆从属于德多明帕耶的统治之下。由于皎栖地区（包括彬牙和实皆）距离天然水道伊洛瓦底江较远，交通不便，于是德多明帕耶便选在伊洛瓦底江和密尼河相汇处建立新都。为方便皎栖地区粮食的运输，新都建于鄂基茵、皎茂茵、因布茵①、乌奈茵各湖塘的湖水交汇口，故称为"茵瓦"。同时又是密尼河和佐基河的河口，缅语"阿瓦"意为"口"之意，故该地又称"阿瓦"（今曼德勒市近郊），1364年由德多明帕耶建立起的王朝因而被称为"阿瓦王朝"。

1367年德多明帕耶去世，群臣拥立明基苏瓦绍盖（1368—1400年在位）为王。新王是德多明帕耶的姻弟，本人原不想为王，由于当朝众官和百姓拥戴而登上王位，由此引出"不想为王者反而得王位"这句谚语。

明基苏瓦绍盖在1368年6月19日发布了即位诏②，他对留用的大小官员，逐一申明他们各自的职责，并要求他们定要忠于职守，善待百姓，维护国家的安定局面。命令大小官员"定要严加管控国家行政大小事务以至穷人、奴隶之间发生的诉讼、争执、抢劫、斗殴等不安定事件"。对继续受封为总理大臣、大臣助理、录事总管等要职者，要求他们"要严格按权限范围理政，对不宜之事即令朕有言在先，也要核查后向朕奏告"。要求内廷大臣、承旨、传令等官员"要精心管理一直在宫内任职的守更者、侍卫乃至统领、总管人等，使之忠贞不渝知恩尽责。之所以信任尔等，因尔等是深谙王事佛事俗事今世来世之福祉，像宫内之耳目一样，能监察朕之子孙世世代代正直干练之人；对内廷事物，不徇私枉法秉公办事之人"。"禁卫长、象兵统领等官员负责组织都城四周官差效忠守卫巡逻，秉公处理禁卫人员间发生的所有争执与案件"。统帅、监军、参谋、校尉，"尔等面对一切事件都能做出恰当的判断，恪尽职守"。

① 《基础缅甸政治史》第一卷第309页记为"因都茵"，不知何者为误写。
② 《缅甸国王敕令集》第一卷，第149—153页。

"镇守、狱长、狱吏，尔等要在东南西北方圆5岱[①]之内严密布防，使金殿四周内外行窃纵火等刑事案件绝迹"。"获得朕封村乡土地的村官乡绅们，尔等虽然获得封地，但勿使封地上的穷人奴隶们感到生活困苦无助，要把大事化小小事化了，尽量减轻土地赋税和诉讼费用"；宫殿门卫长、殿前差役长、赴边录事，"尔等定要将议事殿、诉讼厅等的座次与服饰等监管安排妥当，按大臣们所差如实奏告，宫殿门卫长要不分昼夜及时放行传递奏报或诏令之人，即使来者是一般差役，也要像土司、守备、将官一样，命他明誓后方可放行"。赴边录事的职责是在收到远离京都戍边的镇守、土司、王侯等人的奏报后，奉命去传达批复旨令的，且要使戍边的镇守土司等人领受诏令时，深感王命关怀，心情愉悦。"掌控世代传承一定土地范围的邑宰、村吏，尔等要公正地安排好当地穷人们的生活，并如实地将情况上奏于朕"。"驻守边寨要塞的官差头目们，尔等也要勿使当地穷人奴隶们感到生活困苦，而是安宁恬静。可将刑事犯罪者、背叛皇恩者送往京都御前。勿使穷人感到困苦，对他们悉心照料。朕之所以任命尔等驻守边寨要塞，正是因为尔等是谨慎机智、勇敢坚定之人，重视子孙万代福祉之人，对心情不佳的人有爱心，使所有的人都能愉快幸福"。

明基苏瓦绍盖是位得道明君，他在位期间，动员当地的掸族、缅族共同修筑皎栖的齐道水渠和密铁拉湖等水利工程，恢复了因战争荒芜了的良田，农业得到恢复和发展，国力日强，阿瓦政局明显平稳好转起来。明基苏瓦绍盖王执政八年后，阿瓦安定平和"使佛教大业比以前更加辉煌，日夜持守斋戒，成为统治全缅的，为高僧、婆罗门和俗家信众谋求利益与幸福的政府，像神国忉利天般的阿瓦国"。[②]

明基苏瓦绍盖王取得如此辉煌成就，主要是依靠学识渊博的大臣温辛波亚扎和央米丁侯二人辅佐的结果。前者是位政治奇才，后者是位军事良将。为了保持同孟族的勃固王朝、若开族的四城王朝各方的均势，阿瓦王朝于1371年与勃固王彬尼亚乌签约结盟，共同划定了边界，此举使阿瓦南部边界得到安宁，也使阿瓦能够腾出力量，对付北方木掸族的侵扰。然而这种安宁美好的局面仅维持了短短15年。

（二）下缅甸的孟族政权

下缅甸的勃固（汉达瓦底）、直通和莫塔马等孟族地区，自公元

---

① 缅甸古代长度单位名。1岱=3.2004公里，5岱约合16公里之遥。
② 一方刻于1375年的碑铭所述。转引自《基础缅甸政治史》第一卷，第311页。

1057年被阿奴律陀王征服以来，一直隶属于蒲甘王朝，但勃固和莫塔马都曾挣脱蒲甘的控制独立过。

　　勃固侯鄂勃孟，起名德勒帕耶，约在1288年于勃固称王。一个名叫玛格都的人，出生在直通，母亲是孟族人，父亲是掸族人，曾逃亡到泰北地区，在素可泰王国军队中服役，并升任象队统领（一说是兰甘亨王的侍卫长）。因与兰甘亨国王的女儿（公主）相爱，1281年逃回下缅甸莫塔马，策动妹夫莫塔马侯阿棱玛叛变蒲甘朝廷，后将妹夫杀掉，1287年在莫塔马自封为王，号"瓦里鲁"（旧译伐丽流），意为"天降之王"。又将其女嫁给勃固侯德勒帕耶，并与德勒帕耶联合一起，共同抗击"掸族三兄弟"之一亚扎丁坚的征讨，后来控制了整个下缅甸地区。1295年，瓦里鲁王的外孙辛基、辛艾（德勒帕耶之子）两兄弟佯装邀请外祖父进山捕捉白象，行至林深处将其杀死。瓦里鲁王遇害后，王朝内部多次发生王位争夺，国王更替时间短暂，次数频繁。在瓦里鲁之后35年间，先后有7位国王上台执政。因此，国家没有什么明显的发展与进步。

　　1353年，瓦里鲁后之第八世王彬尼亚乌（1353—1385年在位）即位之后不久，兰那泰、阿瑜陀耶都曾入侵过孟王国。兰那泰王国军队一度占据直通地区。彬尼亚乌王经过艰苦抗击，打退了来犯者，收复了失地，1356年终于赶走了泰国人。1369年在一次进山捕捉白象时，其下属在清迈王支持下发动宫廷政变，京城莫塔马失守，他不得已将女儿嫁给清迈王，但仍未能收回莫塔马。1370年，彬尼亚乌王定都勃固，由此开始了孟族的勃固王朝（即白古王朝）时代。此后，为争夺领土，与阿瑜陀耶王朝之间曾有过多次战事。但彬尼亚乌王当权时期，勃固王朝与阿瓦王朝却建立了友好共处的关系。

　　（三）若开四城王朝

　　蒲甘王朝至战国时期的四十年战争时，正值缅甸境内西南若开地区的四城王朝①时期，若开名义上也是蒲甘的属国。1287年蒲甘衰落后，四城王朝进入兴盛的年代，敏梯王（1283—1389年在位）②注意法制，制定的法律非常明确严格。他"正直不阿，为民爱戴，曾谕示谓：仆犯罪

　　①　［缅］吴瑞赞等：《缅甸若开邦发展史》，第25—43页。若开四城王朝（818—1430年）因该王朝先后在四城河谷的彬萨、巴仁、切城、朗杰等地建都故名。若开维沙里王朝鄂民鄂东王（绍瑞鲁王）被人谋害，都城山巴威被毁，818年齐托丁迁都彬萨始建四城王朝，1405年阿瓦王朝攻占当时四城王朝的首都朗杰，敏绍孟王逃亡，其弟敏卡伊留在国内抗争，1429年复国，1430年迁都妙吴，四城王朝结束。
　　②　此处按《缅甸若开邦简史》所述，该王在位106年，但具体生卒年月不详，颇具传奇色彩。［英］G. E. 哈威：《缅甸史》中译作明帝，在位年代也略有差异，写为1279—1374年。

主连坐。窃盗牲畜者死。凡此种种重大案件，均由王亲自审讯"。王闻王叔作恶多端，且受贿，姑息罪犯。询问王叔，事实无误，立诛之。①自己犯法就按照法律规定，将自己的食指砍断。在任命官职时也不准徇私枉法，而是量才任用。为了国家的经济，广挖水井、池塘，普建道路、桥梁。为了国家的安全大力扩建军队。1298年成功地抗击了元朝军队的入侵；另，孟加拉人自海来袭，船舶停靠在吉大港兴耶河口之内，敏梯命属下暗中用巨石沉舟填塞河口，随后用火筏自上顺流而下，驱赶敌船至河口封锁处，一举全歼，使孟加拉邦和附近一些小国均重新纳入若开属下。②敏梯的统治长达106年，他在位时是四城时期最发达的时代。

（四）缅甸中部东吁王国

东吁王国始建于1279年，它原本也是蒲甘王朝的一个属国，"位于缅甸中部锡当河流域以北榜朗河、卡班河与苏瓦河汇合处，这里荒凉闭塞，交通不便，但水源充足适合发展农业"。③

东吁城的修建是东吁王期崛起过程中的重大事件。关于东吁城的始建，有一个传说：原蒲甘王朝东吁地区有一下属甘巴敏侯。蒲甘败落时，甘巴敏侯与所辖民众被孟人虏走。甘巴敏侯嘱其二子德温基、德温艾日后逃出孟人之手，可沿榜朗河逆流而上，在一山岬处重建新城发展。另有梯莱信德有一农夫听从一僧人往南走必有大发展的建议。在金达收养了一个克伦孤女，人称"克伦爸"。克伦爸结交很广，因僧人曾建议他向南发展，于是他接着向东南方进发，到达榜朗河东岸建村居住。后德温两兄弟与克伦爸联合，来到北靠明温山脉，西邻皎曹佛塔，东南至克榜河、榜朗河汇合处，于1279年4月20日建成东吁城。德温基登基为王，德温艾为王储，克伦爸被封为"千夫长"。德温基（1279—1317年在位）在位38年后，德温艾（1317—1324年在位）将兄杀死自立为王。德温艾死后，其妃苏色拉自立为王，惧怕千夫长克伦爸的权势，想把他引到一佛塔处将其杀死。不想阴谋被千夫长克伦爸识破，千夫长克伦爸反将苏色拉等杀死即位。

千夫长克伦爸（1325—1342年在位）继位后，首先为对其有恩的梯莱高僧建庙供奉，并广建修缮寺庙，大力弘扬佛教；兴修水利，发展农业，东吁从此兴旺起来。克伦爸之后，又传位于他的女婿兄弟赖亚晒加（1342—1344年在位）与套叁加（1344—1346年在位），后又被登格巴将

① ［英］G. E. 哈威：《缅甸史》，第182—183页。
② ［缅］吴瑞赞等《缅甸若开邦发展史》，第25—43页。
③ ［缅］玛丁温《十位帝王史》（缅文），波罗密文学，2002，第69页。

王位夺走。[1]

登格巴王（1346—1367年在位）管理东吁地区有方，与缅王、孟王和清迈王交好，往来经商之人络绎不绝，实力渐增。1358年，攻占分水五县，掠得大批粮食和人口而归。1367年去世，在位21年。其子弁琪从勃固赶来继承王位，号"阿绍妙苏瓦瑠亚塔"，被称为弁琪基王（意即大弁琪，1367—1375），他与缅王、孟王关系较好，并于1371年前往蒲甘，为瑞喜宫佛塔布施莲花座、白伞和塔奴。他敬奉三宝，广修寺庙，在位期间，正值阿瓦的明基苏瓦绍盖王在阿瓦金殿登基。弁琪基王和孟族结盟惹恼了明基苏瓦绍盖王，派其兄卑谬侯前往讨伐，弁琪基王被杀，儿子和女婿逃脱，东吁城暂由守城者孟人玛盛统治。不久，弁琪基王之子弁琪艾集合民众杀死孟人玛盛收复东吁城即位，但他是一平庸之辈，只知享乐，在位仅4年，1379年，又被其内弟叟格德所杀，但该王和缅王、孟王关系均不佳，不时受到袭扰，局势不稳，也只维持短暂的4年，1383年被明榜加所杀。

缅甸境内各地方割据势力经过近百年的混战，到14世纪70—80年代，成就霸业的四股势力已经形成。这就是：占据上缅甸地区的掸族缅族联合政权——阿瓦王朝；下缅甸孟族地区的勃固王朝；若开地区的四城王朝和位于缅甸中部锡当河以北一带的东吁王国。这些势力形成了四方对峙之势。

二、"四十年战争"时期

（一）交战双方——阿瓦与勃固

自明基苏瓦绍盖王执政起逐步兴旺起来的阿瓦王朝一直希望能掌控缅甸南部孟族地区，因为勃固是个非常重要的对外贸易中心，而阿瓦位于内陆地区，为了发展亟须有个出海口。

1385年，勃固王彬尼亚乌病逝，其子亚扎底律（1385—1423年在位）继位。亚扎底律王精明强悍，武艺高强，精通骑术和马军、象军战术，且手下有一批英勇善战的战将，时间不长，其权势和威望即达到顶点。王舅渺米亚侯劳皮亚不服，为争夺王位，煽动莫塔马、勃生等地孟族首领反叛，并致函阿瓦王明基苏瓦绍盖，请求阿瓦给予支持，派兵前来攻打勃固。

渺米亚侯劳皮亚在给阿瓦王的贝叶书中奏道："汉沙瓦底白象之主彬

尼亚乌去世，子彬尼亚勃东又名彬尼亚努委，号亚扎底律，口中有光轮。其父白象之主彬尼亚乌在世时，他就曾在大光反叛其父，现进入汉沙瓦底称王。趁其羽翼未丰，请金殿之主伐之，臣愿领勃生、渺米亚两地之兵从水路进军。如水陆两路夹击，勃固汉沙瓦底唾手可得。事成，良象骏马、贤臣骁将、金银器皿等王可悉数取去。如蒙陛下垂怜，请将该地赋税赐予奴臣。"①

劳皮亚派人来邀，正中阿瓦王明基苏瓦绍盖下怀，遂即答应了他的请求。撕毁了1371年与彬尼亚乌签定的和约，发动了对下缅甸孟王朝的战争。

1386年，明基苏瓦绍盖任命王储信漂辛为帅，率领九路象马大军，共7万人，沿伊洛瓦底江顺流而下，进攻孟族地区。②

1400年，阿瓦明康王即位。明康王在位期间，也曾与孟王亚扎底律有过短暂的和解，明康王赐御妹号杜勃巴黛维许配给亚扎底律为后，亚扎底律王也明确表示："王如能将御妹明拉妙许配给吾，吾将每年向阿瓦进献战象30头与勃生所得之船舶税银。"③但多数年份，双方战事仍不断，而且双方还加强了对若开地区的争夺。

在阿瓦与勃固交战之时，登尼土司在1412年举大军来犯阿瓦。明康王派子明耶觉苏瓦为帅，率象、马、士卒迎敌。交战中登尼土司战死，大军溃败。登尼土司子、婿等一面向中国求援一面将粮饷运进城内固守，中国人派来了包括了大批马军和陆军士卒的援军。明耶觉苏瓦从新克尼道出发，将象、马、士卒等兵分三路出击，中国人溃败。④

1423年明康王辞世，其子底哈都拉摩诃达马亚扎（1423—1425年在位）在阿瓦继位。这时，孟人勃固王朝的亚扎底律王也已过世，其三子之间为争夺权位不和。长兄彬尼亚达马亚扎（1423—1426年在位）在勃固继位，驻守大光的小弟彬尼亚江则邀阿瓦的底哈都拉出兵相助，攻取其兄彬尼亚仰之地达拉。底哈都拉的军队在达拉横行劫掠，引发彬尼亚江不满，彬尼亚江又与其兄彬尼亚达马亚扎一起与阿瓦王朝的缅军对抗，缅军死伤众多，向北败退。孟人三兄弟再次鼎足而立，各自为政。底哈都拉又派兵往攻，彬尼亚仰被迫献出王妹信绍布与底哈都拉联姻，战争才告结束。

---

① 《琉璃宫史》上卷，第350—351页。
② 同上书，第351页。
③ 同上书，第390页。
④ 《缅甸大史》中卷，第10—11页。

就这样，阿瓦的明基苏瓦绍盖、明康王与明康之子明耶觉苏瓦与勃固的亚扎底律、彬尼亚达马亚扎等双方不厌其烦地年年交战。战场主要在孟人聚居区伊洛瓦底江三角洲一带，多数情况都是阿瓦发兵进攻。由于气候原因，战争每年均在雨季结束后进行，一到雨季来临，战争便暂时停歇。大约从1386年开始，一直战至1425年后才停止，即所谓的"四十年战争"。

对"四十年战争"记述最详的要数孟文的一部断代编年史《亚扎底律征战史》。该书从瓦里鲁王出世，建立孟王朝时写起，简述了孟王系的传承，详尽地记述了孟王朝与阿瓦之间进行的"四十年战争"。文笔生动流畅，是部优秀的散文巨著，作者佚名。在东吁王朝勃印囊王在位时，有一名孟族大臣彬尼亚达拉以《亚扎底律征战史》为名译成缅文，被缅甸后人誉为缅甸五大征战史之一。[①]书中讲述了许多战例，或大军压境，或踞城固守，或巧布战阵，或妙施奇计，且描写生动感人。不仅再现了当年的史实，且使人得到运用战略战术的启迪，所以后来缅甸王朝的统治者们非常重视这部译著。一般百姓则把它作为一部文学名著、演义体历史小说来读，亚扎底律王手下的谋士登大臣、德门丹比亚，战将埃蒙德亚、勒宫恩、德门巴仰等人的故事广为传颂。[②]不仅如此，泰国曼谷王朝一世王也曾命其大臣昭披耶帕康将此书译成泰文，成为泰国文学史中一部具有一定影响的名著。[③]

（二）被裹挟的若开四城王朝

"四十年战争"初期，若开四城王朝的敏梯王在位，国力强盛，偏安一隅，并未受到阿瓦勃固之间交战的影响。敏梯王之后他的儿子欧扎那艾、迪瓦立、南迦艾登西等三人先后继位，但在位时间极短，合计仅

---

　　① 《亚扎底律征战史》原系一部孟文长篇史籍，有多种孟文版本传世，作者佚名。东吁王朝勃印囊王在位年间孟族大臣彬尼亚达拉将其译成缅文。缅文全covers约有35万字，估计若译成中文也足有十六七万字之多。该书遂在缅甸文坛名声鹊起，后被人们列为五大征战史之一。到了现代1953年孟族学者乃班拉又在泰国寻得该著作原文的1810年抄本。乃班拉对照这些版本进行勘校，发现传本中有不少错译漏译或缅甸译文不确、令人费解等问题，遂用缅文重译了这部名著。于1968年底译成，1969年在缅甸正式出版。缅人把《亚扎底律征战史》与后来出现的《定尼亚瓦底征战史》《汉沙瓦底白象主征战史》《良渊王征战史》《阿朗帕耶征战史》合称缅甸的五大征战史。

　　② 《缅甸文学史》，第77—81页。

　　③ 栾文华：《泰国文学史》，社会科学文献出版社，1998，第53—54页。书中提道："《拉查提腊》是公元1785年昭披耶帕康受命主持翻译的又一部作品。（曼谷王朝）一世王在诏书中说到此书的翻译'一定会对皇族、百姓、大小公务员、军人和文官增长知识和才干有所助益'。""书中多比喻、格言、成语，语言机智，是一部从形式到内容都很有价值的作品。"

5年；王位又传给了敏梯王之孙亚扎都、登卡都，他们在位时间也不长，共11年，且其间先后有两位大臣西德彬大臣和彬西侯大臣各篡权1年。国势日趋屏弱，在这段时间内，大多都被裹挟在阿瓦与勃固王朝征战之中，时而与阿瓦王朝或下缅甸孟王朝中的一方联合，与另一方兵戎相见。

1404年敏梯王的重孙敏绍孟[①]继位。敏绍孟是个心地善良的人，但当他即位2年时，若开的稳定被破坏。当时孟王朝的亚扎底律王与若开是盟国，和亚扎底律交战的阿瓦的明康王1406年派明耶觉苏瓦率大军往攻若开，毁若开王都朗杰城，据说这是因为若开地区的达力侯谋叛，向阿瓦明康王报告，若开人曾攻打过帕科库所致。阿瓦任命一位大臣阿奴律陀苏为该城镇守，敏绍孟遂逃往孟加拉。阿瓦王朝阿奴律陀苏及其部下极其恶劣地镇压当地居民。丹兑侯王弟敏卡伊率部留守抗战，在孟王朝亚扎底律的帮助下驱逐了阿瓦军。敏卡伊在王兄不在的时刻，于1407年临时掌管了王位。1407年明耶觉苏瓦又率军往攻敏卡伊，再度夺得朗杰城。敏卡伊到格拉丹河上游避难，孟人再次来援，阿瓦缅人退走，敏卡伊在朗杰定都。1408年阿瓦派人在鄂奎顶山屯兵。三年时孟人将他们驱逐。但又过两年后，阿瓦缅人再次前来屯兵，一年后若开又将他们驱走。十年后缅甸人又到卞奠山脚驻军，再次被若开人赶走。直至1429年若开人才得以复国。[②]在孟加拉避难长达20多年之久的王兄敏绍孟接到弟弟的邀请返回朗杰，敏卡伊将若开王位移交给王兄敏绍孟，次年敏绍孟离开朗杰，建妙吴（又译末罗汉、谬杭）为都。

（三）渔翁得利的东吁国

在"四十年战争"期间，初期十余年东吁由明榜加（1383—1397年在位）和其子苏乌（1397—1399年在位）统治，他们向阿瓦效忠的同时，与勃固孟王也搞好关系。此后阿瓦王先后任命自己的亲信到东吁为王，但时间都不长，就又更改任命。但明奈米（1399—1408年在位）、赖亚基（1408—1411年在位）、色固丁克亚（1411—1418年在位）、班当侯（1419—1420年在位）诸王大都能巧妙地处理与上缅甸阿瓦统治者和下缅甸勃固孟族统治者、若开地区若开族的关系，既不卷入他们之间的争斗，又避免被各方牵制和利用。而阿瓦与勃固交战，使交战中形成的逃难者纷纷逃往东吁。东吁遂抓住难得的机遇，养精蓄锐，集聚了更多的力量。

---

① 此王旧译为"那罗弥伽罗"或"弥修牟"。

② 此段历史缅甸与若开本土记述年代略有差异，缅甸史籍中记为1406年。参见［缅］吴瑞赞等：《缅甸若开邦发展史》，李谋译，第25—43页。

三、后"四十年战争"时期

由于阿瓦王朝与勃固王朝的不断交战，双方都耗费了大量人力、财力和物力。有的学者据一些遗存至今的资料估计，当时每年约有近百分之五的人口卷入战争，致使农田荒芜，民不聊生，造成了双方国力的大衰退。

若开则终于摆脱了阿瓦的控制获得了新生，1430年开始进入妙吴王朝时期。

而自"四十年战争"以来，就不断有躲避战乱的缅族人逃到东吁，其中有的是军事人员、行政官吏，有的是经济管理人员。东吁政权都给予热情接待，并委以重任。对一般平民百姓也一律欢迎，在生活上给予照顾，从而产生了一股强大的向心力，使东吁国力与日俱增。东吁成了"四十年战争"的最大受益者，坐收渔翁之利。虽然从1279年东吁建立政权至16世纪初正式成立了东吁王朝，其间经历了220余年，有23位国王先后登位，在位时间都不长，且前后君主有血缘传承关系者不多，但东吁这些年的发展的确成了缅族复兴的基地。

（一）阿瓦王朝

1425年阿瓦王朝底哈都拉王被翁榜土司杀死之后，先后又有多名国王如明拉艾（1425年在位）、格礼杰当纽（1425—1426年在位）、[①] 孟养德多（1426—1439年在位）、明耶觉苏瓦（1439—1442年在位）、那腊勃底（1442—1468年在位）等先后继位。

此时阿瓦诸王与南部勃固地区相处得比较平和，开始设法巩固对上缅甸一带的控制权。上缅甸一带以孟拱为中心的木掸人从13世纪初始时起就开始骚扰阿瓦或与阿瓦为敌，直至15世纪。阿瓦明耶觉苏瓦王于1442年时派孟养底哈勃底、东敦侯底里泽亚都拉往攻木掸土司多岸发。那腊勃底王1442年3月登基后，格雷木掸土司多岸发（多钦发之孙）[②] 归降。当时阿瓦王朝还能控制缅甸北部地区。1455年阿瓦与若开王结盟，并与若开划定边界。那腊勃底在位期间，阿瓦与勃固之间友好相处没有战事。勃固王彬尼亚达马亚扎（1423—1425年在位）之子彬尼亚江因暗恋叔父彬尼亚仰凯之妃获罪，遂携20匹战马、700名部下来投那腊勃底。那腊勃底待他如亲子，赐封色林，命其侍奉左右。1450年勃固王彬尼亚

---

① 缅甸现代一些学者没有把明拉艾和格礼杰当纽二人列入王系，认为底哈都拉王之后，就由孟养德多继承了王位。

② 多钦发即中国史籍中称作思可法者，而多岸发即中国史籍中称作思任发者。

勃尤（1426—1450年在位）死，那腊勃底王即以战象200头、骏马4,000匹、士卒兵勇40,000名辅佐彬尼亚江继位。

其后，摩诃底哈都拉（1468—1482年在位，即卑松底哈都）、明康第二（1482—1501年在位）在位时阿瓦开始衰落。摩诃底哈都拉在位时还镇压过东吁和卑谬的反叛，但到了明康第二年代，暴动、反叛事件仍时有发生。色林、央米丁、卑谬等地的首领不听王命，已经无力控制上缅甸全境了。

（二）勃固王朝

下缅甸勃固王朝继彬尼亚江（1450—1453年在位）之后有茂稻王（即雷穆陶，1452年在位7个月亡故）、女王信绍尼和信绍布等人继位，都能与阿瓦和睦友好相处。

信绍布是位传奇色彩浓重的女王。她是孟王亚扎底律与王后窦达玛娅之女，生于1394年。信绍布于1413年20岁时与亚扎底律之甥德门西都成婚，1418年25岁时生子彬尼亚勃尤，是年其夫去世。1422年29岁时被其兄献给阿瓦白象主底哈都拉，信绍布公主在阿瓦当了7年王后，1429年36岁时才在两位高僧的帮助下从阿瓦逃回。[1] 1452年信绍布59岁时被公推为王，信绍布女王（1452—1472年在位）在位期间，勃固局势稳定，对外贸易繁荣，佛教得到扶植有较大发展。信绍布女王自称为"彬尼亚托（Binnyathaw）"，意即"老王"。[2]

在信绍布之后，她的驸马、还俗僧人达马塞底继位。达马塞底在位时（1472—1492年在位），勃固王朝仍保持繁荣的景象。但他执政20年后，却惨遭其子彬尼亚仰谋害，自此建都勃固的孟王朝国势日衰。

（三）若开妙吴王朝

1429年若开敏绍孟王回国复位，翌年1430年敏绍孟再次离开朗杰，建妙吴为都，四城时期结束，妙吴王朝开始建立。若开文化进入了一个新时期。可以说妙吴是若开文化最发达的时期。

妙吴城所处地理位置很好。在格拉丹河谷和四城平原之间，靠着四条山冈而建。城市面对着西方的格拉丹河平原，城墙和壕沟有好几道，敌人很难进入。继敏绍孟以后几位的君王们再次进行加固，所以妙吴城是孟加拉湾沿海最好的一座城堡。正在建城时，敏绍孟王崩。在他临死前，将王位移交给了他的有才华的弟弟敏卡伊。敏卡伊（1433—1459年

---

① 《琉璃宫史》中卷，第488页。

② 《基础缅甸政治史》第一卷，第321页脚注。

在位）在国家建设方面做了很多工作，扶助穷人使他们得以谋生，减免税收使国家稳定，1437年将丹兑地区与若开中央统治机构合并。因为亡国的战争使得丹兑地区脱离若开30年之久，后若开实力恢复重新控制了叟格亚和吉大港。为了消除来自西部的敌患，妙吴于1454年与阿瓦那腊勃底结成了同盟。1458年掸人来攻妙吴城，若开人成功地保卫了该城。

在巴绍漂王（1459—1482年在位）时，若开的军事力量强大，王亲自控制使中央集权更加有效。但在他之后继任的铎拉亚信漂辛（1482—1492年在位）、巴梭敏纽（1492—1494年在位）、敏延昂（1494年的9个月）、萨林伽都（1495—1502年在位）等几位国王非常无能，对国家无力进行有效的管理。

（四）东吁王朝的前身——东吁地方政权

这一时期东吁名义上一直是阿瓦王朝的属下，短短的80年中，统治者并非由一个家族传承，都是阿瓦王朝任命不同族系的朝臣来此地为王。但他们共同的特点是：来到此地就大力经营当地势力，使东吁逐步成为全缅境内力量最强的一个地方政权，为建成缅甸历史上第二个统一王朝进行了准备。

苏鲁丁克亚（1420—1435年在位）1420年阿瓦王明康基赐苏鲁以"丁克亚"之名，统治东吁，赐苏鲁之子苏乌食邑岩昂城。苏鲁丁克亚足智多谋，他在位期间，阿瓦王明耶觉苏瓦去世，出现王位之争。苏鲁丁克亚借机割据，并派兵参与阿瓦宫廷斗争，攻取分水五县，劫掠人口，实力大增，并不断向周围地区扩张，一度将控制范围扩展到伊洛瓦底江流域。将女儿嫁给孟王，和孟族势力结盟。大兴土木，建造新宫，弘扬佛教。1435年打猎时去世，在位15年。他死后，其婿乌兹那继承王位，在位仅一年，被孟人俘获。乌兹那的内弟苏乌获王位，统治东吁四年，1440年为德耶帕耶所杀。

德耶帕耶原为阿瓦的阿敏食邑，后又被阿瓦赐封岩囊食邑。1440年，他勾结苏乌的妻子，杀死苏乌，夺取了东吁城的统治权。在位仅五年，溺毙。此后，他的儿子明康、明艾觉廷先后在位六年与七年，德耶帕耶与其子，父子三人共在位18年，但他们疏于政务，耽于享乐，不礼佛法，不行善事，无所作为，1458年时明艾觉廷被部下所杀。

1459年，阿瓦王将东吁封给了东敦王底里泽亚都亚，后又封其美都食邑。此王喜爱音乐，耽于玩乐，嗜好狩猎。由于他身患癣症，故人称疥疮王，在位仅七年。

1466年，阿瓦王又将东吁赐给赖亚泽亚丁坚。1470年，新继位的阿瓦王摩诃底哈都拉因不满赖亚泽亚丁坚对阿瓦的效忠，任命西都觉廷为监军，并令两个王子一起出征，联合孟王攻打东吁。孟人和缅人南北夹击，最后赖亚泽亚丁坚向阿瓦王子投降，连同家人一起被送往阿瓦城。

西都觉廷（1470—1481年在位），[①] 因征讨赖亚泽亚丁坚有功，1470年阿瓦王将东吁、良渊两地一并封赏给西都觉廷。他粗野勇猛，但极其残暴，杀人如麻。1480年阿瓦王摩诃底哈都拉死，其子明康第二继位，更进一步"任命他为大将军，统领全国兵马"。[②] 死后，其子明西都领东吁，他与南部"孟王修好，曾携妻、子到白古，孟王赠给他大批象、马、布匹"。[③] 1485年，明西都为其外甥明基纽所杀。明基纽掌权后，在1503年正式宣布脱离阿瓦，成为独立的政权。

第二节 社会的发展与文化的繁荣

一、社会与经济状况

进入各民族争霸的战国时期后，上缅甸一带的政治、社会情况与蒲甘后期相似，变化不大，只是为王者直接控制的势力范围变小，各地、各族割据争霸。原来隶属于中国明朝的一些掸族土司政权在实力上有较大增长，如据中国明代史籍载：这一地区经济发展，生产"陶、瓦、铜、铁，尤善采漆画金，其工匠皆广人，与中国侔（意为"相等"）"，[④] 他们摆脱中国王朝的控制也参加到缅甸境内各族的争霸中来。加上下缅甸的孟王朝和缅甸西部若开地区的四城王朝和缅中地区兴起的缅族中兴力量——东吁的加入，形成了缅甸全境各族政权相持的局面。

从政治体制上看全缅境内都没有什么大的改变。在一个较小的区域内最高统治者仍然是王，下面是王室，再下面是中央和地方官员、食邑主，这些人构成了统治阶层。被统治者有富绅、商人、平民，更低一层的是贫民（包括农民、手工艺者、艺人等）和奴仆（大多为塔奴、庙奴）。管控较小区域的统治者们和当地民众也在个人能力所及的范围内力图使

---

① ［英］G. E. 哈威所著《缅甸史》记载为1471—1482年，《琉璃宫史》记载为1470—1481年。

② 《琉璃宫史》中卷，第558页。

③ 同上书，第558页。

④ ［明］朱孟震：《西南夷风土记》。转引自余定邦、黄重言编《中国古籍中有关缅甸资料汇编》上册，第354页。

得社会经济形势能有所好转，但效果并不明显，在充斥战争的年代，社会经济形势一直处于颓势之中。彬牙、实皆由于要抗击东北部活跃的掸人的势力，无力去恢复经济，一些耕地成了荒原。[①]

据估计，这样的情况在许多地方可见。据碑文所载，1315—1407年彬牙、实皆的统治者们就将未耕的生荒地、野林地、干旱地等布施给僧众。估计这样做虽然增加不了官税收入，但对增加粮食生产总会有些好处。一般百姓生活困苦，处于水深火热之中。从碑铭文献得知，1331年洪水泛滥，致使不少塔寺佛窟被冲毁，也影响到粮食的生产。王权为了加强对宗教寺庙的管控，1359年彬牙觉苏瓦王在位时曾下令征集碑铭，以便核查清楚蒲甘时期捐出的庙产寺田的规模大小。

当彬牙、实皆败落，阿瓦掌控了中央权力后，历届君王也曾想努力完善行政秩序。阿瓦的创造者德多明帕耶和明基苏瓦等人都为了建立有序的行政制度和征收赋税做过努力。他们知道只有行政制度完善了，经济与农业才有可能发展。明基苏瓦在位时，曾在某些原始林区或荒地上开垦种植。学者们认为，在阿瓦建国时期，村野寺中挂单的僧侣们从某个方面对发展农业、保持国家繁荣作出了贡献。

尽管在复兴经济方面做出过这些努力，但由于木掸人，上缅甸一带征战不断形成饥馑，1375年不少民众逃亡东吁，有碑铭记述了东吁王之王后赈济照看因饥饿致死者、逃亡避难者们的情况。

在1386开始的四十年战争期间，就更不可能振兴经济了，阿瓦、勃固两个集权王朝都面临着经济与王权的败落。

当四十年战争结束，阿瓦孟养德多王（1426—1438年在位）在位时，因经济有所恢复和好转，才有了一个和平发展的环境。孟养德多王亲耕荒地，号召和鼓励农民不要荒废一块土地，在每块土地上都种上庄稼。有一方碑铭记载有："德多王为了发展国内经济，亲自到荒野地区出巡。"[②]

15世纪缅甸局势趋于平稳，以阿瓦为中心的政权得到巩固，经济情况也有所好转。当时广大民众在水田中种有雨季稻、旱季稻、早稻、晚稻等；旱田中种有芝麻、豆类、玉米、黍、粟等；园田中则有槟榔树、椰子树、杧果树和棕榈树等。

---

① 据刻于1386年《阿嫩多寺瑞古碑》所述，1255年在位之蒲甘乌兹那王向大长老布施1500缅亩土地，其中有中国军队破坏过的荒芜土地。转引自《基础缅甸政治史》第一卷，第333页。

② 《基础缅甸政治史》第一卷，第335页。

阿瓦局势安定，能够有序地征收赋税，这在很大程度上与其政权巩固有关。当孟拱、孟密等地土司归顺阿瓦后，它们的税收也成为阿瓦税收的一部分了。

根据（阿瓦王朝）那腊勃底在位时，公元1458年所刻一方碑铭所写，当时有棕榈税、盐税；1481年所刻一方碑铭写道：有车税、摆渡靠岸税、度量税、席子税……酿造税、奴仆税、水牛税、黄牛税，陶罐征取两个，一捆竹竿征收两根……令人惊诧地看到，一车陶罐也要交出两个陶罐，一捆竹竿需交两根竹竿的（实物）税。[①]

下缅甸孟王朝地区的政治与社会发展情况与上缅甸的情况相近。早在王朝刚刚建立，瓦里鲁在位期间，为了严肃国家法纪，就曾命人参照印度《摩奴法典》编撰了《瓦里鲁法典》。农业为其重要的经济支柱。但因人力物力皆弱于上缅甸阿瓦一方，军事上往往处于被动挨打的地位。虽然在"四十年战争"时与上缅甸阿瓦奋力抗争，有时也偶获胜利，但败多胜少，更直接削弱了它的实力。由于长期征战，经济一直得不到休养生息，直到信绍布和达马塞底在位时才有了较大的恢复和发展。因地处缅甸南部临海的优越的地理位置，对外贸易也是其重要的经济支柱之一。

> 尔时之土产，与今日缅甸之大宗原料不同，计有北缅所产之红宝石与其他宝石，与平胶、蜡、象牙、牛角、铅、锡、白古瓮；尚有顿逊沼泽森林中所产之荜菱（Piper Nigrum），及以丹尼棕（Nipa Fruticans）所制尼柏酒。至于各种外货，运来缅甸售卖者，若苏门答腊亚齐之胡椒，婆罗洲之樟脑，中国之香木与瓷器等，亦为吸引葡人之物品。中国货物大都由海道而来，其自云南陆道而来者甚少。此间之进口货为疋头、天鹅绒与其他欧洲货物，尚有大食商船自天方与坎湾携来之鸦片。[②]

说明此时除中国商人外，印度商人、爪哇商人等纷至沓来。西方人此时也已涉足缅甸，但还没有立足点，他们与缅甸贸易的规模也较小。

若开地区的四城王朝时，不少君王都注意法制建设，赋税也繁重。

---

① 《基础缅甸政治史》第一卷，第336页。
② ［英］G. E. 哈威：《缅甸史》，第158—159页。

平民大户每年缴纳五元；平民小户每年交二元；王族大户每年十五元；王族小户每年五元；农民凡有一把刀、一块田者交三元；差役、兵丁、艺人和穷人等免税。有的王比这一标准还要减收。在赋税方面还有市场税、水税、关卡税、土地税等。……无道昏君们在位时的赋税繁多。[①]

释迦温基王（1220—1222年在位）在位时惩办盗贼，就有死刑、流放和宫刑。欧扎那基王（1261—1269年在位）时对盗贼并不给与鞭刑，而是给他以一定本钱令其正当谋生。若三次仍不改悔，则驱逐出境。敏梯王时制定的法律更加明确严厉，规定父对子负责，母对女负责，夫对妇负责，师傅对学徒负责，主人对仆人负责，不尽责者甚至可治其死罪。罗阁都王时（1394—1396年在位），有关土地、用水和钱财等案件均分配由管理不动产的官员负责审理；一人无法判决的案件，则由四位大臣联合审理；判决费用由胜诉方负担；对偷盗案并不使用殴打刑罚办法，而是进行教育，确系偷窃者则将其纳入杂役队服役；犯杀人罪者则处以死刑。[②]

由于征战和发展地区经济的需要，在征战的空闲期，各个王朝大都注意交通与水利建设，发展农业。

若开敏梯王为了国家的经济，广挖水井、池塘，普建道路、桥梁。[③]国内外的贸易都有一定的发展，在国内贸易中已有官派或民间的中介出现。孟王朝所在地勃生、达拉、勃固、莫塔马，若开的丹兑等港口发挥了很大作用。当时除了以货易货之外，大多用碎铜或银块等作为交换用的钱币，在若开已出现铸造的银币，若开"敏梯王时铸造的硬币上有摄政王舅父阿南达巴亚的印章"。[④]"其时（下缅甸）尚无钱币，货物之交换，有时以一种铅与铜之合金，名为'干沙'（ganza）者计之，此种货币，或为奇零之块，或为定量之条，由殷商加盖鉴记，但常可伪造。"[⑤]

二、宗教与文化的发展

这一时期，在宗教信仰方面，缅甸全国各地上座部佛教都仍保持着

---

① ［缅］吴瑞赞等：《缅甸若开邦发展史》，第25—43页。
② 同上。
③ 同上。
④ 同上。
⑤ ［英］G. E. 哈威：《缅甸史》，第158—159页。

主导地位，但其他在缅甸传播的各种信仰依然存在，尤其是大乘佛教或呾特罗派僧人的势力有所回升，有的僧侣甚至获得"僧王"称号。僧伽分化，上缅甸部分不满的僧人到山野偏远地区挂单修行，遂分裂成"林居派"；而仍留在城乡附近的僧人，则被称为"村居派"。[①] 在下缅甸孟族王朝，上座部佛教一直占据着主导地位，并与锡兰有密切的联系。同一时期的若开四城王朝与妙吴王朝前期的信仰也是上座部佛教为主。但缅甸全境各地，在这一时期新建的佛塔不多，这大概与此时当政诸王在位时的经济实力皆无法与蒲甘王朝时相比有关。这时期最突出的当属1295年，若开四城王朝的敏梯王派人修缮了中天竺地区毁坏了的菩提伽耶佛塔，并在该处留下了碑文事。[②] 为弘扬佛教，下缅甸孟族勃固王朝信绍布女王在位时重新修葺瑞德宫佛塔（Shwedagong，即仰光大金塔），[③] 也在缅甸佛教史上写下了浓重的一笔。

可以说，从1287年蒲甘王朝崩溃至1531年东吁王朝正式建成，约250年的缅甸战国时期，社会、政治、经济等虽发展缓慢，有的方面近于停滞，甚至有所倒退。但是这一时期人们思想活跃，出现了文学创作的繁荣局面，以至"人们称阿瓦时期是缅甸古代文学发展史上的黄金时代"。[④]

这样一个"黄金时代"是有其发展基础的。其一是，11世纪创制的缅甸主体民族的缅文经过几百年的应用、锤炼已臻成熟，更不待说早于缅文出现的孟族的孟文和若开族的若开文了。其二是，随着佛教的传入，僧团的建立，寺庙教育的多年发展，培养出一批硕学之士、饱读经书的人才。因为他们熟悉印度古代文字——梵文、巴利文以及婆罗门教、佛教的经典，且亲身经历了这个动荡变化不断、丰富多彩的年代，这就使得他们能够充分运用自己的智慧创作出大量文学精品来。

这时的作家分为两大类：一是僧侣，二是官员，但以前者居多。从作品本身也可分为两大流派：即寺院文学和宫廷文学，而主宰缅甸文坛

---

① 《基础缅甸政治史》第一卷，第338—340页。

② ［缅］吴瑞赞等：《缅甸若开邦发展史》，第25—43页。

③ 瑞德宫佛塔，"瑞"字义为"金"，"德宫"即仰光古称"大光"的另译名。据该塔塔基碑文，该塔始建于公元前6世纪释迦牟尼成佛时。孟族两兄弟去印度经商，正遇佛陀悟道，求得佛发八根。返回大光后将佛发和先于释迦牟尼成佛的拘留孙佛的法杖、拘那含佛的滤水杯、迦叶佛的袈裟等四件宝物埋入地宫在其上建塔。故该塔又名"四佛舍利塔"。初建时仅66英尺（约合20.11米），经过多次整修加高，信绍布女王在位时才修成今日模样，从塔基至伞顶高326英尺（约合99.36米）。

④ 《缅甸文学史》，第33页。

的是寺院文学。不仅题材和体裁多种多样，且有不少创新，涌现出不少文豪名士和脍炙人口的名著。

在寺院文学即佛教文学方面，不少僧侣创作了许多以佛经故事为题材的文学作品，这些作品中不仅用孟文、缅文撰写，而且还出现了用巴利文和梵文创作的作品。著名的僧侣作家信摩诃蒂拉温达是"比釉"四言叙事诗的创始者。其中，《修行》是根据佛经中关于释迦牟尼成佛前，修习波罗密的故事创作的。全诗分十章，结构严谨，用词优美，比喻生动，被缅甸古人赞为"《修行》诗可望而不可即"。①

另一位被缅甸人推崇为诗圣级人物的高僧——信摩诃拉塔达拉所写的《九章》诗是根据《佛本生经》第509号故事《哈梯巴拉本生》再创作而成。诗人把原来只有20颂的本生故事，扩写为九章324节洋洋数万言的长故事诗。据说诗人先后历时五年才写成。故事情节本身虽较简单，写了本拟继承王位的国师婆罗门四个儿子先后得法度僧的故事。但诗人却将对当时缅甸社会生活的生动描绘融入其中。现代缅甸著名作家敏杜温曾评论说："《九章》诗除了叙述佛教之精华外，在写作方面具有描写细腻、叙述简明、比喻生动、结构新奇等特点。"②"缅甸文学家们把这些佛经故事'拿来'，又能动地加以再创造，使其创作的宗旨更加明确，或为了宗教宣传，或为了宫廷政治斗争，或为了社会教育，也有少数是借古讽今，用来影射批评时弊的。所以，简单说'佛本生故事就是缅甸古典文学，缅甸古代文学就是佛本生故事'，是不全面的，也是不正确的。"③

在各国争霸的过程中，为了宣传的需要，宫廷文学作品也开始盛行，其中多以歌颂帝王功德和反映宫廷贵族逍遥生活，以及深宫后妃相思寂寞的苦衷和哀怨为内容。这些作品大多是文人们为帝王歌功颂德，点缀升平，巩固权势，树立权威，奉和应制之作。由于历史条件的限制，不少宫廷文学作者和诗人片面地把"忠君"与"爱国"二者等同看待，往往把民族国家和本族君王一起颂扬，抒发对自己民族热爱的情怀，激发人们的"爱国"精神。例如，缅甸文学史上第一部"埃钦"（摇篮歌）④诗——《若开公主埃钦》，是若开诗人阿都敏纽在1455年时所作。诗中就反映了当年若开的繁荣，当政的若开巴绍骠王拟与阿瓦那腊勃底王较

---

① 《缅甸文学史》，第51页。
② 同上书，第62页。
③ 同上书，第47页。
④ 埃钦诗是为王子或公主专门创作的进行传统教育的启蒙诗篇。

量一番的情绪。但是宫廷文学中也不乏优秀的传世之作。如，其中有由一段、两段或三段组成的四言诗体，被称为"雅都"（赞歌），按其所写内容来说，它是一种综合性题材的诗，有描写田园山水、季节时令的，有叙述征杀战场、戎马生活的，也有描绘男女爱情、感情世界的，等等。诗人信都耶（约1438—1488年）是"征人雅都"的鼻祖，写有"黄昏日残，亲人思念，如宝似玉，从戎儿男。举目远眺，望眼欲穿，离散情人，希早团圆。恰如禽鸟，恋丝绵绵，漫长岁月，度日如年，失却所欢，菱荷一般，忧思萦绕，难破愁颜"①之类诗句反映当时连年征战，百姓被迫背井离乡，男人们转战各地，留下了无数愁思与辛酸的情景。散文类作品也有很大发展。比如，高僧信摩诃蒂拉温达写出了以宣传佛教教义为目的的缅甸第一部古典小说——《天堂之路》，他还写了被后人称为《名史》的缅甸第一部编年史。当时出现的散文作品还有一类被称为"密达萨"（情谊之书）的书信体文章，开始时是高僧们向为王者们讲法进谏用的信函，后来它的应用范围又扩大到一般人们之间，内容涉及劝导、训诫、祝祷或各种具体事宜。16世纪初年，著名的甘道明寺法师写给阿瓦瑞南觉欣王的一封书柬就是这种文体的代表作。我们可以举其中一段为例："人不施予切莫索求，人不启问切莫开口，人不呼唤切莫前走。乏味之食切莫进喉，未熟之果切莫摘收，不适之衣切莫穿受。缄默无语值千金。人若满意，神亦称心；人若动情，神亦倾心。快慢相当，轻重相宜。有如天秤，不偏不倚。行舟放筏，随机漂流。渔翁垂钓，需善提钩。足智多谋，得心应手。"②对照原文，我们发现的确是排比、夸张、对仗、押韵等描写手法都非常贴切地应用于文中，欣赏原文更会使人体会到作者运用写作技巧之高超。

　　总之，这一时期虽然缅甸社会经济进步不明显，而且由于战争的破坏，甚至在某些方面还有所退步，但是文学的确有了一个飞跃，硕果累累，这一时期的文学成为缅甸文学的高峰。而且我们知道截至目前来说，缅甸自身对古代文学遗产的发掘整理尚不充分，尤其是对当时还是望族的孟族、若开族、掸族等的文学遗产更是几乎未做任何有效的整理。

---

① 《缅甸文学史》，第40—41页。

② 同上书，第44页。

第三节　缅甸战国时期的对外交往

一、与中国的关系

1287年元军撤离缅甸，蒲甘王朝名存实亡，缅甸进入了战国时期。缅甸与中国的关系也进入了一个比较复杂的时期。

元军占领云南后，就开始着手设置驿站，早在1270年（至元七年）已在鄯阐（今昆明）、金齿等地设站。到1300年（大德四年）元朝"增云南至缅国十五驿"[①]随后元军征缅，进一步拓宽滇缅之间的商道，增设驿站，"即立站递，设卫送军"[②]。从而改变了滇缅路上，"山川延邈，道里修阻"的局面，驿道畅通。元朝对云南边疆一带，包括今日缅甸北部分地区实行与"羁縻之治"不同的土司制度，边疆地区"皆赋役之，比于内地"[③]。而这些土司政权也依仗着"山高皇帝远"的优势，见机行事，向元朝和缅甸王朝两面示好"称臣"，从中牟利。

关于1300年元军入缅事，缅甸与中国史籍均有记述，说明该事准确无误。中国史籍中有多处提及此事，比较分散。

大德五年（1301年）五月，的立普哇拿阿迪提牙（蒲甘觉苏瓦王之名号）为其弟（原文有误，应为"其臣"）阿散哥也等所杀，其子窟麻剌哥撒八逃诣京师。令忙完秃鲁迷失率师往问其罪。

五年九月，云南参知政事高庆、宣抚使察罕不花伏诛。初，庆等从薛超兀而围缅两月，城中薪食俱尽，是将出降，庆等受其重赂，以炎暑瘴疫为辞，辄引兵还，故诛之。[④]

而缅甸史籍中有的地方讲述得更加详尽。两者可以作相互补充。

应苏涅王之邀，中国乌底勃瓦表示：
"愿扶王室正宗为王。"于缅历662年（公元1300年）派丹盛登

---

① 《元史》成宗本纪。
② 《元史》地理志。
③ 同上。
④ 《元史》缅国传。

辛（"高庆政事"之音译）、约达登辛、毛达登辛、毛亚贝登辛四将率军90万（按中国史籍载仅有12,000人）进军缅甸。当时人们都说："中国将士人数众多，即使每人扔一块马粪、每人撒一把黄土，也可将敏塞城毁掉。"兄弟三人听到这话，请来精通三藏吠陀的长老商议。长老说："僧乃出家之人，不应管国家之事，请王与炯人商议吧！"三兄弟为了请炯人前来商量，于是就请炯人跳盾牌舞。炯人们来了跳盾牌舞，炯人边跳边唱道："哎哩哟！没有什么可犹豫考虑的事，就无须议论了。"

三兄弟听了歌词，遂将觉苏瓦杀死。将王的首级给中国军队看，说："王族已绝！"中国将军们说："王族既绝，吾等也该班师回国了。送给我们一些礼物吧！"三兄弟道："礼物是要送的。请帮我们挖条渠吧！"中国将军们说："请指明挖渠地段。"相传在指明地段之后，中国军队为了显示力量，日落西山才开挖，黎明前一条长700达①、宽2达、深2达的渠道已挖好。据说在挖渠时被铁铲铲伤碰断的手指、脚趾集中起来足有10大筐之多。三兄弟准备了许多礼物送给中国将士。中国人接受了礼物就回国去了。

关于中国军队抵敏塞的时间和人数，据《缅甸大史》载：缅历664年（公元1302年）四员大将率骑兵60万、步卒200万入缅，缅历665年（公元1303年）才返回。据实皆《苏翁玛碑文》载：佛历1844年缅历662年（公元1300年）抵达丹巴提巴国的大汗王（指元朝皇帝成宗）之90万军队被缅军击败。《王妹苏乌寺碑文》载：统治整个缅甸和掸邦白象之主的王孙底哈都凭借武力击败了大汗王90万军队。上述碑文所载与《缅甸大史》所述中国军队于缅历664年来敏塞，665年返回中国之说显然不符。中国军队进入缅甸与碑文镌刻时仅相隔60余年，当时见过中国军队进入缅甸者刻碑文时还会有不少人健在。故缅历662年中国军队90万进入缅甸当年即撤离之说应该认为是正确的。②

自此以后，中缅两国关系很长时间内一直平稳。有着密切的贸易关系。滇缅商道畅通，缅北玉石矿开始开采，开采玉石的技术也是由中国

---

① 达，古缅甸长度单位，1岱=1000达=3.2004公里，1达=3.2米。
② 《琉璃宫史》上卷，第306—307页。缅史所载可补我史书记载之不足。可知高庆等不愿与缅作战，且基于两国人民的友好情谊，帮助缅甸开挖水渠。缅方为感谢中国军队的支援，备了许多礼物相赠。高庆等并非受贿罢战。高庆等因受贿被诛实乃一大冤案。

传入缅甸的。[①] 中缅之间通过海上的贸易也有较大发展。中国的商船当时到过缅甸南部的马都八（莫塔马）、淡邈（土瓦）、乌爹（勃固），运去五色缎、白丝、青花瓷器、碗、铜铁鼎等，从那里换回象牙、胡椒、丁香、豆蔻等。交易用“每个银钱重二钱八分，准中统钞（元朝钱币）一十两”[②]，且称“故贩其地者，十去九不还也”。可见已有中国商人定居该地，他们可能就是最早旅居缅甸南部的华侨。

14世纪60年代以后，中国进入明代。明代与缅甸的阿瓦王朝之间的官方往来增多。由于缅甸境内正处于战国时期，各地出现了许多民族政权，力量较小，相互间时有战事，为了自身安全的考虑不少政权都要考虑与明朝搞好关系。或接受所谓的“册封”，或名义上“纳贡称臣”。除了与中国交界一带的掸族土司政权外，甚至远在缅甸南部的孟王朝也有类似的表示。明代王室也有这种好大喜功的追求，也设立了一些建制，彰显自己的“国威”。如：明代先后在1382年设孟养府（东起缅甸克钦邦境内的伊洛瓦底江上游，南至实皆省北部的杰沙，西北至上钦敦县）和木邦府（今缅甸境内丹伦江以西的掸邦地区）；1394年设缅中宣慰使司（今缅甸中部，北起德冈城，南到蒲甘，驻地为阿瓦）；1404年改孟养、木邦两府为宣慰使司；1405年设孟艮衔夷府（掸邦景栋地区）；1406年设大古剌军民宣慰使司（下缅甸勃固地区）和底马撒军民宣慰使司（下缅甸莫塔马地区）；1407年设茶山长官司（今云南怒江州西南、腾冲市北境外小江流域）；1408年设里麻长官司（今伊洛瓦底江上游迈立开江以东、恩梅开江以西地区江心坡一带）；1424年设底兀剌宣慰司（“底兀剌”即东吁，今缅甸锡当河流域）。

官方往来方面，明太祖朱元璋即位之初就很重视与缅甸的来往。1373年明朝尚未攻占云南，就曾派使臣绕道前往。田俨、程斗南、张纬、钱允能等出使缅甸，结果除田俨外，其余三人皆死于途中，也未能到达目的地；1382年开通了前往缅甸的通道；1393年阿瓦王朝派大臣板南速剌赴明廷，与明朝建立了正式关系；1394年再次派使臣访华；1396年明太祖派李思聪、钱古训出使麓川和阿瓦，钱古训回国后著《百夷传》，对缅甸情况介绍颇详；1407年明成祖又派张洪出使缅甸，回国著《使缅录》。总之，从14世纪末到16世纪初明朝与阿瓦一直保持着友好关系。明朝与缅北的掸族土司们，缅南的孟族王朝之间的关系也不错，

① 贺圣达:《缅甸史》，第94页。

② 苏继庼:《岛夷志略校释》，中华书局，1981。

尤其是贸易往来不少。

二、与锡兰的关系

缅甸与锡兰的关系主要是宗教方面的往来居多。下缅甸的孟国王彬尼亚乌曾赴锡兰学习佛教经典。锡兰国王波罗迦摩巴胡六世（1412—1468年在位）时，两国间来往尤多。1423年下缅甸的六名孟人僧侣赴锡兰修习佛法。1429年锡兰两位僧人也来到阿瓦弘法。"底里德达马林加亚和底哈拉摩诃达米两位高僧来自锡兰，并迎来舍利子五颗。他们乘船抵达勃生港。（勃固王）彬尼亚仰将他们看管起来，但他们仍不肯驻足，只得用精美的舟舫将他们送至卑谬。缅王闻讯后，随即派40条劳加船到卑谬迎接。……（阿瓦）孟养王于缅历792年12月15日（公元1431年2月26日）土曜日，在实皆西面一幽静处，建造宝塔一座，安放这些舍利子，于佛塔以西，建造了金碧辉煌的砖石佛寺。三座吉祥殿开了78扇门。并将这些均布施给两位来自锡兰的高僧。"[①] "缅历817年（公元1455年），缅王（那腊勃底）派遣亚扎德曼和亚扎勃拉携满镶宝石的金钵、银钵、金碗、银碗、金灯盏、银灯盏等礼物，乘船到锡兰向佛牙敬献。同时带去大量礼物赠送给锡兰王。用200缅斤白银在该地建造布施用的佛廊、佛亭。使者抵达锡兰后，向锡兰王呈上礼品。并给佛牙献过礼，在瓦里加亚马港口建起一座楼阁。在底维巴达山脚下的吉里马拉村中建造一座佛亭。另又向锡兰王购下一块土地，将全部地租用作布施，以供养居住在佛亭内的高僧。而后，带着锡兰王回赠的礼品返回缅甸。"[②] 据传孟王达马塞底（1472—1492年在位）时的国师西瓦苏波那也是一位去过锡兰修习佛法之人。1476年达马塞底曾派44名僧人赴锡兰学法，归来后在孟王国进行了宗教改革。

三、与东部邻国的关系

缅甸与东部邻国的关系要追溯到7世纪。东部地区建立的第一个国家是哈里奔猜（中国古籍中称为女王国，今日泰北南奔、清迈一带）。它存在于7世纪下半叶至13世纪末。传说是由一位孟王朝公主带领了一批孟人到那儿建立起来的，另有一说是一位孟王朝的公主下嫁到那个地方建立起来的国家。南部孟族罗斛国国王的女儿占玛黛维公主，嫁给了缅

① 《琉璃宫史》中卷，第468页。
② 同上书，第489页。

甸南部一个孟国国王。但是不知因何缘故，663年时她怀着身孕却离开自己的丈夫，带了一批民众来到泰国北部南奔一带建立了哈里奔猜国，建都于南奔。在南奔她生下两个儿子，孩子长大后，一个做了南奔王，另一个做了新城南邦王。[①] 该公主率众来到南奔建国时，据称还带来了500名僧侣，并为供养这些僧人专修了500座寺院，由此足见其对佛教的虔敬。哈里奔猜国甚为强大，从各种文献史料中得知它曾与许多国家发生战事，且大多是它获胜。如："（南诏）蛮贼曾将二万人，伐其国，被女王药箭射之，十不存一，蛮贼乃回。"[②] 到13世纪末期，哈里奔猜开始败落，在它的东北、东南方的三个泰人建立的国家，即兰那泰、帕耀和素可泰，势力日盛。哈里奔猜国面临兰那泰日益增加的威胁时，曾于公元1289年（至元二十六年）遣使请求元朝出面遏制兰那泰，但为时已晚。公元1292年，哈里奔猜国被兰那泰所灭。

孟人瓦里鲁王1287年自立为王时，在得到素可泰国王的支持与认可的情况下才得以实现的。孟王国彬尼亚乌（1353—1385年在位）时兰那泰、阿瑜陀耶都曾入侵过孟王国。兰那泰王国军队曾进入直通地区，1356年被赶走。1369年阿瑜陀耶军队曾迫使彬尼亚乌放弃莫塔马，1369年彬尼亚乌定都勃固。此后，双方为争夺领土，曾有过多次战事。

1393年兰那泰国王的国师曾访问蒲甘，国师的两名弟子也曾去蒲甘研习佛经。素可泰的高僧须摩那长老曾到缅南孟人地区攻读佛经，回国后还到兰那泰地区弘法。

① 陈序经：《陈序经东南亚古史研究合集》下，第783页。
② 《蛮书》卷10。

第五章

缅甸集权王朝的再创——东吁王朝

（15 世纪末—18 世纪中）

东吁王朝可分为前后两个时期。自明基纽1485年在东吁称王，大力扩张，积蓄力量，1503年正式宣布脱离阿瓦王朝成立独立政权时起，其子德彬瑞梯王攻克汉达瓦底（勃固）并将都城由东吁迁往该地，传至第四代，1599年汉达瓦底陷落，南达勃因王被杀，统一政权解体，各地各自为政，这是东吁王朝的前期。此后，1600年良渊王以阿瓦为都自立为王，重整旗鼓，下传10代，直至摩诃达马亚扎迪勃底王时，1752年王都阿瓦被攻陷，该王及子女被劫往汉达瓦底弑死，是东吁王朝的后期。后期又被缅甸的史学家称为良渊王朝，或第二阿瓦王朝。东吁王朝建立后，西方文化开始进入缅甸，西方文化的某些成分被缅甸文化吸纳。其中最突出的两个事件：一是西方传教士来到缅甸传播基督教；二是缅甸开始有了洋枪队。这一时期也是缅甸文化发展历程中一个发生重大转折的时期。

第一节　缅甸第二个中央集权王朝
——东吁王朝的建立与发展

一、东吁王朝的创建

（一）从偏安一隅到实力建国

纵观从1279年德温基建东吁城成为蒲甘王朝属下一小国时起，到1485年明基纽王即位时止，前后有27位君王当政，历206年，东吁从一个小镇到成为可以和缅甸全境各大政治势力抗衡的一霸有其必然原因。其实对最初的东吁统治者们用"偏安一隅"来形容更加恰当。首先，在掸族和缅族势力争夺阿瓦王权时没有波及此地，同样在阿瓦统一后形成缅族、孟族和若开族王朝三足鼎立局面时，东吁也不在这三方争夺的通道上，因此受战火的波及较小，相应受到的破坏也小。因为其相对安定，吸引了大批逃难的人群前来，其中不仅有普通的百姓，也有知识渊博、德高望重之人，这些都成为重要的人力资源，对东吁的发展有着重要作用。其次，东吁虽然受周围势力的觊觎，但一直都由缅人统治，在中部缅人势力风雨飘摇之际，这里成为缅人的另一个聚居地，为缅族人才的发展壮大提供了条件。再次，东吁本身有着充足的水源，具备发展农业的优越条件，同时临近缅甸中部的灌溉区，在其势力偏弱时以劫掠为主，在其势力增强时以占领为主，最后通过与阿瓦联姻获得了垂涎已久的粮仓皎栖地区，更进一步奠定了它发展壮大的基础。同时也应看到，在200余年中，在位10年以上的君王寥寥无几，每位君王大多在位不过四五年，其中有15位国王是在位时被杀的，说明当时的政权并不稳固，从统治世系上看也是混乱的，具有典型的胜者为王的特点。这种不稳定一方面是因为外部势力对一个新兴政权的打压，它在较长时期内或臣服于阿瓦，或由阿瓦派人来直接统治；另一方面，统治者内部争权夺利斗争激烈，这种斗争贯穿始终，造成很多父子、兄弟、叔侄相残的惨剧。直到明基纽从1485年开始掌权，1503年公开宣布脱离阿瓦自立，连续执政45年，致力于发展生产，东吁的实力才迅速增长，建立起一个新王朝。

（二）创建东吁王朝的明基纽

据《琉璃宫史》记载，明基纽的宗系可追溯至蒲甘王朝的世系和战国时期彬牙王朝的世系：

> 蒲甘被废黜觉苏瓦之子为彬牙七缅桂寺施主乌兹那；乌兹那有子西都明乌；西都明乌有子西都丹勃瓦；西都丹勃瓦有子抱绵西都；抱绵西都有二子央米丁西都和东吁西都觉廷；彬牙王五象主和北宫王后之子娶了敏塞金殿之主的女儿，生下摩诃丁克亚，摩诃丁克亚之子为东吁摩诃丁克亚；东吁摩诃丁克亚娶了西都觉廷的女儿，生子给杜摩底建城王（即明基纽）。其舅父明西都在位时，向舅父讨表妹为妻，舅父不允，怒而杀舅，自立为王。[①]

明基纽（1485—1530年在位，号摩诃底里泽亚都拉）登上东吁王位后，于1486年在东吁城北1.5公里处建城，命名为"妙瓦底"。1491年，又在央漂拉的森林中建城，命名"堕罗钵底"。明基纽积极向周围地区扩张，他才能出众，治国有方，勇于开拓。从他在位时开始，东吁蓄势建立起一个新统一的中央集权王朝。

阿瓦王明康第二不得已承认开始得势的东吁明基纽称王。东吁的强盛使阿瓦无计可施。明基纽在位期间，攻打阿瓦王朝的央米丁和分水五

---

① 《琉璃宫史》中卷，第558—559页。

县侯明耶觉苏瓦所辖的色坝当、哀布和雅盛因丹一带村庄，获大批水牛、黄牛等战利品和俘虏，又攻打孟族王朝的边远地区伽基和姜比亚，不但劈死守将，而且夺得大批象马。孟王兴兵前来问罪，又被他击溃，且俘获甚多。1501年央米丁侯明耶觉苏瓦去世，其部下千余人投到明基纽王帐下。阿瓦朝廷内部政变失败，因怕被株连的信兑那登等官员也率700余人来投。这样的事件还有多起，东吁的势力遂日益壮大。

继阿瓦王朝明康第二之后即位的瑞南觉欣那腊勃底王时（1501—1526年在位）发生了宫内叛乱，王侄央米丁侯诺亚塔政变未遂。阿瓦的国力更加孱弱。阿瓦王瑞南觉欣为了稳固自己的统治，1502年将堂妹明拉突嫁给明基纽，同时还把号称"粮仓"的九个县区（其中包括分水五县等）作为陪送嫁妆给了东吁，这使东吁有了以皎栖为中心的大片农业地区，经济实力进一步加强，从而为在全缅建立新的统一王朝打下了雄厚物质基础。而北方的孟养土司、南部的卑谬王、东吁王等都在分庭抗礼，使阿瓦王朝分崩离析，苟延残喘。1503年，东吁明基纽正式宣布脱离阿瓦的统治独立。来自中部地区的良渊、丁基、茵岛、密铁拉、密良、达格雅等地的民众带着大量的牲畜等投奔东吁。1503—1507年，东吁与阿瓦、卑谬互相征战，1504年，东吁和卑谬结盟，共同谋取色垒，阿瓦瑞南觉欣王只好请翁榜土司派援军前往镇压。1507年，东吁挫败了阿瓦的大规模进攻。

1510年，明基纽建给杜摩底城，即当今的东吁城，城中挖池获得水源，广种果园，并从中部地区移来大量人口充实新建的城镇。北部的阿瓦王朝处于风雨飘摇之中。1524年，掸邦孟养等地势力进攻阿瓦。明基纽拥兵旁观，以期得渔翁之利，但掸族势力被挫败，阿瓦王权仍能勉强维持。1526—1527年，缅北孟养土司色隆偕其子多汉发攻陷阿瓦，瑞南觉欣那腊勃底战死，多汉发夺得阿瓦王位。多汉发在阿瓦即位后，实行暴政，横加杀戮，并残害僧侣，破坏佛塔寺院，焚毁经书。阿瓦一带人心惶惶，许多人逃难到卑谬、东吁一带。

明基纽创建起东吁王朝，他雄才大略，文武双全，能够照顾到各方利益。虔诚信佛，广建佛塔寺庙，造福一方。在位前后长达45年，使东吁稳定发展，为随后其子德彬瑞梯统一缅甸的战争创造了条件。

1530年，明基纽去世，享年72岁。

二、初次统一与分裂

（一）德彬瑞梯王（1530—1550年在位）统一缅甸的尝试

德彬瑞梯王[①] 被认为是统一的东吁王朝的建立者，因此传统说法是东吁王朝从他即位的1530年开始。

缅甸史书在为国王立传时总是有关于其出生和去世时自然界所显示的奇兆，据说德彬瑞梯出生时也不例外。

> 一次，大雨滂沱，堤坝决口。摩诃底里泽亚都拉王乘轿出宫，准备修筑堤岸。适遇鄂内贡村长之女，她长得体态丰满，有闭月羞花之貌。也是她前世修善，时来运转。国王一见倾心，便问道："小女子是谁家之女？"姑娘奏道："小奴是鄂内贡村长之女。"国王便将她带入宫中，一天她为王打扇，伏于国王腿上睡去。突然她惊呼醒来，国王亦被惊醒，忙问："何故如此惊慌？"小女子答道："奴梦见太阳坠落，扒开女婢腹部钻入其中，遂被吓得惊叫起来。"国王道："爱妃现已身怀六甲，此子必有大福，可与日月媲美矣！若生男儿，朕将立你为后。"待到足月，即缅历878年2月16日（公元1516年4月16日）水曜日晚上四更后，生下德彬瑞梯。分娩时，天上下着瓢泼大雨，并夹杂有大如卵石的冰雹，大地一片红光犹如火焰般光亮。[②]

明基纽遂为儿子取名为"德彬瑞梯"。

德彬瑞梯是明基纽唯一的儿子，1530年，他登上王位时尚不足15岁，[③] 但是他成长期间正是父亲明基纽王率领东吁一步步走向强盛之时，从小耳濡目染，因此对于征战和治理之道并不陌生，即位后很快显示出过人的胆识。比如，他执意要在汉达瓦底的瑞摩陶佛塔举行穿耳梳髻仪式。瑞摩陶佛塔历史悠久，是缅甸境内最高的佛塔，比仰光的大金塔还要高。当时汉达瓦底是孟族人的都城，双方的关系并不融洽。文武群臣劝其勿鲁莽行事，他坚持己见，带领40名大臣、500名骑兵前往汉达瓦底。到达后，命500骑兵将佛塔团团围住，自己带群臣登上佛塔，祝祭

---

① "德彬瑞梯"旧译"莽瑞体"，即"一把金伞"之意。
② 《琉璃宫史》中卷，第565页。
③ 《新史》和《琉璃宫史》记载其即位时间为1530年，见《琉璃宫史》中卷，第567页；但哈威所著《缅甸史》记为1531年，见该书第196页。

礼毕后梳了发髻，穿了耳。孟王闻讯，派人率大批象马士兵包围了佛塔。大臣闻讯后赶紧禀告德彬瑞梯。德彬瑞梯丝毫不慌张，说道："尔等只管将耳朵眼扎正就是，至于孟人，由朕来对付。"仪式结束后，他跨上战马，带上500名骑兵冲出包围，经过四天三夜回到东吁城。

德彬瑞梯即位后面临着较为有利的内外环境，为其成就统一大业提供了基础。首先，从周边环境看，200多年的分裂，各割据势力彼此征战，耗费了大量的人力、物力和财力，曾经最强大的阿瓦逐步走向衰落，不时被掸邦各地的土司袭扰，通过联姻拉拢东吁，并献出了最为富庶的皎栖地区。西部的若开地区因为地理的原因较少参与中部地区的事务。南部孟族的汉达瓦底王朝因为农业和对外贸易的发展出现了较为繁荣局面，但是没有向北发展的野心。其次，父王明基纽长期而稳定的执政使东吁有了较大的发展，获得皎栖粮仓和大量的人员为其扩张提供了物质和人力上的保障。因此在他即位四年后即开始了统一缅甸的行动。

德彬瑞梯首先对南部的孟族王朝开始下手，主要因为从地理上看孟族离得最近，当时的经济也较繁荣，有对外贸易的港口。如果取得孟族王朝领地，在土地上和东吁连成一片，有一个稳定而富庶的后方，同时也能获得出海口。1534年，德彬瑞梯任命觉廷瑙亚塔为先锋，率战象40头、骏马400匹、士卒4万人向汉达瓦底进军。[1] 由于汉达瓦底城防严密，屡攻未果，七天后班师回朝。1535年，德彬瑞梯亲率骏马800匹、战象60头、士卒6万人再次攻打汉达瓦底。城上有葡萄牙雇佣军以火炮轰击，东吁军队死伤惨重，后因雨季来临，再次无功而返。[2] 1536年，德彬瑞梯再次亲率将士7万人进攻汉达瓦底，未果。转而向汉达瓦底以西进发，驻军于大光（即今日仰光），兵分多路分别攻打下缅甸的勃生、渺米亚等城，俘获大批象、马和俘虏。回师途中再次攻打汉达瓦底未果。1537年，孟王都信德伽育毕遣使带着信件和礼物来到德彬瑞梯处，希望和东吁交好。德彬瑞梯使用离间计，使都信德伽育毕杀死了最为得力的干将彬尼亚劳和彬尼亚江。德彬瑞梯再次率大军来攻，孟王一方面派出将士迎战，另一方面自己带领4万大军前往卑谬，希望和卑谬王那腊勃底联合共同对抗德彬瑞梯。德彬瑞梯顺利占领汉达瓦底，并将城中的700余名葡萄牙雇佣军及其火炮收编，进一步壮大了实力。1538年，那腊勃底和都信

---

[1] 《琉璃宫史》中卷，第569页。觉廷瑙亚塔即后来著名的勃印囊，旧译"莽应龙"。因其骁勇善战，足智多谋，德彬瑞提将自己的妹妹许配给他，并赐称"勃印囊"，意即"国王的兄长"。

[2] 同上书，第570页。

德伽育毕先后去世，孟族军队溃败。

1540年，德彬瑞梯继续南下攻打莫塔马。莫塔马是一重要对外贸易商港，陆上除了背靠孟族，还临近阿瑜陀耶和清迈，海上则有来自各国的商人，城内也有葡萄牙雇佣军帮助防守。德彬瑞梯的军队围攻七个月没有攻下，后采取孟族将领火烧连营的计谋，顺利攻入城中。

1541年，德彬瑞梯率军攻打卑谬（即室利差呾罗）。此时的卑谬城有来自阿瓦、掸邦土司和若开等地的联军。经过几个月的艰苦战斗，1542年5月卑谬王出城求降。卑谬一战，觉廷瑙亚塔战功卓著，德彬瑞梯王为表彰其功劳，赐他"勃印囊"①之号，并立为王储。但是，阿瓦王并不甘心卑谬的丧失。1543年底又率大军水陆并进再攻卑谬。1544年，阿瓦王联合掸邦的孟养、孟密、孟拱和翁榜等七土司，企图夺回卑谬，被东吁军队击败。1545年，德彬瑞梯在汉达瓦底以孟族和缅族两种仪式举行加冕典礼，号称"上下缅甸之王"。

1545年，若开地区内乱，向德彬瑞梯求援，为德彬瑞梯进军若开提供了很好的借口。1546年10月，德彬瑞梯率领士兵从水路、勃印囊率领士兵从陆路向若开进发。在占领丹兑后，继续向妙吴城进发。该城防守严密，久攻不下。若开王也惮于德彬瑞梯的阵势，双方在四名高僧的斡旋下言和，若开每年向东吁进贡。1547年2月，启程返回汉达瓦底。

德彬瑞梯王迅速和若开王言和并撤军还因为阿瑜陀耶军队趁德彬瑞梯西征之际占领了土瓦，德彬瑞梯派出将士驱逐了阿瑜陀耶军队，并为进一步攻打阿瑜陀耶做准备。

1548年10月，德彬瑞梯亲率12支大军远征阿瑜陀耶。但阿瑜陀耶城防坚固，城内又有葡萄牙雇佣军及火炮防守，久攻不下，便准备去攻打其他城市。缅军转移之时，阿瑜陀耶王误以为缅军撤退，便派出王子、王弟和驸马率军偷袭，反中了缅军的埋伏，王子、王弟和驸马均被擒。阿瑜陀耶王无奈求和，答应每年献出象30头、白银300缅斤，并交出德林达依的船只赋税收入。德彬瑞梯放回全部俘虏，于1549年2月撤军回到汉达瓦底。

德彬瑞梯回到都城后，失去了继续征战的斗志，宠信了一个葡萄牙人，此人精于烹饪和酿酒。德彬瑞梯沉醉其中，喝酒后常常做出一些反常之事。作为国王很少上朝，甚至根本不上朝，而将朝政交给勃印囊处理。将别人妻子随意指配，滥杀无辜，引起众人不满。1550年5月，在

① 勃印囊，即"国王的兄长"之意。

外出猎取白象之时，被手下孟族士兵杀害。

德彬瑞梯王统一缅甸的尝试是适应时局发展所为，经过其努力，将原本处于分裂状态的孟族、缅族的部分地区都统一在一起，但上缅甸还有大部分地区没有统一，若开也只是进贡关系。随着德彬瑞梯被杀，这种统一很快土崩瓦解。

（二）勃印囊再次统一缅甸的努力

勃印囊（1551—1581年在位）是德彬瑞梯乳母之子，[①] 也是德彬瑞梯小时候的玩伴，更是其东征西战过程中的左膀右臂。历次征战中，如果德彬瑞梯出征，勃印囊就任先锋，如果德彬瑞梯不出征，勃印囊就是总指挥。勃印囊在一次次的征战中充分显示出了足智多谋、勇敢善战的特点。德彬瑞梯被杀之时，勃印囊正在平定孟族遗臣德门陶亚马（旧译"斯密陶"）叛乱的路上。德彬瑞梯被杀后，原本依赖武力征服的孟、缅、掸族各诸侯势力纷纷拥兵称王。此时的勃印囊别无选择，只能指挥军队，把拥兵自重的各方势力重新征服，否则只有等待被人征服的命运。1551年，他带领军队，重新夺回被孟族占领的汉达瓦底城，并以此为基地开始了再次统一缅甸的努力。此时孟族上层发生内争，勃印囊利用此机会，采取拉拢的政策，将孟族上层分封为下缅甸各地的首领，并举行宣誓效忠仪式，许多孟人加入了勃印囊的军队。1551年，夺回王弟明康占领的给杜摩底，举行灌顶登基仪式，建立临时王宫。接着，勃印囊开始征服，四处出击，收复了实力较为薄弱的卑谬；1552年，收复汉达瓦底城；1554年，夺回东吁；1555年，进军阿瓦，并一直打到阿瓦西部的蒙育瓦和瑞波地区。

在平定中部地区之后，向掸邦地区扩张。掸邦地区由于其特殊的地理条件，形成多个土司各自为政的局面。蒲甘王朝之后，大量的掸族人向缅族聚居地区迁徙，不仅有普通民众的移居，也有统治者入主阿瓦王朝。前有1298—1324年的掸族三兄弟，后有1527—1555年的多汉发、西都觉廷等。1556—1559年，勃印囊先后攻克了掸邦的翁榜、孟密、八莫、孟拱、孟养、格雷等地，迫使这些地区的土司进贡，并将子女典质于勃印囊王宫。由于掸邦地区交通不便，佛教并不普及，原始的万物有灵信仰和祭神习俗盛行，尤其当土司去世时要杀死其所乘坐的象、马和奴仆等陪葬，勃印囊下令禁止。此外，缅甸国王都自称是佛教的保护者，他

---

① 关于勃印囊的出身史学界历来有争议，一种说法他是德彬瑞梯王乳母之子，另一种说法他也有王族血统，与德彬瑞梯王有着共同的祖先，见《琉璃宫史》中卷第631页提到其祖先有彬亚一象主，这和德彬瑞梯王的祖先为同一人。

们认为自己对佛教的弘扬有义不容辞的责任。因此，勃印囊在掸邦地区大力弘扬佛教。在当地建佛塔、寺庙，布施土地，派高僧驻寺讲经，布施三藏经，并命令地方头领须于每月的四个斋戒日前往寺庙听经学道，小乘佛教在掸邦逐步弘扬开来。

至此，勃印囊基本上统一了缅甸，把北起掸邦高原、南至毛淡棉、西迄若开地区、东到锡当河流域一带都置于东吁王朝的统治之下。勃印囊每征服一地，都会收编一部分当地人进入自己的军队效命，并迁徙居民到都城附近，充实其境。

征服掸邦为勃印囊进一步向中国云南边境和阿瑜陀耶国扩张铺平了道路，其对外扩张的第一步是对清迈的占领。清迈在缅甸和阿瑜陀耶之间具有重要的战略地位，不仅是缅甸进攻阿瑜陀耶的一个通道，也是缅军补充物资和人员的一个重要基地，因此成为双方争夺的要地。勃印囊于1558年征服清迈城，令清迈王宣誓效忠，每年纳贡10头象、10匹马、100缅斤白银、刻花毯、各种纺织品、牦牛、麝香、漆器等当地土特产。[1] 1563年11月，勃印囊巩固了在清迈的统治后，便把矛头指向阿瑜陀耶，借口向阿瑜陀耶国王索要白象未果，派数十万大军南下，阿瑜陀耶遂成为东吁王朝的附属国。

勃印囊在四处征战过程中，还于1566年10月开始兴建新王宫，王宫在今日勃固附近，称为甘菩遮达底宫，宫内建有王后寝宫、妃子宫娥寝宫、金银库房、钱库、布库等。新的王城有20座城门，这些城门都由被征服的各地土司和头领负责建造，因此都以被征服地区的地名来命名，北面有：德林达依门、阿瑜陀耶门、莫塔马门、布坎门、勃生门；东面有卑谬门、阿瓦门、东吁门、万象门和达拉门；南面有清迈门、翁榜门、孟养门、孟拱门、土瓦门；西面有格雷门、孟乃门、良瑞门、达耶瓦底门和登尼门。但是这座王宫有别于传统的王宫，它的正门向西而不是传统的向东，再结合城门的命名并未按传统的巴利文命名而是以现实中自己所统治的地域来命名，有学者认为这体现了勃印囊并未按佛教的世界观来安排他的新王宫，而是体现了其现实主义的一面，[2] 新城的建设显示了勃印囊的一统江山的气魄。

1581年，勃印囊去世，享年66岁，在位30年。

---

① 《琉璃宫史》中卷，第675页。

② Michael Aung-Thwin & Maitrii Aung-Thwin, *A History of Myanmar since Ancient Times: Traditions and Transformations*(London: Reaktion Books，2012)，pp.136-137.

（三）南达勃因为维护统一而进行的挣扎

勃印囊依靠武力建立起来的东吁王朝缺乏一个有效的统治基础，在王国内重要的地区都由自己的儿子或兄弟进行统治，边远的其他地区则依然任用被征服的本地头人进行统治，只要求他们按时前往京城效忠和纳贡。在勃印囊去世之际，各地的统治者分别是：女婿德多敏绍统治阿瓦、弟弟德多达摩亚扎统治卑谬、另一个弟弟明康统治东吁、儿子明耶南达梅统治良渊、儿子悉利都达摩亚扎统治莫塔马、另一个儿子诺亚塔绍统治清迈，阿瑜陀耶则由原阿瑜陀耶王子纳黎萱统治，这种依靠血缘和纳贡维持的统一局面在他去世后很快就四分五裂。连年的征战消耗了大量的人口，造成土地荒芜。新的继任者南达勃因[①]（1581—1599年在位）从13岁起就跟着德彬瑞梯的军队远征阿瑜陀耶，在他即位后面对再次分裂的局面时，延续父辈东征西讨的战略，局势也迫使他无暇腾出手来进行国家治理和发展生产。长期的征战使上至王亲国戚、文臣武将，下至普通士兵都怨声载道，每当发生征战，都不会全力以赴，以致战事大多失利。在南达勃因即位后不久的1583年，阿瓦王德多敏绍试图联合其他几路主要诸侯造反，没有得到响应，继而争取掸邦土司们的支持，最后兵败，企图前往中国请求援兵，死于途中。

而此时的阿瑜陀耶国王是在缅甸宫廷做了七年人质的纳黎萱王（King Naresuen，1590—1605年在位），他熟知缅甸宫廷的文化礼仪，也对缅甸的军事了如指掌。他返回阿瑜陀耶继承王位之后，一直在为摆脱附属国的地位而努力，缅甸内部诸侯纷争恰好给了他这个机会。他于1583年南达勃因北征阿瓦之际，奉旨前来助战，但其并未按时前往阿瓦，而意图包围都城汉达瓦底，被识破后宣布脱离缅甸而独立。南达勃因自然不肯善罢甘休，于1584年12月率5万军队进攻阿瑜陀耶，企图重现父辈的荣耀，结果大败而回。此后在1586年、1587年、1590年、1592年又四次出兵阿瑜陀耶，均以失败告终。在1593年2月，缅甸王储死于纳黎萱王刀下，自此彻底挫败了缅军的士气，阿瑜陀耶则乘胜追击，于1593年重新占领了土瓦和德林达依，并包围勃固达4个月之久，撤走时还在孟族地区劫掠了不少人口。同一年，清迈也落入了阿瑜陀耶之手。

在南达勃因疲于应付与阿瑜陀耶的战争之时，其作为王储的儿子明基苏瓦未能给他提供一个稳定的后方，作为未来的统治者，不仅不体恤民众，反而利用饥荒大发苦难财，引起民众和其他诸侯的不满。从1587

---

　　① 旧译"莽应里"。

年开始，北部的一些土司和诸侯纷纷造反，导致大量民众逃到若开和阿瑜陀耶或清迈躲避战火。1594年毛淡棉、1596年卑谬和清迈这些原本由血亲统治的地区也纷纷举起反叛大旗。1599—1600年，东吁侯明耶底哈都联合若开王共同进攻汉达瓦底，南达勃因被抓往东吁，后被东吁侯的儿子那信囊所杀。汉达瓦底宫殿被若开王付之一炬，大批珍宝被掠往若开。明耶底哈都除统治东吁外，还在莫塔马、卑谬、掸邦东部派兵驻守。在若开王的强烈建议下，丁因交给葡萄牙雇佣军首领勃利多统治，南达勃因为维护统一而进行的努力归于失败。

三、东吁王朝的中兴

东吁王朝的中兴[①]是通过良渊王、阿瑙白龙王和达龙王三位国王实现的。良渊王开始的东吁王朝又被称为"良渊王朝"，同时由于1635年后，王都迁到了阿瓦，直至1752年东吁王朝结束，因此这一时期也被称为"第二阿瓦王朝"，以区别于战国时期的阿瓦王朝。因王朝统治者的世系未发生改变，本书仍将其归为东吁王朝。

（一）发动中兴大业的良渊王

良渊王（1600—1606年在位）[②]是勃印囊的另一个儿子，1596年，卑谬侯、东吁侯和若开王纷纷反叛勃固的情况下，他也立足于自己的封地良渊开始四处扩张。1597年4月，他首先宣布在阿瓦建造新的宫殿，接着在4月底自立为王。他深知此时的局势非常混乱，只有把自己控制的地盘建设稳固，才会有更大的作为。称王之始就下诏令明确手下官员的职责，从具体的事项到职业操守非常详细，达50条之多。[③]1597年7月良渊王开始向周围地区扩张，先后占领了阿瓦、央米丁和蒲甘及其附近地区，上缅甸的美都、德勃因、西博达亚、甘尼、勃东、官屯等地的诸侯纷纷进献大象、良马及子女表示臣服。9月，卑谬侯明基囊担心良渊王势力强大，遂亲率水陆三路大军约36,000人征讨阿瓦，遭到自己军队内部的孟人逼宫，遂跳入水中溺亡。其子明耶乌兹那和手下的色林侯和委达比亚侯连带自己管辖的地区也都归顺了良渊王。1598年6月，良渊王开始在阿瓦修筑城墙和宫殿，可见，他在南达勃因在位、汉达瓦底处于风雨飘摇之时就开始经营自己的势力了。1600年2月，良渊王正式登

---

① 《琉璃宫史》下卷第855页记载"汉达瓦底国亡于缅历961年10月4日（公元1599年12月9日）"，缅甸的史学家也将之后的东吁王朝称为"良渊王朝"。

② 又称"敏耶南达梅"。

③ 《缅甸国王诏令集》第二卷，第11—14页。

基。他占据着上缅甸最重要的地区，此时缅甸各地基本上处于各自为政的局面，为了自保，诸侯之间合纵连横时常出现。良渊王即位之后，主要依靠自己所占据的阿瓦地区向北方发展。1600年12月底，派兵出征良瑞，俘获良瑞土司，取得其所统治的39个寨子。1602年2月，亲自率军进攻八莫。八莫土司多盛自知无力抵抗，便弃城率领军队及家眷逃往孟赛。良渊王任命了新的八莫土司和孟拱土司。1603年征服孟乃，将孟乃土司及其子婿、臣相、象、马押解回京城。1604年，孟乃土司带领100余人逃跑，被捕获处死。同年，孟拱土司反叛，被王储派兵镇压。1605年，良渊王再次率军征讨掸邦各地尚未臣服的孟密、翁榜、底博、登尼等地。1606年2月，良渊王因患疟疾死于从登尼返回阿瓦途中。良渊王在位期间，为了便于管理和明确职责，开始设立神骑队和宫殿骑队，在宫内充当侍卫。其中，宫内侍卫、侍从、内宫近侍等人的子孙组成的骑队负责王宫最内层的护卫，根据所属组织不同，赐予不同颜色和大小的头盔和战袍，并赐每人10缅亩土地。来自掸邦各地土司的亲属们组成的骑队负责正殿四周和偏殿连接处的护卫，头盔和铠甲也有不同的颜色和样式。共组成了36支勇士骑兵队。①

（二）东吁王朝双王并立的特殊时期

良渊王对掸邦各地的征服为继任者再次统一缅甸打下了基础，但他在位时间太短，在王国尚处于分崩离析的局面时还来不及有更多的作为。他在位的这一段时间，也仅统治着上缅甸地区。缅甸南部地区，汉达瓦底城被若开王和东吁侯攻陷后，东吁侯明耶底哈都1599年在汉达瓦底入宫登基，并迁都给杜摩底城，成为东吁王，直至1609年驾崩，因此在一段时间内，东吁王朝有两位国王在位。东吁王死后，其子那信囊于1609年8月10日继位。《琉璃宫史》中将东吁王和那信囊也编入正式的国王序列。②

（三）完成中兴大业的阿瑙白龙王

阿瑙白龙王（1606—1628年在位）为良渊王之子，他于1606年2月8日继位时，北部地区和东部的掸邦地区都已经归顺阿瓦，阿瓦以南地区还处于分裂状态。阿瑙白龙王继续进行父王的统一大业，用了近10年时间最终将缅甸再次统一。

1608年，阿瑙白龙王占领卑谬。1609年东吁王明耶底哈都去世，其

---

① 《琉璃宫史》下卷，第879—884页。

② 同上书，第864—865页，在写完东吁王和那信囊的情况后，有"以上就是自给杜摩底至汉达瓦底，又从汉达瓦底至给杜摩底历代君王的情况"。

子那信囊继位东吁王，并向丁因的勃利多效忠，试图抵御阿瓦的进攻。1610年阿瓦大军包围了东吁，那信囊招架不住，暂时投降。阿瑙白龙王依然让那信囊为侯，并留下大臣彬尼亚勃仰镇守，但那信囊在1612年归降了葡萄牙人勃利多。阿瑙白龙王返回阿瓦时，带走了东吁三分之二的人口。

1613年初，阿瑙白龙王经过长时间的准备，开始了收回被葡萄牙人勃利多盘踞多年的丁因的行动。他首先切断了若开援军的行军路线，到达丁因后，在城的东南方扎营，之后开始了猛烈的进攻。城里的葡萄牙士兵也进行了顽强的抵抗，久攻不下之后，阿瓦大军决定挖地道，最终攻入丁因城，活捉了勃利多和躲藏在此的那信囊，以"充当葡人之奴无信义"的罪名处死了那信囊，以破坏寺庙佛塔的罪名处死了勃利多。勃利多远在印度果阿的岳父也派了5艘战船前来增援，在河口地区遭到阿瓦水军的包围，仅一艘逃走。阿瑙白龙王占领丁因后，在汉达瓦底稍事休整，便接着进攻耶城和土瓦，此时孟邦32镇的头人纷纷归顺。

1614年清迈宫廷发生政变，阿瑙白龙王又挥师清迈，直到1615年，收复了清迈57镇。就在这一年又挥师西向，进攻若开，占领了丹兑城。

经过近10年的努力，除若开和德林达依地区外，缅甸再次归于统一，结束了勃印囊死后缅甸四分五裂的局面。

阿瑙白龙王在位15年，除了完成了上下缅甸的再次统一，还整顿王役组织，扩充为国王服役的范围。因王役组织的可靠性和忠诚性非常重要，而将正在为王室服役的人员及其子弟继续招进王役组织就是一种比较便捷的途径。"缅历974年（1612年）在出征丁因前，国王将阿瓦、卑谬及东吁带来的受封者子弟分别组成五十夫队、马兵队。"[1] "国王征服丁因后约一月，按孟、缅、掸、葡等分别统计人口。统计后，便将丁因侯（指勃利多）同族葡萄牙人男女四五百人送至阿瓦，分组安置在北部地区。"[2]

1628年5月底，阿瑙白龙王被其子明耶岱巴所杀，出现了短暂的宫廷斗争，弑父的明耶岱巴虽然被大臣拥上王位，但其远征在外的两名叔叔德多达马亚扎和明耶觉苏瓦不答应，他们班师回京，处死了明耶岱巴。1629年，德多达马亚扎登上王位，即后来的达龙王。

---

① 《琉璃宫史》下卷，第907页。
② 同上书，第915页。

（四）达龙王的强国措施

达龙王（1629—1648年在位）在阿瑙白龙王时期就因忠诚履行职责而获得封赏。即位后，知人善任，在他的幕僚中有婆罗门、缅族僧侣、孟族僧侣，来自缅族、孟族，甚至清迈泰族的学者等为他出谋划策。前有良渊王和阿瑙白龙王经过30多年统一战争打下的基础，达龙王在位20年，他采取了一系列措施加强中央集权，发展经济，密切与周边国家的关系，使东吁王朝有了一个短暂的中兴。达龙王采取的措施如下：

1. 加强王役组织的建设。王役组织是直接为国王服务的组织，尤其以各兵种的军事人员为主，他们平时为农，战时出征。这些直接关系着王国的实力，国王也最重视。达龙王即位后不久就开始加强王役组织。为王役组织分配口粮田和宅基地，禁止分属不同王役组织的成员混淆，禁止从低等级的王役组织向高等级的王役组织流动，禁止村寨之间的迁徙，在没有役务时可以从事耕作和贸易，在役务未完成时禁止离开居住地，对自己的役务不熟悉的人要加强练习，每年都要报告人口的自然增减和逃离、出家、丧失劳动能力等人口变动情况。1630年4月，他命令鲁道（即枢密院，今日的议会）对前王下属的各王役组织进行重新调查和登记，并任命新的头人，将这些原属于先王和王储的王役组织按照兵种编为炮兵、水兵、象兵、弓箭手、圆盾兵、长盾兵、宫廷卫队和掸族兵。对各王役组织成员不分男女老幼一律登记在册。[1] 禁止不同的王役组织的成员相混，也禁止王役组织成员逃离本组织混入平民或债务奴隶中去。为区别不同的王役组织，会在成员前额上刺字。[2] 对于掌管骑兵、平民、国库、内务府和多个城镇的官员，要求他们严格地掌控自己属下的王役组织，同时将名册上报鲁道。对于直接服务于王宫的由宫廷西院（宫内府）管辖的40个王役组织彼此也要职责分明，不得混淆。[3] 1638年2月，下令调查全国范围内的王役组织中的兵役组织，包括他们的名字、性别、年龄、出生日期、家庭，重新丈量他们居住和耕种的土地，给予每个战斗人员5缅亩土地。[4] 同时也加强军事力量，征集枪10万条、炮1万门、弓箭5万张、船只1,000艘、盾牌5万只、预备役兵员5万人。为了减少战争对普通百姓的伤害，颁布了士兵行军途中所应遵守的纪律，

---

[1] 《缅甸国王诏令集》第一卷，第204页。

[2] 同上书，第253页。

[3] 同上书，第243—244页。

[4] 同上书，第349—351页。

以便搞好和沿途民众的关系。①

2. 迁都。1635年，达龙王将都城从汉达瓦底迁往阿瓦。关于迁都的原因，有以下几种可能：（1）由于下缅甸的常年征战造成人口减员，还有不少民众逃往阿瑜陀耶等地，使劳动力减少，影响到粮食生产。此外在他即位初期，下缅甸发生了较大饥荒，为了度过饥荒，他决定将都城迁往阿瓦，重建粮仓皎栖地区；（2）从1600年开始，由于勃固河逐渐淤积，外国船只已经无法靠岸贸易，失去了商业的便利；（3）1599年，汉达瓦底被若开军队破坏，丁因逐渐成为主要的对外贸易商港，使汉达瓦底的重要性进一步下降；（4）阿瓦是良渊王和阿瑙白龙王经营多年的政治中心，既有发达的灌溉农业，也是缅甸的地理中心，可以辐射到各个地区，尤其是掸邦地区。从巩固王朝统治来看迁都具有合理性，但是从历史的发展长河来看，达龙王迁都使国家的政治和经济中心随之转移到了阿瓦，大批的商人也随之迁走，下缅甸的地位逐渐下降。这次迁都对缅甸今后历史发展的影响是深远的，使缅甸从依赖海港贸易和农业种植为主又回到了专以农业种植为主的老路，丧失了依赖海洋发展对外贸易的机会，在思想上也日趋保守。

3. 加强中央集权。达龙王明确规定了鲁道的权力，"鲁道监督所有诏令的执行，裁决所有争执，掌管民政和军政，监督地方事务"。②食邑制在缅甸长期存在，即将王族成员分封在全国各重要地区进行统治，如阿瓦侯、卑谬侯、东吁侯、莫塔马侯等，目的是依靠血统关系维持国家的统一。但是这些食邑主在自己的封地上拥有军权和财权，久而久之就会越来越不听命于中央，甚至走上反叛的道路。对王位的争夺更加剧了这种局面。达龙王即位后决定改变这种局面，依然保留各食邑主的封地和食邑权，但他们必须居住在京城，如果要到自己的封地去必须征得国王的同意。将地方分为若干镇，由国王派出地方官员——谬温（镇守）进行管理。此举有效地加强了中央集权，减少了地方反叛的可能性。

4. 加强对佛教的掌控。缅甸的国王都以保护和弘扬佛教为己任，这既是佛教功德观的体现，也是政权合法性的需要，因此历任国王都不忘做善事积功德。在各地修建众多佛塔、寺庙、佛亭，其中最为著名的是实皆的冈穆道佛塔，并给众多的佛像涂金，抄写三藏经，甚至在清迈也修建了寺庙。③1633年，派500名工匠在摩诃牟尼佛塔内墙上绘制547个

---

① 同上书，第90—91页。
② 《缅甸国王诏令集》第一卷，第74页。
③ 《琉璃宫史》下卷，第980页。

佛本生故事。[①] 提高僧侣的地位，下令包括王室成员在内的大小官员在遇到僧侣时都要下车行礼。[②] 同时为了控制佛教势力，于1630年11月，下令调查全国的佛塔和寺庙及其所拥有的土地，标明寺院及其土地的边界，设立界碑，并将所有寺院土地登记在册，核实赋税，严格区分寺产和国库，对于寺产土地要有专人管理并可世袭。[③] 1637年11月的诏令中不仅调查寺产，还调查寺塔奴隶及其后裔，使其继续为寺塔服役。[④] 整顿僧侣纪律，勒令违反戒律的僧侣还俗。

5. 重视农业生产，增加荒地开垦。1645年的诏令命令官员要经常视察所管辖的村庄，鼓励更多的荒地开垦并给予必要的经济资助，在农忙季节禁止耕种者离开自己耕种的土地，也不准摊派各种役务和钱款。其他时间无充分理由，耕种者不得离开自己的居住地，如有必要离开不得超过必要的时间。离开居住地必须持头人信件，写明目的地、时间、事由等，违者无论是官员还是居民都将受到重罚。[⑤]

6. 补充人口，发展生产。对地广人稀的缅甸来说，人口的增加就意味着财富的增加。为了补充人口从东吁、清迈、景丁、景永、土瓦、汉达瓦底等地分别迁移人口到皎栖地区。此外他还将山区少数民族迁移到平原地区居住，包括掸族、克钦族、克伦族等，根据城镇村庄的大小分别安置100—300不等的人口，这些人主要从事农业种植，属于"平民"阶层。[⑥] 此举也使缅甸平原地区居民的民族构成发生了一定程度的改变。为了增加人口还下令适龄男女必须结婚，寡妇和鳏夫都要再组建家庭，指示王役组织人员也必须增加生育，补充王役组织人口。不允许外国人带走在缅甸所娶的当地妻子及其所生子女。

7. 重视发展周边关系。达龙王虽然也从小就东征西讨，但他并不热衷于战争，而是致力于和周边地区搞好关系。1629年、1630年、1632年、1634年若开王多次派使者赴阿瓦，受到达龙王的热情接待。他还于1634年派使者赴阿瑜陀耶通好，1642年印度使者也访问了京城阿瓦。

通过良渊王、阿瑙白龙王和达龙王三位君王的努力，缅甸重新实现了统一，中央权力得到加强，生产发展，人口增加，使缅甸出现了一个

---

① 《缅甸国王诏令集》第一卷，第36页。
② 同上书，第71页。
③ 《缅甸国王诏令集》第一卷，第207页。
④ 同上书，第34页。
⑤ 同上书，第133页。
⑥ 同上书，第137页。

较为繁荣的时期，堪称"东吁王朝的中兴"。

四、东吁王朝的衰亡

（一）东吁王朝后期无能的七代君王

达龙王去世后，东吁王朝又过了100年，历经七位国王才最终结束。但是这七位国王均无大的作为，由于达龙王所建立的较为完备的行政制度和赋予鲁道较大的权力，使得整个国家依然能相对平稳地运行。

彬德莱王[①]（1648—1661年在位）时期，缅甸的经济、社会没有大的变化，但是有一个重要的事件是中国的"永历帝入缅"。因为他处理永历帝事件不力，引起了民愤及鲁道的不满，1661年被群臣废黜。

卑明（1661—1672年在位）在群臣的拥戴下登上王位，但他依然面对着彬德莱王留下的烂摊子。一方面是惧怕清朝势力而流亡在缅甸境内的前明军队，另一方面有利用缅甸内部力量虚弱之际前来不断骚扰的阿瑜陀耶军队。1661年6月，在掸邦土司和缅孟将士的合力打击下，永历帝手下的军队在逐步后撤。卑明采取群臣的建议，将永历帝势力分化瓦解，策划了"咒水之难"，杀死永历帝手下多名将士。1662年初，吴三桂率清军前来，要求带走永历帝，卑明和众将商议后，交出了永历帝，吴三桂将永历帝带回昆明后处死。因永历帝入缅带来的上缅甸一带的动荡暂告一段落，但下缅甸的局势正在恶化。从1661—1665年，阿瑜陀耶招募了大量来自缅甸南部的土瓦、莫塔马和清迈的士兵组成军队对丁因、勃固等地进行袭扰，卑明从勃固和莫塔马等地派出军队进行打击。阿瑜陀耶还不断袭扰缅甸统治下的清迈，并曾短暂地占领过。清迈人躲入丛林抗击阿瑜陀耶军队，后阿瑜陀耶军队撤出，缅甸重新得到清迈。卑明时期，商人阶层受到重视。国王按传统对王公大臣进行封赏之外，还对一些富商进行封赏，比如茶叶商、布料商和金商等。东吁时期，国王规定，对外贸易必须通过几个大的代理来进行，这给了这些代理商发财致富的机会，他们也为国王带来大量财富。国王对这些人的封赏显示了商人阶层的兴起和国王对其的倚重。彬德莱王和卑明时期的对外贸易，荷兰人要比英国人成功，在官方的商行关闭后，仍有一些商人以个人身份进行贸易，商品的走私不时发生。

卑明王1672年去世后，王储那腊瓦亚即位，在位仅一年即离世。因无人继承王位，众臣遂在有资格继承王位的人中推选，最后因明耶觉廷

[①] 也曾有人译作"平达格力王"。

熟知法典、性格沉稳、为人谦和而被推举为王。

明耶觉廷王（1674—1698年在位）即位后首先平定了宫中的谋反。1675年又派兵平定了阿瑜陀耶对莫塔马的袭扰。1679年，平定了阿瓦地区的阿瑜陀耶俘虏的叛乱。阿瑜陀耶不断骚扰南部的土瓦、丹老、莫塔马等地，其中丹老更是长期处于阿瑜陀耶占领下。缅甸西北的曼尼普尔、卡随等地力量渐强，也来袭扰东吁的村庄。虽然1678年和1690年两次派使臣出使阿瓦，但在1692年又再次袭击东吁村庄。明耶觉廷王时期，经济又现困难，再次出现饥荒。

1698年，明耶觉廷王去世，其子色内王继位。色内王（1698—1714年在位）在位期间，经济已经呈现疲态，1705年再次出现粮食短缺，但还不至于威胁王权。色内王在位时，与欧洲人的交往日益增多，让法国在丁因开设了商行，与英国商人的关系也不错。这时缅甸国王已经拥有自己的专门与外国进行贸易的海船。与邻国既有战事发生，也有友好交往的记录。1699年与阿瑜陀耶、1704年与清迈附近的难府发生小规模的战事，1702年与曼尼普尔有使节往来，1706年和1711年与印度有使节往来。1707年在平定景栋的叛乱时，因景栋侯逃入中国云南，负责平叛的大将巴塔那哥到云南要人。云南上奏朝廷，朝廷命令"朕奴逃至他们那里，如去索，他们将交出。他们的人跑进我国，他们来索，也应给他。以前就有惯例。他们的人不可接受。将来者抓住还他"。[①] 云南方面不仅交了人，还赠送了礼物。

德宁格内王（1714—1733年在位）继位后，首先面临叔父蒲甘侯的谋反。因为其父色内王登基时，幼子尚小，在众臣的建议下遂立自己的弟弟为王储。但随着儿子的长大，他逐渐有让自己儿子继位的想法，对弟弟不再以王储的身份对待。在儿子19岁那年，把王储弟弟外放到蒲甘做侯王，让自己的儿子做了王储。因此德宁格内王继位后，蒲甘侯试图夺取王位。自勃印囊以来一直向东吁王朝纳贡称臣的曼尼普尔实力逐渐增强，1724年，曼尼普尔的卡随人以进献公主为名派军队到钦敦江上游袭扰，一步步从边境向内地推进，德宁格内王派出军队迎战失利。自此，国力日衰的东吁王朝不时遭受曼尼普尔侵扰。[②] 东部的清迈也不安宁，1727年，因赋税繁重驻守清迈的官员遭到当地居民反抗。

---

① 《琉璃宫史》下卷，第1068页。
② 究其原因有学者认为：他们信奉印度教认为饮用伊洛瓦底江水并用它洗澡可以去除一切灾祸；还有一种观点认为是对东吁王朝历来在曼尼普尔征收的贡赋过重的一种报复，看来后者更有说服力。

德宁格内王去世时东吁王朝已处于风雨飘摇之中，其子摩诃达马亚扎迪勃底（1733—1752年在位）继位，但该王昏庸无能，贤奸不辨，独断专行。首先在立王储问题上就不听群臣之谏，立年仅16岁的幼子为王储。除曼尼普尔、清迈等地问题外，各个地方势力都在集聚伺机而动，主要有：汉达瓦底的孟族、马达亚奥波地区的宫里雁、木梳波（即今瑞波）地区的吴昂泽亚等。大臣底里泽亚瑙亚塔（即吴布）提出了积极的防御措施，却被太傅勃印囊南达梅觉廷诬为谋反之举，最终吴布和金库监南达都利亚、平民事务大臣内谬西都等五位重臣被杀，这几位大臣可以说是国之重器，无辜被诛杀，导致民众对王廷不信任感加剧；同时国内经济一直滑坡，稻米减产，王廷对稻米生产者却要征收四分之一的税款，导致大批农民弃耕，饥荒蔓延。原本日薄西山的东吁王朝面临更深的危机，各方面的矛盾积聚，总体爆发了，连宫中也闹起饥荒。摩诃达马亚扎迪勃底不得不向邻国寻求援助。1744年派使节赴阿瑜陀耶，受到友好接待，1746年，阿瑜陀耶也派使臣回访，但是没有提到提供援助。1748和1749年，两次派出使团前往云南边境叩关请贡，希望得到中国的支持，未获准许。1750年，茂隆银矿的矿长吴尚贤假冒清朝皇家使团，带领1,000多人到访阿瓦，主动提出帮阿瓦平定宫里雁的叛乱。缅方以对方是客为由，没有接受，但派出使团随吴尚贤到达边境。在吴的斡旋下，使团得以进京面见清朝乾隆帝。但在使团返回途中，1752年4月孟族军队已经攻陷了都城阿瓦，东吁王朝已寿终正寝。在这场群雄与东吁王朝的争斗中，英国和法国也插手进来，开始了西方列强觊觎缅甸的历程。

（二）东吁王朝末年各方势力的争夺

东吁王朝末年，随着中央权力的衰落，王廷对各地方的节制能力大为减弱，各地方势力拥兵自重。王朝多年来的藩属如曼尼普尔等也一改过去的纳贡称臣为叩关骚扰，而王廷无力还击，节节退让。王国境内众多的势力割据一方，南方属汉达瓦底（勃固）的孟族力量和北部奥波地区的桂家①一南一北开始举兵分庭抗礼，还有伺机而动的木梳波地区的吴昂泽亚等。从靠近王国中央地区的蒲甘、卑谬到下缅甸孟族地区的勃生、莫塔马、丹老、土瓦，从掸邦高原东部的景永、景栋到北部的底博、

---

① 据吴楷著《腾越州志·缅考》记载："桂家者，江宁人，故永明入缅所遗种也。"哈威《缅甸史》认为，桂家是永历帝的随行人员与上缅甸的掸人融合形成的，称为"Gwe Shans"；敏家是与下缅甸的克伦人融合形成的，称为"Gwe Karens"。永历帝称帝前被封为"桂王"，而永历帝的儿子珉王子是走陆路入缅，因此其认为桂家和敏家是永历帝后裔是有道理的。

八莫以及清迈等地势力都在等待观望。

1735年，曼尼普尔的卡随人打到了瑞波县的美都城，带走了1,000多缅甸人和当年安置在这里的葡萄牙战俘。王朝先是派出1,000人的军队前去迎战遭到失败，1738年又从南部的汉达瓦底、莫塔马等地调集部队，最终还是溃不成军。1739年，曼尼普尔军队曾打到了伊洛瓦底江边的实皆城，直逼都城阿瓦，王朝被迫在阿瓦的西北迎敌方向设置木栅防御。1740年、1749年曼尼普尔又先后几次进犯，劫掠不少人口和财物返回。

从1739年开始，来自汉达瓦底的反叛就不断，但是因为首脑人物更替频繁，势力发展缓慢，一直未能形成规模。原来反抗色内王的蒲甘侯与其妃杜巴芭所生之子达拉，由桂克伦人（即桂家）收养，长大成人，后流落在勃固北边的芒果树村居住，众人拥立他为王，尊称"桂王"，招募了附近的桂掸人割据一方。汉达瓦底城的谋士们听到这个消息，把他请来，拥他为王，称为"虎象之主"。为了团结周围的孟族人，他还接受了孟族封号"德门陶"。自此，汉达瓦底的力量开始壮大起来，连清迈侯都主动送上女儿，前来通好。1742年开始，汉达瓦底的军队开始逐步向北推进，向东吁王朝王都的核心地区阿瓦进发。尽管阿瓦方面在沿途进行了阻击，但是汉达瓦底的军队却占据了上风，一直打到钦敦江上游后，再来包围阿瓦。但是此时汉达瓦底王虎象之主德门陶不思进取，却迷恋于狩猎，听不进手下的多次劝阻，不返回汉达瓦底城中，最后竟躲到清迈去住。汉达瓦底处于群龙无首的局面，大家又推举还俗僧人奈哥为王，后在外征战的大将彬尼亚达拉返回，群臣又废黜了奈哥，拥立彬尼亚达拉为王。1751年雨季结束后，汉达瓦底派出由彬尼亚达拉王和他的王储弟弟率领的水陆大军向阿瓦进发，摩诃达马亚扎迪勃底将防御重任交给了东吁侯。汉达瓦底军队首先占领了富饶的皎栖地区，随后开始包围阿瓦。围城很快使得城中的粮食耗尽，人们只得依靠树叶树皮等果腹。1752年4月，孟族军队在王储的率领下攻陷了都城阿瓦，但是王储担心南部的德林达依、丹老、土瓦、耶城等被阿瑜陀耶人袭扰，只留下德拉班率领的一小支军队驻守，大批人马返回了汉达瓦底，将阿瓦国王摩诃达马亚扎迪勃底及王后、王子公主、大臣们以及宫中的珍宝一并带走，国王及其子女在1754年被杀，历时200多年的东吁王朝落下帷幕。

在1739年之后汉达瓦底与东吁王朝征战时期，在丁因落脚不久的英国和法国也怀着渔翁得利的鬼胎，卷入了这场冲突。法国人支持汉达瓦底，而英国人支持阿瓦。1741年，东吁王朝阿瓦军队攻入丁因，其他各国商馆教堂、仓库等均被烧毁，只有英国商馆得以保全。1743年，汉达瓦底军队重新占领丁因，赶走了英国人。最终攻陷阿瓦的孟族军队面临着前所未有的机遇——问鼎中部传统缅人统治地区。但此时在阿瓦周围还有几支缅人武装，一支是阿瓦陷落时带领手下逃到自己封地钦乌地区的原阿瓦旧将吴漆纽父子，另一支是1747年起，阿瓦附近奥波山脚的桂掸人宫里雁领导缅、孟、桂掸人反抗阿瓦王朝过于繁重的赋税和兵役，这支队伍里有很多是为阿瓦国王服务的王役组织成员，有很强的战斗力，他们一直在阿瓦周围地区活动。还有一支是蛰伏于木梳波地区的吴昂泽亚，因早在1736年就有"吴昂泽亚是未来国王"的传言，他曾因此受到阿瓦宫廷的调查。

第二节　东吁王朝时期的社会

一、行政制度

东吁时期的政治依然是中央集权制，权力集中在位于都城的国王手中，他是"土地和水的主人"。国王之下是王公贵族，一般由王子、王弟和国王中意的王储组成。再往下是食邑主、大臣、大臣助理、录事、传令官、内务官等官员。此外还有粮仓官、拉迈官（负责管理国王的奴隶"拉迈"）、宗教官、金库官等，负责灌溉事务的"赛蕴（水渠官）"极为重要。

地方则由国王的代表或者地方世袭的官员进行统治，地方官员有：镇守（音译为"谬温"）、监军、传令官、土地丈量官、里长、录事、典狱官、粮仓官。村镇一级则由镇头人和村头人负责，在某些村镇，除了村镇头人外还有世袭领主（音译为"卑梭"），有的村镇没有村镇头人，而由土地官代为管理。村镇一级的头人一般世袭，并得到民众的拥戴和国王的认可。在良渊王之后已经有专门负责处理民众纠纷的法官和诉讼代理。

军事方面则由：王（音译为"敏"，辖10万人）、将军（音译为"悉都基"，辖10,000人）、统领（音译为"波目"，辖1,000人）、监军（音译为"悉盖"，辖100人）、头目（音译为"冈"，辖10人）[1] 等各级军官负责。遇有军事行动，由"鲁道"下令，由各专业兵种的象官、马官、

---

① 《缅甸国王的统治》第二卷，第107页。

马队书记官、船队官等分别组织起盾牌兵、象兵、马兵、水军等各支部队。军事上缅甸人擅长使用象兵，掸邦人擅长使用马兵，而孟族人擅长使用水军，这恰好和各地的地理特征密切相关。这一时期，火器已经在缅甸军队中使用，关于火器虽然早在蒲甘王朝时期阿奴律陀王打下直通后就从这里带来了很多制造火枪火炮的工匠，但是在他之后的苏卢王、江喜陀王和阿朗悉都王时期没有使用火器的证据。到了蒲甘末期，元朝军队进攻蒲甘，缅甸拥有强大的象兵，元军使用的火铳声大如雷，将大象吓得慌了阵脚，导致缅军失败，[①] 此后才出现缅甸军队中使用火器的记载。1287年，孟族的瓦里鲁和蒲甘的那腊底哈勃德王征战时，瓦里鲁的军队中有洋枪手参与作战的记载。1386年，亚扎底律和阿瓦王征战时，亚扎底律的军队中有300洋枪手。[②] 可见当时在下缅甸孟族的军队中已经有洋枪洋炮的使用，而且使用的人都是西方人，应该属于雇佣兵。下缅甸临海，有接触西方先进思想和武器的便利条件。

勃印囊统治时期，掸邦、清迈、阿瑜陀耶都在其疆域之内，为了便于统治，他下令统一了度量衡。据说缅历就是在这一时期传到阿瑜陀耶使用的，在泰国被称为小历，一直使用到1888年。为了便于行军打仗和往来交通，他修路建桥，并且整修了阿瓦—东吁的行车路。[③]

南达勃因还延请高僧信博达乔达重新修订《摩奴法典》，同时在《摩奴法典》的基础上也编纂了缅甸自己的法典，并推广到阿瑜陀耶使用。此外还有记录勃印囊亲自主持的判卷《汉达瓦底白象王判卷》和《大法官信觉都判卷》。在宫中设置钟和鼓，民众有对判决不满的可以击鼓喊冤。[④]

二、经济状况

东吁时期经济生产依然以农业生产为主，除了水田，还开垦旱田、河滩地等。果树、菜园也是重要组成部分，树漆和蜂蜡的生产也有所扩大。但是由于多年征战，对农业破坏严重，经常出现粮食短缺。1569年勃印囊征服阿瑜陀耶后，国内发生饥荒，1箩大米卖到1.15缅斤铜；1596年，南达勃因的多年征战也造成国内饥荒，1箩大米价值1缅斤铜；1649—1661年，彬德莱王统治无方，手下大臣甚至都吃不饱饭，1箩大

---

① 《缅甸国王的统治》第二卷，第233页。
② 《基础缅甸政治史》第一卷，第515页。
③ 同上书，第371页。
④ 同上书，第374页。

米又上涨到了80缅钱银子。[①] 为了多生产粮食，鼓励平民开垦荒地，1645年的一份诏令规定官员应多出去体察民情，应鼓励村民多开垦荒地，并给予必要的资金帮助。[②] 此外还将少数民族地区居民从山区转移到平原地区定居，让他们从事耕种。

石油和硝石的开采、柚木和其他硬木的采伐是重要的生产部门。因外国商人口耳相传而名气渐大的金银、红宝石、翡翠等矿的开采和宝石加工也越来越普遍。手工业方面除了建筑、瓦工、打铁、金银首饰制作、雕刻等，战船和商船的制造也盛行。由于莫塔马、丁因、勃生等地为外国商船停靠而修建了码头，出现了为商船和码头服务的劳工阶层。在这些港口城市有专门为国王进行贸易的代理，也有自由商人。货物运输在伊洛瓦底江上主要依靠船只，陆路主要依靠牛车、马车和大象。

总体来说，东吁时期由于自给自足经济的特征，国内贸易并不发达。村庄之间主要是易货贸易，船只和车辆用来运输，但水上运输使用更多。上缅甸的阿瓦是一个贸易中心，上下缅甸之间有贸易往来。当时缅甸境内的商人主要有少数民族商人、国王任命的代理和自由商人，从事茶叶、布料和黄金等贸易。其他的交易物品还包括人们的日常生活、生产用品、香料、火漆、儿茶、蜡烛、象牙、犀角、金银珠宝等。贸易的发展也促使国王们统一自己统治地区内的度量衡，勃印囊就率先统一了自己统治的地区和后来征服地区的度量衡。

王室财政主要靠各地缴税。除常规的粮食税收外，还有一些地方的土特产，比如北方地区的金银珠宝等。孟拱的税收就包括金、铅、盐、铁等，也有一些地区缴纳金银、红宝石、麝香、马等作为赋税。被征服地区每年进贡的金银宝石等更是不计其数。威尼斯商人凯撒·弗里德里克记载：其国内人口、征服的地区和金银财宝可与奥斯曼土耳其帝国媲美。勃印囊在东吁的妙喜宫佛塔的升伞仪式一次就布施了535缅钱（约8.6公斤）黄金，给杰提尤佛塔一次布施75缅钱（约1.2公斤）黄金和九种珠宝。[③]

对外贸易方面，自古以来，就有印度、阿拉伯和中国的商人往来贸易，到15和16世纪，又有葡萄牙、荷兰、法国、英国等欧洲商人前来，欧洲商人有以个人名义的，也有经自己国家政府批准后以公司名义前来进行贸易的。达龙王的贸易政策是所有外国商人均享受同等待遇，按惯

① ［缅］通昂觉：《缅甸土地税史》，缅甸文学宫出版社，1995，第15页。
② 《缅甸国王的统治》第一卷，第132页。
③ 《基础缅甸政治史》第一卷，第372页。

例，达龙王对外国商人进行贸易都有一定的限制，某些商品如上等树漆、合金等都必须获得国王的许可才能出口，利润较高的黄金、象牙、锡和红宝石等必须通过国王的代理进行。缅甸的树漆质地优于其他地方所产，因此印度和波斯商人称其为"莫塔马漆"。国王派出四大代理商监督宝石的开采和贸易，也监督外国商人的贸易，代理商抽取一定的佣金，一般为2%。[①] 还规定，商船必须把船上携带的枪炮武器等卸下，降下悬挂的旗子才能入港贸易。在荷兰和英国商人没来之前，对外贸易主要由阿拉伯人和葡萄牙人控制。在海港城市，穆斯林商人成为贸易的主力，他们不仅将货物运往印度、孟加拉、波斯、阿拉伯等地，也从事与东南亚其他国家的贸易。17世纪开始，贸易主要由来自荷兰、英国、阿拉伯和土耳其的商人所从事，国内主要是孟族和缅族人，但基本上贸易都控制在外国人手中，其中荷兰人占优势。他们从缅甸出口宝石、黄金、树漆和锡。1635年，荷兰商人率先在丁因开设商行，并得到了达龙王在阿瓦王宫的接见。

但是荷兰商人在缅甸的贸易并不稳定，1639年有80,000弗罗林[②]，到1640年因为和印度商人竞争激烈，降到了30,000弗罗林，到1642年只有25,000，还欠了50,000弗罗林的债。[③] 为此荷兰东印度公司专门致信达龙王，认为是负责与其打交道的王役组织官员有责任，达龙王回信认为是荷兰人与竞争对手为敌造成的。当荷兰人竞争不过葡萄牙商人、印度商人，也无法接受他们的垄断时，1645年荷兰东印度公司指示关闭商行，但因仍有可观利润，贸易依然进行，直到1679年才最终关闭了在缅甸的商行。

英国东印度公司得知荷兰东印度公司获得利润也决定在缅甸开设商行，取得不俗成绩。1650年的利润率达到了40%，后因英荷发生战争，双方在东方的贸易竞争中英国处于劣势，到1657年逐步关闭了在缅甸的商行。

当时勃生、达拉、丁因、勃固、莫塔马、丹老等地的港口是重要的贸易商港。火漆、硝石、食用香料、红宝石、稻米和柚木是主要的出口商品，进口商品主要有丝绸、布料、火药、火枪火炮和其他日用品。贸易过程中使用碎银和碎铜等作为交换媒介，未发现铸币存在。若开地区一直对外贸采取较为自由的政策，吸引大量商人前来贸易，使用铸币。

---

① 《基础缅甸政治史》第一卷，第377页。
② 荷兰钱币单位。
③ 《基础缅甸政治史》第一卷，第445页。

勃固作为东吁王朝的都城长达几十年，吸引了很多外国商人前来贸易，在离都城12英里远的一个沿河市镇有一个大的货栈，每天有很多车辆前来装卸货物，政府对当时商人征收的税率为20%—23%。[①]

三、社会状况

自蒲甘王朝以来的各社会阶层依然存在，即国王和王族、高级官员和为国王承担各种王役的人员、平民、奴隶。这里重点介绍一下缅甸社会中两个重要而独特的阶层——王役组织（Ahmudan，王役组织成员）[②]和平民（Athi，农民）。

王役组织即承担国王役务的组织，其雏形在蒲甘王朝时期即已出现。他们通过国王分给的份地自给自足，同时为国王提供兵役和杂役，服兵役人员占绝大多数。

按照王役组织承担的职责大致分为三类[③]。第一类是叫拉迈，即王室农奴，也就是专门为国王耕种土地的人。第二类是专门服兵役的组织，这一类王役组织的地位最高，相对其他职业的王役组织来说享受的份田也较多。各兵种的重要性不同，他们的份地也不同，其中王室卫队、象兵、骑兵的地位最高，枪兵、步兵、水兵次之。由于古代缅甸国王没有能力供养常备军，而是按各地人口多寡分为千丁、八百丁、四百丁、三百丁、二百丁、百丁、八十丁、五十丁、三十丁和二十丁城（镇）。以四百丁城为例，国王如果征兵，需要出50个盾牌兵、50个弓箭手、80个刀矛兵、80个长枪兵、50个随从、90个火药兵，共400人，一般按每15户出一个士兵的比例征兵，其余的人则每家出银1目（约2克）。[④]实际上这些服兵役的王役组织就相当于国王的常备军，只不过他们是自己养活自己，平时务农，战时出征。达龙王时期，有40个骑兵王役组织、11个火

---

① 同上书，第380页。
② 缅文为ahmutan/minhmutan，意即为国王使役的人员，相当于今日的"公务员"，故译为"王役组织"成员。
③ 缅甸历史学者丹通博士也将王役组织分为三类，即：宫中王役组织、掌管地方的王役组织和军事王役组织。参见丹通：《新视角下的缅甸历史》（缅文），缅甸塞古秋秋书社，2007，第324页。
④ U Tin, *The Royal Administration of Burma Bangkok* (Ava House: 2001), p.536. 这里的数字是指出兵员的数目，如千丁城，战时要提供1000名兵士，则该地的人口约1.5万户。

枪兵王役组织、33个"兑道"王役组织、30个水军王役组织。[①] 第三类是服杂役的组织。服杂役的王役组织内部分工非常细，可以说包罗万象。达龙王时期，仅王室后宫中就有40种之多，从日常服侍到娱乐需求再到占卜应有尽有，凡是后宫需要的都有一个对应的杂役名称。[②] 王宫中提供娱乐的王役组织就有9个，分别是来自掸、清迈、德努、岱、阿瑜陀耶、中国和若开。[③] 兵役组织可获得1.25—7.5缅亩的份地，而杂役的份地在1缅亩左右。[④] 王役组织人员一般按照职业或者兵种分村居住，因此有很多按照职业命名的村庄，如：骑兵村、伞匠村、铁匠村，等等。还有一些王役组织专门为国王生产一些垄断产品，这些产品多和国王的对外贸易有关。1638年6月的一份诏令规定：不要打扰为国王生产金、树胶、琥珀、宝石和铁的五个王役组织，不得征召他们去从事别的役务，即使欠债，也不得被债主带走，严格登记这些组织的家庭成员及其后代。[⑤]

各种王役组织人员在需要的时候赴京城或国王需要的地方服役，其余的时候在居住地从事农业或手工业，大家轮流服役。一般王役人员有后备人员供轮换和选择，但在战事频繁的时候，常常整村整镇的男子都出征打仗去了。王役组织人员不仅要服兵役，还要承担很多徭役，如维修水利设施，建造宫殿、城墙，开挖运河，等等。由于役务非常繁重，导致很多王役组织人员会逃到平民中去，有的甚至甘愿沦为奴隶。勃印囊时期就注意对王役人员的登记，规定他们"一家四代必须登记在一个家庭中，并标明彼此的关系"。[⑥] 为了补充兵力，还从平民中征召王役人员，并免除他们的债务。达龙王时期曾进行一次对全国的土地和王役组

[①] 丹通：《新视角下的缅甸历史》，第325—328页。兑道，意即歃血为盟，也指古代王役组织的一个单位。一般每个兑道有55人，分为5个班，每个班11人。这些人将各自的血滴入一碗水中，大家分别饮下碗中水，各自身体里都流淌着彼此的血液，可以有难同当，因此他们是战斗力比较强的组织，在王役组织中的地位比较高。他们骁勇善战，忠于国王，享受的份地也较多。歃血为盟的现象不仅存在于王役组织中，在缅甸社会也广泛存在。当官位的世袭出现问题，即直系的亲属里没有合适的人选时，习惯上就会从他的亲属圈子外寻找一个新人，这个合适的人要通过"歃血为盟"的方式来获得大家的认可，通过这种方式他就变成了亲属成员，具有了高贵的血统，可以成为首领。一旦"歃血为盟"仪式完成，所有表示服从的人就组成了一个小集团——"盟友"，这个词在国王、贵族和土司之间使用的频率非常高。王位继承者通常通过这种方式来使手下效忠于他，不参加仪式的意味着背叛。这种习俗不仅在缅族存在，在孟族、掸族、克伦、克钦、钦和清迈一带都存在。

[②] 《缅甸国王诏令集》第一卷，第53—54页。

[③] 丹通：《新视角下的缅甸历史》，第325页。

[④] 《缅甸国王诏令集》第一卷，第89页。

[⑤] 同上书，第9—10，100页。

[⑥] 《缅甸国王诏令集》第二卷，第3页。

织的普查，以确定人数的增减，便于中央掌握可供支配的人力资源的多少，这是缅甸最早的一次人口和土地的普查。东吁王朝由于连年征战，对人口的需求非常迫切，达龙王时期，改变前朝将战俘作为奴隶的做法，把他们编入王役组织中，以充实实力，其中也包括大量来自其他国家和地区的人员，如：火枪队中有来自葡萄牙的火枪手，来自掸邦和清迈的骑兵和盾牌兵，来自阿瑜陀耶的伶人和工匠等。

由于王役组织人员的多寡直接关系着国王的兵源和日常动员能力，也代表了国王的实力，因此国王都非常重视王役组织的建设和控制。他们不但用战俘来充实，还多次下令禁止王役组织的成员离开自己所属的组织，禁止其混入非王役组织，也不得随意迁徙，即使王役组织内部也不得随意改变自己的所属，尤其禁止高等级的王役组织流向低等级的王役组织。为了便于区别，达龙王还下令给王役组织人员在额头刺字或图案。王役组织具有世袭性，很多王役组织可以追溯到14、15世纪。1639年，"重建源于1173年的克伦人采银队和源于1174年的克伦人采金队"，"重新组建源于1318年的9支骑兵队和源于1323年的11支骑兵队"；1642年，"重新组建源自1374年的19支象兵队，从清迈、孟族和掸族的人员中进行补充"。[1]

平民[2]是非王役组织的人员，指世代居住在一个城镇或村庄的永久居民，即普通农人，由村社头人对他们进行管理。平民中又分为三类：一是世代居住在村子里的平民称为"温内"[3]，二是外来男子娶了平民并定居下来，称为"阿拉"[4]，三是外来夫妻定居在村中被称为"嘎巴"。[5]村社的土地都是由这三类人来耕种的。由于平民的范围分布较广，几乎各地乡村都有，又很重要，是国家税收的主要来源，在中央有专门的大臣及其助理负责平民事务。平民们耕种土地，其赋税按两种办法征收：一种是按土地面积征收，在不同时期和不同地方出现过1缅亩缴2箩、5缅亩缴10箩和10缅亩缴15箩等情形；另一种按收获物的百分比征收，通常税率为10%。[6]此外还要上交一部分给头人及负责官员以及补偿运输过程中的损耗，其总的税负约为13%。[7]从缴税方面，平民和王役人员

---

① 《缅甸国王诏令集》第一卷，第114、118、126页。

② 缅语原文为Athi，音"阿岱"，即"在乡村永久居住的非王役组织成员"。

③ 缅文音译，Winne，原意为"在此地居住者"。

④ 缅文音译，A Lat，原意为"外来者"。

⑤ 缅文音译，Kappa，原意为"寄生者"。《缅甸国王诏令集》第一卷，第15页。

⑥ 《缅甸土地税史》，第59页。

⑦ U Tin, *The Royal Administration of Burma I* (Ava, House, 2001), p.30.

差别不是很大，但在为修建公共设施而征收的特别款项时，平民要比王役人员多缴很多。平民要缴3缅斤铜，而王役人员只需要缴纳十六分之一缅斤。这是因为王役人员是此类役务的承担者。三类平民在为公共设施缴纳的额外税费也是不同的，平民为3缅斤铜，阿拉为二分之一缅斤，嘎巴为四分之三缅斤。[①]

良渊王时期，当时的王役组织对于只有自己为国王出生入死表达不满，认为平民也应该和王役组织一样服兵役，国王准许了王役组织的请求。[②]但是平民们服兵役时大多担任较低级别的步兵或者负责后勤供应等，因此平民们的负担要远远小于王役组织，王役组织也因此常常逃跑，投靠到某个地方头人门下充当平民，这样便可以逃避其应承担的役务。由于平民关系着王国的经济实力，为了获得充足的粮食，国王也会从山地少数民族地区移民到平原地区以从事农耕，从而增加粮食生产。1642年的一份诏书规定：从北部的克钦、克伦、掸等少数民族地区移民至伊洛瓦底江西岸和钦敦江流域。1647年同样的诏令再次下发，要求从上述区域移民充实巴登、马拍、卜巴和瑟兜德雅四个人口稀少的地区，使每个地区的人口达到50~300人；村寨头人、土地丈量官和录事要协助他们定居并使他们成为平民。[③]还规定在农忙季节平民不得外出，如果外出必须有村寨头人的许可令，需要写明从哪里来，到哪里去，所为何事，需要外出多长时间等。[④]否则一旦被抓到将被送去割象草，当时这是一种苦役，是一种惩罚方式，其头人也会受罚。

奴隶阶层自蒲甘王朝就已经有了，到了东吁王朝依然存在。缅甸的奴隶按其隶属关系可分为王有奴隶、私有奴隶和寺院奴隶。王有奴隶以战俘和犯罪者为主，主要在宫廷和首都地区从事各种直接为国王服务的工作。私有奴隶是其他人所拥有的奴隶，以债务奴隶为主。国王或其他人捐赠给寺院的奴隶则为寺院奴隶。尽管法令规定奴隶尤其是债务奴隶可以赎身，但是这种机会是很渺茫的，因为奴隶的存在是对奴隶的主人有利的，他不用交税就可以享受奴隶带来的各种服务和财富，因各种原因增加的债务使奴隶们不能轻易赎身。虽然在缅甸奴隶可以拥有自己的一小份财产，但是他们本身还是被视为主人的财产的，可以被赠送，也可以被买卖。不仅在国内存在奴隶买卖，还存在跨国买卖现象。比如：

---

① 《缅甸国王诏令集》第一卷，第15—16、115页。
② ［缅］吴貌貌丁：《宫廷用语辞典》（缅文），缅甸亚别出版社，2005，第332页。
③ 《缅甸国王诏令集》第一卷，第446、465页。
④ 同上书，第133页。

1577年，掸族战俘奴隶谋反，勃印囊赦免了他们的死罪，但是把领头人和一起参与谋划的100多人用船送到印度卖为奴隶。同样在1577年，勃印囊捐建了4座大寺庙、20座小寺庙，布施给每座寺庙20名奴隶，这些奴隶都是从市场上买来的。与蒲甘王朝时期不同的是，东吁王朝的达龙王时期对奴隶有了进一步的限制，即自由人不能随便成为奴隶，这主要是出于对自由民人口的需求。东吁王朝时期，随着社会的发展，无论是农业和手工业生产、还是对内对外贸易都需要大量的自由民。限制自由民成为奴隶则既可以保持各行业对人员的需求，还可以限制寺庙扩大土地，从而保住国家的税收。如果需要奴隶承担国王的役物，他也只可以在自己主人所控制的王役组织中服务。

寺院奴隶分为三种：塔奴、经奴、寺奴。如果本身是奴隶身份，任何人都能成为塔奴，被主人布施给佛塔，或者自施给佛塔，或者通过与塔奴结婚等方式都可以。当塔奴被布施给佛塔，同时，也要把供养他们的土地和园地一并布施出来，碑文也总是详细地写出哪些奴隶可以耕种哪些地，可以获得收成的多少，等等。如果他们在被布施的同时没有和土地一起布施或是不够，塔奴则可以食用寺庙里的粮食。当塔奴和经奴或寺奴结婚，则后者成为塔奴。这些寺院奴隶享受一定的豁免权，他们不用打仗，也不用承担国王的杂役，到了近代部分塔奴也被规定要承担"什一税"，说明此时国家对税收的渴求。这些不用承担税赋的寺院奴隶主要是那些直接承担和佛塔寺院有关事务的人，就像那些在国王身边当差的一样，他们需要离开自己的家，在佛塔或国王的身边轮流值班，[1] 寺塔奴隶世代为寺塔服务。经奴主要做抄写、管理、保存佛经等的相关工作。如果世俗奴隶和寺院奴隶结婚，世俗奴隶应加入寺院奴隶，但这样会造成世俗奴隶的流失，因此国王曾下令禁止世俗奴隶与寺院奴隶结婚。

社会各阶层人员享有不同的权利，每个阶层中由于拥有生产资料的不同又可进一步细分为更多的阶层，如平民虽然整体上属于贫困阶层，但是其中也有一些人拥有土地、种植园、船只等生产资料，在碑文资料中，还显示平民会进行土地买卖、布施寺庙土地等，这些人属于其中的富裕人士。[2] 城镇中居住的人口除统治者外，还有商人和放贷者，其中国王的专门贸易代理对贸易有着较大的掌控权。城市平民以手工业者、艺人和小商贩为主，农村中居住的主要是从属农业生产的人和船夫以及饲

---

① U Tin, *The Royal Administration of Burma*, p.150.

② 《缅甸基础政治史》第一卷，第501页。

养业者。

四、宗教信仰

（一）佛教

东吁王朝时期，佛教在缅甸得到进一步发展，尤其在掸邦等少数民族地区，勃印囊在征服掸邦后，破除当地以人、象、牛等重要劳动力作为祭祀牺牲的陋习，并以小乘佛教代替神灵信仰，广建佛塔寺庙，派遣高僧主持，布施三藏经书。此外还加强与小乘佛教兴盛的锡兰的联系，娶了拘提国王的女儿为妻。阿瑙白龙王继续兴建从良渊王时期开始修建的四层佛殿和摩诃牟尼佛塔，并迎请锡兰佛牙至阿瓦供奉，他还提倡研习阿毗达磨[1]，他在位期间出现了很多佛学思想家及研究阿毗达磨的论著，影响其后达数百年之久。[2] 达龙王在位时间长，国家太平，在实皆修建亚扎马尼素拉佛塔，仿锡兰样式，并把从锡兰得来的石钵及其他佛教文物供奉在塔内。他巡视勃固时，听到孟族僧侣批评说缅族比丘中没有人能精通三藏者。于是派人至阿瓦，礼请30～40岁通达三藏的比丘30位，至勃固，同时国王也礼请孟族通达三藏的比丘，每天集会佛寺，辩论佛法，孟族僧侣从此非常尊重缅族僧侣的学养。[3] 1638年是缅历1000年，为了这个重要的年份，达龙王下令修缮1,000座佛塔，为1,000名僧侣授具足戒，斋僧并布施新的经书，修缮旧的寺庙、僧房，组织1,000人参加浴佛节。[4] 历代国王都在自己财力所及范围内广修佛塔和寺庙，但是因为有蒲甘王朝寺院经济的过度发展而导致蒲甘衰落的教训，蒲甘王朝之后的历代王朝都注意将教权至于政权之下，对佛教采取既利用又限制的政策。一方面保护并弘扬佛教，另一方面又控制寺院和僧侣的人数，控制寺院土地和寺院奴隶的增加。达龙王曾屡次下令调查寺院的财产，明确土地的归属，设立明确的界碑，调查寺院奴隶的人数并规定其后代也继续为寺院服务等措施，厘清宗教财产和世俗财产，另一方面，他又加封僧王，并任命僧王为国师，使佛教的最高权威置于世俗权威之下。

自蒲甘王朝小乘佛教确立为国教以来，缅甸佛教一个经常面临的问题是不断分裂而产生的宗派林立。宗派之间的分歧并不在佛学理论，而

---

① 阿毗达磨，梵文 Abhidharma 的音译，或译作"阿毗昙"。意译"对法""无比法""大法""论"。佛教经、律、论"三藏"中的"论藏"。

② 净海：《南传佛教史》，宗教文化出版社，2002，第157—158页。

③ 《南传佛教史》，第158页。

④ 《缅甸国王诏令集》第一卷，第354页。

在于对佛教戒律的理解和执行上。在勃印囊时代，主要分歧在于袈裟的披法，勃印囊认为这不涉及佛教的根本问题，僧人可以按照自己喜欢的方式披袈裟。到东吁王朝后期，纷争再起。当时正统寺院的僧侣出入寺院，所披袈裟都覆盖两肩并持棕榈叶遮头，被称为披覆派。1708年，缅甸东部丹伦江西岸登那镇的方丈瞿那毗楞伽罗考虑到气候问题，命令本寺的沙弥出入市镇时所披袈裟都袒露右肩，不必用棕榈叶遮头，但是可以用棕榈扇遮蔽阳光。他对弟子们只讲论藏（阿毗达磨），而对经藏、律藏及注疏并不多做研究。这些僧侣因此被称为偏袒派，也被称为登那派。两派争论不休，1732年，国王德宁格内王邀集四位大法师为裁决人，听取两派意见。偏袒派不甚了解三藏，论据较少，但与国王关系较好，而披覆派据理力争，使裁决人无法做出判决。1733年双方再次在国王的主持下论争，但主持的大法师对三藏了解不多，也无法作出判决。此后，缅甸陷入内忧外患中，着衣论争暂时停息下来。①直到贡榜王朝建立后，国王参与才逐步平息。

缅甸的僧侣一向非常重视对佛教典籍的研究，其著作在缅甸佛教史上都有着重要的地位，如：阿瑙白龙王时期的高僧毗罗僧伽那塔所著缅文《摩尼珠论》，另一位比丘所著《法王七事论》，高僧毗陀罗那婆斯所著《阿毗达磨颂》二十偈、《律庄严疏》、《誉增论》等，对缅甸佛教思想的发展很有影响。达龙王的两位国师分别精通三藏经和巴利文文法，艾嘎达马林伽亚曾把《摄阿毗达磨义论》《论母》《界论》《双论》等佛教经典译成缅文。②

东吁王朝时期的大部分佛经依然刻写在贝叶上，但是在1676年，缅甸开始用光漆刊印三藏经，即先用漆水涂在纸上，然后书写经文，再涂刷金粉，装订成有丝文的经书。③这种方法其初衷应该是用更加高级的方法刻写佛经以显示对佛教的虔诚，但客观上有利于佛经的保存、使用和传播，后来成为抄写佛经的重要手段。

自骠国和蒲甘王朝时期就已经开始的寺庙教育一直贯穿整个王朝社会始终，但在不同的时期，也有新的发展。到14世纪的彬牙和实皆王朝时期，僧侣分为两大部分，一部分专心研习佛经，另一部分在遵守戒律的同时也致力于向普通民众传授世俗的知识和技能。于是专门的学校出现了，其传授的知识和技能偏重于谋生，大致可分为三类：一类是习武

① 《南传佛教史》，第160—161页。
② 同上书，第157—158页。
③ 同上书，第159页。

防身技能，如刀枪棍棒等防身技艺、各种射箭技能、投石技能、拳击等；第二类和艺术相关，如绘画、雕刻、首饰制作等十种手工艺、唱歌跳舞和乐器演奏等；第三类属于在社会上的谋生技能，如算命、炼丹、草药、按摩，等等。此类寺庙教育起到了职业技能培训的作用，有着广泛的社会需求，在办学的过程中越来越走向专门化，无论王公贵族还是平民百姓只要感兴趣都可以来学。这一类传授世俗知识的寺庙学校也为正统的寺庙所不容，但因为有着广泛的需求而且僧侣是知识的拥有者和传播者，这类学校一直顽强存在着。

（二）伊斯兰教

东吁王朝时期，伊斯兰教传入缅甸。这种传播不是传教式的传播，而是随着穆斯林人口的迁入而自然传播的。当时缅甸的穆斯林人口主要分为三个部分。

第一部分是穆斯林军队和随从，主要位于西部的若开地区。若开地区由于地理上相对隔绝，虽然不时与中部地区的缅人和孟人发生联系，但大多数时候是一个相对独立的王朝。阿瓦的明康王1406年派明耶觉苏瓦率大军来攻若开，毁若开王都朗杰城，即位不到两年的敏绍孟王逃往孟加拉。其弟敏卡伊临时接管了王位，在国内坚持与阿瓦王朝军队周旋，历经20多年的奋战直至1429年若开人才将从阿瓦来的缅人彻底赶走得以复国，敏卡伊请王兄敏绍孟回国复位。1430年，敏绍孟王迁都妙吴，并为从孟加拉带回的穆斯林随从们在妙吴建立了缅甸境内第一座清真寺——萨迪卡清真寺。但当时伊斯兰教尚未能在若开地区传播开来。1660年若开敏亚扎基王在位时，印度莫卧儿帝国的王子沙·苏吉在同奥朗则布争夺王位的斗争中失败，逃到若开。他所率领的穆斯林军队在交出武器后被安置在都城附近。1661年2月，若开王杀死沙·苏吉，将他的穆斯林随从收编为国王卫队。奥朗则布闻讯大怒，1665年派大军进攻若开，夺取吉大港，攻占罗姆，若开从此元气大伤，逐渐走向衰落。此后若开政局混乱，穆斯林士兵在国王的废立中的作用越来越大。1756年前后，若开穆斯林在实兑和丹兑等地建立了清真寺，伊斯兰教在若开得到了较大的发展。若开地区的穆斯林属于逊尼派。①

第二部分属于前来缅甸经商的穆斯林商人，他们主要居住在沿海地区的港口城市，人口规模较小。

---

① ［德］穆萨·雅各：《缅甸的伊斯兰教》（英文版），威斯邦特，1972，第8页，转引自贺圣达：《缅甸史》，第134页。

第三部分为战俘，居住在上缅甸的美都、皎栖地区，他们是东吁王朝历次对外征战过程中获得的俘虏，被迫迁往缅甸国王直接管辖的地区居住。

在上述三部分中以若开地区的伊斯兰教影响最大，但也仅限于穆斯林人群，对原居民影响不大，这主要是因为佛教上千年以来在缅甸的广大地区早已深入人心，成为全民性宗教，并得到国王的保护和支持。再有，当时缅甸穆斯林人口还是非常有限的。

五、文学文化

东吁王朝时期文学继续发展，佛教文学和宫廷文学依然繁荣，但是出现了反映普通民众生活的世俗文学作品并得到长足的发展。活跃在文坛上的大多是俗人作家，这与蒲甘时期和战国时期真可谓大不相同。

东吁王朝时期出现了一批根据佛本生故事或佛经故事创作的小说，其中最著名的有瓦耶毗顶伽那他大法师于1618年根据第537号佛本生故事创作的小说《翠耳坠》，以及当辟拉大法师的《兴旺》。小说《兴旺》写于1619年，写的是释迦牟尼在竹林精舍向富翁贡巴过达加讲7条兴旺之道的故事，在其序言和正文中引用了多个佛本生故事。信达丹玛林加耶所著小说《宝雨》是根据《法句经》加工创作而成的。

在体裁上，散文的出现是一大创新。在散文方面，这一时期除产生著名的《亚扎底律征战史》和《缅甸大史》，还有若开学者摩诃彬尼亚觉的奏章，阿瑙白龙、达龙王的谕令等一批有关政事的书籍。在这一时期的后期散文类作品中又出现了由巴德塔亚扎平民事务大臣创作的剧作和"德耶钦"等乐歌。所用词句口语化，通俗易懂。他所写的剧作中，有普通对白，也有带韵脚的对白，还夹杂有各种诗歌。

东吁—良渊时期的诗歌文学是相当发达的，诗体也有了创新，出现了暧钦（全声调）、德耶钦（乐歌）峦钦（抒怀诗）等新形式，诗体形式繁多，也出现了一批著名的诗人和优秀作品。

从整体上说，东吁时期是雅都诗和埃钦诗流行的时代，而比釉诗则很少有人写作。

这时的雅都（赞歌）诗题材更是非常广泛，主要有"祈塔雅都""祈佛雅都""功德颂雅都""征人雅都""时令季节雅都""鹦鹉传书雅都""誓约雅都"以及反映男女爱情的"爱情雅都"等。蜚声文坛的雅都诗人有卑谬纳瓦德基、那信囊、明泽亚仰达梅、信丹柯等人。

埃钦诗在这一时期有了较大的发展，著名的埃钦诗人有劳加通当木等。

除此之外，这时期著名的作家和诗人还有：吴昂基、信宁梅、摩诃达马亚扎迪勃底等。

综上所述，东吁—良渊时期在文学方面继承传统甚多，而发展创新较少。这一时期出现的文学家以俗人为主，僧侣少见。创作出的顶级名著大约只有孟族大臣彬尼亚达拉译《亚扎底律征战史》和吴格拉的《缅甸大史》两部，虽然涌现出一批诗人和作家，但他们中间只有巴德塔亚扎这位诗人是最富有开创精神的，他能在充斥着宗教说教、描述宫廷生活作品的封建社会中赋写诗文，着意描写劳动人民生活，应该说是具有划时代意义的，是缅甸文学转向现实主义写作的重要开端，为后世作家树立了榜样。

第三节　东吁王朝的对外交往

一、西方人的到来及其影响

14—15世纪，西欧资本主义生产方式的萌芽和商品经济的发展使新兴的资产阶级对海外的原材料和市场有了很大期待。东方商品在欧洲受到追捧，东方的香料、丝绸等西方不易获得之物品使贸易商获利甚丰，更增添了东方的魅力，越来越多的人加入与东方的贸易活动中。但到了15世纪中叶，奥斯曼土耳其帝国控制了东西方之间的通商要道，对商品课以重税，迫使西欧商人另辟蹊径。传播基督教的使命感也是西欧人向海外发展的精神动力，这些因素促使众多西方探险者前来东方探索。此外《马可波罗游记》对东方尤其是中国的细致描述使欧洲人认为东方是黄金遍地的地方，游记也对缅甸有一定的描写，其中写到元朝忽必烈和缅王的交战以及缅甸都城的情况和金银二塔。虽然学者们对马可波罗是否真的到过缅甸以及对缅甸的描述是否属实提出质疑，但是《马可波罗游记》对缅甸、中国及其他东方国家的描述无疑增添了西方人对东方的向往。1435年，意大利威尼斯的商人尼克罗·迪·康提（Nicolo di Conti）来到缅甸，他是第一位到达缅甸的西方人，[1] 先后到过德林达依、若开、阿瓦和勃固，在其游记中记述了当时缅甸的风土人情。1496年，另一位来自意大利的商人希罗诺摩·迪·桑托·斯特凡诺（Hieronomo

---

① ［英］G. E. 哈威：《缅甸史》，第139页。

de Santo Stefano）也来到了勃固，把货物卖给勃固的孟族国王彬尼亚乌，获得了丰厚的利润。1498年，达伽马（Vasco da Gama）绕过非洲好望角到达印度，东方航路的开辟为探险者前往东方打开了方便之门。1501年，葡萄牙人占领了印度西海岸的果阿，把果阿变成在东南亚和南亚扩张的大本营。此后大批的葡萄牙人来到南亚和东南亚，他们之中既有商人，也有军人，其中很多人充当了东南亚国家国王的雇佣兵。1503年另一位意大利商人罗达维柯·迪·瓦西马（Ludovico di Varthema）带着货物准备去阿瓦交易，但缅甸当时正处于割据时期，南北交通断绝，他们只好在勃固出售自己的货物，此时下缅甸的勃固、莫塔马、德林达依和丁因等地因位于沿海而成为重要的商港。1519年，葡萄牙人在莫塔马设立了商站，与勃固王国的贸易突飞猛进。[①] 新航路的开辟使东南亚的国际贸易跃上新的台阶，也给东南亚社会带来深刻的影响，这其中也包括缅甸。

（一）造船业吸收了欧洲技术更加成熟

缅甸有漫长的海岸线，沿海的居民必定是离不开船只的。在广大的内陆地区，也有众多的河流，在古代交通不便的情况下，人们大都选择临水而居，以便获得水源和方便的交通。缅甸又盛产柚木，是造船的首选原料，因此自古以来，缅甸就有各种各样的船只。缅甸古代的军队，除了象兵、骑兵、步兵等陆军兵种外，还有水军，作战时，只要条件允许，经常是水陆两军齐下。"阿奴律陀王为征服他国，动员了他的40万只格杜、伦锦和400万只劳加、皎雷船"，[②] 这里提到的四种船都是战船。1572年，勃印囊在"汉达瓦底京都建造7艘长15庹3肘尺、宽4庹的船只"。[③] 从船的尺寸来看，当时已经能建造相当大的船只了。1575年，勃印囊亲率水路大军攻打孟拱和孟养，其中水路共10路，"拥有泽亚格彬、古圉、舢板、格杜、伦锦等战船200，劳加、铁船500，运粮船1,000"。[④] 缅语中关于船只名称的词汇也非常丰富，比如在1812年，缅甸的实皆王欢迎中国来使的仪式上，就展示了多达几十种船只——比基茂船（国王的御舫）、劳加船（大蜈蚣舫）、莱丁船（小蜈蚣舫）、龙神船、梵天船、人面狮身船、日月神船、勇士船、王冠船、宫殿船、铜龙首船、神魔船、鸦神首船、丹陀摩罗船（仿鳄鱼的样子）、伽古船（模仿弯月的形状）、达格旦船（阿朗悉都王根据帝释天的神谕用神木建造

① ［缅］貌丁昂:《缅甸史》，第89—90页。
② 《琉璃宫史》上卷，第227页。
③ 同上书，第771页。1庹约等于1.83米，1肘尺约等于45厘米。
④ 同上书，第788页。

的船只）、古育船（来自孟语、形状如碗）、泽拉伽彬船（形状像盒子，有很多小舱）、伦锦船（仿伦锦神鸟雌雄并肩的形状），还有直接来自古代孟族直通王国时期的甘马古船、达雅加船、达雅舫、蜈蚣艇和孟族御舫等，[1] 显示了当时船只的多样性，这些船大多是战船或者国王的礼仪用船，运输船只则以简单而实用的竹筏或木筏为多。孟族地区因为位于缅甸三条大河下游的三角洲地带，河汊纵横，又濒临着漫长的海岸线，因此孟族地区的造船业发达，缅族的很多船的造型和名称都来自孟族。此外，每年缅历六月（公历10月），雨季结束天空放晴之际，缅甸国王都会组织赛船会。西方人到来后，其载货量更大的运输船和配备了火炮的战船给东南亚人留下了深刻印象，"东南亚人知道欧洲船只的优越性，造船术也逐渐从欧洲人那里传到东南亚造船工手中"。"由于拥有合适的木料以及熟练的木工、充分接受训练的炮兵人员，并通过他们自己的铸工或向国外购买材料制造火炮，当地的造船工已能建造欧式船只。例如，勃固直到18世纪晚期一直保持着它的造船声誉。"[2] 下缅甸造船业的兴盛一直保持到19世纪50年代后，直到木质船逐步被铁质船取代才渐趋衰落。然而，这些欧式船只的建造更多的是来样加工的性质，为西方客户打造船只，在后期造船业蓬勃发展时更是如此，而本地还是更多地依靠其原有的用于战争或商贸的船只。

（二）火器及雇佣军用以增加军事实力

火药是由中国发明的，然而到16世纪，火器技术在中国尚未普及和推广使用。在缅甸，16世纪前已经知道火器，蒲甘王朝时期已经有了枪炮制作。阿奴律陀王征服南方的直通后，带回都城的大量工匠中就有"弓箭盾牌枪炮等武器制作工"。[3] 然而在关于王朝的内外征战中很少看到枪炮使用的记载，即使有也不是当时主要的武器。16世纪前来东方的西方人为了保护商船和自身的安全，大多在船上配备了火枪和火炮以及一定数量的武装人员，这些新式武器的威力很快引起了东南亚人的兴趣。"他们于16世纪向外国人购买了枪支，并怂恿或迫使造枪者留在他们的国土上仿造这些新武器。葡萄牙人在1511年夺取马六甲时，曾发现勃固和阿瑜陀耶枪支铸造厂提供的枪支，阿瑜陀耶的中国人和勃固的印度人看来是最先建立铸造厂的人。缅甸人准备制造武器，并将特殊的枪手

---

① ［缅］吴拉貌、杜丁丁敏：《华使莅缅记注疏》（缅文），仰光，甘马育，第11—18页。
② 《剑桥东南亚史》I，第310页。
③ 《琉璃宫史》上卷，第206—207页。

编入缅甸军队中。"①来自西方的火器增强了军队的战斗力和威慑力。这些武器的使用有一定的难度和危险，最初缅甸国王为了保证这些洋枪洋炮的正确使用和发挥最大威力，还配备了雇佣兵，这些雇佣兵既有来自葡萄牙的，也有来自印度的穆斯林。后来当本国士兵也掌握了这些武器的使用方法后，洋枪洋炮队的数量迅速增加。缅甸的葡萄牙雇佣军最先出现在孟族的莫塔马和若开的军队中，在德彬瑞梯登上王位之时，他的军队中还没有葡萄牙雇佣军，在和孟人的战斗中，看到了葡萄牙雇佣军及其所使用火器的威力，于是也出重金招揽葡萄牙人，在攻取孟人的汉达瓦底和莫塔马后，收编了孟人军队中的葡萄牙雇佣军。1548年，德彬瑞梯率大军进攻阿瑜陀耶时，"军队中的400来名葡萄牙雇佣兵是忠于他的，但是在暹罗都城的1,000名葡萄牙士兵同样忠于暹罗国王"②。到勃印囊时期，军队中的雇佣军和火枪队的人数已经相当可观了。他们经常充当攻城部队和国王的卫队，"1564年，阿瑜陀耶因没有对付缅甸军队的大口径大炮的防御力量，便很快向缅军投降"③。1574年10月，勃印囊御驾亲征万象时，其中军有"4,000名包头上戴金花、手执火枪的葡萄牙兵分4路，护卫在部队的左右前后。亦有400名头戴鸭舌帽、穿黑裤子的葡萄牙人携带400门大炮，分4路布阵于部队的左右前后"，④而这次出兵总人数达35万人。数量庞大的雇佣军和火枪火炮队也是勃印囊四处征战的利器，使东吁王朝的疆域在他统治时期达到空前辽阔，此后缅甸军队中一直保留有火枪队。尽管如此，"新的火器技术并未改变东南亚战争的战术。反之，新武器在许多情况下只会在已确定的战术中增强传统武器的作用"。⑤

（三）城市有了较大发展

自从蒲甘王朝衰落后，200多年的时间，缅甸都处于四分五裂的状态，不同的民族、不同的政治势力之间彼此征战，对社会生产造成较大破坏，使整个社会的发展趋缓。但在下缅甸沿海的孟族地区，依托对外贸易的力量，一些城市逐步发展起来。"在整个15世纪中，孟族港口城市勃固盛极一时，那里商贾如云、佛寺林立。"⑥根据平托的记载，亚洲有

① 《剑桥东南亚史》I，第311—312页。
② ［缅］貌丁昂：《缅甸史》，第98页。
③ 《剑桥东南亚史》I，第317页。
④ 《琉璃宫史》下卷，第782页。
⑤ 《剑桥东南亚史》I，第316页。
⑥ ［澳］安东尼·瑞德：《东南亚的贸易时代：1450—1680》第二卷，孙来臣、李塔娜、吴小安译，商务印书馆，2010，第70页。

18个大都市，其中8个位于东南亚，这其中缅甸占了3个，分别是勃固、阿瓦和莫塔马，而勃固的人口在10万以上。[①] 其他引起西方人注意的缅甸城市还有：丁因、卑谬、妙吴、东吁、土瓦等。可以看出这些城市绝大多数都位于沿海或者位于大江大河沿岸，有便利的水上交通，在古代，陆路交通要远比水上交通艰难，因此临水是城市发展的一个首要条件。其次，缅甸是重要的稻作区，其生产的稻米可以向南部土地比较缺乏的海岛地区出口，葡萄牙征服之前的马六甲，每年有45艘来自缅甸的商船运送稻米，[②] 这是东南亚地区内部贸易的一个重要商品。缅甸在地理上位于主要商贸航线之外，且其首都大多数时候都位于内陆地区，仅下缅甸的孟族地区有一些港口有对外贸易。自从明基纽建东吁城，缅人在靠近下缅甸地区建都达百年之久，最终在1635年又迁回深居内陆的阿瓦。缅甸有漫长的海岸线，但缅族统治的缅甸历来是一个陆地王国，虽然沿海地区有更加便利的海上交通和对外贸易，但缅人除了在东吁王朝短暂地定都下缅甸，一直以缅甸中部地区为其王畿之地。大概因为缅人的聚居区一直都是缅甸中部的平原地区，下缅甸历来为孟族人居住之地，而西部是若开王朝，这两个地区历史上一直和缅族的中央王朝处于分分合合的局面，直到贡榜王朝才正式并入中央政权之下，开始了缅族化进程。

二、与西方的交往

（一）与葡萄牙人的交往

西方人不断来到缅甸，其中最多的是葡萄牙人和摩洛哥人。葡萄牙人起初是冒险家，后来因为他们手中拥有火器，被当时东南亚各地的统治者雇用为军人，当时若开、掸族、孟族等军队中都有葡萄牙雇佣军的身影。后来葡萄牙商人也逐渐跟随冒险者的脚步来到缅甸，葡萄牙也是最先和下缅甸的政权签署协议进行贸易的国家。1519年，在明基纽统治时期，葡萄牙商人在莫塔马建立了一个商站，此商站一直开办至1613年。[③] 到勃印囊时期包括葡萄牙人在内的欧洲人越来越多。1569年意大利威尼斯商人凯撒·弗里德里奇（Caesar Fredericke）、1587—1588年英国人拉尔夫费奇（Ralph Fitch）都到过缅甸。他们主要在德林达依、莫塔马、勃生等沿海地区活动。

1559年，葡萄牙人萨尔瓦多·里贝里·索萨（Salvador Ribeire de

---

① 《东南亚的贸易时代：1450—1680》，第二卷，第78页。
② 同上书，第85页。
③ 《基础缅甸政治史》第一卷，第379页。

Sousa）带领雇佣兵到若开的妙吴王朝的军队中服役，其中有一个叫勃利多（Filippe de Brito Nicote，缅甸史书称其为"鄂辛加"）的雇佣兵。1599—1600年，勃利多参加了若开王和东吁侯联合反叛南达勃因王的战争，反叛方取胜，为了奖励勃利多及其率领的雇佣军，若开王征得东吁侯同意命令勃利多带领军队在丁因驻守并每年分别向若开王和东吁侯进贡。勃利多在丁因修筑工事，随着其实力逐步增强，开始为扩大葡萄牙人在缅甸的地盘而努力。他首先建议若开王在丁因修建税务所。税务所修好后，若开王并没有交给勃利多管理，而是交给孟族人彬尼亚达拉管理，勃利多带50名士兵赶走了彬尼亚达拉。接着他去见葡萄牙驻果阿总督，希望果阿总督承认其在丁因的地位。果阿总督对他非常满意，同意了他的请求，将自己的侄女许配给勃利多，封其为"丁因统治者""勃固国勇士"，并赠予其6艘战船。若开王和东吁侯也警惕勃利多的作为，在勃利多赴印度期间试图收回丁因但没有成功。勃利多转而通过儿女联姻和莫塔马侯结为同盟，若开王派出王储前去征讨反被捉，1603年，若开王和东吁侯包围了丁因，在承诺不再攻取丁因后才将王储要回。勃利多更加有恃无恐，不仅以丁因作为根据地，对来往下缅甸勃生、达拉等港口的船只征税，还在果阿总督的授意下发布关于丁因港口税务的法令。在丁因修建了一座天主教堂，并打压当地的佛教，毁坏佛堂，劫掠佛塔中珍藏的宝物进行贩卖，把铜钟、铜铃等融化后铸造武器。此外还试图攻打卑谬并进一步进攻阿瓦，其殖民扩张的野心逐步显露。

从1603年开始，勃利多不再给若开王和东吁王进贡，引起二者不满，遂联合讨伐勃利多，遭到失败，勃利多开始在丁因称王。1610年，东吁侯那信囊受到阿瓦的进攻主动写信给勃利多，请求结盟，共同对抗阿瓦。勃利多与那信囊结盟有着自己的野心，东吁和丁因连为一体，就基本上控制了下缅甸，可联手北进卑谬，进而夺取阿瓦。1612年，勃利多联合了莫塔马侯向东吁进发，阿瓦军队失利，明耶觉苏瓦和防卫大臣牺牲。勃利多的军队在东吁驻扎了10天，烧了金殿、寺庙和民居，抢了大量的金银财物和人员、武器等返回丁因，那信囊也跟着到了丁因。此时，勃利多作为一个外国人已经深度介入到缅甸国内的争斗，并有占地为王、扩张地盘的殖民野心。1613年，阿瑙白龙王的军队包围了丁因，经过三个月的围城，最后通过地道攻入城里，活捉了勃利多，处以极刑。勃利多手下的雇佣兵及其家属四五百人被带往首都附近编入王役组织，他们居住的地方被称为天主教村。

果阿总督闻讯派来五艘战船增援，在锡当河口被20艘缅甸战船包围，除一艘逃跑外，其余均被俘虏，至此基本肃清了葡萄牙人在下缅甸的势力，勃利多在下缅甸的经营是西方殖民者试图染指缅甸的开始。

勃利多死后，阿瑙白龙王担心葡萄牙人支持若开和阿瑜陀耶给缅甸找麻烦，于是为取得果阿总督的谅解派使者前往果阿。果阿也派出使者回访，但阿瑙白龙王未见来使，因为他听穆斯林商人说葡萄牙人在海岛地区与荷兰人的竞争中已经处于下风，葡萄牙人将不再是威胁。

（二）与英国人的交往

早在1587年，英国人拉尔夫费奇就到过缅甸南部，他惊叹勃固比伦敦还要宏伟。他曾担任英国东印度公司的顾问，但是当时英国东印度公司最感兴趣的是爪哇和马鲁古群岛的香料，并不重视缅甸。1619年，阿瑙白龙王在汉达瓦底接见了来自孟加拉、安息和英国东印度公司的使节，英国东印度公司的代表亨利·福斯特（Henry Forrest）和约翰·斯蒂夫雷（John Staveley）只是为了索要已故的英国人托马斯·萨默尔（Thomas Samuel）的遗留财物。阿瑙白龙王得知他们并非为贸易而来，当作人质囚禁了他们三年，但放回时还带了给英国东印度公司代表的礼物、信件，并归还了萨默尔的财物。可见，阿瑙白龙王非常希望扩大对外贸易尤其是和英国人的贸易。这时丁因港轮船可以自由进出，损坏的船只也可以自由进港维修。1627年后，英国东印度公司和荷兰东印度公司的代表助理都在缅甸开设了商站，但英国东印度公司至1647年并没有开展实质上的贸易。1647年又在丁因建立商站，此后又在阿瓦设立货栈。但是当时荷兰的实力远远大于英国，英国在缅甸处于不利地位。1657年，英国商人撤走了设在丁因的东印度公司，直到1680年英国才将目光重新转到缅甸，原因主要有两个：一个是老竞争对手荷兰人的撤出，二是缅甸有英国商人非常需要的火漆和硝石。

1680年，英国东印度公司在印度的马德拉斯举行会议，决定在丁因和其他地方开设商行，与缅甸国王协商双边贸易问题。此后，派出了对缅甸情况非常熟悉的葡萄牙人乔欧·佩里拉（Joao Perera），带着有18项条款的贸易条约赴缅甸进行接洽。这18个条款的内容如下：

（1）允许英国商人和船只在缅甸国内自由来往居住，并受到良好接待；允许其按自己意愿进出并不受阻拦地进行贸易；

（2）缅甸国王与英国商人之间的贸易进出口均免税；如果英国商人和其他国家商人之间进行贸易，对进口货物征收5%的税，出口货物免税；对金、银、宝石、木材、稻米和其他食品无论进口和出口均免税；

（3）在缅甸境内卖不掉的货物不得征税，6个月后，英国人可以自由地将货物带出境或者按市价征收5%的税后以当地货币支付，为了加速通关，对货物只抽查十分之一；

（4）无论是英国商人的货物还是其他国家商人的货物，只要用英国的船只运输，只能征收应收税款的一半；

（5）允许英国在丁因、勃固和阿瓦开设商行，商行用地应无偿给予，允许用砖或石头建造住房、仓库等，在撤出时有权选择最有利于乙方的方式；如有需要在莫塔马开设同样的商行，应允许使用船只运输；无论何时不得携带枪支强行进入英国人的住房和商行；

（6）允许英国人在面对任何地方自由购买硝石和黑火药，不得进行数量限制，火漆和其他商品也享受同样的待遇；

（7）允许英国船只不必按传统等待阿瓦的命令，而是可以随时从港口起锚出发；

（8）如果英国的船只在缅甸国王的领土内抛锚，缅方不得妨碍或没收船只、船上人员和货物；

（9）如果英国人死亡，其拥有的物品应交给其他的英国人；

（10）如果英国人犯罪，只能由英国人来进行调查；如果英国人和缅甸国民或非英方服务人员发生纠纷，判决应有利于英国人；允许英国人被直接交给缅甸国王并免交诉讼费；

（11）英国商人手下的服务人员如果跑到缅甸官员处，缅方人员不得收留，而应交还英方；英国人之间或者英国人和手下服务人员发生纠纷，未经英方同意，缅甸官员不得干预；

（12）宗教信仰自由；

（13）对欠英方债务或未遵守对英方的承诺的缅甸人，缅方官员应予以追究，英方有权将其抓到自己家中；如果既欠英方债务，又欠其他方债务，应优先偿还英方债务；

（14）如果缅方官员进入英国商人家中或商行抢夺，缅甸国王应赔偿英方损失，直至对方满意为止；

（15）对进出的英国商船不得索要好处，在丁因和阿瓦之间航行中跟随货船的缅甸国王的押船人员费用应予优惠；

（16）和缅甸人所生子女不受现行法律约束，英方人员可根据自己意愿安排；

（17）如果缅甸国王在与其他国家签订更为优惠的合同时，英方也应享有这些优惠；

（18）缅甸国王应确保手下官员知悉该条约所列条款。[①]

这些条款无疑是非常不平等的，缅王不可能接受。此时，英国方面虽然非常想要缅甸的硝石和火漆，但是对与缅甸贸易并无太大把握，因此一直持观望态度，这次与缅甸方面的接洽也无功而返。直到1684年才再次派出使团赴阿瓦接洽，依然提出上述18项条款，并附加要求在八莫开设商行。这次使节甚至都没有去阿瓦，仅到了丁因就返回了。1686年，再派使团赴阿瓦，缅甸国王给出的答复是：将帮助来缅甸进行贸易的英国商人；允许在缅甸开设商行。但因为使节并非东印度公司成员，因此缅甸国王拒绝与其签订贸易合同。

1686年，英国东印度公司试图在勃生附近的恒枝岛（即尼格拉斯岛）上设立一个军事和贸易基地。恒枝岛有着重要的战略位置，它是一个天然良港；土地肥沃，可获得充足的粮食供应；扼守前往孟加拉、勃固、若开等地的航线，既是战略要地也可作贸易中转。英国和法国在阿瑜陀耶的竞争中法国逐渐占了上风，引起英国的极大不安，迫切希望在缅甸寻找一个战略要地，恒枝岛此时在若开王瓦亚达摩亚扎管辖之下。1686年，阿瑜陀耶任命的丹老太守英国人萨默尔·怀特（Samuel White）得知英国东印度公司要夺取恒枝岛的消息，于是派出军队替阿瑜陀耶占领了恒枝岛。1687年，丹老的英国东印度公司人员遭到了阿瑜陀耶的进攻，死亡50多人，一小部分乘船逃出，他们经过恒枝岛时，破坏了阿瑜陀耶设在岛上的临时住所和标志，代之以英国的旗帜，这是英国人第一次占领恒枝岛。恒枝岛事件后，缅王试图与英国人接触，1688年3月，驻马德拉斯的英国东印度公司代表接到了缅甸枢密院大臣和丁因侯的信，称缅王特意许可英国在丁因设立商站。此时公司在和印度莫卧儿王朝的战争中失利，伦敦总部也指示不要在缅甸开设商站。1695年，英国东印度公司派遣爱德华·费特伍德（Edward Feetwood）和詹姆斯·莱斯利（James Lesly）带着大批礼品前往缅甸京城游说，要求允许英国商人在缅甸自由贸易，允许缅甸出口硝石和柚木，降低关税，允许英国公司在丁因建造船坞。此时缅王对英国人有戒心，仅同意减免三分之一关税，并为丁因的英国商人提供住宿便利等，但禁止硝石出口，英国人最主要的目的没有达到，因此没有同缅甸建立正式的贸易关系，但是公司依然鼓励个体的经商行为。

后来，英方在丁因修建了船坞，但仅提供对船只的维修服务。缅方

[①]《基础缅甸政治史》第一卷，第453—456页。

对英国商船进行监督的官员每年一换。1720—1721年，丁因码头发生了外国船员抗议待遇太低的事件，并有人员伤亡，缅甸国王派驻丁因的官员参与了事件的调查并处理了相关责任人。此后为了港口的安宁，设置了永久驻扎港口的官员，以对进出丁因港口的货船进行监督。

1740年以后，下缅甸陷于动乱之中，英国商馆卷入了孟人与缅人的斗争，英国商人站在缅人一方。1741年缅族军队攻入丁因，洗劫了欧洲人的教堂和商馆，只有英国商馆得到照顾。不久孟人军队夺回丁因，又把英国商馆付之一炬，东吁王朝时期英国东印度公司在缅甸的活动暂告一段落。

（三）与法国人的交往

与其他几个西方国家比，法国人来到缅甸相对较晚，法国人的主要势力在中南半岛的东部，在阿瑜陀耶也有较大影响，直到1688年，阿瑜陀耶发生宫廷政变，法国的势力被赶出阿瑜陀耶，促使法国人把目光转向缅甸。同年法国在丁因开设商站，1729年获准在丁因修建船坞，法国也卷入了缅人和孟人的冲突中，不过它站在了孟人一方，又站在了英国人的对立面。在1741年缅人攻占丁因后，法国商站遭到破坏，但法国人还选择继续支持孟人并向他们提供武器。最终缅人取得胜利，支持缅人的英国公司占据了上风。

（四）与荷兰人的交往

17世纪初，英国人还达不到与荷兰人争霸的能力，荷兰人主要在印度尼西亚群岛开展贸易和殖民活动，但是对缅甸的大米和硝石非常感兴趣。1627年后，英国东印度公司和荷兰东印度公司的代表助理都在缅甸开设了商站，但英国东印度公司至1647年并没有开展实质性的贸易。荷兰与缅甸的贸易要比英国积极得多，1634年，荷兰在勃固和丁因建立商站，它一方面和缅甸贸易，一方面试图打通从缅甸到云南的陆路贸易通道，要求缅甸允许其在八莫开设一个商站，缅王拒绝了其开设商站和免税贸易的要求。1679年，荷兰关闭了其在缅甸的东印度公司，但一些商人还以个人身份继续留在缅甸经商，多从事走私贸易。

此外荷兰人还积极在若开贸易。由于帮助若开国王打败了葡萄牙海盗，因此获得在若开境内自由贸易的权利，当时若开沿海奴隶贸易盛行，荷兰商人在从事大米贸易的同时也从事奴隶贸易并大发其财。但是1665年，若开国王与印度莫卧儿王朝皇帝发生冲突，荷兰人不愿意支持若开国王，被迫撤出在若开的商站。

三、东吁王朝与邻国的关系

（一）与中国的关系

缅甸东吁王朝跨越了中国明王朝的后半期和清王朝的前半期，东吁王朝本身也经历了由分裂到统一、盛极而衰落的过程，这期间两国的关系也和两国国内的政治局势有着密切关联。勃印囊之前的东吁王朝，和明朝之间的关系已经由浓转淡，这是因为缅甸国内局势发生了变化，阿瓦同掸族的争斗中，力量受到削弱，双方对明朝的依赖减少，同时阿瓦、东吁、勃固三足鼎立的局面结束，东吁王朝强势崛起，其统治中心在南部，同时也是其向四周扩张的开始。整个东吁王朝时期的中缅关系历经三个阶段：边境冲突、永历帝入缅和关系恢复。

明朝初年，明王朝主要的威胁来自中国北方，因此其主要的防御力量也都放在北方。朱元璋派出大将沐英打击元朝在云南的残余势力，沐英因此获封"黔国公"，世镇云南。明朝为了云南边疆地区的统治，在云南以西以南地区设置了六个宣慰司，即孟养宣慰司（辖境相当于今缅甸八莫以北、伊洛瓦底江以西、那加山脉以东的地区，治所在今缅甸孟养）、木邦军民宣慰司（辖境相当于今缅甸掸邦东北部地区，治所在缅甸登尼）、缅甸军民宣慰司（即阿瓦王朝）、八百大甸军民宣慰司（辖掸邦东部和泰国清迈地区）、车里军民宣慰司（即我国云南西双版纳）、老挝军民宣慰司（老挝境内），这些宣慰司接受云南三司（即都指挥司、布政使司、按察使司）的领导。由于当时的阿瓦王朝实力较弱，希望仰仗明朝的势力与下缅甸的勃固王朝抗衡，因此接受了明王朝的册封。对这些宣慰司，明朝都没有派人直接统治。每逢新王登基，明朝都派人到各宣慰司通报。各宣慰司发生纠纷，明朝接到奏报后都派人前往劝解。土司继位都派人上报明朝。[①] 但是这些宣慰司距离遥远、地域广阔，明政府仅仅是给予一个名号，并不能对其进行有效统治，甚至是节制，双方维持的是一种名义上的较为松散的关系，因此这些地区大多保持独立。

东吁王朝的勃印囊统一了上下缅甸后便开始向四周扩张。1560年，孟密土司思汉之子思奔与思糯发生相争事件，思糯向东吁求援。勃印囊刚刚平定了缅甸中部和下缅甸的孟族地区，认为这正是一个好机会，鉴于北部地区土司势力众多，又有中国做依靠，于是御驾亲征，杀奔孟密，扶植思汉次子思琢继土司之位。之后袭扰了孟拱、孟养、孟乃等地，众

---

① 余定邦：《中缅关系史》，光明日报出版社，2000，第52页。

土司不敌，纷纷纳贡效忠，勃印囊仍让其各归其位。此后勃印囊采取威逼利诱等手段，招降了边境地区的木邦、潞江等地土司。1568年，缅将摩诃坦带兵攻下景洪，强迫车里宣慰使刀糯猛向东吁王朝称臣纳贡，刀糯猛在替缅征暹罗途中病死。1569年，明朝委任刀应猛为车里宣慰使，刀应猛同时接受勃印囊的册封"左掸国大自主福禄至善王"。勃印囊还把金莲公主许配刀应猛，派官员护送公主到景洪，同时带来了佛教僧团和三藏经，并在当地建寺塔，小乘佛教在车里地区逐步发展起来。① 但是对于刀应猛同时接受两方册封云南地方官员未及时上报，明朝没有引起足够重视。

1572年，陇川宣抚使司书记岳凤与投缅的木邦土司罕拔勾结，次年引来20万缅军入侵干崖，三年后，木邦、蛮莫、陇川、干崖都被缅军侵占。1581年，南达勃因即位后，"不见汉使，不受汉赏"，继续勃印囊的扩张政策，再次大举入侵中国云南边境地区。1582年，分两路入侵，"攻雷弄、盏达、干崖、南甸、木邦、老姚、思甸等处，据地杀人；窥腾冲、永昌、大理、蒙化、顺宁、景栋、镇沅、元江等郡，又寇顺宁，烧毁府治，遂破盏达，掳男妇八百人"。②

缅军大举入侵震动了明廷。明政府采取争取近边土司，派兵打击投缅土司的策略，命云南地方总兵沐昌祚从昆明移驻洱海，调动数万军队分道出击；又命南京坐营中军刘綎为腾越游击、武寻参将邓子龙为永昌参军，赶赴云南前线。1583年，刘綎、邓子龙在当地民众的配合下，大败缅军于姚关以南的攀枝花。接着邓子龙率军收复湾甸、耿马等地，刘綎率军长驱直入陇川。连克孟养、孟连，擒获岳凤父子。滇缅边境的木邦、孟密等地的土司趁机归顺明朝，明朝收复了被缅军侵占的全部地区，重新控制了边境一带的土司。1584年2月，刘綎在威远营（新甸，缅名谬迪）筑坛宣誓，参加的有孟养、木邦、陇川的宣慰使和孟密安抚使。1583—1584年的自卫反击战以明王朝的胜利而告终。

但是明王朝在随后的统治中没有很好地笼络住这些土司，使得蛮莫安抚使、孟养、孟密等地土司又投靠东吁王朝。1589年，缅军再次攻打孟养，攻破孟拱，并刺探陇川，各地方土司纷纷求救。1591年，重新启用老将邓子龙才稳定住局势。1593年，缅甸号称30万大军再次入侵。云南巡抚陈用宾组织反击，一度收复蛮莫。此后，陈用宾在腾越州西北至

---

① 《中缅关系史》，第71—72页。
② 《神宗万历实录》卷一五三，第2—3页，转引自余定邦：《中缅关系史》，第78页。

西南边界筑八关，分别是神护关、万仞关、巨石关、铜壁关、铁壁关、虎踞关、汉龙关、天马关。[①] 后三关在清末中英勘界时划归缅甸，其余均在云南境内。1595年，缅军再次入侵蛮莫，被击退。

1599年后，良渊王又开始在缅北的扩张。1599年进攻孟养，1602年占据蛮莫，均被明军收复。1604年攻占孟养孟密，1606年攻占木邦。土司无力抵抗，明军救兵未到，这些地区从此落入东吁王朝手中。幸好良渊王在位时间不长，1606年去世后，他的继任者阿瑙白龙王即位，忙于南下进行统一缅甸的斗争。东吁王朝和明朝之间历时50余年的边境冲突宣告结束。

此后明朝忙于镇压境内的农民起义，东吁王朝致力于国内生产，直到永历帝时期，双方才再次接触。

1644年，李自成攻进北京，崇祯皇帝自尽，明朝灭亡，李自成很快被清军击溃，清军入主中原。但是上至官方下至民间的反清斗争并没有停止，其中南明王朝又历经三帝一王，前后18年，最终完全被清军剿灭。南明的最后一位皇帝桂王朱由榔1646年在广东肇庆称帝，在清军的步步进逼下，经广西、贵州向云南撤退，于1656年进入云南。由于清兵的追击，他们被迫向中缅边境撤退，在黔国公沐天波的建议下，1659年春，永历帝出铜壁关，派沐天波和守关的缅人接洽，因沐天波世代在滇，与缅人熟悉，缅人同意入关，但要入缅的队伍全部解除武装，"上许诺，一时卫士中官尽解弓刀盔甲，器械山积关前，皆赤手随驾去，人已知坠缅人计矣"，[②] "缅甸王遣人刷（率）客船四只来迎，其余文武官自走小河买船。上以夷船狭小，止择从官六百四十六人，由水道扈从三宫。其余九百余人……由陆路帅往缅甸"，[③] "（五月）初七日到阿瓦对江，初八日进地名赭硈，即陆路人旧扎之地。缅人营草房十大间，将竹做一小城，为上宫垣。文武官自备竹木，结茆（茅）为屋"。[④] 至此，永历帝总算在阿瓦附近安顿下来。

1662年1月，吴三桂率10万大军兵临阿瓦附近的昂彬莱，要求交出永历帝，卑明顺水推舟，交出永历帝及其亲属。永历帝被押回昆明。6月，在昆明被用弓弦勒死。南明王朝结束。其手下的白文选于1662年率17,000余人降清，李定国忧愤而亡，其部下大多流落于缅甸北部和中缅

---

① 贺圣达：《缅甸史》，第141页。
② 刘茝：《狩缅纪事》，转引自《中国古籍中有关缅甸资料汇编》上册，第382页。
③ 同上书，第382—383页。
④ 同上书，第385页，赭硈即实皆。

边境一带。

永历帝被押回云南后，缅甸忙于在南部处理和阿瑜陀耶的关系，且实力越来越弱，清朝也将主要精力用于稳定国内统治，并没有要求其进贡。双方没有官方的交往，也没有边境的冲突，相安无事近70年。直到1731年，缅甸东吁王朝官员猛古叮叭喇到景洪，祝贺刀绍文承袭车里宣慰司宣慰使，当他知道南掌已遣使到中国朝贡以后，对清朝军队守备燕鸣春说："告知国王，明年进贡"。云贵总督鄂尔泰上报清廷，清世宗雍正认为，"宜听其自然，不必有意设法诱致。"① 到1740年代，由于下缅甸的孟族反叛，使得东吁王朝的统治岌岌可危，1748年和1749年缅王两次派人到云南"叩关"，要求入贡，但清政府都没有允准。1750年，东吁王朝在云南人吴尚贤的斡旋下，再次派出使团，得到乾隆帝恩准进贡。

1751年6月，东吁王朝的使团到达北京，乾隆帝在太和殿召见使臣，并厚赐来使，7月使团离开北京回国，使臣悉利觉廷10月中在贵州安顺毛口驿病故。东吁王朝于1752年4月灭亡，双方刚刚建立的联系随即中断。

（二）与阿瑜陀耶的关系

14—18世纪，缅甸和阿瑜陀耶在中南半岛上齐头并进，成为两个实力最强的国家。阿瑜陀耶不仅兼并了素可泰，兰那（即以清迈为中心的泰北王国）也一度成为其附属国。14—17世纪，阿瑜陀耶还多次攻打吴哥王朝，三次洗劫吴哥城，使这个著名的王国一蹶不振，难以自立，最终成为阿瑜陀耶的附属国。与此同时，缅甸也处于上升期，不断向外扩张。从分裂时期缅族人偏安阿瓦一隅，到东吁王朝时期在掸邦的扩张并跨过萨尔温江继续东进把清迈置于直接管辖之下，东吁王朝疆域空前辽阔。由此，双方的冲突开始增多。

从东吁王朝统一缅甸的战争开始，双方开始有了军事冲突，其中既有东吁王朝占优势阶段，也有阿瑜陀耶占优势阶段，还有拉锯战时期和和平共处时期。东吁王朝占优势阶段主要在1546—1581年，其中德彬瑞梯出兵阿瑜陀耶一次，勃印囊出兵两次。

1530年，德彬瑞梯登上东吁王朝的王位后，凭借先辈的积累，很快开始了统一缅甸的战争。1539年双方在泰缅边境的清克朗（Cheingkran）地区的首次交火是两国间的第一次军事冲突。② 这次军事冲突起因于当时东

---

① 《中缅关系史》，第105—106页。

② Prince Damarong, "Our Wars with the Burmese," translated by U Aung Thein, *Journal Burma Research Society*, 1958, p.131.

吁王朝的德彬瑞梯王的扩张企图，当时他兼并了下缅甸孟族的汉达瓦底城，并将都城从东吁迁到了汉达瓦底，之后又征服了孟族的重要城市莫塔马。从莫塔马一路向东约100公里就可以抵达泰缅边境，清克朗是泰缅边境附近的一个城镇，这里的主要居民是孟人。从莫塔马到泰缅边境自古以来就是一条重要的贸易通道，从骠国时期开始，这里就是通过陆路与东部的堕罗钵底和真腊、占婆等地进行贸易的通道，战时更被用作军事通道，因此德彬瑞梯王在征服了莫塔马之后继续攻打清克朗以便将其置于自己的版图之内。阿瑜陀耶国王派兵驱逐，凭借着军队内葡萄牙雇佣军的先进火器和英勇作战，打败了缅甸军队。1546年，他基本统一了上下缅甸，在他向西攻打若开的时候，阿瑜陀耶王朝的军队乘虚而入，袭击下缅甸。势头正劲的德彬瑞梯闻讯后，随即掉头向东，直逼阿瑜陀耶城下。但此时阿瑜陀耶城凭借其得天独厚的地理优势和葡萄牙雇佣兵以及他们的火器，坚守不出，缅军久攻不下，只得班师回国，此次远征阿瑜陀耶的战争无果而终。

征服掸邦为勃印囊进一步向中国云南边境和阿瑜陀耶国扩张铺平了道路，其对外扩张的第一步是对清迈的占领。1557年，勃印囊派大军征讨清迈，沿途先征服了掸邦南部通往清迈道路上的孟拱、孟养和孟乃，于1558年征服清迈城。令清迈王宣誓效忠，称臣纳贡。清迈在东吁和阿瑜陀耶之间具有重要的战略地位，也因此成为双方争夺的要地。勃印囊看到了这一点，在攻下清迈之后，于1579年派自己的儿子瑙亚塔绍直接统治清迈，以期把这里作为日后进攻阿瑜陀耶的粮食及军械供应地和军队集结地，在此后的200多年间，缅甸在大部分时间里都控制着清迈。清迈不仅成为缅甸进攻阿瑜陀耶的一个通道，也是缅军补充物资和人员的一个重要基地，使其在对阿瑜陀耶的战争中有一定的优势。

1563年11月，勃印囊巩固了在清迈的统治后，便把矛头指向阿瑜陀耶，借口向阿瑜陀耶国王索要白象未果，于是派数十万大军南下。[①] 由于在德彬瑞梯出兵阿瑜陀耶时缅军已经见识到了葡萄牙雇佣军的英勇善战和西式火炮的威力，因此勃印囊的军队中也配备了400名葡萄牙雇佣

---

① 《琉璃宫史》称这次缅甸大军有54万人，兵分五路（见中卷，第743页）。但这里的兵员人数值得商榷。因为在18世纪末，缅甸共有245,822户，按每户6人计算，全国总人口约有150万人（指缅甸直接统治的地区，不包括各少数民族居住的山区，参见Burma Sittans, pp. 408-409）。男子按50%计算的话，有75万人，老人和儿童占30%，即使所有男子都参军的话也不过52万人，而在200年前的16世纪，缅甸的人口应该还不到150万人。当然缅王有从其他民族和附属国招募兵员参战的传统，但其附属国都是一些小国或掸邦土司，外来兵员的数量仅占很小一部分。笔者认为将缅甸史书的数字去掉一个"0"所得的数据更加可信。

兵并装备了西式火器。勃印囊的军队无疑起到了震慑作用，双方并没有进行大规模的激战，仅仅是围城并炮轰，就使得阿瑜陀耶宫廷里的主和派占了上风，派出王子进行议和，同意每年向缅王进贡战象30头，白银300缅斤（约480公斤）以及德林达依港的税收，并将已经退位的阿瑜陀耶王带往东吁出家为僧。选取阿瑜陀耶城中的各种工匠、艺人、兽医及其家人带到汉达瓦底，划出专门地区安置他们。[①] 然而，这次失败并没有让阿瑜陀耶彻底屈服，身在缅甸出家为僧的阿瑜陀耶王以进香为名返回阿瑜陀耶后立即脱去僧袍，杀死东吁驻阿瑜陀耶的大臣，宣布不再臣属于东吁（泰国史书称其死于赴缅途中[②]）。因此招致了勃印囊1568年11月第二次出兵阿瑜陀耶。经过近一年的围城，勃印囊也未能攻下阿瑜陀耶城，最后因阿瑜陀耶王朝内部出现奸细才得以攻陷，彻底征服了阿瑜陀耶。之后的15年阿瑜陀耶都是东吁王朝的附属国。

这一时期由于东吁王朝正处于新兴阶段，统一国内尤其是兼并上缅甸之后有了稳固的粮仓，南面获得了出海口，拥有了海上贸易，实力大增。另外由于勃印囊的个人魅力和威望，辅之以有效的统治手段，取得了不少成效，因此在这一时期的冲突中东吁王朝占了上风。

1581—1593年是阿瑜陀耶占优势阶段。这主要因为勃印囊的去世使得依靠武力建立起来的东吁王朝很快四分五裂，而且连年的征战消耗了国家的实力，新的继任者南达勃因未能认识到这一点，依然延续父辈东征西讨的战略。而此时的阿瑜陀耶国王是在东吁王朝宫廷做了七年人质的纳黎萱王（1590—1605年在位），他熟知缅甸宫廷的文化礼仪，也对其军事了如指掌。他返回阿瑜陀耶继承王位之后，一直在为摆脱附属国的地位而努力。勃印囊去世后东吁王朝内部政权纷争恰好给了他这个机会。他于1583年宣布脱离东吁王朝而独立。南达勃因自然不肯善罢甘休，于1584年12月率5万军队进攻阿瑜陀耶，企图重现父辈的荣耀，结果大败而归。此后在1586年、1587年、1590年、1592年又四次出兵阿瑜陀耶，均以失败告终。在1593年2月，东吁王朝王储死于纳黎萱王刀下，自此彻底挫败了缅军的士气，阿瑜陀耶则乘胜追击，于1593年重新占领了土瓦和德林达依，并包围勃固达四个月之久。同年，清迈也落入了阿瑜陀耶之手。

这一时期是阿瑜陀耶卧薪尝胆并起而反攻的时期，既有争取独立的

---

① 《琉璃宫史》中卷，第705页。

② Prince Damarong, "Our Wars with the Burmese," p.172.

决心，又有英明的国王领导。而东吁王朝的新任国王从小就跟随勃印囊东征西讨，亲眼目睹了勃印囊靠武力统一并进行对外扩张的全过程，因此对穷兵黩武的政策依然崇尚，沉迷于过去的胜利，而没有看到战争已经掏空了国力，也没有致力于发展经济，在与阿瑜陀耶的冲突中逐步处于劣势。

整个17世纪，双方冲突依然不断，对北部的清迈和南部的丹老、土瓦等重要地区展开争夺。1614—1631年，东吁王朝又出兵三次，集中力量攻打清迈，终于在1632年重新夺回了对清迈的统治权。1634年，东吁王朝向阿瑜陀耶派出使者。虽然1663年阿瑜陀耶试图再次夺回清迈，但受到缅军的反击和当地居民的反抗，被迫撤出。此后一直到17世纪末，两国之间仍不断爆发战争，但战场主要在北部的清迈和南部的土瓦和莫塔马等地，没有到达各自王朝的中心地带。

从18世纪初到1752年，双方的关系相对缓和，属于和平共处时期。这是因为这个时期东吁王朝逐渐衰落，作为东吁王朝社会支柱的王役组织制度日渐衰落，为了逃避沉重的徭役和债务，大量的王役组织成员卖身为奴，国家不能招募到足够的人力从事各种徭役和兵役，税收也大为减少，国力逐渐衰弱。统治集团内部因缺乏明确的王位继承制度而导致争权夺利的斗争时有发生，各地的封建食邑主趁机扩充自己的实力，与中央政权分庭抗礼，依靠武力征服使之归顺的各少数民族政权和附属国则纷纷独立，东吁王朝的中央政权此时已经无暇他顾。阿瑜陀耶自1688年以后逐渐转为较为保守的对外政策，历代国王安于平庸，因此这一时期双方相安无事。1744年，东吁王朝末代国王摩诃达马亚扎迪勃底在国内陷于困境之时寻求外界帮助，派出使团到阿瑜陀耶，受到阿瑜陀耶国王的热情招待，1746年阿瑜陀耶王派出使团回访。

第六章

缅甸集权王朝的鼎盛——贡榜王朝前期

（18世纪中—19世纪初）

在缅甸的蒲甘、东吁两个集权王朝的基础上，吴昂泽亚在木梳波地区建立起一个缅族新政权贡榜王朝，他开疆拓土，并吞了下缅甸的孟王朝，打败了缅甸中部吴漆纽、宫里雁等支武装，臣服了若开地区的王朝和掸邦土司势力，成为一个统一全缅的鼎盛集权王朝、东南亚的一位霸主，不论对待哪个邻国或是西方来访者都是强势的，占据了上风，这种强势一直保持到1819年，前后历经60余年。

整个贡榜王朝从18世纪中期开始到1885年底彻底沦为英国殖民地共经历了130余年。但是由于英国的入侵，贡榜王朝的发展明显存在着两个阶段，即强盛阶段与衰落阶段。一般把前者称为贡榜王朝前期，把后者称为贡榜王朝后期。在时间的具体划分上，缅甸学者们的看法不尽一致，我们认为，从1752年吴昂泽亚称王至1819年柏东王[①]（即缅甸以前史称波道帕耶者，1782—1819年在位）去世，是贡榜王朝前期。

第一节　缅甸第三个中央集权王朝——贡榜王朝的建立

一、贡榜王朝的建立

东吁王朝后期，随着中央权力的衰弱，阿瓦对各地方的节制能力大为减弱，各地方势力纷纷独立。王国境内来自汉达瓦底（勃固）的孟族和北部奥波地区的宫里雁一南一北开始举兵反抗阿瓦的统治。王国西北方的曼尼普尔也从1736年开始不断袭扰缅甸中部地区，甚至一度到达阿瓦对岸的实皆，劫掠人口和财物。1752年4月，孟族军队在其王储的率领下攻陷了京城阿瓦，东吁王朝最后一位国王摩诃达马亚扎迪勃底及王后和众多的王室成员、官员、士兵和工匠被掳往勃固。

虽然众多势力割据一方，但大家都处于观望状态，没有一个明确的目标，因此也不能有效地组织起来。此时在阿瓦周围还有几支武装，一

---

① 因其在未即位前食邑柏东，故今日缅甸学者称为柏东王，缅甸后世曾尊称其为波道帕耶（意为：祖宗老佛爷），而中国古籍则按其名直译为孟云。

支是阿瓦陷落时带领手下逃到自己封地钦乌地区的原阿瓦旧将吴漆纽父子，另一支是在阿瓦陷落前就已经有反叛之意的马达亚奥波地区的宫里雁，还有一支是木梳波（即今瑞波）地区的吴昂泽亚①。阿瓦陷落时，吴昂泽亚38岁，年富力强，膝下还有四个可以外出征战的儿子，他就开始在当地设防，把周围46个村庄的村民都迁入木梳波村，在村子周围竖起木栅，将木栅外的村庄清除干净，堵塞水井，不给敌人留下可利用的资源，并招募起自己的队伍在木梳波村进行训练。

吴漆纽父子归顺了孟族军队后，吴昂泽亚成为宫里雁和孟族军队争取的对象。1752年4月9日，孟族军队和宫里雁的人马同时来到木梳波村招降，吴昂泽亚没有答应任何一方，周到款待了双方后送走了来使，当孟族的使者到达汉林地区时吴昂泽亚还派人袭击了他们，这是阿瓦陷落以来孟人第一次遭到进攻。几天后，孟族军队又多次派人前来招降，均遭到吴昂泽亚的迎头痛击。几次成功地阻击了孟族军队后，吴昂泽亚名声大噪，附近的阿瓦旧臣、民众纷纷集结到其麾下，进一步壮大了其实力。他组织了68人的骑兵队、120人的禁卫军，以木梳波村等周围46个村庄为中心，改"木梳波"名为"瑞波"，设为都城，自立为王。

定都瑞波后，吴昂泽亚试图招降阿瓦旧将吴漆纽，遭到拒绝，遂派军队打败了吴漆纽。1752年底，吴昂泽亚已经控制了阿瓦以北伊洛瓦底江西岸的广大地区。经过一年的休整，1753年底，又打败了蛰伏于掸邦高原地区的宫里雁，然后开始夺取孟族军队盘踞的阿瓦城。

孟族军队并没有从这几次打击中意识到危机，一方面以对缅人打击不力为由召回了主将达拉班，临阵换将更进一步削弱了孟族军队的实力。当吴昂泽亚包围了阿瓦城之时，孟族军队主动放弃了阿瓦，趁着夜色逃往伊洛瓦底江下游。1754年1月，吴昂泽亚不费吹灰之力就夺取了阿瓦城，留下自己的二儿子驻守阿瓦城，大儿子和三儿子带领两支军队驻守阿瓦南部，以防止孟人的回击。为了扩大兵力和补充财力，他本人则带领军队前往掸邦高原的各土司控制地区，获取这些地区的效忠。孟人军队果然趁机回击，击溃了阿瓦以南的缅军，包围了阿瓦。吴昂泽亚挥师南下，和城中的缅军一起内外夹击孟人军队。孟人大败，逃往卑谬，1755年2月，吴昂泽亚攻取了卑谬。至此，吴昂泽亚基本上将卑谬以北的上缅甸地区统一在自己麾下，结束了上缅甸各地拥兵自重的混乱局面，

---

① 吴昂泽亚，缅甸原名即"胜利"之意，后世尊称其为阿朗帕耶（意为"未来佛"），中国古籍按其名未按缅甸习惯加任何尊称的冠词，直接音译为"雍籍牙"。因吴昂泽亚开创了缅甸的"贡榜王朝"，故以前我国史学界多将贡榜王朝称为"雍籍牙王朝"。

夺取卑谬也打开了通往下缅甸的大门。

自古以来，缅甸王国无论从地理上还是从民族方面基本分为四个大的地区，以蒲甘和阿瓦为中心的缅人聚居地区，以掸人和其他民族为主的缅北地区，以孟人为主的南部下缅甸地区和以若开族为主的西部若开地区。在中央集权强势时，这几个地区都宣誓效忠于中央，但都有自己相对独立的次级政权，当中央王权衰弱时，这些地区就成为独立王国。

吴昂泽亚巩固并扩张地盘采取了由中心向外、先北后南的顺序，大致分为五个步骤。首先巩固自己的根据地瑞波一带，派自己的儿子带兵驻守；其次派人攻取伊洛瓦底江和钦敦江之间的地区，这里既是重要的粮食产区，也是往来阿萨姆和曼尼普尔的必经之路；第三步，带兵在掸邦各地巡视，要求掸邦各土司宣誓效忠，拒绝效忠的则以武力征服；第四步，征服下缅甸的孟族控制的传统区域，打开南部入海口；第五步，攻打阿瑜陀耶。通过吴昂泽亚、德勃音王①和美都王②历经10多年的征战最终完成，使缅甸封建王朝达到顶峰。

此时除了掸邦地区在吴昂泽亚王巡视各地重新效忠后，孟族地区和若开族地区还处于事实上的独立状态，因为已经夺取了卑谬，下一步吴昂泽亚首先要统一的就是孟族地区。

1755年3月，攻取龙翠，改名为"缅昂"（意为"缅军胜利之地"），伊江两岸的民众纷纷前来投靠，甚至西部的丹兑和东部的东吁城的头人都来效忠。

5月，攻取大光城，改名"仰光"（意为"敌人完了"）。汉达瓦底的孟人据守仰光河以南的丁因，负隅顽抗。吴昂泽亚久攻不下，北部曼尼普尔人又不断袭扰。吴昂泽亚遂返回瑞波，解决曼尼普尔问题。他派出一支军队将曼尼普尔人赶回了自己地盘，并带回了几千名俘虏，充实军队，曼尼普尔占星家们也被带到瑞波的宫廷帮助吴昂泽亚占卜。

1756年，吴昂泽亚再次返回仰光，这次缅军中补充了外国雇佣军。7月23日，吴昂泽亚亲自选了93名敢死队员，突击登城，终于在7月26日将丁因攻陷，缴获了大量的武器弹药，城中的孟族军队的支持者法国人布鲁诺（Bruno）也被处死。

接着吴昂泽亚为攻取汉达瓦底做最后准备，1756年11月开始，逐步

---

① 德勃音王，缅甸史书原来称其为"襄道基"，字意为"尊贵的大哥"，中国史书译作"莽纪觉"（按其音译为"著名的大王"），或直译其名为"孟络"。

② 美都王，缅甸史书原称其为"信漂辛王"，字意为"白象之主"，中国古籍则直译其名为"孟驳"。

攻取了汉达瓦底周围的村镇，对汉达瓦底采取包围之势。孟人国王派出高僧前来谈判，未果，城防大将达拉班又带领5,000人逃往锡当河。无奈之下，孟人国王再次派出正在本地修行的缅族高僧来和谈，并献上自己的女儿。孟人内部分成两派，主战派军官废黜了孟王，积极备战，终因寡不敌众，1757年5月，汉达瓦底被攻破。

至此，除了若开和南部的德林达依地区之外的上下缅甸和掸人居住的地区再次统一在一起。吴昂泽亚因第三次建立了统一的缅人王朝，同蒲甘王朝的阿奴律陀、东吁王朝的勃印囊一起，被后世尊奉为缅甸三位最伟大的国王。

二、贡榜王朝鼎盛局面的形成

贡榜王朝前期从1752—1819年，共经历了六位国王，分别是吴昂泽亚（1752—1760年在位）、德勃音王（1760—1763年在位）、美都王（1763—1776年在位）、辛古王①（1776—1782年在位）、榜加侯貌貌②（1782年，在位仅7天）、柏东王（1782—1819年在位）。德勃音王、辛古王和榜加侯貌貌在位时间太短，且在位期间基本都忙于巩固自己的统治，无暇贯彻其治国方略，因此贡榜王朝鼎盛局面的形成得益于三位主要的国王：吴昂泽亚王、美都王和柏东王。如果说吴昂泽亚王建立了贡榜王朝，统一了上下缅甸，建立起第三缅甸帝国的话，他只是为贡榜王朝的辉煌奠定了基础，而美都王则为王朝的辉煌拉开了序幕。

吴昂泽亚王去世后，长子德勃音继位。次子美都侯虽有夺位之心，因力量薄弱，最终屈服并得到赦免。德勃音虽然在位仅三年，但依然继承了吴昂泽亚的政策，在位期间，平定了两次叛乱，并派兵攻占了清迈地区，此时清迈名义上还在缅甸名下，但是其独立的倾向一直存在，因为缅甸的动荡局面，无暇东顾，因此实际上处于独立状态。

美都王是缅甸历史上在军事方面最为成功的国王，第一，1764年攻取了清迈57镇（这是缅甸对清迈地区的传统称呼），为进一步进攻阿瑜陀耶铺平了道路，并以此为基地进行战略储备；第二，1767年3月，经过14个月的围城和进攻占领了阿瑜陀耶城，结束了阿瑜陀耶王朝四百多年的统治，掠走了上至国王及王室成员下至黎民百姓和各种手工艺人

① 中国史书不知何故竟将此王音译作"赘角牙"，与缅语发音相差较远，也非意译。
② 辛古王之堂弟，中国史书按其名直译为"孟鲁"。

多达10万户的人口，将其带回阿瓦及其附近地区居住；[①] 第三，1765—1769年在与清朝的四次交锋中处于优势，最后双方议和；第四，1764年和1770年多次劫掠曼尼普尔，将当地居民强行迁居至新都阿瓦。美都王在位期间，缅甸的疆域空前辽阔，1765年，将都城从瑞波迁到了阿瓦。贡榜王朝历史上曾经有五次迁都，分别是1765年从瑞波迁至阿瓦，1781年从阿瓦迁至阿摩罗补罗，1823年迁回阿瓦，1837年又以阿摩罗补罗为都，1857年迁都曼德勒。1765年是第一次，也是唯一一次具有战略意义的迁都，从内陆迁到位于大河之滨的阿瓦。古代的都城大多靠近大江大河，一方面是为了靠近水源，用水方便，另一方面在陆路交通不太便利的情况下，水路成为一种天然的非常便捷的选择，也会增加与外界的联系；再者，从防御上来说大江大河可以作为一道天然的屏障。因此这次迁都从内陆迁来阿瓦具有战略意义。其他几次迁都大多和缅王们的观念有关，比如：缅甸国王把建国、建城作为自己的重大功绩，经常会在自己的名字前加上"××城建立者""××宫建立者"等名号；此外，激烈的宫廷斗争使王宫中充满了血腥，新王为了避免这种血腥给自己带来不祥而听从占卜师的建议选择换一个都城；再者都城对于古代缅甸王朝来说并非经济中心或者工商业城市，只是国王的居所，迁都相当于国王搬一次家，所以能够轻易地建新都，废旧都。

　　在攻城略地取得辉煌战绩之后，1774年，美都王南巡仰光，将大金塔加高至327英尺，基本达到今天的高度，并布施了与自己体重等重的黄金，打造成金箔贴在大金塔的塔身之上。建塔、礼佛、布施是古代国王们重要的功绩之一。

　　吴昂泽亚王的统一和美都王的对外扩张为贡榜王朝的辉煌进行了原

---

　　① 此处为［缅］吴貌貌丁所著《贡榜王朝史》第一卷第305—306页的记载，其他学者有不同的观点。哈威所著《缅甸史》中，认为只带回了几千人，"王子、宫女、僧道、外侨以及几千庶民，被俘为奴"。贺圣达所著《缅甸史》（第216页）援引《阿瑜陀耶学会报上有关泰缅关系的论文选》中的数字有3万多人，"2,000多名王室成员和大臣成为阶下囚，3万多名工匠、艺人、平民被掳往缅甸"。吴迪的《暹罗史》则给出了一个非常宽泛的数字，"逊皇乌通奔受迫而离寺院，并被掳至缅甸，终客死于1796年拘禁期间。同时遭俘之暹罗人不可胜记，其中包括大部分皇室宗亲，此外尚有逾百之官员、士兵并大量农民，合各式人等，计共三万口至二十万口至多"。泰国学者戴维·K.怀亚特（David K. Wyatt）编纂的《阿瑜陀耶史》（"The Siam Society Under Royal Patronage," in *The Royal Chronicles of Ayutthaya*, 2000, p.521）记载，"缅甸军队带走了超过三万名贵族和平民家庭的男男女女"。这些数字各不相同，到底哪一个才更接近真实数字呢？历史上缅甸与中国的几次战争双方的史料都有确切的人数记载，对比两国史料，可知缅方对数字至少夸大了10倍。所以以缅甸史料10.06万户，约计50万人的十分之一，再综合泰国方面的史料，3万—5万人或许更接近历史真实数字。

始积累，柏东王则开始了全面建设，更加注重中央集权的加强和对王国内部的管理。柏东王在位时间长达37年，是贡榜王朝在位时间最长的国王，他有充足的时间贯彻自己的执政理念，在他统治时期贡榜王朝达到极盛。柏东王即位初期，贡榜王朝经过多年的内外征战，实力受到削弱。他即位后很快采取措施，从各个方面发展生产，巩固其统治。采取的主要措施如下：

（1）在全国范围内进行人口和经济普查。柏东王在即位第二年，即1783年就开始进行普查，内容包括缅王直接统治下的所有的村镇、王役组织以及寺院的人口、土地；村庄头人的世系；各地的物产和税收情况等。调查由村镇头人口述，专人负责记载后形成报告上报中央。普查能够使国王全面掌握国家可动用的人力、可收取的赋税以及寺院财产。这样的普查在柏东王在位的1803年又进行了一次，可见普查对于国王的重要意义。

（2）整顿和加强社会阶层中的两大主力——王役组织和平民。王役组织和平民这两大阶层自蒲甘王朝以来就是中央王权的劳动力和兵力的主要来源，也构成了人口的大多数。这两个阶层的稳定直接关系到王朝的兴衰，因此王朝要强盛就必须有足够的王役组织为其提供兵员，有足够多的平民为其纳税。纵观整个缅甸古代史，一直充满着对人口的渴望，尽管历史上发生过多次大大小小的战争，但除了战争本身的减员外，对垒双方很少有为削弱对方实力而进行屠杀的行为，基本都是将对方的人口迁徙至自己的地盘，有的冲突本身就是为了掠夺人口。缅甸虽然拥有丰富的土地资源，但自古以来就是一个地广人稀的地方，因此封建统治者要想获得更多的财富就必须拥有更多的为其创造财富的人。在古代缅甸各级官员都采用实物薪俸，由两部分组成：一是封建王朝封赐的土地，二是民众所缴纳的部分地租。封建王朝根据每个官员等级的不同封赐不同数量的土地，这些土地官员无须自己耕种，而是由他们管辖下的农民（平民）或是家奴耕种。平民在缴纳实物地租时除了规定的10%要上交封建王库外，还要多交约4%的地租给相应的地方官员、土地官、税收官等。因此整个统治阶层都是靠广大的普通民众来直接养活的，国家只需付出土地即可，民众用国王分给的土地养活自己，而土地正是这个国家所不缺少的，更多的人口意味着更多的财富，这也就造成了国家对人口的需求。

按照缅甸古代的传统，战俘一般是用来当奴隶的，但是自从东吁王朝开始，为了充实王役组织人员，增强国王的实力，选择把战俘编入国王的各种王役组织里，直接为缅王服务。从征服地区被掠夺的人口的职业来看，他们包含了对缅王来说非常重要的大部分职业，如军人直接编入缅甸承担兵役的王役组织中，战时随缅人一起出兵打仗；艺人为国王提供娱乐；工匠为国王造佛塔、寺庙和宫殿；手艺人为国王生产所需的各种物品；捕象人、驯马人、兽医等为国王的军队补充战斗力。

由于大多数王役组织是兵役组织，而贡榜王朝自建立以来内外征战一直不断，这些人厌倦了战争，纷纷逃离各自的组织，有的加入平民，有的甚至自卖为奴。柏东王即位后，在从1782年3月至1784年8月的两年多时间里先后颁布了20道敕令，命令各地官员检查、整顿王役组织，要求各王役组织成员必须各守其职，不能离开本组织；王役组织中的王田耕种者"拉迈"不能编入兵役组织（以保证国王的直接收益）；不同组织的王役组织通婚后，所生子女男归其父，女归其母；王役组织首领必须报告本组织内是否有人逃亡，如果逃亡，必须追捕缉拿；庇护逃亡者将受到严惩，[①]对于平民也采取类似的措施。通过这些手段，以控制人口和税收的稳定。

（3）兴修水利，发展农业。贡榜王朝虽然五易其都，但都没有离开上缅甸的灌溉区。相对于下缅甸靠天吃饭的土地，上缅甸的灌溉农业更能保障粮食生产的稳定，因此缅甸历朝历代国王大多定都在上缅甸的灌溉农业区，当时国王们的观念还没有意识到沿海的重要意义，稳定的粮食生产才是最重要的，因此在干燥的中部地区兴修水利是粮食生产的一个重要保障。在贡榜王朝的官员中，有专门负责灌溉设施的官员——赛蕴（意即水利设施官、水利监）。皎栖地区被称为缅甸的粮仓，自蒲甘王朝时起，这里就修建了灌溉设施，柏东王多次组织人疏通、修缮这些设施，并开挖了阿难陀湖和密铁拉湖，这两个湖至今还是缅甸中部的重要的灌溉水源。此外规定在农忙季节，不得征用劳力、摊派杂役。由于中部地区降雨稀少，贡榜王朝要求各地严格按照传统配额分配水的使用，以保证更多的人能分到水。

（4）加强对佛教的控制。缅甸封建王朝时期，王权与教权的关系一直处于变化之中，变化的趋势是教权逐渐置于王权之下，到贡榜王朝柏东王时期，政权对教权实现了全面控制。贡榜王朝时期设有庙产库，和国库分开，庙产库由庙产监掌管，但庙产监是隶属于鲁道，听命于国王的。佛教界设有僧王，而僧王须由国王任命，因此当贡榜王朝灭亡，缅

---

① 《缅甸国王诏令集》第四卷，第38—40、83—84、87—88页。

甸国王被流放之后，由于没有人能任命僧王，有很长一段时间，僧王处于空缺的状态。柏东王在进行全国经济普查的时候同样也对寺院土地进行普查，并对寺院土地征收"什一税"，税收用于宗教事务；建立全面严格的僧侣考试制度，考试由宗教事务官"摩诃丹蕴"组织和主持。考试分等级，不能通过初级考试者必须离开寺院，其师傅也要受到处分，而考试优秀者则被委任宗教职位，僧侣的晋升也由国王决定；柏东王还利用国王的权威干预了长期以来存在于佛教界的门派之争，即偏袒派和披覆派之争。这两派之争表面上看是关于袈裟穿法之争——偏袒派偏袒右肩，披覆派袈裟覆盖双肩——实际上是关于佛教的正统之争。1783年，柏东王在敕令中明确支持披覆派，并流放了偏袒派的僧侣。他还整顿僧侣纪律，1786年成立了一个由12人组成的宗教事务委员会，对不守戒律的僧侣进行惩戒。柏东王通过政治、经济和组织等手段将教权牢牢置于自己的控制之下。

（5）开疆拓土。若开近千年来虽然时常沦为缅甸中央王朝的附庸，但是一直有着自己独立的王室。1784年，缅甸王储带领近3万大军攻占了当时若开王朝的都城妙吴，把若开正式并入缅甸的版图，并把若开的摩诃牟尼大佛运到曼德勒建寺供奉。1813年，扶植马吉特辛哈为曼尼普尔国王，并迫使曼尼普尔割让卡包河谷给缅甸，实际控制了曼尼普尔。1819年占领阿萨姆，把阿萨姆置于缅甸的统治之下。此外他在1780年代多次征讨清迈、暹罗等地，但没有取得前朝的辉煌，反而耗空了国力。

（6）主动示好清朝，重开两国贸易。清缅战争后10多年的时间里，由于双方对所签合约的内容存在争议，两国关系一直没有恢复正常，边境贸易一直没有重开。柏东王即位后，决定采取主动，1788年派出100多人的使团向清王朝"进贡"，满足了清王朝"表叶一日不至，内地贸易一日不能开"的要求与虚荣心，两国关系恢复正常，贸易得到进一步发展，到19世纪初达到高潮。

（7）大兴土木。随着其地位的巩固和国力的增强，缅甸国王对佛教功德的追求又显现出来。从1791年开始，每年征用数万劳力，在实皆附近的敏贡地区修建"四大"功德——大佛塔、大狮子、大佛龛、大铜钟。大铜钟重达90吨，是世界第二大铜钟，至今依然保存完好。大狮子高95英尺，眼珠的周长就有13英尺。佛塔计划建造200米高，是当时亚洲规模最大的单体建筑，为此国王常常停驻在河中小岛，亲自监工。当佛塔建到三分之一时，国内有传言：“宝塔建成，国化灰烬。”① 柏东王才下令终止了佛塔的建设。

柏东王通过一系列措施使中央集权得到了全面加强，也使缅甸的经济得到了一定发展，绵延近八百年的缅甸王朝统治到达了鼎盛时期。然而辉煌的外表下也孕育着深刻的危机，这种危机既来自王朝内部，也和国际局势的发展有着很大关系。一方面国王的好大喜功、大兴土木加重了民众的负担，另一方面连年的对外征战不仅消耗国力，也使民怨沸腾，再加上1807年至1816年多次自然灾害导致饥荒，王国内部已经危机四伏。此时，随着工业革命的完成，西方资本主义开始在全球扩张，拥有丰富资源和广阔市场的东南亚是西方殖民者的争夺之地，而缅甸对外界的变化浑然不知，依然沉浸在虚幻的胜利中。印度已经沦为英国的殖民地，英国的东印度公司不断插手缅甸的藩属国阿萨姆和曼尼普尔的宫廷事务，而缅甸为了巩固对这两地的控制出兵该地区，并进入英国东印度公司占领的地区。东方的模糊的边界概念和西方精确的边界概念碰撞在一起，再加上英国对缅甸觊觎已久使双方不可避免地起了冲突，由此带来的后果深刻影响了缅甸历史发展。

第二节　贡榜王朝前期的政治与经济

一、贡榜王朝前期的政治

1752年贡榜王朝开始建立。当时西欧各国的封建制已近尾声，经济、社会方面的许多新思想、新理念都在向资本主义发展进步着，代表资本家、公司、资本集团利益的政府当政。缅甸集权王朝的体制从缅甸第一个集权王朝——蒲甘王朝建立时起逐步完善，到贡榜王朝前期时已臻成熟。缅王处于权力的顶点，其下处理具体的事务的行政体制分中央、

---

① ［英］G.E. 哈威：《缅甸史》，第312页。

地方两部分，中央部分是五大府院（枢密院①、内廷府②、前宫府③、后宫府④、律法院⑤）；此外还有国库，管理国家一切金银、实物收入与支出，设有国库监、国库司库和副司库等职位；以上都属于中央的决策机构，参与朝廷议事会。在各部门还有一大批负责各种具体事务实施的官员，他们相当于中央行政中的中层干部，可以分为军事、行政、王宫事务等几个方面。地方部分又分两类，一类是食邑主（Myo Sa，"谬沙"），一般不是王公贵族就是有功之人，国王经常会把某个城镇或某个村庄赐予某人作为食邑，即某地的王、侯，延续东吁王朝达龙王时的改变，食邑者集中在京都居住；另一类是驻守当地的区、乡、镇、村的长官或头人等，是具体管理地方的人员。

（一）中央行政

中央行政主要围绕国王展开。缅王是绝对的权威，是"白象之主""一切土地和水的主人""众王之王"，他可以随时颁布诏令、任免官员、发动战争等。除每月八天守戒日之外，他每日都要上朝理政，以早朝规模最大。早朝时，五大府院的全体官员及各部门文武百官都要身着朝服，按官阶高低排列位置，上朝议政。平时国王上朝理政，王储必须参加。国王会听取内廷府及地方送上来的各种呈文奏折，商议处理各种案件，通过枢密院发布御旨。

---

① 枢密院（鲁道），缅文为Hlut Daw，即今日之议会。枢密院在五大府院中权力最大，级别最高，总管一切国内外大事，如税收、军事、司法等，是缅王权力所在，上谕、圣旨、官员的任免等都由它发布，是王朝的中枢机构。枢密院中共设有9个部门28种职务的66个官职职位，最高职位是大臣（Wun Gyi），共有四位（一人之下万人之上，代表缅王处理朝政大事，缅王或王储不在时可主持朝廷议事会），属于高级官员的除大臣外，还有骑兵队总监（Myin Su Wun）、平民大臣（A Thi Wun）和大臣助理侍郎（Wun Dauk）三人。蒲甘王朝那腊勃底悉都王有五子，1211年临终前，命幼子泽亚登卡越过四位兄长继承王位，兄长们与幼弟共议朝政，处理国事，此乃"鲁道"雏形。缅甸学者丹东依据碑铭考证直到蒲甘王朝末年才出现"鲁道"。后来参加鲁道的成员有的是朝廷重臣，其职权范围也逐渐扩展。蒲甘时期"鲁道"的出现，对缅甸中央集权王朝政治体制的巩固与完善发挥了重要作用，它一直被沿用至1885年英国占领缅甸，贡榜王朝灭亡时为止。今天缅甸的国会依然沿用"鲁道"这个名称。

② 内廷府，缅文为Bye Taik，原文系孟语，原意为宫旁房舍，供守卫宫殿的单身男子们住宿。其职能相当于缅王的秘书处。

③ 前宫府，缅文为Shet Yon，因位于王宫的前面而得名，也可称为东宫，缅甸宫殿以东为上。因负责京都治安、市政，判理刑事案件，又称为刑事府（Razawut Yon）。由四名府尹（Myo Wun），四名卫成千夫长（Htaung Hmu）负责。府尹可判涉案者罚金、鞭刑或禁闭；若需重判者，则府尹无权决定，只得上报枢密院处理。

④ 后宫府，缅文为Nauk Yon，亦称西宫府（Anauk Yon），负责管理后宫嫔妃们的生活事务，由后宫监（Anauk Wun）负责。

⑤ 律法院，缅文为Tayayon，负责制定律法、判例和处理民事纠纷。由国王直接任命四名大法（Tayathu Gyi）负责审理民事纠纷并制定律法。

国王不上朝时，王储代理主持朝廷议事；战时王储带兵出征。由于缅甸王室一直缺乏明确的王位继承制度，有时立王弟为储，有时立王子为储（一般为嫡出王子），偶尔也会有非宗室亲王被立为王储者，使很多人都有当王储的可能，当了王储才能最终登上王位。缅王嫔妃众多，子嗣不少，王子和王弟之间的王位争夺战注定使宫中充满血雨腥风。每当新王即位，首要的工作就是要肃清异己或对自己王位有威胁的人，哪怕这些人是自己的兄弟或叔伯也毫不手软。吴昂泽亚去世前嘱咐自己的几个儿子依序继位，虽然明确了王位继承顺序，1783年到柏东王时，他在即位的第二年便指定自己的长子为王储，引起依然拥有继承王位可能的其他王弟的不满，宫廷内部的斗争日益激烈，削弱了王朝的领导能力，贡榜王朝盛极而衰。众亲王除王子王弟外，还有被缅王授予亲王称号的非王室有功人员。亲王们除非有官职，一般不用上朝，战时要领兵出征。

（二）地方行政

贡榜前期的地方行政可从两个方面来看。从水平方向来看，按照缅王实际控制力的强弱，整个行政区划呈现出同心圆结构，越靠近都城缅王的控制力越强，大致有三个层级：第一层级是缅王直接控制的区域，包括王都及周围地区，由王朝中央直接派出官员进行管理，这些官员被称为谬温；第二层级是被征服地区，如直通、莫塔马、东吁、清迈等，有的由国王派出总督进行直接管理，有的由总督进行监督，实际还由当地官员进行管理；第三层级是掸邦等地，由土司直接管理，定期向中央王朝进贡、效忠，土司职位可以世袭。从垂直方向看，主要针对缅王直接控制的区域。这些地方行政官员主要有两个等级，第一等级有总督、巡抚、镇守、食邑等，这些都非世袭职位，而是缅王根据需要进行任命，为了防止其在某地形成较大势力，一般在一地任职一段时间后就会轮换到其他地方任职，缅甸至今仍在实行的公务员轮换制也能在这里找到其渊源。此外这些职务也不是永久的，如果工作出现差错或者在缅王那里失宠，随时会有取消头衔、降职、撤职等处分。在他们之下是各种身份的头人，如世袭的城镇头人、村寨头人、千夫长、骑兵校尉等官职，这源自蒲甘王朝起逐步建立起来的头人制度（Thu Gyi），可以说是地方自治制度。城镇头人、郡县头人、乡村头人三者有等级上的差异，有的地方头人以另一个名称代替——"卑梭"（Pyi Soe，"治理一方"的意思），其等级应该介于城镇头人和乡村头人之间。还有的地方在某些时候以土地丈量官代替头人，土地丈量官本应是头人的下属。在矿区则以矿长为头人，还有的地方以千夫长为头人，在王役组织聚居的地区，以五十夫长为头人，骑兵队以骑兵校尉为头人，在有灌溉设施的地方则有管理灌溉设施的长官为头人，各类头人是地方治理的核心官员。①

头人身份一般世袭，父死子替，无子则传给其弟，无弟则传给女婿。有女性担任头人者，并以女性向下世袭。也有男性世袭转为女性世袭或女性世袭转为男性世袭的情况出现，如无后人世袭则另行任命他人。大多数城镇只有一个头人世系，有的地方存在两个或两个以上头人世系，最终这些头人世系会通过联姻合为一体。②世袭并非一定发生在头人过世后，有时头人因出家、能力欠缺、身体不好或者国王委派了别的官职，也会提前启动世袭程序。也有因继承人年纪过小而延期继承的情况，此时需要由监护人或辅助人员行使其职能。如果世袭的世系中断，可以另择新头人。

头人的世袭任命等均需通过层层上报至枢密院，由国王批准后再进行任命，任命诏书也需要逐级下达，并赐予仪仗用品。

掸邦等地的行政制度也大致如此，其头人称为土司，可以世袭。土司去世后，其家人应向朝廷报告，并奏请世袭土司职位。枢密院会派出王储或王子操办土司的葬礼并送达文书，土司的遗产应献给国王。在国王收到土司遗产，派员调查土司职位继承人的情况属实后才会下达新土司任命书，并赐予仪仗、土司用品等，依据其重要程度，土司被赐予的仪仗和用品等并不完全相同。中央王权为了对土司进行监督往往还会派遣一员武将，但武将一般不和土司处于同一地方，而是在某个临近重镇驻守。③

以上头人和土司的任命从程序上体现的是中央王权对地方头人和土司的绝对控制权，中央政权的影响力止步于头人一级。事实上头人和土司在地方上相当于"土皇帝"，他们在自己的辖区内拥有广泛的自主权。中央和地方发生联系主要在两个方面，一个是税收的缴纳，另一个是在国王征战时提供兵力。国王每年的缅历七月中（10月底）都会在王宫内举行解夏献礼仪式，各地方官员包括土司均需赴朝进献。献礼根据官职和所管辖地方的重要程度而不同，多的有五只银盆和一匹布，最少的仅需一匹布即可，土司进献还需要象征表达忠心的金银花，如无正当理由不到则被视为欲反叛王朝。

---

① ［缅］依依：《贡榜早期地方行政》，《缅甸文学与社会科学杂志》（缅文版）1968年第1期，第387页。
② 《贡榜早期地方行政》，第345页。
③ 同上书，第351页。

1794年，柏东王曾发布了"刑律"长诏。它成为当时行政、司法的指导性文件，而且其中包括了该王的不少诏令。

二、贡榜王朝前期的经济

贡榜王朝前期的缅甸经济面临着西方的资本主义制度入侵的威胁，但其本身却正处于封建专制经济制度的鼎盛期。国王垄断掌控着缅甸的所有地上地下资源，在国王允许的范围内，民众可以在国内自由地开展贸易活动，木材等行业则需先取得国王的准许后才能经营并向国王缴纳税款。

（一）农业

以稻米种植为主的农业是自蒲甘王朝以来缅甸经济的主要支柱。按照缅甸传统，国王对农业的重视直接体现为每年的春耕节仪式。春耕节仪式一般在缅历二月举行，具体日期则由婆罗门和占星师们负责选定。缅历二月正是雨季即将开始需要播种的时间。由拉迈（王室农奴）负责春耕节的各项准备工作，除国王外，王储、王子等均参加耕田仪式，而宫廷女眷们则负责耕田之后的插秧，完全同民间的耕种模式相同。春耕节虽然只是一种仪式，但显示了传统农业社会对种植业的重视。

在贡榜王朝早期，土地可以典当和买卖。例如，1817年，瑞波地区的9块地卖了55缅钱银子。相比之下，播种1箩种子的旱田价值40缅钱银子。[①] 由于土地是重要的经济来源，因此关于土地的纠纷也很多，这些纠纷大多发生在头人和平民以及平民的亲属之间。

种植业在上下缅甸皆以水稻为主，但上缅甸因为降雨稀少、土地肥力不足等问题，需要依赖灌溉、育苗等更为复杂的耕作方式。上缅甸的灌溉农业自蒲甘王朝以来不断完善。到贡榜时期，随着人口的增加，耕地的扩大，对灌溉设施的需求也越来越大。1758年，吴昂泽亚王在美都以西曾命人打桩，用土石混合筑堰拦蓄模河水，引入南达湖形成蓄水湖。1788年柏东王时期，在维护原有的灌溉设施基础上，在南达湖又建一堰，当年疏浚了从东南山脉引水的瑞朗渠，安排拉迈种植20,000缅亩水灌田，1796年柏东王曾率大军又整修了密铁拉湖的堤堰。

水稻是全缅的最主要的农作物，当时水稻亩产量约为每缅亩15—30箩[②]。缅中地区则种植芝麻、玉米、稷黍、小麦、烟叶、辣椒和各种豆

---

① ［缅］貌登吞：《贡榜早期经济史》（缅文版），硕士学位论文，仰光大学历史系，1978，第7—8页。

② 1箩稻谷约重21.06公斤，1箩米约重34公斤。

类。上缅甸还产棉花，棉花属于缅王控制的物品。由于缅甸河流众多，河水因季节非常有规律地涨落，并带来大量养分，因此河滩地种植也非常普遍，以蔬菜为主。缅甸常年气温都较高，因此在灌溉设施完善的地方能够做到一年三熟。

饲养业以家禽家畜饲养为主，不成规模，以农户散养自用为主，少量市中交易。牛、水牛用来耕地；奶牛产奶制成奶制品食用；还养有羊、猪、鸡、鸭等；养殖大象主要作为运输工具使用和战时的兵力。因桑树很多，故养蚕者不少，生产的生丝除本国织制绸缎外，出口中国和老挝；缅甸绸缎产区主要是阿瓦、木梳波、帕科库、蒲甘、瑞当等地，缅甸丝绸不如中国产得那样精细，但质量还是属于上乘的。

（二）林业

缅甸森林资源丰富，种类繁多，木材及林产品也是重要的出口物资。贡榜王朝时期，缅甸的森林覆盖率为57%；种植园则主要以各种热带果树为主。下缅甸到处可见的椰子树、槟榔树和缅甸中部普遍种植的棕榈树都是价值颇高的经济作物。因为棕榈果可制糖、酿酒，棕榈叶可盖屋，树皮可编箱笼，因其具有广泛的用途而成为一种重要的经济作物。贡榜王朝前期，木材主要用来建造房屋和做家具，其中柚木是开采量最大和价值最高的木材。吴昂泽亚王时期，开始把柚木定为王室专控木材，只有跟王室和佛教相关的建筑和家具才可以使用柚木，王室可以出口柚木或用来造船。为了对森林资源的开采和利用进行管理，王室设有专门的林业官。林产品主要有桐油、火漆、儿茶、树脂、蜂蜡等。

（三）手工业

缅甸的手工业总体较为分散，规模也较小，以家庭作坊为主，这些手工业大都和民众日常生活息息相关。

缅甸自古以来就有十种传统手工艺，也是缅甸传统文化的一部分。这十种手工艺分别是：打铁、泥瓦工、铸铜、金银首饰制作、雕塑、木刻、石雕、旋工、漆器和绘画，其中缅甸的漆器工艺来自清迈地区的泰永人，在缅甸征服清迈后带回本土很多手工艺人，这其中就包括漆匠，缅语中"漆器"（Yun Hte）这个词就是以泰永人的族名命名的。

此外还有一项很重要的手工业是制陶业。大大小小的陶罐是缅甸人日常生活中必不可少的容器，又分陶罐和釉罐两种，其釉罐向印度出口。

缅甸纺织业从蒲甘初期开始出现，蒲甘碑文中就出现了"织筒裙者"（Pu Khyi The）、"织机工"（Yan The）等专有词汇。后来有了进一步的发展。东吁王朝德彬瑞梯王征服阿瑜陀耶时，带回的俘虏中也有纺织工匠。

到了贡榜王朝时期，纺织绸缎业盛行，吴昂泽亚时曾将从阿瑜陀耶、阿萨姆、曼尼普尔等地带回的纺织工分派到各地；柏东王时还专门从卑谬向京城召来阿萨姆的纺织工，并在宫中兴造了一个大染池。[①]贡榜王朝的大多数家庭中都有织机，纺织作坊在缅甸多地都有分布，主要供国内使用。丝织作坊主要集中在色垒地区，除供本国使用外，也少量出口中国。

（四）工业

贡榜王朝时工业部门繁多，木工制造业中牛车、马车、小船乃至轮船都能制造；铸造业小至铁钉、小勺，大至火炮都能制造；用儿茶树熬制成的儿茶块，可入药，有活血化瘀、收湿敛疮、清肺化痰的功效，还可作为鞣革染料，缅中一带有许多这种制做儿茶块的作坊；下缅甸沿海一带晒制海盐的盐田有不少；京城阿摩罗补罗有华人办的制蔗糖的糖厂。

贡榜王朝早期的矿业包括石油开采和宝石开采。

缅甸自10世纪起就有石油开采，贡榜王朝时期的石油开采权掌握在24个家族手中，这些矿主有权自由开采和买卖石油。柏东王时期，仅在仁安羌一地就有520口油井，每天出产原油约300缅斤，当时的石油价格约为每100缅斤原油1.5缅银圆，每口井每年的盈利约为1,000缅银圆，[②]可见拥有矿井是一笔很大的财富。石油通过船只、车辆或人力运到全国各地销售，因为交通运输的不便，运输费甚至贵过原油本身的价格，当时原油主要用来照明和建房时当作涂料涂在墙壁上。

除石油外，缅甸还有很多贵金属和有色金属，包括金、银、铁、铅、锡、红铜等。有色金属矿带属于东南亚矿带的一部分，沿泰缅边境直至掸邦高原并延伸到我国云南境内，其中南部的土瓦、丹老和北部的掸邦等地都是有色金属出产较多的地区。黄金主要是沙金，但开采规模并不大，而黄金除了用作贸易媒介外，缅甸人酷爱黄金首饰，此外佛塔、佛像等也需要黄金，因此缅甸本土生产的黄金无法满足需要，每年从南部沿海的马来和北部的中国进口约600缅斤的黄金。而白银则是贡榜前期一个比较重要的有经济价值的矿业，同黄金一样，白银同样有货币功能和制作首饰等用途，开采量大，能满足国内需求。银矿主要集中在缅甸北部，大部分由华人开采和经营，缅王从中抽税。1801年的一份诏令显示，中国矿主每年缴纳1,000缅斤白银作为税收，废除之前由当地头人征收的政策，而改由"德佑蕴（主管中国事务的官员）直接征收，非中

---

①《基础缅甸政治史》第二卷第二部分，第130—131页。当时的缅甸币值为1英镑=9~10缅银圆。

②《贡榜早期经济史》，第26—27页。

国矿主也照此税率征收，德佑蕴还负责征收首都地区所有与中国商人贸易的贸易税，此税无人能免"。[①]

缅甸的硝石蕴藏也较丰富，因为可以制造弹药，开采量大，虽然硝石属于重要的战略物资，但因为缅甸本身需求量不大，其重要性并没有得到重视，因此并不属于国王的专控商品，并可以出口国外。

此外缅甸还盛产各种宝石，红蓝宝石等都属于国王的专控产品，摩谷、孟密等地都是重要的宝石产地，为了防止偷采偷盗，国王派有专门的人员进行监控。雾露河谷地区是重要的翡翠产地，翡翠一般开放给华人和克钦人开采。1806年，缅王向矿区派出了30名士兵和一名征税官，以显示这里是缅甸国王的地盘。

（五）贸易

1. 国内贸易。贡榜前期，缅甸境内贸易有一定的发展。政府对于地区间的贸易往来征收过境税。为了方便交易，1788年柏东王还统一了全国的度量衡，对于重量、容器等进行了统一规定。当时的国内贸易的中心在京城阿摩罗补罗，作为一个拥有15,900户、15万人口的都城是十分繁华的。政府规定了四大集市，坐商在规定的集市进行相关贸易，行商可以在自己喜欢的市场交易。集市一般五日一集，另有庙会进行补充。贸易主要是上下缅甸之间的交流。下缅甸的稻米、鱼虾酱、鱼干、盐等商品输往上缅甸，上缅甸输往下缅甸的商品主要是棉花、丝织品、毯子、筒裙、披肩、陶罐、釉罐、漆器、黍、玉米、麻、豆类、大理石及各种制品、树胶、儿茶、蜂蜡、石油等。与若开地区的贸易商品主要有棉花，若开商人再把棉花运往吉大港、达卡等地交易，买入的物品主要有玛瑙、琥珀、玉石等。输往掸邦的商品主要有鱼虾酱、鱼干、盐、棉线和棉花等，输入的商品主要有茶叶、树脂、纸张、黄麻、蜂蜡和棉纺织品。某个地区或某种商品一般由某个商人垄断，缴税最多的人获得垄断权，因为这种垄断能带来丰厚利润，所以商贾之间也存在竞争。

贡榜王朝的贸易采用以货易货、用金属块估价交换和使用银圆等硬币三种方法，金的使用并不多。在京城和外国人出入往来的港口城镇，使用银圆等硬币，而在内陆边境地区，则以货易货或使用金属块进行交换，金属块有金、银、铜或铅块四种。在南部沿海的德林达依地区有公鸡图案的铅块，而若开地区则有专门的铸币。柏东王看到英国东印度公司的道斯上尉（Captain Hiram Cox）带来的铸币非常喜欢，便派人前去

---

① 《缅甸国王诏令集》第五卷，第151页。

加尔各答铸币以供国内使用。1797年，英国送其一台铸币机，于是开始在京城阿摩罗补罗铸造货币。货币分为银币和铜币两种，银币以柏东王的生肖虎为图案，并刻有"（缅历）1143年阿摩罗补罗白象王之国"字样。铜币正面是双鱼图案，周围环以众多圆点，背面是"（缅历）1143年十一月下半月十四日"字样。由于很快国内出现了私铸货币的行为，在使用28年后，于1812年停止了铸币使用。当时缅甸境内流通的铸币有四种：缅甸铸币、若开铸币、维沙里铸币（若开地区使用）、印度铸币（英国东印度公司带来使用），这四种铸币的币值并不相同，全国也没有统一货币。在取消铸币使用后，很快又恢复了原有的金属块货币。[①]

从贸易线路上看，伊洛瓦底江是最主要的贸易通道，这是因为水路运输远比陆路便捷，下缅甸的仰光是一个重要的贸易港口。1800年之后，国内贸易日渐衰落，主要因为自然灾害以及火灾、国内征战频繁、税收种类繁多等因素导致。

2. 对外贸易。贡榜王朝时对外贸易有陆路和水路两种通道，陆路通道有两条：一条是从若开通往印度，另一条是从缅北八莫通往中国云南。水路经伊洛瓦底江、仰光入海口乘船去往中国、印度、英国、法国、荷兰、马来亚等地。

贡榜王朝从国外进口的货物有：布匹、毛料、钢铁、武器、硫磺、火药、水银、红铜、瓷器、玻璃器皿、烟叶、蔗糖、酒类等；而缅甸出口货物有：柚木、石油、宝石、象牙、棉花等。[②]

从吴昂泽亚王时起，英国和法国商人便开始在丁因地区设立货栈，扩展贸易。1754年，吴昂泽亚王允许英国人在恒枝岛上开办公司，被看作贡榜王朝与西方通商的开始。英国东印度公司成立于1600年，该公司的主要目的就是与东方各国进行直接贸易。1755年，佩格上尉（Captain George Baker）带领的使团前往瑞波与吴昂泽亚商谈签署友好条约事宜，虽然条约未获签署，但获得了在勃生和仰光进行贸易的权利。由于在贡榜早期和孟族的冲突中法国人支持孟族，1757年吴昂泽亚将法国人驱逐出缅甸，直到1766年才再次与之恢复交往，并给予其在仰光建屋居住和进行贸易的权利。

仰光是重要的贸易港口，对靠港船只有着严格的规定。外国商船靠岸后，要向当地港口官员报告随船人员和所携带货物，如有隐瞒不报，

---

① 《贡榜早期经济史》，第55页。
② 《基础缅甸政治史》第二卷第二册，第149页。

一经发现即予以没收。船上的大炮、枪支、火药和船桨等则要交给港务当局保管，离开时要获得港务局的批准，发还临时保管的物品，缅甸官员要上船查看是否有违禁物品或人员。交易物品抽走12.5%，其中10%为交给政府的税，2.5%为相关官员所得。但贡榜早期因为忙于征战，国内局势不稳，对外贸易的发展有限，直到柏东王时期，对外贸易才达到顶峰。

1795年，西姆斯（Captain Michael Symes）上尉作为英方使节从柏东王处获得下列权利。

（1）英国官员或代表有在缅甸全境进行贸易的权利；

（2）对于进口货物在征收进口税后豁免境内税；

（3）取消从仰光到阿摩罗补罗沿途的征税环节，但对于购买沿途征税点地区出产物品需明确告知征税物品种类和税额；

（4）英国商人可以购买并出口木材，在仰光港缴纳5%的税费；

（5）英国商人如有不满可以直接向国王报告；

（6）向仰光港务当局缴纳的税款可以用红色银票，也可以用仰光当时流通的货币；

（7）英国商人有权选择自己中意的翻译；

（8）要明确船只进出港口税额和对货品征收的税额；

（9）英国船只因天气原因或因维修原因可以停靠仰光港，仰光港务当局可按时价予以维修。

此时缅甸还主动恢复与法国的贸易关系，1798年予以法国自由贸易权。

在北部，缅甸自古以来就在陆路与中国云南存在贸易往来。1765—1769年，清缅双方爆发战争，此后10年因双方对所签合约理解有误，迟迟没有重新开始贸易。柏东王即位后，于1788年主动向中国示好，缅中之间的贸易取得较大发展。中国商人主要在八莫开设货栈进行贸易，因此八莫是当时一个很大的内河贸易港口，也有不少商人深入阿摩罗补罗进行贸易，水路沿伊洛瓦底江到达沿江各地，主要目的地是阿瓦。陆路通过掸邦北部的底博城再前往中缅边境的不同地区。为了保护商路和货物的安全，柏东王还特地下诏要求沿途官员予以保护，"来自大理和永昌的中国人在底博被抢，诏令底博土司对此事负责，或交出罪犯，或照价

---

① 《贡榜早期经济史》，第63页。
② 同上书，第65—66页。

赔偿；同时来自云南的商人们在底博地区迪宗村附近的南迈河边被70名武装人员抢劫，底博土司应交出罪犯或赔偿货物损失；王库监应为中国商人提供护送，以防止他们再次被抢"。[①] 中国商人输入的物品主要有丝织品、茶叶、胡椒、天鹅绒、金叶、金条、地毯、烟叶、红铜、彩纸、红铜器皿、刀和各种铁器。输出的商品主要是棉花、翡翠、玛瑙、红宝石、猫眼、象牙和蜂蜡等。其中棉花和玉石是大宗商品，每年从缅甸输入中国的棉花有2,500艘船约3.3万吨。[②] 此时，双方都在边境地区设置关卡，征收过境税。缅王还下诏令沿线各地官员除了过境税之外不得再征收任何额外的费用，"除在单班那沟关卡征税外，八莫官员不得再从缅方的棉花商人处征收其他费用；八莫官员对入关的中国商人的每匹牲畜所驮货物征收0.35缅银圆，此为中缅双方达成的协议"。[③]

南部沿海也有来自中国的船只进行贸易，主要输入槟榔、铁器、丝织品、瓷器、茶叶等。因国内需求旺盛，缅甸还需从中国购入黄金。但是，中缅之间的海路贸易远不如陆路贸易发达。

此外，有来自印度各地的商人来缅甸做生意，贡榜王朝与加尔各答的贸易往来较为密切。印度船只主要来购买缅甸的木材，因为缅甸木材价低质优，是造船的好原料。缅甸和老挝、马来亚也存在贸易往来。从老挝输入的商品主要有棉织品和丝织品，缅甸向老挝输出的商品主要有鱼虾酱、鱼干和盐。从马来亚输入缅甸的商品主要有槟榔和草药。

在仰光商人中，除了英国和法国商人外，还有来自马来亚、葡萄牙、波斯、亚美尼亚、暹罗、荷兰、锡兰等国的商人。此外，穆斯林商人在仰光有很大的势力，垄断着很多行业。

除仰光港外，还有勃生、莫塔马、土瓦、丹兑、定耶瓦底、延别等地也开展对外贸易。

缅甸与贸易相关的税收主要有港口税、码头税、销售税、集市税等。[④]

（六）税收

缅甸贡榜王朝时期的地方行政官员的一个最重要的职能是为中央收税，税收以实物税为主。缅甸古代习惯的税率为"什一税"[⑤]，这只是一

---

① 《缅甸国王诏令集》第五卷，第204—205页。
② 《贡榜早期经济史》，第65—66页。
③ 《缅甸国王诏令集》第五卷，第19页。
④ 以上关于对外贸易内容参见《基础缅甸政治史》，第111—155页。
⑤ 即征收总收获的十分之一的征税方式。

个基本的原则，根据情况又分为固定税和浮动税。从税收流向来看分为四种：国王专有税、王公贵族专有税、国库税、宗教税。

王田专门由拉迈耕种，他们大部分收获物都要收归王仓，政府会供给其耕牛和种子，一般1缅亩地要上缴80—100箩稻谷。此处都是需要灌溉的土地，因此在收割季节，还要缴纳灌溉费，每缅亩2箩稻谷。[①] 如按收成纳税，则每收获100箩稻谷，拉迈拿走13箩，土地丈量官、书记官、头人、治安官等各分得二分之一箩，收税官分得四分之一箩，其余的收归王仓。[②] 离王国粮仓近的直接上交生产的物品，远的则折合成铜或银来上缴，每5箩稻谷、每7箩玉米、每2箩豆类、1箩芝麻或黍折银1缅钱。需要称重的烟叶、辣椒、洋葱、姜等特产按每10缅斤缴银1缅钱。[③]

与国库相关的税收主要是平民耕种的土地，也遵照十分之一的原则，此外，如征收1缅斤税银，各级官吏拿走7.5钱作为其实物薪俸。[④]

若有外来的牲畜或其他所得，一半归头人，一半归捡拾到的人。若本地有家禽家畜死亡，一半归原主人，一半归头人。[⑤] 在皎栖地区，食邑主和寺庙用地的税收总额为主税1缅斤铜，外加相关官员四分之一缅斤铜，1箩稻米。[⑥]

在以淘金为业的地区，有专门的黄金官负责管理，下辖多个村庄，按照村庄住户的多少每年向政府上缴黄金，一般每七八户缴纳1缅钱黄金。[⑦]

在南部的莫塔马32镇和汉达瓦底32镇传统上都是孟族的地盘，孟族地区虽然一直都在缅甸的版图内，但拥有很大的独立性，向缅甸中央王朝臣服，并定期效忠。寺庙土地因为人烟稀少，不需按传统向寺庙缴税，而是在庙会等宗教节日斋僧供养。孟族地区因有货币流通，其税收也是货币税，主税种都是4角银币，此外再加2角给主事的大小官员，水牛按头、旱田按面积、盐按罐等各自不同的单位征收。各税种中有一个特别的税种就是金花税，这就是孟族统治者每年定期向缅王效忠时必须进贡的金银花树，在东南亚半岛地区这是一个普遍的惯例。该税之前的惯例

---

① 《贡榜早期地方行政》，第363—364页。
② 《基础缅甸政治史》第二卷第二册，第101页。
③ 同上书，第100—101页。
④ 同上书，第101页。1缅斤=100缅钱=1666.67克。
⑤ 《贡榜早期地方行政》，第353页。
⑥ 同上书，第364页。
⑦ 同上书，第369页。

都是每户4钱银子，到柏东王时期，改为1圆银票。[①] 在莫塔马地区有专门为国王开采白银的王役组织，每年向王仓缴纳11缅斤的白银。负责捕象的王役组织则每三年直接向国王进献10头已经驯服了的大象。[②]

　　缅甸林产品丰富，有众多针对林产品的税种，包括树脂税、蜂蜡税、椰子税、槟榔税。这些税种只有以此为业的人缴纳，树脂税和蜂蜡税一般为10%。椰子税和槟榔税如果属于纳税树木，则按树的棵数征收，一般每棵椰子树征收一只椰子，每棵槟榔树征收5粒槟榔。如果树木直接属于国王，则在扣除相关费用后所有收获物都归入王仓。槟榔税有的城镇分成两份，一半上交王仓，一半由当地头人和大小官员分享；也有一些地方分成三份，一份上交王仓，一份归负责办事人员，一份由村镇头人享用。

第三节　贡榜王朝前期的社会与文化

一、贡榜王朝前期的社会

　　贡榜前期社会阶层有明显的划分，有缅甸学者划分为八个阶层：僧侣、王族、婆罗门、官员、富人、平民、穷人、奴隶，[③] 这种划分的依据有些不统一。从大的方面来看分为贵族和平民，但是在每个阶层内部又有更细致的划分，僧侣、王族、婆罗门、官员、富人等都属于贵族。

　　僧侣属于宗教界人士，基于佛教在缅甸的崇高地位，僧侣的地位是高于国王的。

　　国王是一国至尊，在世俗社会中拥有至高无上的权利，是全国土地和水的主人，是全国民众的主人。同样王族其他人士也拥有比普通人更高的地位。在王族内部也是等级森严，比如国王的后宫嫔妃、王子公主们的地位不同拥有的仪仗、食邑的土地都是不同的。

　　婆罗门、官员、富人是受国王赏识的人，属于贵族之列。婆罗门主要为国王主持各种仪式，因此国王是离不开婆罗门的，他们知识渊博，并且也是属于接受布施的人，但是地位并不如僧侣高。官员包括上至枢密院大臣下至各地方的王役组织头领，分为国王任命和世袭两个系列。富人虽然不是王役组织成员，也是国王所器重的人，但是这里的富人并

---

① 《贡榜早期地方行政》，第371页。
② 同上书，第373页。
③ U Tin, *The Royal Administration of Burma*, p.138.

不是指所有富有的人，而是指国王认可的富有的人，这些得到国王器重的富有的人拥有和一般富人不同的特权，比如所佩戴的首饰、居住的房屋、贸易的税收等都不同。如果没有得到国王的认可，无论如何富有，其衣食住行也只能比照平民的标准。

贵族毕竟只是社会群体的一小部分，普通民众才是社会的大多数，包括王役组织成员中的大多数和平民。

王役组织成员包括两部分，一部分是各级官员（这一部分归入贵族之列），另一部分是为国王承担各种役务的普通人，他们或按职业或按民族或按国籍被分配在不同的区域集中居住。承担王役的各组织也分等级，其中规模最大地位最高的是承担兵役的人员。到贡榜王朝时期，王役组织的人员根据类别又有了一些特别的称呼。比如：素银（Su Yin），字面意思"亲兵"，缅族人中的服役者；素查（Su Cha）也是指服兵役者，但他们是从外国人中招募的，比如火枪队中有来自老挝的火枪手，共3,460人。骑兵中，有卡随骑兵6,220人、克车骑兵9,610人、掸族骑兵8,860人、清迈骑兵1,970人。象兵队有1,050人（包括捕象人和驯象人），其人员主要来自王室子弟和官员子弟，或者来自阿瑜陀耶、清迈、若开的王室子弟或这些王国的官员子弟。他们与照看大象的服役人员不同，不需要定期地照看大象。当国王外出征战或班师回朝时，他们会戴上头盔，打扮成王子的装扮，坐在盛装打扮的大象身上护送国王。但是，每一位骑象的人都必须知道如何驾驭大象。[1]在都城阿摩罗补罗为国王制糖的王役组织中也发现有华人的身影。素基（Su Gyi）是指禁卫军，他们也是王役组织的一种，指守卫王宫和守卫都城的士兵，分为内六军、外六军和火枪队、骑兵、象兵等正式的军人。虽然名称不同，他们与素银和素查所担任的任务是一样的，这两个称呼的差别仅针对其来源；素堆（Su Thei）是指守卫国库的人；素努（Su Nu）通常是指为王宫内生产金银线绣品和金银器皿以及为器皿镶嵌珠宝等与文化艺术相关的服杂役组织。他们包括了印度人、暹罗人、孟族人、掸族人、卡随人和缅族人。他们都在国库司库的管辖之下；素坚（Su Gyan），是王役组织中干粗活的人，包括船员、乐手、狱警及其助手、刽子手和行刑者、纺织工和九种奴隶的后代（勃固的奴隶、卑谬的奴隶、王室奴隶、贵族奴隶等）。各种服役组织在需要的时候赴京城或国王需要的地方服役，其余的时候在居住地从事农业，大家轮流服役。每十年要进行一次服役组织的普查，

---

① U Tin, *The Royal Administration of Burma*, pp.536-538.

以确定人数的增减，便于中央掌握可供支配人力资源的多少。

王役组织虽然都是为国王承担各种役务，但是根据所承担役务的不同有等级区分。由于王役组织以兵役为主，所以军人在王役组织中的地位最高。王役组织的等级大致为：兑道、骑兵、火枪兵、素堆、素努、素坚。[1]关于王役组织的等级、数目等关系到缅王的兵源和财源，因此历代国王都有详细的记录并放在国库中保存，然而这些资料大多毁于战火。

王役组织一般被安排在缅甸中部地区，以皎栖、马达雅和瑞波地区为多。这里既是传统的灌溉农业区，也是缅王能够直接控制的区域，便于国王调遣。

缅甸贡榜王朝社会成员的另外一个重要的群体是平民。贡榜王朝前期的平民依然和东吁王朝一样，分为三类：即温内、阿拉和嘎巴。平民们平时在国王任命的村社头人的管理下耕种村社土地，他们耕种的土地称为"平民地"，村社的土地都是由平民来耕种的。由于平民的范围分布较广，几乎各地乡村都有，又很重要，是国家税收的主要来源，在中央会有专门的大臣及其助理负责平民事务。平民赋税为收获物的十分之一，此外还要上交一部分给头人及负责官员以及补偿运输过程中的损耗，其总的税赋负担约为14%。如果国王有需要，还要承担12种役务，不过这12种役务大多和生产土特产相关，但并不需要同时承担，而是根据所在地的特产和国王的需要进行。此外，平民们不需要再承担别的役务，但是，有时国王派兵打仗时人手不够也会拉一些平民在军中充当较为低级的步兵或后勤人员。另外国王出兵时平民们需要出钱，一般以户为单位，每户出若干。一般来说平民属于穷人，但是在社会地位上高于奴隶。

贡榜王朝前期奴隶继续存在。按律法分为四类，即：债务奴隶、私有奴隶、战俘奴隶和寺塔奴隶。也有把奴隶分为12类者：王赐奴、罪犯奴、盗贼奴、战俘奴、亲朋奴、奴生奴、赦罪奴、寺庙奴、购买奴、赠予奴、典身奴和家奴。由于奴隶也是一个重要的人力资源，因此在国王的诏令中屡屡出现关于奴隶的规定。例如，1795年的一份诏书规定"奴隶可以分为生而为奴、被父母卖身为奴、战俘奴隶、寻求庇护或缺乏其他的谋生手段者等几种；战俘奴隶如有能力可以逃脱，从这个意义上来说不是真正的奴隶；其他奴隶可以寻求寺庙的庇护，但奴隶不可以出家为僧，除非征得主人同意；有人会为逃避刑罚而成为奴隶；因国王诏令

①　U Tin, *The Royal Administration of Burma*, p.306.

成为奴隶者其后人不被视为奴隶"。[①] 债务奴隶如果有了可以赎身的钱是可以赎身的，他们也不被视为买来的奴隶，更像是以劳务抵债者。在缅甸王朝社会早期，寺塔奴隶的社会地位并不低，一些王公贵族和有钱人为了积功德也会将自己或子女施给寺塔为奴一段时间。越到后期，这种现象越来越少，寺塔奴隶成为一个专门的阶层。奴隶处于社会的最底层，如果奴隶主打死奴隶不用赔偿，只要承担一定的官方的惩罚即可。如果因奴隶不听话，主人不慎打死奴隶，主人可免予刑罚。如果隶属于王役组织的奴隶被打死，则主人需要赔钱。[②]

二、贡榜王朝前期的文化

（一）宗教

贡榜王朝前期在宗教方面，王权积极介入宗教事务，加强对宗教的控制，表面上虽然仍是神权至上，以利体现王权的权威性，实际上却将王权牢牢地置于神权之上。柏东王任命了主管宗教事务的官员摩诃丹蕴（Maha Danwun），组成12人的宗教事务委员会，由摩诃丹蕴负责共同管理宗教事务；严格僧侣考试制度，只有通过考试者才能继续为僧，否则还俗；给寺院经济一定的发展空间但又限制其过度膨胀。柏东王本人也表现为非常热衷于各种积功德的行为，曾下令在敏贡修建"四大"佛教建筑。在他的影响下，缅甸"俗最重佛，生平有所余积，概以布施，无所吝惜。喜造浮屠，金碧华丽。每一村一镇，必有数十塔也"。[③] 柏东王时期，还派出"僧人前往斯里兰卡，同时带去巴利文献，传阿摩罗补罗僧派至斯里兰卡"。[④] 历史上多是缅甸向斯里兰卡取经，这是缅甸佛教向来源地的一种反哺。

这一时期寺庙依然承担着教育职能。这种教育职能有两个方面的含义，一个是传统意义上的与佛教教义相关的教育。男童们因为都要出家，因此有机会在寺庙里接受教育，主要学习佛教教义，也学习文学和简单的算术。也有一些寺庙除了教授佛教经典外，也教授世俗的某些谋生技能，如占卜、诊病、按摩、手工艺、武术等，涉及医学、军事和手工艺等各个方面，应该说是对社会教育的有益补充，属于职业教育的一部分。但柏东王以教授武术、刀剑法和军事技能会让民众习得反叛的能力，且

---

① 《缅甸国王诏令集》第五卷，第57页。
② 《基础缅甸政治史》第二卷第二册，第167页。
③ 《西辔日记》，转引自余定邦编《中国古籍中有关缅甸资料汇编》下册，第1200页。
④ 《南传佛教史》，第163—164页。

不是真正僧人所为为由下令取缔此类寺庙，但遭到民众反对，四年之后又不得已取消了这一命令。[①] 但是寺庙中教授世俗技能之事一直为一些所谓正统的寺庙所不屑。

由于佛教在缅甸具有深厚的根基，因此国王对于其他宗教在缅甸的传播并不禁止。吴昂泽亚王时期，甚至还在美都镇修了四座清真寺布施给穆斯林。[②] 他攻打丁因时对于在当地的天主教传教士并没有驱逐，而是允许他们自由传教。东吁王朝时期被镇压的勃利多手下的葡萄牙人被迁往上缅甸居住，到柏东王时期他们还依然居住在上缅甸的前达、孟拉、羌乌、纳派等村庄，在人口普查中也是单独列出的。

但在这一时期内除佛教外，其他宗教并没有新的发展。

（二）教育

缅甸的教育，从古代到封建王朝解体一直是以寺庙为中心进行的。在缅文中，"寺庙"和"学校"是同一个词，因为按缅甸佛教习俗，男人一生至少出家一次，家长一般在孩子五岁时就送到寺庙，开始人生第一次出家。在寺庙中，不分年级，也没有课本，跟着僧侣学习基本的读写算知识，之后就学习《吉祥经》及其他佛教经典。贡榜王朝前期时寺庙教育相当发达，识字人数也很高。缅甸传统中除了寺庙教育之外还有一种私塾，主要为女孩子和未去寺庙的男孩们开设，但数量不多，只有寺庙学堂的十分之一左右，教授的也只是简单的读写算等。

（三）医疗卫生与保健

自古以来缅甸就有缅医缅药的传统。19世纪初，缅甸大力学习引进国外医药成为一个潮流。据载，1807年就有人从印度带回了古印度某些医典；1809年10月1日，锡兰岛上的加勒土司和科伦坡土司向缅王进献了两部古印度医典；1814年4月27日，印度贝勒拿斯王赠送古印度医典多部。这些医典都是用梵文或巴利文写就的药典，柏东王在位时，曾请貌唐大法师主持将它们译成缅甸文。据载，到1806年时，已有15部译妥。[③]

16世纪，随着西方人的到来，传教士将西医技术带到了缅甸。1728年5月，一位名叫安吉罗·凯普罗（Brother Angelo Capello）的外科医生来到缅甸。1787年，伊格内齐·德·布里托神父（Father Ignazie De Brito）用缅文写了一部欧洲医典。

---

① 《基础缅甸政治史》第二卷第二册，第180页。
② 同上书，第181页。
③ 同上书，第168页。

当时缅甸人很注意健身，年轻人在空闲时常常举行划船、骑马、拳击、游泳、踢藤球、摔跤、马球等比赛。

（四）图书出版

在缅甸出版缅文书籍始于贡榜王朝柏东王时期。1816年，印度的基督教传教士把缅文的铅字模型和印刷机送给了在缅甸的美国浸礼教会传教士，10月，出版了第一批缅文书籍，分别是《基督教历史传记》《知识细则》《常规法理》《佛法问答》等，此后各种书籍开始源源不断地印刷开来。

（五）文学和艺术

贡榜王朝前期仍与以前各王朝时一样，佛教文学与宫廷文学发达。虽然不少作品也反映了社会现实生活，但大多仍是应诏、应制文学。可简单概括为继承和发展了前人的文学遗产，同时也有某些创新。尽管这一历史时期比较短暂，不过60余年时间。没有出现一流的作家，也缺少水平较高的作品，但为贡榜王朝后期文学的蓬勃发展创造了有利条件。

按作品形式可分为散文与诗歌两大类。散文类又可分为历史札记、奏章判卷、释义辞书、小说、剧作和书信体等几类作品；诗歌类则包括词曲和多种诗体。历史、札记、奏章、判卷等作品实际上都是属于政治、法律类的作品。到了贡榜王朝时期，这类作品比以前王朝多了很多。先后出现的札记有吴昂泽亚在位时阿杜拉大法师的《社会法理大全》，茵永大臣的《社会活动指南》，描述宫廷传统习俗的柏东王的王储内务大臣泽亚丁卡亚所著的《金宫缘起》。法典、判卷、奏章之类有吴昂泽亚王时期遵温邦玛泽亚的《摩奴法规典》，柏东王时期耶色久法庭仰达梅觉廷所著的《耶色久法庭判卷》，信珊达林加的《宝石》（人称《波亚扎奏章》）等。史书类有顿丁敏纪奉柏东王之命写成的《顿丁新史》，蒙悦大法师所著《蒙悦史》，信加威达亚所著《定耶瓦底征战史》，列维诺亚塔与顿丁敏纪分别撰写的两部《阿朗帕耶征战史》等。还有佚名的《华人莅缅各地记》也是这一时期的作品。这类作品大多文风简洁、语言洗练、阐述明晰。

这一时期也出现了不少释义辞书类作品。其中有不少是问答式的，比如记录阿杜拉大法师回答吴昂泽亚王所问的《王廷传统问答》，蒙悦大法师回答蒙悦室利玛拉所问的《一切种智释》，貌唐大法师回答柏东王所问的《回禀大王所问》等，著者都是引经据典、谈古论今全面地回答了所提问题，使读者大开眼界，增长了许多有关缅甸的知识。还有的是诠释经典作品或阐释词源词义的，比如蒙悦大法师的《修行诗释》，盛达觉杜吴奥的《加威莱克那正字典》，基甘辛基《正字法问题大全》，基德雷榻大法师解答基甘辛基所提问题的《著明百科》，以缅甸人的观点分析缅甸文的第二觉昂珊他大法师所著的《词诠》等。

小说类作品发展尤快。佛教小说在贡榜王朝前期有底贝茵大法师所著《佛陀自述》等；《本生经》中的第538—547号故事最长，合称"十大佛本生故事"。1782—1787年，十大佛本生故事中的《德弥》、《阇那伽》、《奈弥》、《玛霍达塔》（亦有按意译译作《大隧道本生》者）、《山达古玛拉》、《那拉达》、《韦杜拉》和《维丹达亚》八部作品由敏巫大法师吴奥巴达译成缅文，《杜温那达玛》和《布利达》另两部佛本生故事则由信彬尼亚德卡和信南达梅达两位法师分别译出。柏东王在位时，第二良甘大法师写成散文体的《五百五十本生故事》，流传更广，影响深远。佛教小说方兴未艾，蓬勃发展，辛古王在位期间，又出现了凭借个人智慧创作的缅甸第一部神话幻想小说《宝镜》，作者为瑞当底哈都。

在贡榜王朝前期，散文类作品中被称为"密达萨"的书信体作品也比前朝有了进步。这类作品最著名的作者要属僧侣作家基甘辛基。

诗歌类作品中，有用缅甸文坛早已出现的诗体写的，有用新创造的诗体写的，也有经由诗人的二次发掘，使原已濒于绝迹的古诗体或民歌、乐曲重新焕发青春活力而改写的作品。如比釉诗是阿瓦时期兴盛起来的一种叙事体长诗，而且绝大多数都是写佛陀轶事的。到了贡榜时期仍出现了蒙悦大法师、吴轩、吴瑞琪等几位写作比釉诗的作家。但也出现了独树一帜的、像盛达觉杜这样写出训导世人的《奇异教诲篇》比釉诗的诗人；列维通达拉还用这种诗体来表现军事主题，他写过《战略篇》《军事》《可爱的军士》等比釉诗。再如"茂贡"诗是这一时期发展起来的诗体，不仅有歌功颂德的描写国王德政的，也有讲述外交友好往来的。像越马沙纳瓦德所著《中国使节莅缅记》就是这样一部诗。"雅甘"和"达钦"也是在这一时期发展起来的诗体，瑞当南达都的《梅农》雅甘、吴都的《罗摩》雅甘等都是闻名遐迩的代表作。[1]

这一时期的缅甸戏剧、音乐和舞蹈也有较大的发展。究其原因，1767年美都王在征服阿瑜陀耶后带回一大批阿瑜陀耶艺人和罗摩、伊瑙等剧作是其中最主要的原因。直接的影响就是使缅甸的文学艺术更加丰富了，给缅甸传统的文艺增添了新的文学形式、新的舞蹈、新的音乐、新的歌曲。缅甸以武力征服了阿瑜陀耶，但阿瑜陀耶的文化，尤其在文

---

[1]　贡榜前期的文学状况参见《缅甸文学史》，第113—115页。

学艺术等方面却开始对缅甸产生了深刻影响，罗摩剧的兴盛就是一个典型的代表。

早在5世纪缅甸出土的陶片上就已经出现了哈努曼寻找悉多、被因陀罗抓获、火烧楞伽城等画面。此后的蒲甘王朝、阿瓦王朝和东吁王朝时期，罗摩故事中的片段都曾在缅甸的文学作品和绘画雕刻艺术中出现过，但是和《罗摩衍那》中的情节并不相同，因为缅甸流传的有关罗摩的故事内容多是来自佛本生故事中的《十车王本生》。但罗摩衍那和佛陀罗摩并不是一回事，从古至今演出的罗摩剧是根据印度诗人蚁垤所著的史诗《罗摩衍那》为脚本，而佛陀罗摩则是佛陀本生里的一段。虽然印度史诗《罗摩衍那》和与罗摩有关的佛本生故事《十车王本生》都有在缅甸存在过的痕迹，但是这些线索比较零散，史料显示，罗摩故事在缅甸并不是系统而完整地存在。罗摩故事在缅甸的真正繁荣是在贡榜王朝1767年征服阿瑜陀耶之后，来自阿瑜陀耶的罗摩剧丰富了缅甸文学的题材，无论从其内容还是文学形式上都呈现出多样化的趋势。

1767年阿瑜陀耶艺人来到缅甸后，他们就用泰语、用从阿瑜陀耶带来的罗摩剧本等在缅甸宫中演出。阿瑜陀耶艺人的到来为缅甸的戏剧注入了全新的元素，开创了由真人演出戏剧的艺术形式（之前都是木偶戏形式），丰富了缅甸宫廷的文化生活。这些剧目得到王室的青睐，引起重视后，王室开始组织人员进行本地化创作。随着这些戏剧、歌舞在缅甸的流传，缅甸本地艺人也加入到演出中，阿瑜陀耶的艺术渗透入缅甸的戏剧与歌舞艺术中。今天虽然名称上仍冠有阿瑜陀耶歌、舞等，但是这些艺术已经完全融入缅甸传统的戏剧和歌舞艺术中去了。

缅甸较早出现的罗摩故事文本有1775年吴昂漂的《罗摩达钦》和1784年吴都的《罗摩雅甘》，但以罗摩故事为脚本的文学艺术在缅甸得以繁荣最直接的推动者是缅甸王储彬西王子。

1789年，彬西王子召集了八位在文学和音乐方面有造诣的人士组成了编写小组，编写缅文版本的罗摩故事。这个八人编写小组的规格相当高，可以说囊括了当时宫廷文学和艺术的一些杰出人物。

缅历1151年（1789年）9月16日，奉王储殿下的命令，与阿瑜陀耶和清迈等地的翻译切磋后将上述两地的传说故事译成缅文，选取完全适合在宫内演出的剧目、情节，并为其配上适当的诗句，特选拔下列人员担当此任：负责谱曲的有辛古王的王后德钦敏密、彬西食邑敏目王子、莫莱达村食邑摩诃难陀尧达、别岱传令官泽亚丁卡亚（即后来的妙瓦底敏纪吴萨）；负责文字写作的有摩隆食邑敏耶仰达梅、牟达食邑内谬觉苏瓦（诗人）、王储传令官金库总管内谬泽亚觉都（即罗摩雅甘作者吴都）、东吁侯德多杜德玛亚扎。[①]

　　上述八位成员分为两个小组，分别负责文字和音乐编写。他们代表了当时缅甸文学和艺术的最高水平。其中吴都是《罗摩雅甘》的作者，他的雅甘诗完成于1784年，比罗摩剧还早五年。据说吴都的雅甘诗来自马来亚和阿瑜陀耶版本，与宗教气息浓厚的梵文版本不同，文学气息更浓一些，因此和泰国的《罗摩颂》更接近一些。1789年，缅甸专门派出代表团前往当时的泰国和马来亚考察当地的罗摩剧和伊瑙剧的情况，为缅甸编纂宫廷罗摩剧和伊瑙剧做前期准备工作。[②]除了剧本进行本地化以外，王宫中还精心制作了演出用的面具、道具等。从后来罗摩剧演出的一些画像和照片看，服装和道具也有逐步缅甸化的趋势，但基本保留了阿瑜陀耶罗摩剧的特征，如戴面具演出等。除了组织力量编写适合缅甸演出的剧本外，还设立了专门主管戏剧的机构和官员——戏剧大臣，无论国王或者国家有什么需要可以立即调来表演，还为艺人们制定了规章守则，违反者戏剧官可以对其随意处罚。

　　当年除了这八人小组创作了罗摩剧外，妙瓦底敏纪吴萨从泰文译成了伊瑙剧，东吁侯德多杜达马亚扎独自完成了丁卡巴达剧（Thinkhapatta），由德钦敏密独自完成了给达悉利剧（Ketharthiri）。这四部戏剧中，罗摩剧、伊瑙剧和丁卡巴达剧是缅甸宫廷剧的三大主力，都来自阿瑜陀耶。但这四部戏剧后来的命运也各不相同，罗摩剧和伊瑙剧最受欢迎，演出的历史也比较悠久，其他两部后来就不见于记载了。起初这些戏只在宫廷里演出，又称为"宫廷戏"，没有国王的允许是不能随便演出的，因此最初罗摩剧等尚未进入民间。罗摩剧等由一个外来剧目逐步为缅甸人所接受，成为缅甸传统保留剧目，并为缅甸音乐和舞蹈增添了新内容。这显示了文化传播的力量，也说明了文化无国界。

　　贡榜王朝的音乐舞蹈也深受阿瑜陀耶的影响。缅甸虽然自古以来音乐舞蹈就很繁荣，从《新唐书》对骠国献乐的记载可以充分领略到这一点，在缅甸音乐和舞蹈方面，同样随着阿瑜陀耶宫廷艺人们的到来也出现了阿瑜陀耶曲和阿瑜陀耶舞。阿瑜陀耶曲是指利用阿瑜陀耶的乐曲填

---

① ［缅］特伦：《缅甸戏剧与罗摩剧》，《缅甸星光报》2002年8月25日。
② ［缅］貌登奈：《缅甸戏剧史》，缅甸联邦宣传部，1968，第209页。

上缅文歌词而形成的新歌，这些乐曲大多来源于上述的宫廷剧。在这些戏剧的演出中，不同的场景配有不同的音乐，因此每部剧中都有若干段乐曲，一些曲目逐渐受到大家喜爱而被拿出来单独演奏，但因为歌词是泰语，不能满足宫廷内的需要，后来宫廷剧八人编写组成员之一的彬西王子为其中的八首阿瑜陀耶乐曲配上了缅文歌词，从此这些歌曲以缅甸艺人为主进行演唱，这实际上是阿瑜陀耶音乐的缅甸化，也是戏剧艺术的延伸，缅甸的艺人在学会这八首乐曲后基本上就具有了阿瑜陀耶曲的基础。后来另一位编写组成员妙瓦底敏纪吴萨又为另外4首阿瑜陀耶曲配上了缅文歌词，这12首来自阿瑜陀耶的歌曲就逐步在缅甸社会流传了。为了便于缅甸的艺人们记忆还写了一首诗，将这些歌的名字巧妙地嵌入诗中。[①] 后来更多的乐曲从戏剧中抽离出来单独演奏，现在的缅甸古典音乐中有80多首阿瑜陀耶曲。[②] 阿瑜陀耶音乐大大丰富了缅甸古典音乐的内容。

虽然在贡榜王朝之前缅甸或许也存在过阿瑜陀耶舞蹈，东吁王朝初期勃印囊也曾攻陷过阿瑜陀耶城，同样带回了很多艺人，当时肯定也有阿瑜陀耶的歌舞艺人表演，但并没有流传下来的证据。现在的缅甸舞蹈当提到阿瑜陀耶舞时指的应是1767年后出现的改编自阿瑜陀耶舞蹈的艺术。在缅甸舞蹈界也有一句俗语："缅甸舞蹈，始于阿瑜陀耶。"这么说有失偏颇，毕竟自阿瑜陀耶宫廷艺人到来之前，缅甸舞蹈至少已经有千年以上历史，其次缅甸舞蹈和阿瑜陀耶舞蹈在风格上也有很大差异，但是从一个侧面说明了阿瑜陀耶舞蹈对缅甸舞蹈的影响。

如同缅甸的阿瑜陀耶曲来自四大宫廷剧一样，这些阿瑜陀耶舞也直接脱胎于这些剧目。有时直接自这些剧目中选取片段进行演出，有时会稍加改变。至于阿瑜陀耶舞蹈的特点，即便改变了一些节奏，但柔美的特点依然保持。按照内容的不同，这些舞蹈又被赋予了新的缅甸名字，经过200多年的发展，现在这些舞蹈多作为传统独舞表演，其动作也缅甸化了不少。

缅甸贡榜王朝时期的阿瑜陀耶舞是如何跳的，今天已经无从知晓，但是流传至今的缅甸阿瑜陀耶舞和当代泰国的阿瑜陀耶舞却有所不同：缅甸的舞要摆动腰，泰国的不用；缅甸需要肘部弯曲，泰国的肘部比较直；缅甸的手可以举过头顶，泰国的手放在脸的正前方；缅甸的手指并

---

① 《缅甸百科全书》第11卷，第17页。
② ［缅］拉德门：《缅甸罗摩衍那》（缅文），缅甸红宝石出版社，1998，第58页。

起来弯曲，而泰国的则尽量把手指张开再弯曲。缅甸的迈步时两条腿都可以迈，泰国的只迈单侧腿；缅甸的膝盖下压，泰国的抬起膝盖。[①] 这些动作细节特征显示，缅甸的阿瑜陀耶舞在原阿瑜陀耶舞蹈的基础上加入了本民族的舞蹈因素。

缅甸舞蹈界还有"阿瑜陀耶舞全靠脚"的说法，说明脚底的稳固是非常重要的。由于阿瑜陀耶舞蹈动作复杂，对全身的协调性要求高，规矩很多，要求伴奏与舞蹈、舞蹈与身姿、身姿与表情都要协调一致。阿瑜陀耶舞蹈的所有动作和所有曲目只有罗摩剧演员才能全部掌握，因此在缅甸舞蹈界会跳阿瑜陀耶舞显示的是一个演员的艺术水准。

除了上述以12首阿瑜陀耶乐曲为伴奏的舞蹈之外，还有几个源自阿瑜陀耶的舞蹈：罗刹舞直接取材于罗摩剧中的十首魔王；油灯舞也是东南亚一带的特色舞蹈，在印尼、马来、柬埔寨、泰国等都有这个舞蹈，这个舞蹈的传播路线和罗摩故事的传播路线基本相同，舞姿虽然在各地稍有不同但差别不大。

缅甸学者认为，缅甸目前的古典舞完全沿袭古代的阿瑜陀耶舞。其实这里很难说哪个才是阿瑜陀耶真正的舞姿，因为泰缅双方的古典舞都在不断地变化和互相借鉴。首先，缅甸的阿瑜陀耶舞在发展的过程中不可避免地融入了本民族的动作，从前文对两国阿瑜陀耶舞的对比可以看出，缅甸的阿瑜陀耶舞更加注重身体各部位的弯曲度，这是缅甸传统舞蹈的特色。从蒲甘和阿瓦时期的壁画也可以看出这一特色。另外缅甸阿瑜陀耶舞的演员服饰虽然大体看上去还有阿瑜陀耶特色，但一些细节已经有了很大变化，如女演员的服装无论从花纹还是样式已经是纯粹的缅甸样式了。而男演员服装前面的飘带，泰国的是简单的长条形，缅甸的则是比较华丽和复杂的长条形了。其次，1767年阿瑜陀耶的陷落对阿瑜陀耶的艺术破坏力是巨大的，把宫廷里的艺术人才都带到了缅甸，对阿瑜陀耶艺术来说经历了一个断层期，包括阿瑜陀耶非常有名的《罗摩颂》都是1797年重新编写和创作的。同样的，阿瑜陀耶的音乐、戏剧、舞蹈也经历了一个重建过程，在这个过程中失去了优秀的人才，失去了可供参考的资料，所重建出来的阿瑜陀耶舞也存在着和原来舞蹈不同的可能。此外，理论上泰国文化受高棉文化的影响非常深，文化重建的过程中也曾入侵过柬埔寨，泰国阿瑜陀耶是否借鉴了柬埔寨的艺术风格还有待进一步研究。

---

① ［缅］班德亚敏昂：《缅甸舞蹈史》（缅文），缅甸甘道格雷出版社，1969，第159页。

第四节　贡榜王朝前期的对外交往

贡榜王朝前期是其上升期，随着缅甸国内的统一，其国力逐渐强盛。先后与周边两个大国中国和阿瑜陀耶发生战争。由于其历史上在中南半岛的强势地位，也助长了其统治者的狂妄与自负，在与西方殖民者打交道的过程中依然沿袭与东方邻国的策略，为其后续的历史悲剧埋下了导火索。

一、与中国的关系

贡榜前期中缅之间的关系可以用"先兵后礼"来形容。1750年，当时还是东吁王朝末代国王的摩诃达马亚扎迪勃底派出使团出使北京，受到乾隆皇帝的热情接待，但当使团1752年返回缅甸时，缅甸国内已经改朝换代，贡榜王朝建立。清王朝和缅甸官方建立的直接联系刚刚开始就中断了。贡榜王朝在统一了上下缅甸之后，很快就开启了对外扩张的道路，与周边强大的阿瑜陀耶王朝和清王朝都发生了战争。

清缅战争是在贡榜王朝强势崛起的背景下不断向缅甸北部的土司地区扩张所致，在吴昂泽亚时期即为了巩固统治而不断巡视掸邦地区，迫使土司臣服，并在当地征收相当于贡赋的"花马礼"。对贡榜王朝扩张势力范围的意图清政府有所警觉。战争爆发的直接原因则是孟艮土司内讧后为争夺权力，各自投靠清王朝和贡榜王朝，勾结地方官员与他们一道，从中挑拨两国的关系，直接导致战争的爆发。同时，清王朝和贡榜王朝本来对于边境土司控制力薄弱、边境概念模糊不清，当地土司们一直持"墙头草"的暧昧态度，以及两国官方外交渠道不畅，也是导致战争爆发的重要原因。

1765年冬，由于孟艮土司职位之争，缅王派数千缅军以追捕召孟容之子召丙为由，兵分两路进犯车里（即西双版纳）。当时的云贵总督刘藻乃一介书生，没把缅军放在眼里，导致缅军深入云南境内的耿马、孟连等地劫掠。1766年2月，刘藻被撤职，自杀，由陕甘总督熟悉军务的杨应琚接替。这一阶段，清军失利。

1766年4月，杨应琚到任，清军已经在提督达启的指挥下收复了缅军占领的地区。但是清军对敌情估计不足，且不适应缅军的声东击西、多点进攻、诈降等游击战术，且战将贪功，不据实禀报军情，上层不能了解真实的战况，以致被对方牵着鼻子走，虽然最后收复了大部分被占领地区，但一直处于被动应付的局面。为此，乾隆帝将杨应琚革职拿问，赐死，改派自己的女婿明瑞担任云贵总督，统帅战事。

1767年5月，明瑞到任。明瑞特从北京带来八旗兵3,000人，又抽调四川兵8,000人、贵州兵10,000人、云南兵5,000人，共计2万多人。[1]原本等旱季来临再开始的进攻，因缅军从8月起就不停地在西双版纳地区袭扰，于是9月24日，在雨季尚未结束前就命明瑞率领"一路大军由宛顶（即今畹町）经木邦进攻阿瓦"，"一路由虎踞关往猛密攻打老官屯，再进攻阿瓦。此路兵马由额尔景额、额勒登额、谭五格率领"。[2]清军改变了策略，目标直指对方的都城阿瓦，试图从根本上解决边境问题。清军集中了优势兵力，募集了充足的粮饷，直奔阿瓦，但以兵力数量看这个目标还是太高了，清军在边境地区未曾稳固就贸然出击，很快陷入被动。由于两路大军没有形成互相支援的态势，清军孤军深入后只能被动挨打，再加上清军不熟悉地形和不适应当地气候，染病，清军战力下降。

1768年，缅甸因为暹罗境内的复国战争而疲于应付，为了避免两线作战，缅方请和，希望彼此罢兵，照常通商贸易。但清军前期损失较大，未对此及时回应。缅甸见请和许久得不到消息，态度便又强硬起来，但双方并未开战。1769年3月，傅恒奉命抵达昆明，征调"满洲兵6,000人、索伦兵1,000人、厄鲁特兵340人、荆州四川驻防满兵4,000人、贵州兵9,000人、增派火器营兵4,500人、健锐营兵2,500人，"[3]打破以往秋后进兵的惯例，在缅军尚未做好准备的7月就开始进兵。但这也同样给己方带来了很大的不利，因雨季开战，以北方人为主的清兵难以发挥兵力。经过三个月苦战，清军仅收复了猛拱、蛮暮，缅军退守老官屯，最后双方在老官屯对峙一个多月，毫无进展。11月，缅方派出代表求和，双方几次接洽，最终在老官屯议和。

清缅战争的发生主要还是贡榜王朝强势崛起后的对外扩张所致。清缅战争历时四年多，清军屡次失利，虽然在领土上未有大的损失，但人力财力损失惨重。

（二）双边关系的恢复

清缅战争结束后双方的关系并没有立刻恢复，这是由于双方对所签订的议和条件有分歧。当时清朝提出"汝国欲贷天讨，必缮表入贡，还

① 《中缅关系史》，第139页。
② 同上书，第141页。
③ 同上书，第152页。

所拘絷官兵，永不犯边境"。[1] 但是缅方的说法是，由于缅军守将波拉敏廷指挥有方，中国军队无法取胜，在瑞良彬一战中，清军战败，希望讲和，缅军统帅摩诃底哈都拉同意，双方在老官屯签订合约。合约内容：允许清军安全撤回；按古例进行贸易；每十年双方互派使节。[2] 还有一种说法是："中方交还到中国避难的缅甸国王属下的登尼、八莫、孟拱三土司；双方交换战俘；两国友好结盟，每十年互派使团；与缅方各属下交往如故。"[3] 双方对合约内容有分歧，但分歧的焦点却不在一起，缅方迫切要求清朝尽快开关贸易，而清朝却"贡表一日不至，沿边货物一日不可令通"。双方各执己见，使两国关系在接下来的十余年间非常冷淡。

1782年，柏东王即位后，主动与中国修好。1788年，柏东王派出使节带领100余人到达滚弄江边，叩关请贡，特修书一封解释因宫廷内部斗争久未入贡。乾隆帝非常高兴，命云南地方官员妥为安置和护送，9月到达热河。此后清政府释放了被流放到吉林和黑龙江的四名缅甸人，裁撤沙木笼的驻军，放宽缅甸棉花输入云南的限制等，双方的关系逐步恢复。

1790年，乾隆帝80大寿，柏东王请求册封并派使者赴热河为乾隆祝寿。此后清缅贸易全面重新开放，两国关系进一步密切起来。缅甸1791年、1793年、1795年、1796年、1800年、1806年、1811年、1823年 多次入贡，远远超出了十年一贡的约定。

二、与阿瑜陀耶的关系

这一时期贡榜王朝与阿瑜陀耶的关系以双方持续不断的战争为特点。新崛起的贡榜王朝在吴昂泽亚的带领下经过五年的战斗彻底粉碎了孟人对上缅甸的进攻，逐步统一了缅甸。同时采取一系列措施重建了王役组织，发展生产，整顿吏治，赢得了各地的支持，有了对外发动战争的基础。1760年，吴昂泽亚借口阿瑜陀耶入侵土瓦发动战争。攻下德林达依后到达阿瑜陀耶城下，但时间已经是旱季末期的4月份。在古代的泰缅战争中，双方一般都采用围城战术，而围城战术在短期内是无法达到攻克目的的，5月雨季来临，潮湿多雨的气候造成缅军疾病流行，缅军不得不撤军回国，吴昂泽亚本人也死于回国途中。

---

[1]《中国古籍中有关缅甸资料汇编》，中册，第453页。

[2] [缅]耶波拉苗：《历史上的条约》（缅文），1968年，第75页。

[3] 李秉华、南珍合译[缅]戚基耶基纽：《四个时期的中缅关系》，德宏民族出版社，1995年，第2页。

　　1765年，美都王再次出兵阿瑜陀耶，这次的准备更加充分，而且志在必得。首先是兵力规模空前；其次采取了不同以往的进军路线，从对方防卫薄弱的三塔山口突破；第三，采用围攻、招降多种战术。美都王的这次出兵抱定了必胜的信心，即使雨季来临也没有撤军，而是让士兵就地生产，解决粮食问题。经过14个月的围城后，1767年3月，阿瑜陀耶城终于被攻克。这次战争直接导致了历时四百余年的阿瑜陀耶王朝的终结和阿瑜陀耶城的损毁。但此时，清缅战争仍在进行，缅军统帅被迫班师驰援中缅边境的缅军，仅留下3,000人驻守阿瑜陀耶城。

　　阿瑜陀耶王朝覆亡之后，华裔郑信王（Phya Taksin，泰名达信，1767—1782年在位）于1767年10月驱逐了缅军，收复了阿瑜陀耶城，建立起吞武里王朝。1775年，吞武里王朝又出兵占领了清迈，自此，暹罗在暹缅战争中由被动转为主动。此后两国又为争夺清迈和土瓦进行了多次较量。1785年柏东王调集10万大军入侵暹罗，以失败告终；1786年和1787年缅军两次试图重新夺回清迈的努力也无果而终，清迈再也没有回到缅甸的手中。1792—1793年双方又对土瓦展开争夺，缅军如愿以偿。1797年，缅甸再次试图夺回清迈，没有成功。1802年，缅甸又丧失了对另一重镇清盛的统治。此后，由于缅甸与英国的关系日益紧张，无暇东顾，两国关系遂趋于缓和。

三、与英国的关系

　　贡榜王朝建立之初，英国和法国就在缅甸展开了竞争。当时的远洋航行主要还是木制帆船，柚木以重量轻、耐腐蚀等优点成为造船业的首选木材，缅甸丰富的柚木资源和儿茶、火漆等产品吸引了西方人的注意，他们希望获取更多的利益。1743年英国人在丁因的货栈被毁后一直没有重新开设的打算，但从来往的商人和船员口中得知法国人有夺取恒枝岛的企图，英国人决定先下手为强，一方面派人向伦敦总部报告请求夺取恒枝岛，一方面派大卫·亨特于1752年前往恒枝岛考察柚木情况。得到伦敦总部批准后，1753年4月26日，英国东印度公司派遣亨特在恒枝岛建立了落脚点，此时法国人已经在丁因设立了货栈，并用柚木造船后出口。

　　在吴昂泽亚统一下缅甸的过程中，英法双方都采取了观望态度。吴昂泽亚也担心把英国人推到孟人一边，因此主动和恒枝岛的英国公司负责人布鲁克联系，在攻占勃生后，也没有打扰勃生的英国人。缅孟双方在仰光及丁因地区展开激烈争夺的过程中互有胜负，英国人的态度也有反复，哪一方占优势就支持哪一方，这引起了吴昂泽亚的不信任。

随着吴昂泽亚的节节胜利，英国东印度公司采取了支持吴昂泽亚的做法，1755年9月，英国东印度公司派遣布鲁克带着协议前往瑞波见吴昂泽亚并带来了枪支和火药作为礼物，但是就在布鲁克前往瑞波途中，却有三艘英国东印度公司的战舰支持孟人进攻仰光。这引起了吴昂泽亚的不满，因此根本没有考虑签订合约，也没有批准英国人在恒枝岛居住的合法性，仅口头同意其在仰光和勃生有自由贸易权。

1756年2月，吴昂泽亚为攻取汉达瓦底再次南下仰光，为了获取武器和火药与英国东印度公司联系，双方于5月份在仰光谈判，吴昂泽亚为了从英方获取武器，主动给予英国公司在恒枝岛和勃生设立基地的权利，并将这一情况用正式的镶嵌有红宝石的御用信函请英国代表转交英王乔治二世，却没有收到任何回音。此外，在攻取汉达瓦底而向英方购买武器的过程中，英方也百般拖延，吴昂泽亚感到英国人非常不可信。吴昂泽亚在攻取汉达瓦底后召见英国在恒枝岛的负责人，表达了强烈的不满，但是英国人带来了大炮作为礼物，吴昂泽亚最终还是和英国人签订了协议。协议内容包括：（1）英国人在毛丁岛有永久居住权；（2）在勃生划出一块700平方米的地块供英国人居住；（3）英国人献上一门可以装12缅斤火药、可发射3.2缅斤炮弹的大炮，并同时提供火药；（4）英国人在缅甸有自由贸易权；（5）允许英国人在仰光设立货栈；（6）如果英方帮助缅王攻打其敌人，缅王承担相应的费用。[①]

这是缅甸历史上和西方签订的第一份条约。但是因为当时英法之间正在印度进行七年战争，这份条约并没有立即给英国人带来好处，随着英法战争的结束，英国认为这份合约对其没有什么作用。

1759年10月发生了"恒枝岛事件"[②]，吴昂泽亚派出150名士兵，乘坐3艘战船登上了恒枝岛，杀死岛上的大部分东印度公司职员，仅三四人逃脱。这一事件背后原因是复杂的，既有长期以来东印度公司对吴昂泽亚不履行条约引起的不信任，也有缅王送给英王的信件长期没有回音而认为被怠慢，还有亚美尼亚商人格里高利给缅王献计献策，认为如果不及时阻止英国人，英国人就会像在孟加拉和马德拉斯所做的那样通过获得贸易权而逐渐吞并这个国家。此外，英国人在勃生获得居住权以后，并没有在缅王允许的地方建屋居住，而是在一个佛塔高地处建了一座房

---

① 《基础缅甸政治史》，第二卷第一册，第74页。

② 过去也被称作"尼格拉斯岛事件"。

屋，并命名为"奥古斯特堡"，引起了勃生人的强烈不满。这一切使吴昂泽亚王下决心将英国人赶出恒枝岛。

1760年5月，英国驻马德拉斯总督皮格特派遣阿尔维斯上尉前往缅甸商讨恒枝岛事件解决方案。但他到达首都时，吴昂泽亚已经去世，德勃音王即位。德勃音王认为恒枝岛事件是因英国人支持孟人引起，不予赔偿。双方关系宣告中断。

1790年代，法国人和缅甸王室逐渐靠近，而越来越多的英国商人前来经商。这时已经不是早期的冒险家探索东方和寻求利益，而是有了殖民的企图。1785年缅甸将若开统一进自己的版图，这样贡榜王朝的地盘和英国东印度公司控制的吉大港地区直接接壤了。

第七章

缅甸集权王朝的衰亡——贡榜王朝后期

（19 世纪初—19 世纪末）

随着资本主义在全球的扩张，缅甸也于19世纪中叶卷入了殖民化的进程，王朝由极盛逐步衰落。从1819年实皆王①继位起，经瑞波王（1838—1846年在位）、蒲甘王（1846—1852年在位）、敏东王（1853—1878年在位）、底博王（1878—1885年在位）共五代君王执政后，贡榜王朝覆灭。英国通过三次侵缅战争，逐步蚕食缅甸，1885年俘底博王并将其流放，又用10余年时间镇压缅甸各地的反抗。20世纪初，缅甸成为英属印度的一个省，沦为殖民地的殖民地。由于西方和邻国文化的涌入，且被缅甸主动吸纳，缅甸文化显现得更加多元，获得了进一步发展，文学方面尤为突出，成了"缅甸文学集锦时期"。

第一节　第一次英缅战争前后的缅甸（1819—1837年）

一、实皆王继位后缅甸面临的国内外局势

1819年，柏东王去世，实皆王继承了王位。

此时，英国处于工业革命后期。1814年，历时11年的拿破仑战争最终以英国的胜利而结束，因而英国成为欧洲无人能与之匹敌的世界第一强国。1817—1818年，英国征服了印度马拉特诸邦，完全控制了印度中部与南部。1819年，英国占领了新加坡，控制了马六甲海峡，然后在马来半岛地区获得了槟榔屿和威斯利省的统治权，英国将缅甸作为下一步扩张的目标。缅甸地处中国和印度之间，是英属印度通往东南亚和中国的战略通道。英国殖民主义者们深知如果控制了缅甸，就可以把英属印度与英属马来亚殖民地连成一片，向北可以直达中国云南。因此，1795—1811年，英国东印度公司六次派遣使团到缅甸宫廷，收集缅甸各方面情报。"西姆施在1795年出使缅甸后就提出，缅甸帝国内被称为'勃固'的那一部分地区对于英属印度的重要性，是与三个明确的目标相联

---

① 因该王在未登王位之前曾食邑实皆，故继位后被人称为实皆王。缅甸史书以前多用后世对该王的尊称"巴基道"（意即：尊贵的伯父），而中国史籍则直接将其名字音译作"孟既"。现按当代缅甸史学界对他的称谓，称为"实皆王"。

系的：取得缅甸的柚木、把英国的产品大量输入缅甸、防止英国之外的国家控制缅甸。"[①] 坎宁（Canning）在1810年出使缅甸后说："英印方面派出一支军队，就足以征服若开，而占领若开将给英国政府提供极好的机会，能够取得从吉大港到尼格莱斯湾的广阔地区。"[②]

由于贡榜王朝一直实行扩张政策，穷兵黩武，四出征战，造成百姓厌战，国家经济实力下滑。缅甸军队对中国清朝、阿瑜陀耶、若开、曼尼普尔等地的连年征战，均取得了胜利，若开完全纳入了缅甸版图之内，曼尼普尔也成为缅甸的藩属国，缅甸与英属印度直接接壤。但胜利滋长了缅甸统治者盲目自大的情绪，对英国发展情况毫无所知，并未采取任何改革措施，对英国入侵未作丝毫防范。在这种情况下，可以说英缅发生战争只是时间早晚的问题了。

二、英缅边境的冲突事件

实皆王继位后，马上遭遇了曼尼普尔、阿萨姆和信玛漂岛三个事件，第一次英缅战争爆发。

曼尼普尔事件 1800年前，靠近若开的曼尼普尔就成了缅甸的藩属地，英国东印度公司曾公开宣布：绝不支持该地叛乱分子，保证吉大港绝不会接纳、收留来自若开的叛逃人员。后来若开总督曾就钦边及其追随者反叛问题与吉大港英印政府交涉，吉大港方面仍以上述表态回应。1812年若开总督就叛乱分子钦边问题再次向吉大港英印政府提出交涉时，英印政府显示出强硬态度，气氛紧张。[③] 由柏东王于1813年，扶植上台的曼尼普尔土司玛吉辛哈（Marjitsingh）在1819年没到缅甸京都来参加实皆王的就职加冕礼，实皆王认为这是公开的反叛，遂在当年派出大军赴曼尼普尔问罪。玛吉辛哈不敌缅军，遂率部逃入与英属印度锡莱特（Sylhet）相毗邻的卡恰尔地区（Cachar），玛吉辛哈在该地烧杀抢掠，使卡恰尔土司高温达·钱德拉（Govinda Chandra）被迫逃亡英属印度境内寻求英属印度总督的保护。英属印度总督早就希望占据吉大港的"后门户"卡恰尔地区，这正好为其提供了进入卡恰尔的借口。[④] 英属印度总

---

① 卡亚尼·巴达亚巴迪耶亚：《缅甸与印度尼西亚》（英文版），新德里，1983，第3页，转引自贺圣达：《缅甸史》，第225页。

② 道勒斯·伍德曼：《缅甸的形成》（英文版），伦敦，1962，第54页，转引自贺圣达：《缅甸史》，第225页。

③ Capt. W. White, *A Political History of the Extraordinary Eveents Which Led to the Burmese War* (London: W. Sams, 1827), p.1，转引自《基础缅甸政治史》第二卷第一部分，第142—143页。

④ 《基础缅甸政治史》第二卷第一部分，第134—135页。

督在1823年6月将这一情况上报，缅甸方面也于1823年11月间在与锡莱特、阿萨姆交界一线部署重兵，英方马上警告缅方不要进入英国保护区卡恰尔。因为英国怕卡恰尔落入缅甸手中，那么孟加拉地区东部就易受到缅方的威胁了。当1823年底缅军进入卡恰尔追捕玛吉辛哈时，就直接面对了较早进入此地的英军，且1824年2月时英军还吃了点小亏。这样，曼尼普尔问题就变成了卡恰尔冲突事件。①

阿萨姆事件 1816年，缅甸的藩属阿萨姆地区钱德拉甘达辛格土司在柏东王派军支持下才勉强维持住了即将被推翻的王位。1821年实皆王接到驻守阿萨姆地区的统帅敏基摩诃迪拉瓦的报告，阿萨姆钱德拉甘达辛格土司向英国求援企图谋反。实皆王遂派摩诃班都拉率军前往镇压，阿萨姆钱德拉甘达辛格逃往英方管辖地区。"1822年7月，阿萨姆地区的一名使节到访加尔各答，转呈缅方官员致英印总督函，希望将钱德拉甘达辛格遣返，并没有状告英印边境官员收留该叛逃土司，更没有挑衅性言辞。"②英方不仅不予置理，反而支持该人返回继续留任土司，并诬陷缅方无故向英方动武。阿萨姆地区也成了缅英两国争夺的重点地区之一。

信玛漂岛事件 信玛漂岛最早可能与缅甸陆地相连，后因纳河水土流失，成了离岸的一个岛，是无可争议的缅甸领土。1823年2月，英印军队以缅军向纳河上的印度人射击为由，派巡逻小分队占领信玛漂岛。1823年8月8日，定耶瓦底镇守向英军写信抗议："信玛漂岛为历代若开王所有，现在若开已归属缅甸，如同若开王所管辖的全部地区归属缅王一样，信玛漂岛理所当然地属于缅王的领土。因此要求驻扎在该岛的印籍英国巡逻队尽快撤出。"③在书面警告无效后，缅王派遣摩诃班都拉将军率军5,000多名士兵、10头战象和300匹战马向当地进发。1,000多名缅甸士兵于9月24日登上信玛漂岛，打死3名英国印籍士兵，驱逐了英军。11月21日，缅军从岛上撤走，英军派两个连兵力重占该岛。1824年1月24日，定耶瓦底镇守率军重占该岛竖起缅甸国旗，并逮捕了停靠在该岛的英军"索菲亚"号军舰上的军官。英印总督阿默斯特（Amherst，1823—1828年在任)发出最后通牒，要求缅方释放被捕英军，移交信玛

---

① D. G. E. Hall, *Europe and Burma* (London: Oxford University Press, 1945), pp.111-112，转引自《基础缅甸政治史》第二卷第一部分，第134—135页。

② Capt. W. White, *A Political History of the Extraordinary Eveents Which Led to the Burmese War* (London: W. Sams, 1827), p.122，转引自《基础缅甸政治史》第二卷第一部分，第146页。

③ ［缅］纳茂蓬觉:《英缅战争史》，赵德芳、李秉年译，香港社会科学出版社有限公司，2008，第13页。

漂岛，撤走孟都和谬杭的缅军。印度东北边界地区行政负责官员罗伯逊（Robertson）向印度总督报告说："卡恰尔地区和纳河口信玛漂岛所发生的事件，对英国来说唯一的办法只有同缅甸开战才能维护自己的荣誉。"①

三、第一次英缅战争

1824年3月5日，英印总督阿默斯特向缅甸宣战，第一次英缅战争正式爆发。

1824年3—5月，英军以麦克莫莱准将为统帅，司令部设在戈阿尔帕拉，兵力共11,500人，分三条战线进军：第一路沿布拉马普特拉河进入阿萨姆，第二路进入若开，第三路从海上攻击下缅甸。1824年3月13日，英军进入阿萨姆，于3月28日到达高哈蒂。1825年1月，双方在阿萨姆首府朗普尔展开激战，英军占有火力优势，取得了阿萨姆战场的胜利，当地缅军被迫撤出。在若开战场，摩诃班都拉率5,000兵力于1824年5月渡过纳河，与驻扎在若开的1.8万名缅军集合。5月15日缅军在通往吉大港的重镇班瓦与1,000多名英军激战，击毙和俘虏了250名英军，占领了该地。6月2日，缅军袭击了纳河口的英军巡逻队，俘虏印籍英军士兵200人，缅军下一步准备进军吉大港。但是，由于坎贝尔爵士（Sir Archibald Campbell）率领的从海上入侵的第三路英军1.1万人在1824年5月11日到达仰光，缅王组织一支3万人的军队迎击，6月10日双方在大金塔、九文台激战，7月8日双方在甘马育堡垒展开了炮击和肉搏战，缅军将领达都敏纪敏摩诃和敏纪诺亚塔阵亡。9月英军占领了下缅甸的土瓦、丹老、莫塔马，11月占领了勃固。军事形势发生了剧变，摩诃班都拉被迫回师，转战下缅甸，双方力量在若开战场发生了逆转。1825年3月，英军攻占若开首府妙吴，随后占领若开全境。

另一主战场在伊洛瓦底江流域。英军占领仰光和土瓦、丹老和勃固等城镇后，震动了缅甸朝廷。缅王忙任命王弟瑞波亲王为统帅，率大军进驻德努漂，召摩诃班都拉率领的主力回师援助。摩诃班都拉将其部队与定耶瓦底驻军合并共6万人，携带着数百门火炮，于1824年11月回到下缅甸。12月1日，缅军向仰光英军发起进攻。但英军得到印度驻军增援后实力大增，因此缅军对九文台、大金塔附近阵地的几次冲锋都被阻击，伤亡达5,000多人，英军3名军官、23名士兵被打死。15日缅军全线

---

① 《英缅战争史》，第16页。

失利，摩诃班都拉于12月底带着7,000多名士兵败退德努漂。

1825年3月，英军大举进攻德努漂。摩诃班都拉集结了1.5万兵力和150门火炮，修建了大量工事、掩体和战壕抵御英军。4月1日，英军发起总攻，摩诃班都拉在指挥作战时，被英军发射的一颗炮弹炸死，缅军推举摩诃班都拉之弟敏廷敏康为主帅，但他拒不接受，带上随从悄然离去。缅军群龙无首，陷入一片混乱，从德努漂撤出。英军趁机攻占了德努漂，紧接着4月25日占领卑谬。此役缅军阵亡1,200人，英军伤亡230人。摩诃班都拉死后，缅甸失去了最优秀的将领，再也无力阻挡英军，朝廷中主和派占了上风。1825年10月2日，缅方代表摩诃敏康和英方代表坎贝尔在良彬基谈判，英方要求：第一，缅方不得干涉英方已占领的曼尼普尔、阿萨姆、若开等地；第二，缅方赔偿英军的军事开支2,000万卢比，其中1,000万卢比应立即支付，另1,000万卢比此后支付，支付前英方有权继续暂时占领德林达依、丹老和土瓦；第三，允许英方派遣一名英国使节常驻缅甸京城阿瓦，商议签订英缅通商条约事宜；第四，两国交战期间缅方俘虏的英军战俘应予释放，英军释放缅军俘虏。缅王认为英军要价太高，无法接受割地赔款，拒绝了英军开出的条件。

1825年10月，缅王集中了6万人的军队，向集结在卑谬的6,000英军发起反攻，企图挽回败局。虽然缅军给英军造成了一定损失，但双方实力悬殊，缅军死伤2,000多人，反攻失败。英军沿伊洛瓦底江而上，击退缅王弟孟乃亲王的部队，于1826年2月初占领蒲甘，进而占领扬达波，这里离京城阿瓦只有一天路程。大军压境，缅甸朝廷完全丧失了抵抗意志和勇气，决定向英军投降。

四、缅甸的第一个屈辱性条约——《扬达波条约》的签订

英缅双方于1826年2月24日正式签定了《扬达波条约》，缅方代表为敏纪摩诃敏拉觉廷和敏纪摩诃敏拉底哈都，英方代表为托马斯·坎贝尔（Thomas Campbell）和查德上校（Colonel Charter）。

《扬达波条约》主要内容如下：

第一条，英王和缅王停止交战，永远友好共处。

第二条，缅王不再对阿萨姆、卡恰尔和曼尼普尔拥有宗主权，缅王也无权阻止加比拉辛回曼尼普尔称王。

第三条，为避免两国之间的领土争端，已被英国占领的地区包括若开、兰里岛、曼昂岛和丹兑等地，永远划归英国，并以摩丁松佛塔为分界线，今后如果双方发生争执，由英王和缅王委派人员按上述分界线为

准，作出公正的解决，委派的人员必须是政府大臣一级的官员。

第四条，缅王把耶城、丹老、土瓦，德林达依及沿海岛屿割让给英国，并以丹伦江为界，如果发生争执时仍按上述原则处理。

第五条，为了表示对促进两国友好和睦关系发展的愿望，缅王愿意承担一部分英国在交战中所消耗的军费，折合银圆1,000万。

第六条，对在战争期间流入印度谋生的缅甸人和流入缅甸谋生的印度人，双方政府都不对其追究刑事责任。

第七条，为了巩固两国现存的友好关系，英国任命一名官员带领50名武装人员常驻在缅甸京都；缅王任命一名全权代表，带领50名武装人员常驻在英印总督府所在城市。驻在印度的缅甸官员和驻在缅甸的英国官员可对等地购买或修建寓所。为了繁荣两国的经济交流，需要进一步开辟友好通道，签定贸易协定。

第八条，王族官员和平民在战前拖欠的债务，要遵守信用照数偿还，不得拖欠抵赖，对他人财产不得据为己有。由于战争的原因，不管是印度人还是缅甸人，其财产均不得被没收。英王的臣民在缅甸死后无继承人时，其财产应交给在缅甸的英国官员；同样，缅王的臣民在英国无继承人时，死后其财产应交给在英国的缅甸官员。

第九条，英国和缅甸的船只进出对方港口不受任何限制。

第十条，已同英王结成友好之邦的泰国国王，由于对英国进行的行动曾给予援助，故也应被认为是本友好条约的成员。

第十一条，本条约由缅王任命的使臣代表签字盖章。被囚禁的英国人、美国人和印度人应交给英国的使臣。此条约待英国驻印度总督签字盖章后，于本月内交还缅王。被英国囚禁的缅甸人应尽快交给缅方。[1]

按照条约，缅甸向英国赔款1,000万卢比，将若开、德林达依、曼尼普尔和阿萨姆割让给了英国，英军通过仰光和若开地区撤回印度，第一次英缅战争结束。

第一次英缅战争中，英军参战部队达4万人，死亡1.5万人，其中大部分为受伤或感染瘟疫后死亡。

五、第一次英缅战争后的缅甸

第一次英缅战争后，缅甸方面瑞波王继续当政，但被割让的若开和德林达依地方的民众仍在不断抗争。英国将若开并入英属印度的孟加拉

---

① 《英缅战争史》，第105—106页。

邦，1827年建实兑城，任命若开人进行统治。英国人留下一个营的兵力，又组成了一个由若开人参加的若开营驻守，英印总督任命克劳福德（John Crowford）为德林达依的行政专员。

（一）战后英缅官方的交往

1.《英缅贸易协定》。1826年9月30日，英国政府派克劳福德出使缅甸京都阿瓦，与缅方商谈落实《扬达波条约》所定条款事宜。10月20日，克劳福德谒见了缅王。缅王派曹侯内廷大臣底里摩诃南达丁坚、内廷大臣摩诃敏拉底哈都等人为代表与其谈判，谈判历经月余。缅方想利用这一时机，提出一些英方不符《扬达波条约》的情况，希望对方归还某些地方，延迟支付英方要求的赔款。而英方却想落实《扬达波条约》条款，希望缅方归还战俘，与英方签订贸易协定，以期能早日管控缅甸经济。所以，进展不大，最终在11月23日，双方仅签署了《英缅贸易协定》。经过反复讨价还价，达成了以下四条协议：

第一，英王下属东印度公司和缅甸王国政府一致同意为双方商人办理出入境手续提供便利，不得勒索财物和施加额外税收，保护合法贸易；

第二，双方船只升起本国国旗进入对方港口时，只需交纳正常税费，出港时有关方面不得收取10银圆以上费用；不需导航的船只，不交导航费，只需向有关当局报告；准许对方船只不拆卸船舵和炮进港；

第三，商人返回时，返回目的地和乘坐的船只不受限制，未卖完的商品不需缴纳任何费用可带回；

第四，双方船只遇风浪受损时，可到邻近的对方港口停靠，对前来救援者应给予适当报酬。[①]

表面上看这是一个非常公平对等的条约。但是对当时尚无远航能力的缅甸来说，无疑是一纸空文。而对英国来说，打开缅甸大门，自由进入缅甸贸易，进而管控缅甸经济的目的，已迈出了成功的第一步。英国人在得到这一初步成果后，于1826年12月26日离开阿瓦。

2. 战争赔款。1827年初，实皆王又派出以敏拉亚扎为首的代表团赴加尔各答谈判对英战争赔款问题。1827年4月11日开始谈判，缅甸代表指出：因缅甸民众生活困苦，加上英军攻占下缅甸后又出现了英军镇压勃固群众反抗的250万卢比军费，希望第三批赔款延迟二至三年，第四批赔款延迟一年支付；战后，曼尼普尔的英印官员非法侵入缅甸王国所属的掸族人聚居区——德姆地区南部，并占据了勃生镇管辖下的格瓦羌，

---

① 《基础缅甸政治史》第二卷第一部分，第160—161页。

这些地区并不在若开域内，英军应撤出。4月28日英国当局书面予以答复：希缅方安排归还战俘事宜；可以考虑缅方延迟支付赔款的要求；关于曼尼普尔问题，与缅方商定《扬达波条约》时，英方坎贝尔将军已明确阐明英方主张；格瓦觉问题，在《扬达波条约》第三款中表明该地已划归若开，无须再议；若仍存争议，可另组委员会考察决定。

关于战争赔款问题，第三批应付250万卢比，其中110万卢比已在1827年9月1日用现金和宝石、柚木等顶付完毕。英印总督同意：缅甸第三批战争赔款未付清部分的150万卢比延迟至1828年9月支付；第四批赔款延迟至1829年支付。但是，时任英国驻毛淡棉专员的坎贝尔却不同意，要求第三批战争赔款必须在1827年9月5日前全部还清；第四批赔款也不得延迟，必须在1828年10月19日前支付。

双方不欢而散，谈判无果而终。

3. 英国派驻阿瓦常驻机构。1829年12月30日，英印总督威廉·本廷克任命亨利·伯尼少校（Col. Henry Burney）为英国驻阿瓦大使。伯尼生于印度加尔各答，年轻时曾在东印度公司工作多年，熟悉缅甸事务。伯尼少校于1830年4月24日率使团39人到达缅甸京都，会见了缅王和大臣。本来，缅王对外国在缅甸京都派驻常驻人员一直持反对态度，认为来者是一些间谍分子需格外提防。此次伯尼来缅，不得已只能接受，又想借机与英国再谈判是否能挽回一些战争的损失。伯尼到达阿瓦后，很快取得了实皆王的信任，1831年被任命为蕴道（大臣助理），可以参加缅甸宫廷的早朝。此后，虽然缅甸朝廷代表与伯尼就战后缅甸割地赔款的问题举行了多次谈判，但都未能取得进展。双方仅就英方归还其非法占领的临近曼尼普尔边界的卡帕山口问题达成协议，在缅方的据理力争下，英印总督最终同意将这一地区归还给缅甸。

4. 常驻英印政府的缅甸代表。缅甸王廷按《扬达波条约》的规定，派出了以敏纪摩诃西都为首的84人使团，于1830年12月6日抵达加尔各答。但使团在加尔各答驻留了8个月，却未被英印总督接见。后总督又要求敏纪摩诃西都前往印度某地见面，但当敏纪摩诃西都应约抵达时，总督却又变更接见地点，这样三番五次变来变去，直到1832年11月23日才在阿噶拉见到了总督。但是总督只与敏纪摩诃西都寒暄了几句，就不谈了。本来敏纪摩诃西都还打算面呈一份有关双方谈判事项的书面函件，却被总督要求转交秘书处置。英印总督的种种无礼和怠慢令缅甸使者无法忍受，缅使者遂不再考虑在加尔各答常驻，于1833年9月21日返回缅甸。该使团在英属印度辗转多地共驻留了2年11个月零12天，却没有交涉成一件事。①

（二）缅甸各族民众的抗争

第一次英缅战争结束了，贡榜王朝政府与英国政府签署了丧权辱国的《扬达波条约》，割地赔款，但缅甸民众却义愤填膺继续抗争。

在若开，若开人希望缅甸人撤走，但并不希望在英国的统治下生存。1827年实兑城的殖民势力只有包括四条小战船在内的10条舰只，157名士兵。若开人认为这是一个好时机。若开领导人联络了若开营中的若开族士兵，但被英帝国主义者察觉，在革命运动尚未发动的时候就逮捕了若开领导人瑞班亲王、德温基昂觉西和镇长昂觉赞等。1829年和1831年在若开邦南部也曾发生过两起未成功的起义。②

英国人1834年将若开由孟加拉的地方政府直接管理的一个地区升级为孟加拉的一个省。③这项改革与若开人的希望相距甚远。英国收取重税，四城镇长漆三伟在1836年初率先发难。此时，若开领导人向若开省长请愿，希望英国人从若开撤走。英国人不答应，若开人就起来革命，但是因为一小撮叛徒泄密，若开革命还是付诸东流了。④

1829年8月，英军驻守土瓦的行政与军方负责人亨利·伯尼上校临时离开了驻地。当时驻守的印籍英军仅有100人左右，一名负责火炮的炮手也卧病在床。200余名当地民众借此时机，前往袭击英军基地。但因他们仅有少数几支火枪，大多数人用的是大刀、长矛、竹棍，面对着全副武装、训练有素的英军，缅人没能占到什么便宜。但是此次袭击，闹翻了全城，缅人民众劫狱释放了百余名在押囚犯。眼见情况不妙，英军不得不拿上所有枪支弹药匆忙转移到码头附近的一座建筑物里。起义民众追击，但未成功。英军固守了四天，到第五天下午起义民众已聚集至500多人，众人猛攻英军据守地，英军用密集炮火予以反击，阻止民众的进攻。此时，亨利·伯尼上校乘船返回。在他的组织下，很快将起义群众镇压下去，将为首人员送上英人法庭，最终，参加此次起义的30余名骨干被处死，这是英军侵入缅甸后遭遇的第一起有组织的反抗事件。⑤

在莫塔马的孟人、缅人也曾到毛淡棉一带进行袭扰，使当地驻守的

---

① ［缅］《赴孟加拉记事》（缅文），杜坚校订，仰光：缅甸历史委员会，1963，转引自《基础缅甸政治史》第二卷第一部分，第167—172页。

② ［缅］吴瑞赞等：《缅甸若开邦发展史》，第25—43页。

③ ［缅］吴觉温等：《少数民族问题与1947年宪法》第一册，大学出版社，1990，第3页。

④ ［缅］吴瑞赞等：《缅甸若开邦发展史》，第25—43页。

⑤ 《基础缅甸政治史》第二卷第一部分，第155—156页。

英国人一直不得安宁，时任毛淡棉专员的梅内（Mr. A. D. Maingy）1829年4月1日专门来到仰光会见缅甸王廷驻仰光大臣，要求对此类人等进行追究，并威胁说若缅甸方面对此不予理睬，英军将进军阿瓦缉拿处置逃犯。尽管英方不断进行狂妄地威胁，民众的袭扰行动却并未停止，最终，恼羞成怒的梅内竟派了两名军官率队焚毁了莫塔马一带几个村庄。①

住在阿萨姆边境一带的坎迪掸族人在第一次英缅战争初始时就开始抗英，给英国人带来不少麻烦。他们的首领是一位效忠于贡榜王朝的名叫外恭孔永的人。驻阿瓦的英国代表也按英属印度总督的指示，就此事向阿瓦宫廷提出交涉和抗议。②

在胡冈山口一带居住的克钦人从第一次英缅战争开始时起，就从未曾听命于英国人，一直在竭尽全力地反抗。1830年，2,000余名该族人背井离乡抗击英军。虽然受到了英军的镇压，但他们一直坚持抗争到1843年。甚至在1843年以后，他们还发动过多次暴动，但终因实力不济，无果而终。

第二节 从被部分肢解到割去半壁江山的缅甸（1837—1852年）

由于第一次英缅战争的失败，贡榜王朝不得不向英国交付巨额赔款，加大了征税力度，基层官员盘剥农民，农民的负担大大增加，苦不堪言。19世纪30年代初，一股农民袭击了贡榜王朝首都阿摩罗补罗。同时缅甸的民族矛盾在加剧，1838年孟族发动了反抗，1840年掸族和克伦族揭竿而起。贡榜王朝摇摇欲坠。

一、无视大敌当前仍热衷于内斗的缅甸王室

实皆王当政末年时，宫廷内形成两派，一派支持王后梅努与色林亲王，另一派则拥戴王弟瑞波王③。梅努指责瑞波王窝藏庇护被朝廷追捕的蒲甘地区一头人鄂叶，瑞波王则逃离京城到瑞波的木梳波村，聚集力量举起"清君侧"的大旗，声势日盛。1836年，实皆王派英国驻缅使节伯尼和国师两次赴瑞波王处调解，要求瑞波王承诺不夺取实皆王的王位，即可安全返回京城，瑞波王不予理睬，此时马龙亲王、德因大法师、得

① 《基础缅甸政治史》第二卷第一部分，第156—157页。
② 同上书，第158页。
③ 缅人称其为达亚瓦底王（旧译：礁拉瓦底王），中国古籍按其名音译为"孟坑"。

格金大法师等多名重臣都聚集在瑞波王麾下。1837年，瑞波王派马龙亲王赴京城与实皆王交涉，要求将梅努等人交出，实皆王不得已将梅努等交出。瑞波王返回京城，逼迫实皆王逊位，并将其软禁。实皆王无奈但又不甘心，遂暗中两次策划并写信给英印政府乞求帮助。信中写道："如英国政府能将瑞波王镇压让本王复位，本王可以答应英方提出的任何要求。请莫迟疑，本王即将被毒毙矣！"[1] 鉴于实皆王大势已去，英方对此未予置理。

瑞波王即位后马上处死了梅努、色林亲王、王侄良渊等200多人，并下令迁都阿摩罗补罗。瑞波王采取搁置的办法，不承认前朝与英国签订的《英缅贸易协定》《扬达波条约》等条约，他表示，"（《扬达波条约》）是缅甸人的耻辱，是缅甸人被侵害的一件事，缅甸官员是在英国人威逼下签的字"，"朕兄与英国人签订的条约与朕无关，不要拿它跟朕来谈事儿"。瑞波王还对英国驻缅使节伯尼说："后继政府承认前任政府所订条约是你们英国的传统，不是我们缅甸的传统……你能在缅甸京城驻足，不是因为那个（《扬达波条约》）的规定，朕只是按照先祖的做法允许外国来使，你能否在此只能看朕的意愿。"因此，伯尼按照《扬达波条约》先后提出的几次要求都被瑞波王——回绝。瑞波王还拒绝主动与英印总督联系，并说如果他想与王朝通话，应该对等地到仰光找仰光总督去谈。

英方代表伯尼遂决定离开阿摩罗补罗，回到仰光。1837年9月30日，伯尼向英印总督写信状告瑞波王不承认且有意撕毁《扬达波条约》，建议再次出兵缅甸，但奥克兰（Auckland）总督认为战争条件尚不具备。1838年5月，英印政府改命本森（Col. Benson）为驻缅甸京城官方代表。1838年10月5日本森抵达阿摩罗补罗，但直到1839年11月30日才得以会见缅甸两位大臣。缅方对其表明，缅甸不承认《扬达波条约》，所以缅方不认可本森是按条约规定派来缅甸的代表，而仅认为本森只是英方派来的一名普通使者而已。直到1839年3月14日，在接下来的六个多月的时间里，本森再也没有得到缅甸政府的理睬。本森无趣，只好启程离开，并指派手下麦克劳德为临时代表继续留守阿摩罗补罗。3月25日，麦克劳德以属国代表身份参加了上朝仪式见到了瑞波王，但没有得到任何说话的机会。麦克劳德在1839年8月撤至仰光，于1840年1月7日离开仰

---

① "Shwe Dwots Letter to Burney, Received at Calcutta on", *India Secret Consultations*, Vol.10, 26 November, 1937。转引自《基础缅甸政治史》第二卷第一部分，第177页。

光回国，至此英缅双方中断了官方关系。

瑞波王对英方虽表示出强硬的态度，但慑于英军实力，并未对英军所占若开和德林达依地区采取收复的行动，也没有真正提振经济增强国力以抗衡英国的举措，只是从民族感情出发针对英国人搞了些限制性措施。例如：外国人在没有得到缅甸国王的准许下不得修建任何建筑物，无法取得土地使用权；因在外国人名下的奴仆被豁免了人头税，所以规定外国商人不得拥有私人奴仆，凡需要用工的外国人，不论是熟练工还是一般劳工都要通过税务官员去雇用等。由于遭到外国商人的强烈反对，这些措施也未能达到预期的效果。

1841年，瑞波王为了炫耀武力，率10万大军沿伊洛瓦底江南下，到达仰光大金塔，做过布施后，乘轮船返回阿摩罗补罗。

1845年，卑谬王太子试图谋反，瑞波王下令处死卑谬王太子、西宫王妃玛妙格礼等。瑞波王死于1846年8月，在其当政的八年，除了宫内斗争不断外，没有任何实际举措，致使缅甸变得更加软弱无力。

瑞波王死后，他的儿子蒲甘王（旧译"蒲甘曼"）杀掉其他王子，登上宝座。蒲甘王更是毫无进取之心，纵情声色，不理国政，将时间花费在斗鸡、养鸽和打猎上，任由皎勃当敏纪本萨掌握大权，飞扬跋扈，迫害正直官员，敲骨吸髓地剥削农民。此时，传统的封建统治机器已经紊乱，对地方的控制力大大减弱，食邑各地的谬沙和谬都纪实际上处于独立状态。尽管国家日趋衰落，国王仍然痴迷于向寺庙捐献功德。1841年，瑞波在仰光朝拜大金塔，献上3,200缅钱（约50公斤）黄金，用以打成金箔贴在塔上，以示对佛教的虔诚。

二、第二次英缅战争

英国通过鸦片战争在中国长江三角洲地区和通商口岸获取了利益，但势力并未深入内地。英国想通过缅甸，进一步打开进入中国西南的通道。因此，第一次阿富汗战争和对印度锡克教徒战争结束后，英印政府将目标对准了缅甸。1848年，大贺胥（Lord Dalhousie）出任英印总督（1848—1856年），他强烈主张扩张英印殖民地的领土，想方设法制造事端，以便借口发动第二次侵缅战争。而缅方却步步退让，极力维持现状。

1851年2月，在仰光的一个英国造船商波特（H.Potter）向英国驻德林达依总督状告仰光的缅甸官员，抱怨对其船厂制造麻烦，不遵守1826年的《英缅贸易协定》，强迫其船厂多交税款，并将此事同时上报大贺胥；[①] 1851年6月，英国商船"君主号"（Monarch）船长谢泼德（Sheppard）在仰光港把一名吉大港籍船员抛入海中淹死，汉达瓦底侯（也有记为仰光镇守者）[②] 吴屋接到报案后，逮捕了这名船长，并在罚款46英镑后将其释放；1851年9月，同样是在仰光港，另一艘英国商船"冠军号"（Champion）也发生了一名船员被杀案件，吴屋逮捕了船长刘易斯（Lewis），罚款17英镑。两名船长向英印政府控诉缅甸人无故挑衅英国商船，希望英印政府维护他们的权益。[③] 同时，也有其他在仰光的英国商人状告缅甸官员非法侵犯他们的利益。[④]

大贺胥立即以此为借口，于1851年11月17日派遣海军准将兰伯特（Commodore Lambert）率领一支舰队前往仰光河口向缅甸施压，并要求与汉达瓦底侯见面交涉。兰伯特抵达仰光后，派手下持英印政府致缅王和兰伯特致缅甸大臣的两封信函前去见汉达瓦底侯。兰伯特要求缅方对遭到罚款的英国商人予以赔偿。汉达瓦底接到信函后，马上将信转呈缅王，听候指示。英印政府在致缅王的信中，除要求赔偿外，还要求缅方撤换汉达瓦底侯，并以做出进一步反应为威胁。1852年1月，缅甸朝廷为息事宁人，撤换了吴屋，任命吴蒙接任，并答应了英方赔款的要求。

1852年1月4日，吴蒙率4,000人前往仰光就职，在仰光部署了1万名缅甸士兵以维持治安。1月6日，兰伯特借口吴蒙未接待其以美国牧师肯凯特（Dr. Eugenio Kincaid）为领队的5人使团为由，下令在仰光的英国商人和其他外国人撤回至军舰上，然后劫持了缅王的"水宫"号御船，并宣布封锁仰光、勃生和毛淡棉水路。在侵略者的咄咄逼人态势下，吴蒙试图与兰伯特开展谈判。但兰伯特拒绝与吴蒙谈判，拒不归还御船。吴蒙致信兰伯特声明："如英方将劫持的御船从仰光河向外海转移，缅方将用炮火拦截。"1月10日，英舰"赫耳墨斯"号牵引着水宫号向外海转移，守卫在德努炮台和迪拉瓦炮台的缅军开炮予以阻拦。随后英军登陆上岸，攻击破坏了炮台。2月18日，大贺胥向缅甸朝廷发出了最后通牒，提出了四点要求：缅方向英方正式道歉，赔款100万卢比；按《扬达波条约》第七款的规定，英国东印度公司将派员常驻仰光；撤掉吴蒙的职务；将3月31日定为最后期限。蒲甘王对最后通牒未作任何反应。

但早在3月23日，英方就已派出了侵缅部队，戈德温（Godwin）准

---

① 《基础缅甸政治史》第二卷第一部分，第201—202页。
② 《基础缅甸政治史》记为汉达瓦底王，而《英缅战争史》写为仰光镇守。
③ 《英缅战争史》，第156页。
④ 《基础缅甸政治史》第二卷第一部分，第202页。

将为陆军司令，安斯顿（Austen）准将为英军舰队司令，总兵力1万多人。侵缅部队兵分两路：一路陆军8,400余人，携炮159门；一路海军2,500人，配备军舰19艘。

缅甸方面迫不得已派出37,000人，兵分四路进行布防，一路在莫塔马由东敦基镇守率领，一路在勃生由勃生镇守率领，一路在汉达瓦底由仰光镇守率领，一路在定耶瓦底由左禁卫军长官率领。

英军于1852年4月5日同时发动对仰光、莫塔马、勃生三地的偷袭，第二次英缅战争爆发了。4月5日，英军舰队开始炮轰莫塔马的缅军堡垒，当日就占领了这一战略要地。4月12日，英军在仰光登陆，双方在大金塔和九文台发生激战，缅军苦战后失守。4月14日，吴蒙率缅军退出仰光。英军继续北上，攻占了勃固。英军5月19日占领勃生。此时雨季到来，阻碍了英军的行动。雨季过后，英军继续展开军事行动，10月15日进攻卑谬，缅军不敌英军，摩诃班都拉之子率近3,000人投降。到10月底，英军占领美都镇以南整个下缅甸。达到预期目标后，11月16日，大贺胥向缅甸朝廷送去了一份和约草案，内容为缅甸将勃固地区割让给英印政府，缅甸朝廷一直未作回应。于是，英方单方面宣布将勃固并入英国殖民地领土，警告缅甸不得收复该地，否则英国必然消灭缅甸，废黜和流放缅甸国王和王族。12月5日，缅军向勃固的英军发起反攻，但因贡榜王朝宫廷发生政变，缅军于8日突然撤走。英军在美德镇驻扎下来，第二次英缅战争结束。

缅方在战争中一败涂地，其原因甚多。缅甸宫廷面对英方挑衅和步步紧逼，本身就心怀恐惧，寄希望于忍让以保全王朝的存在。当英军真的打上门来时，只得勉强应战，畏畏缩缩，根本没有取胜的信念。宫廷内部，反对蒲甘王的势力没能把抵抗外敌放在首位，反而把外来侵略看作是夺权的好时机。1852年11月，蒲甘王的弟弟敏东联合另一弟弟加囊假借查处兴实塔侯家中的抢劫案，借故离开京都，于瑞波起兵，反攻实皆和阿摩罗补罗，号召国人推翻蒲甘王。蒲甘王内忧外患，一筹莫展，1853年2月，被迫退位，敏东回到京城即位为王。

三、战后各界的反应

第二次英缅战争结束了。被英国称作"伟大盟友""爱好和平"的敏东王虽然没有付给原来英方要求（从开始的9,948卢比涨至后来的100万卢比）的赔款，但敏东王赔了比百万赔款还要高出千百万倍的，难以用金钱衡量的缅甸半壁江山，这标志着在东南亚雄踞一方的缅甸贡榜王朝走向了没落衰亡。缅甸失去了沿海全部口岸，只能在得到大英帝国允许的情况下才能出海去往世界其他国家，从此沦落到任由英国殖民者摆布的境地。

英方无端发动第二次英缅战争，广受各方批评。早在英方酝酿战争之时，在缅经商的许多英国商人就表态反对发动战争。战后，在英国和美国都出现了谴责的声音。如1853年3月16日出版的《泰晤士报》就把这场战争称为"不光彩的战争"；[①] 美国议员路易斯（Lewis Cass）则说："英国为了990英镑的债务而对缅甸发动战争，破坏了这个国家的主权"。[②]

虽然缅甸贡榜王朝政府守不住广大的下缅甸国土，但是下缅甸的各族民众却纷纷挺身而出，勇敢地与英国殖民者展开英勇抗争。这样的抗争队伍有不少，数十人乃至成百上千的人都有，在此记录几支著名的反抗力量：

吴森吞，孟族人，其父是德努漂镇某村的头人，其本人是贡榜王朝水军的一名舵手。他聚集了7,000多人，从1852年7月就举起了抗英大旗，或集中兵力攻战，或分散力量游击，把驻守的英军搞得狼狈不堪，他的队伍一度占据了几个村落并连成一小片。他非常厌恶丧失斗志之人。据说，他的独生子念叨，连缅甸朝廷都被打败了，面对势力如此强大的英国军队，咱们跟他们抗争能有什么好结果呢？他听到后，一怒之下就把儿子杀了。他在攻打雷乜纳镇区（意即"四面镇区"）一战中，曾让千余人的英殖民者守军损失惨重，他因故自称"四面镇区之长"。他的队伍活跃了六年之久，后被英军镇压下去。一名英国军官的日记对其事迹有明确记载："他的队伍有4,000人左右，曾抗击了英国军队三次围剿……在进行了一个月之久的战役中，我方伤亡惨重。他这个人真是个好长官，也是个好军士。"[③]

吴波，在第二次英缅战争之前曾任美德镇守，第二次英缅战争时改任马龙镇守。英军占领美德后，他即以马龙镇为基地，经常派人进入美德地区游击袭扰，搅得英国人鸡犬不宁。下缅甸英印政府专员向敏东王提出抗议，敏东王被迫免去了吴波马龙镇守之职，召回京都。

吴刚基，他原是汉达瓦底县达崩区头人，1853年初就开始以达崩为基地，从水陆两路袭击英军。1853年3月，吴刚基占领莫纽，在永达林、

---

① 《基础缅甸政治史》第二卷第一部分，第212页。
② 同上书，第213页。
③ 同上书，第234页。

敏基一带会聚兵卒1,500人，于3月24日袭击了对岸的加囊、奥波等地。到1854年，吴刚基占据的地盘更大了。英印政府被迫悬赏2,000卢比大奖予以捉拿，且屡次增加奖金，直至2万卢比之巨。1854年4月，英印政府在他驻地周边部署了八支部队准备对其围剿，有鉴于力量悬殊，吴刚基在1855年6月撤入缅王地盘积蓄力量。1857年开始，吴刚基部队不时对英占区展开袭扰，随着力量的不断壮大，1858年后曾进行了较大规模的袭击。

吴欧，勃生镇守，第二次英缅战争之前，缅甸王廷派他率21,000人前往勃生驻守。勃生被英国人占据后，吴欧一直在勃生附近一带袭扰，他本人直接统帅3,000余人，其部下吴登、吴大泵还各领人马若干。

第三节　从上下缅甸分治到缅甸王朝寿终正寝
（1853—1900年）

一、英国管辖下的下缅甸

从1824年英国侵占下缅甸始，缅甸经历了一系列殖民化进程，社会面貌发生了翻天覆地的变化。

第一次英缅战争后，英军占领了原本属于贡榜王朝的若开和德林达依地区，并置于英印总督的直接管理之下。从地理上看，若开地区毗邻英属印度的孟加拉地区，因此英印总督不久就将若开划归孟加拉政府管辖，由吉大港高级专员（Commissioner of Chittagong）派遣一名属下担任若开专员。此后又进一步将若开由孟加拉地方政府直接管理的一个地区升级为孟加拉的一个省，若开专员提升为高级专员，与吉大港高级专员平起平坐。

随着统治的深入，英国殖民者把在孟加拉施行的统治制度移植到了若开，若开传统头人的地位每况愈下，跌至类似于印度的柴明达尔[①]。英国逐渐取消了缅甸头人的世袭制度，改以地域为基础，重新划分行政区域。头人们丧失了原来的统治基础，逐步转变成英印政府的带薪办事员。

德林达依地区与印度未接壤，地理位置靠近泰国南部和英属马来亚，因此英国殖民者在统治方式上一度出现过反复。德林达依最初直属英印

[①]　意即土地持有者，指印度对土地有世袭占有权、统治权、征税权的封建头人，在殖民时期逐渐衰落。林承节：《印度近现代史》，北京大学出版社，1995，第5页。

政府，但由槟榔屿的官员代管。首任专员是梅吉（A. D. Mingy）。梅吉效法英国殖民政府在马来亚的做法，在德林达依建立起了一整套殖民统治制度。其主要内容是行政、军事、司法、税务等大权由专员独揽，将德林达依划分成三个县，每县设一个助理专员，由英国人担任，负责当地的行政、司法和税务。此外，梅吉还尽量吸收当地上层、特别是缅甸王朝的头人们担任其政府官员，让他们负责税收和警察事务，官员的薪水也由殖民政府给付。但从1834年开始，当地的司法权和税务权移交给了孟加拉政府。

第二次英缅战争后，英国占领了勃固和莫塔马，后将莫塔马地区划归德林达依管辖，而勃固由总督指派了一名专员来进行直接管理。这样，加上第一次英缅战争后被占领的若开，共有三名专员负责管理缅甸被占领区，专员的级别行政地位也各不相同，若开专员由孟加拉地方政府指派，勃固由英印总督管理，德林达依虽然由英印总督直接统治，但司法和税收由孟加拉政府管理。[①] 1853年，英国开始抽调英印政府公务员中的英国人来缅甸担任公务员，占英属缅甸政府公务员总人数的三分之二，剩下的三分之一从印度军队、警察和公共事务（交通、建筑等）部门抽调。[②] 1861年起，英印政府实行《警察法》，任命专职警员负责乡村治安，原缅甸负责地方行政（包括谬、岱或育瓦）的头人的影响日渐衰落。

1862年，英国对已占领的缅甸领土进行了行政合并，将若开、勃固、德林达依三地合并在一起，统一为"英属缅甸省"（Province of British Burma），总面积约23万平方公里，首府定在仰光，人口不到200万。英属缅甸省的最高官员为首席专员（Chief Commissioner），代表英印政府进行统治。拥有除立法权之外的行政、司法大权，而颁布法律的权力归属英属印度的立法议会。英属缅甸省实施的是英印总督和印度立法议会所颁布的法律，未经总督同意，首席专员不得颁布任何法令。首任英属缅甸首席专员亚瑟·潘尔曾长期在若开政府任职，殖民地行政管理经验丰富，而且他会缅甸语，熟悉缅甸情况，后来在1883年写就了一本《缅甸史》。

首席专员主管整个英属缅甸省的行政事务。勃固、德林达依和若开各设一个管理当地的专员，对首席专员负责。按照印度的行政管理模式，在省之下设定了县一级行政单位，当时英属缅甸省共设定了20个县，由

---

① ［缅］《缅甸历史研究论文集》，文学宫出版社，1978，第67页。
② 《少数民族问题与1947年宪法》第一册，第5页。

副专员（1862年以前称为"蕴道"，此后称为"阿耶班"）负责管理，拥有治安、税收和司法权。县下设城镇、乡村两级单位，副专员任命助理专员，称为"谬欧"（即镇守）负责镇事务；乡村一级由副专员任命吉岱纪（即乡长）来管理，主要任务是负责当地治安、税收和人口统计。英印政府于1864年在缅甸设警察总监，负责管理警务和社会治安。1871年设司法专员，负责审判民事和刑事案件。1870年以后，英属缅甸省开始通过考试招收缅甸人担任公务员，考试科目为英语、税收和土地普查知识等。在大城市，英属缅甸政府在1874年成立了市政委员会，这一制度一直沿用到今天。最开始，市政委员会负责税收、市场和街道的建设和管理事务，1879年后职权范围扩大到了医院和学校。其成员主要是官员、社会名流和商人等。1884年以后，吉岱纪不再由副专员任命，而由村民选举产生。

总之，英属缅甸省的行政制度借鉴了英属印度、马来亚的统治经验。英殖民者"充分"利用缅甸原封建王朝的地方上层势力来为它的殖民统治服务，同时又令殖民当局承担了邮政、警察和交通开发等现代政府职能，缅甸的殖民地统治机器从无到有一步一步完善起来了。

同时，英属缅甸省的传媒业也从无到有发展起来了。据德林达依地区行政长官潘尔记载，1836年3月3日，统治德林达依的英国人布隆代尔（E.A. Blundell）为了向管辖区的缅甸人介绍英国文学，决定发行报纸，分别发行了缅文版和英文版的周报各一份，这也是第一份在缅甸发行的英文和缅文报纸。但是直至目前尚未发现这份周报的缅文版。该周报的英文名为《毛淡棉纪事》（*The Maulmain Chronicle*），每周三出版，作为一张政府的报纸，主要报道官方事务，此外摘录英国、美国、中国、新加坡和一些欧洲国家报纸上的消息。1842年基督教浸礼会出版了克伦文的《晨星》（*The Morning Star*）月报，1843年该教会又发行了《宗教先驱报》（*The Religions Herald*）。一般认为，《宗教先驱报》是最早的缅文报纸，该报为月报。由于这两份报纸均为教会创办，故其内容大多与宗教有关，少量含有缅甸和国际新闻。这两份报纸寿命多长不得而知。

此后，又陆续创刊了其他英文或缅文报纸。其中，英文报有：1844年的《毛淡棉年鉴》（*The Maulmain Almanac*），1846年的《毛淡棉自由报》（*The Maulmain Free Press*）、《毛淡棉广告人报》（*The Maulmain Advertiser*）、《缅甸之友报》（*The Friend of Burma*），1865年的《毛淡棉观察员报》（*The Maulmain Observer*）等。由于此时外国人集中居住在毛淡棉，所以这些英文报纸也大多在毛淡棉出版发行。到1852年第二次英缅战争结束后，英文报纸的发行中心转移至仰光。1853年，《毛淡棉纪事》迁至仰光，更名为《仰光纪事》（The Rangoon Chronicle），逢周三、周六出版，它也成为仰光出现的第一份报纸。后来陆续创刊的报纸还有1854年左右发行的《实兑广而告之报》（Akyab Commercial Advertiser）、《勃固公报》（The Pegu Gazette），1858年的《仰光时报》（The Rangoon Times），1861年的《仰光公报》（The Rangoon Gazette），1878—1979年的《仰光每日邮报》（Rangoon Daily Mail）和《每日社评报》（Daily Review）等。缅文报纸方面，《缅甸先驱报》（The Burmah Herald）于1871年1月7日创刊，在缅甸报业发展史上具有重要的历史地位，这对缅甸报业产生了重大的影响。

二、摇摇欲坠的缅甸王朝与英国的交往

在蒲甘王面临第二次英缅战争的困境之时，敏东没有协助蒲甘王抗英，反而借机政变逼迫蒲甘王让出王位。当时英军已占据缅中重镇美德，实际控制了整个下缅甸。

敏东王从瑞波起兵到登上王位，加囊一直追随他。敏东王登上王位后，在政务和军事上十分器重加囊。他立加囊为王储，安排他与瑞波王的女儿成婚，把德勃因、东敦基赐给加囊作为封邑。

敏东王想通过谈判，让英国把在第二次英缅战争中占领的整个勃固地区重新归还缅甸。1854年底，敏东王派出了以宫廷大臣敏基摩诃敏康亚扎为首的缅甸代表团赴加尔各答会见英印总督大贺胥，当时为代表团做翻译的是亚瑟·潘尔。大贺胥蛮横地反诬战争是缅方挑起的，表示归还勃固地区绝不可能。但大贺胥希望与缅方签订一份协定，以将其强占的缅甸领土合法化，同时，考虑通过上缅甸打通进入中国的通道，遂于1855年派出以亚瑟·潘尔为首的一个代表团来缅谈判。代表团成员有：负责考察缅甸气候与物产的杰·弗西博士（Dr. John Forsyth），负责侦察缅甸京城一带布防与线路的戈兰·阿兰少校（Maj. Grant Allan），负责了解自美德至上缅甸伊洛瓦底江水路情况的任尼上尉（Capt. Rennie），负责考察缅甸矿产门类及产量、尤其是煤炭产量的地质学奥尔丹教授（Prof. Oldham），画家格兰（Grant），摄影师特莱普（Tripe）等。代表团得到了敏东王的接见，从1855年8月底至10月21日在缅甸京城阿摩罗补罗居留了两个月之久，英国代表团达到了他们所预期的刺探缅甸各方面情况的目的，满载而归。英方希望能签订个协议或和约将其对下缅甸的占领合法化，而敏东王对英国人却无计可施，只希望有朝一日能重新恢

复对下缅甸的主权，对英方的无理要求采取了搁置态度。1860年，缅甸又接待了大贺胥派来的一个代表团，但仍未做任何让步。

1862年10月8日，英方首任缅甸省首席专员亚瑟·潘尔来到缅甸的新京城曼德勒，经与敏东王谈判，双方于11月10日签署了《英缅贸易协定》。该协定的主要内容是：缅英政府友好相处；上缅甸商人进入下缅甸英占区应得到英方保护，英属下缅甸的商人进入上缅甸同样应得到缅甸王廷的保护；英国将向所有经仰光及伊洛瓦底江水路输入缅甸的商品征收百分之一的税款，如该商品经过上缅甸继续运往其他国家，缅甸免征关税；同样，经过上缅甸再由伊洛瓦底江、仰光出口的货物，缅方可征收百分之一的税款，经过下缅甸时，英方免征关税；英方允许缅甸商人在英属下缅甸自由经商和购置土地、房产，同样，缅方允许英国商人在上缅甸自由经商和购置土地、房产；如英方取消边境税一年或若干年，缅方则同样对应地取消边境税一年或若干年；双方政府对过境商人的活动都不得加以限制。

协定签署后，协定执行情况却不佳。1864年，英国对缅甸没有按协定规定减免税收，尤其是对敏东王垄断来往商品交易表达了不满。1866年，潘尔在即将退休时再次来到曼德勒，想通过谈判解决上述问题，但未果。

1867年10月7日，英方新任缅甸省首席专员法克（Farquer）率团到达曼德勒，敏东王隆重地予以接待，并于10月25日与其又重新签订了一项1862年《英缅贸易协定》的补充协定。其主要内容包括：1862年《英缅贸易协定》继续有效；两国自1867年4月15日起对双方的进出口货物同等对待，十年内皆按5%征税，自由贸易；十年后，两国政府协商是否改变税率；按1862年协定第六款的规定，英方免征边境地区税款，缅方只征5%或少于5%的税款，每年双方提前两个月向对方提供出口商品价格表，若改变价格需事先征得对方负责官员的同意，双方互设代表处，缅甸境内英国商人间的诉讼由英方处理，英国商人与缅甸商人间的诉讼则由缅英两国官员共同协商判理，所有缅方的征税点皆应允许英国设立税务官员的办公和居住处所；同样，按1862年协定第七条规定，缅方也有上述英方所得的各项权利；双方商人可以自由买卖金银，缅方在取得英方最高专员的允许后，可在英方境内购买船只、舰艇和军火；缅甸有权向英方驻缅方代表要求引渡躲入英属缅甸的缅甸罪犯，同样英方也有这种引渡权；对在对方境内犯罪后逃回本方的罪犯，必须审理，且在审理过程中要有对方官员参加。本来法克来缅前接到英印总督的指示，希望加上一条"缅王与其他任何国家交往或与对方代表接触见面都必须事先取得英国政府的同意"，无奈缅方态度强硬，只好将此动议暂时搁置了。

1872年3月，缅甸派出以金蕴敏基为首的代表团访英，同时顺访了爱尔兰、法国和意大利。代表团直到1873年5月2日才返回曼德勒。这次访问让缅甸朝廷重臣大开眼界，也对敏东王的执政产生了直接影响。

第二次英缅战争后，英国一直想跟缅甸划定边界，缅甸虽然默认了英国对下缅甸的占领，但一直希望有朝一日英国开恩能将所占地区还给缅甸，所以坚决不同意与英国签署把边界固定下来的协定。大贺胥则单方面划定边界，安排官员丈量土地。虽然此举没有遭到缅甸官员的阻拦，但一路向东进入克伦尼邦（今日之克耶邦）界内时，却遭到了克伦尼人的反抗与抵制，英方遂停下手来，表示尊重克伦尼邦的独立存在，绝不占领该地。

此后，英缅还在西克伦尼问题上发生矛盾。克伦尼邦分东、西两部分，东克伦尼由土司苏拉波（Saw La Baw）等人掌管，西克伦尼的土司是杰博基（Kye Bo Gyi），由敏贯亲王的军队驻守。东西克伦尼两土司经常因伐木问题产生纠纷，大多由缅王出面调解而平息。第二次英缅战争后，英方曾多次发表挑拨性言论，离间缅甸本部与克伦尼邦，及克伦尼邦东、西两部分的关系，更有甚者，英方还明确表明，如果缅方擅自进入克伦尼地区，英方绝不会坐视不管。在英方的威逼下，缅方不得不在1875年6月21日与英国签署了一项协议，双方政府承认西克伦尼地区是个特别独立地区。英国之所以如此看重克伦尼地区，因为通过此地和掸邦，英国能不经上缅甸就可直接进入中国西南，而这已是英国殖民者定下的下一步征服的目标了。

三、敏东王改革

缅甸上层和一部分有识之士认识到了进行改革的必要性。在这一历史背景下，敏东王在加囊亲王的辅佐下，推动了一系列改革。改革主要在以下措施：

（一）加大国际交往力度，主动走出去

敏东王极力想与西方国家建立直接联系，打破被英国人封锁、孤立无援的处境。西方各国也早就有意到缅甸发展，早有西方传教士、探险家、技师、政府代表等抵达缅甸交往交流，后有敏东王派遣金蕴敏基等人几次出访，缅甸政府逐步打开了眼界，了解到了西方世界发展的现状，也与法、意等国建立起了官方往来的途径，但今非昔比，缅甸已丧失出海口，英国控制了缅甸对外联系的海上通道，而且英国对缅甸的对外交往极其警觉，绝不让他国插手缅甸，甚至将缅甸这块"肥肉"抢跑。所以，尽管敏东王有意加大对外交往的力度，但实际所得收效甚微。

1. 缅法交往。1853年8月7日，一位叫作多尔高尼的法国军官来到缅甸京城阿摩罗补罗，他自称是奉法国政府所派而来，缅方若有什么需要，他可以效劳。敏东王款待了他，可能表达了想重新夺回下缅甸，希望得到法国的帮助的想法。1854年1月多尔高尼返回了法国，1855年6月4日多尔高尼又来到阿摩罗补罗。敏东王遂组成了以摩诃敏廷亚扎底哈都为首的代表团于1856年2月26日随多尔高尼一起乘御舫经伊洛瓦底江至仰光，再改乘轮船赴法国访问。访问的目的除领土问题外，还希望从法国购买建立兵工厂、锯木厂所需物资。缅甸代表团返程时，得到了法方的复函与回赠礼品，虽然没有达到敏东王所预期的目的，但是代表团在法国看到了西方政治、经济、社会、军事各个方面的巨大变化，产生了许多新思想新观念，更加感到加大国际交流的必要性。

1858年7月，法国官方派出了一个未正式对外公布的以孔特·亨利·德·色西（Count Henri De Sercey）为首的代表团访缅。代表团的任务是试探缅方的意图，考察缅甸的处境，评估建立与缅甸的联系后出现的经济效益。该代表团于1859年2月抵缅，会见了敏东王和加囊亲王。色西在其考察报告中写道："敏东王的想法考虑得很深远，他是位非常希望他的国家进步的人，他讲了许多赞扬法国国君的话。"[1]

1872年，以金蕴敏基为首的缅甸政府代表团在访英时顺访了法国，1873年初，缅甸与法国签订了一项贸易协定，协定规定双方可在对方国内自由贸易，双方商人在对方国内的财产、居所等应受保护等事项，且规定了协定的长期有效性，约定一方若拟废除该协定，需提前一年通知对方等。在以金蕴敏基为首的代表团返回缅甸后不久，法国即派出以柔厦瓦（M. De Rochechouart）为首的代表团访缅。敏东王又派金蕴敏基率团于1874年3月随法国代表团回访法国，直到1874年10月8日，金蕴敏基才返回缅甸。

2. 缅意交往。早在敏东王之前就有意大利传教士来缅甸传教，其中著名的传教士有：斯吉斯穆德·卡奇神父（Father Sigismund Cakhi）和

---

① Vivian Ba: "The Confidential Mission of Count Henri De Sercey," *The Guardian Magazine*, December 1964, p.9. 转引自《基础缅甸政治史》第二卷第一部分，第267页。

杰斯弗牧师（Rev. Joseph Vittoni）等。

第二次英缅战争时，敏东王派往卑谬与英国谈判停战的人员中也有意大利传教士艾波纳神父（Father Abbona）和多明戈·塔若利神父（Father Domingo Tarolly）。此后，艾波纳神父常在敏东王左右伺候，且两次奉敏东王之命返回意大利，一次是向第九届教皇瑞奇（C.A. Racchia）转呈敏东王的致敬函，另一次是1872年护送敏东王派往意大利的留学生。

1869年，敏东王曾与意大利签订了一项贸易协定。

1872年，以金蕴敏基为首的缅甸政府代表团在访英时顺访了意大利，双方商定意方将派代表团赴缅签订一项友好条约。1873年，金蕴敏基访法，后在回程时又于1874年访问了意大利，当时意大利已有派驻缅甸京城的领事，于是金蕴敏基向意方表示，在必要时缅甸也希望在意大利设立领事以方便两国沟通。

此外，在缅甸王廷服务的还有一些意大利籍的军事教练和工厂技师。

3. 缅德交往。缅德之间虽然没有建立官方往来，但出入缅境的德国人并不少。如，1864年3月，敏东王曾任命德籍医生马菲尔斯（Dr. Marfels）负责巡视检查京城四周的医院；1871年，敏东王的火炮工厂里雇用了两名德国工程师。[①]

4. 缅美交往。1855年4月17日，美国人金基德老师和杜希医生拜见敏东王，并送上了缅甸文字史和数学类书籍，敏东王奖给二人各300银圆。[②]1857年3月，敏东王又委托金基德在回美国时向时任美国总统詹姆斯·布坎南（James Buchanan）代转了一份友好函。1858年3月14日，美国使节持美国总统的友好复函来到京城曼德勒，敏东王接见了来使，并询问了美国以及美国人宗教信仰的情况。[③]

1860年，阿摩罗补罗的印染厂雇用了美国的技师。

1871年，美国记者富兰克·文森特（Frank Vincent）来到缅甸，受到了敏东王的接见，交谈中，文森特表达了美国希望与缅甸签署贸易协定的意向。1872年，以金蕴敏基为首的代表团在访英时也会见了美国领事布特勒（Mr. Butler）并谈及了有关问题。

（二）注重培养留学生

敏东王和加囊亲王还注重培养留学生，为缅甸培养了一批人才。

---

① 《基础缅甸政治史》第二卷第一部分，第274页。
② 《贡榜王朝史》第三卷，第215页。
③ 《基础缅甸政治史》第二卷第一部分，第274—275页。

1859—1875年，90多名贵族子弟分别赴英国、法国、意大利和印度学习，主要学习工业、军事技术和国家治理知识。到贡榜王朝末年，一批留学生学成归来，成为许多领域的中流砥柱，如铸铜大臣吴瑞顶、马军统领吴昂都是归国留学生。

（三）发展军事

与英国相比，缅甸军事装备落后。从1859年到1865年，缅甸进口了约3,500支新式枪支。1857年，敏东王把首都从阿摩罗补罗迁到曼德勒。1867年以后，随着英国逐步实行对缅甸的武器禁运，缅甸开始独立自主建立小型兵工厂，加囊亲王本人承担了部分兵工厂的修建任务。1862年，缅甸4座兵工厂竣工，开始生产大炮、枪支和雷管等武器。为了安全和交通便利，兵工厂全部位于首都附近。加囊亲王亲自监督兵工厂生产滑膛枪，各种火炮、炸弹和水雷。加囊王还聘请法国、意大利教官协助训练军队，改变临时招募兵员的做法，开始建立一支常备军。缅军拥有二三万支步枪，火药也可以自给。在法国和意大利工程师科莫特罗和莫利纳里的帮助下，缅军在伊洛瓦底江沿岸用砖石修建了敏拉要塞、圭羌要塞、阿瓦要塞和德比丹要塞。

（四）发展经济，建立工业体系

1865年，缅甸朝廷铺设了以曼德勒为中心，北达八莫，南到美都镇的电报网，可以用缅文字母联络。同年，缅甸从国外购入铸币机，铸造发行"孔雀铸币"。作为改革主帅的加囊亲王下令从国外进口现代纺织、碾米、榨糖、制玻璃机等50多套机器，建立一整套工业体系。朝廷花费17万银圆购买了刨床、起重机和蒸汽机等，建起了一些工厂，从法国和意大利请来工业管理专家管理工厂。还购买了轮船，开设航运公司，在伊洛瓦底江上运营。

（五）改革食邑制度，推行薪俸制

缅甸传统上实行食邑制度，由各级官员在各自食邑区域自行征税，横征暴敛、腐败、中饱私囊行为盛行，在这些地方，朝廷基本已无直接收入，而且分封制的范围还越来越大，造成朝廷的收入逐年减少，对食邑的直接掌控力也在锐减。1855年，敏东王开始在部分官员中试行薪俸制。1865年，朝廷发行孔雀铸币后，开始全面推行薪俸制，每月蕴纪（大臣）1,000缅银圆，温道500缅银圆，谬温100—200缅银圆。1859年，敏东王下令实行户口税，每户每年纳税白银1缅钱。1866年，敏东王把户口税提高到白银10缅钱或实物。

（六）改革司法制度，加强中央集权

1853年4月，敏东王颁布了《司法审理条例》，规范了鲁道的司法功能，将其分为审理事务、财产和刑事三部分。1860年，敏东王将地方官员对当地居民的死刑宣判权收归枢密院。1865年4月，他进一步限定地方官员只能审理民事案件。1870年，缅甸朝廷规定民事和刑事方面的司法事务分开审理。

（七）关注民众呼声，创办报纸

1871年1月7日，缅文报纸《缅甸先驱报》（*The Burmah Herald*）在英属缅甸首府仰光创刊，敏东王读到这份报纸后非常高兴，遂邀请该报主编英国人汉内（Hannay）前来曼德勒协助其创办新报纸，却被婉拒。但是敏东王还是给予该报8,000缅银圆资助，并派出学者赴仰光报社学习报务，此人返回曼德勒后，创办了《曼德勒先驱报》（*Mandalay Herald*）。1875年3月19日，敏东王在曼德勒发行了自己的周报《曼德勒公报》（*The Mandalay Gazette*），在报纸创办之初，敏东王还敕令可自由发表各种意见："朕不好可以写朕，王后不好写王后，朕的子女不好就写朕的子女，大臣们不好就写大臣们，京畿长官不好就写京畿长官，报社免责。报社人员无论是谁都可以自由出入王宫。"[①]

四、血腥的王室内斗，孱弱的王廷政权

敏东王将大权授予王弟加囊亲王引起了敏东王儿子们的嫉妒和不满。1866年6月18日，敏贡王子和敏空岱王子率兵叛乱，冲进王宫，杀死了正在宫内的加囊亲王和仁安羌侯等大臣，妄图抢夺王位。一些国家精英栋梁如马龙亲王、彬西亲王也死于非命。敏东王调军将叛乱镇压下去，敏贡和敏空岱王子南逃下缅甸。虽然在幸存下来的金蕴敏基、勃康敏基、马圭敏基和约内廷大臣等老臣的帮助下，保持了形势的稳定，但敏东王的政治地位摇摇欲坠，缅甸政府的改革也失去了主心骨，基本上无法再次推动，敏东王改革最终以失败告终。

敏东王改革失败的原因在于领导人未下定决心，真正强有力地推动改革。改革基本上没有从根本上触及缅甸封建制度，主要限于引进先进的机械设备和技术，而未进行一场民众启蒙运动。一些兵工厂和民用工厂也都是官办，缺乏核心竞争力，下层民众也未得到实惠，因此支持者

---

① 《报刊杂志史论文选》（缅文），第38页。该报随着缅甸国王被流放、全缅沦为殖民地而消亡。

寥寥，改革在失去主心骨后，也就停止了。

1878年，敏东王病重。在大臣讨论继承人时，金蕴敏基和王后辛漂玛信拥戴底博王，并以见敏东王最后一面为由召回和囚禁其他王子公主。敏东王病逝、底博王继位后，约阿敦蕴吴波莱还专门写了一部《君王法规大全》①献给底博王，希望底博王继续实行敏东王所进行的改革，实行君主立宪制，励精图治，富国强军，尽早积聚力量，缩减王室包括国王本身和嫔妃奴婢们的开支，以抗击英国的入侵。底博王非但没有听谏，反而在约阿敦蕴吴波莱进谏言不到50天时将其免职，只宠信王后素浦雅勒及其亲信，无节制地挥霍国家财政税收。②1879年2月13日开始将其即位初关押的王室兄弟姐妹、朝廷大臣等一一问斩。③部分有见识的大臣讨论政治改革，在缅甸推行议会制时，底博王革去仁安羌敏基、马圭侯等改革派的职位。底博王一度也想免去金蕴敏基的职位，只是碍于他扶持自己登位有功，才只革去其军务监之职，解除了其军权。1880年，内廷大臣蒲甘侯、坎巴侯吴仰威等贤臣被免职或投入监狱，无能之辈窃据高位，国家管理混乱不堪。被底博王从禁军中提拔起来的岱达敏基、彬沙侯等人的势力日益膨胀，素浦雅勒王后也参与操纵国家事务。

五、"兼并"与"反兼并"的斗争

（一）英国启动"兼并战争"前夕

第二次英缅战争后，英国的目标是进一步打通英属缅甸与中国西南的战略通道，这样只剩下半壁江山的贡榜王朝就成为横亘两者之间的障碍，兼并上缅甸已不可避免。1876年10月25日，英印政府向英国政府建议立即吞并上缅甸。1879年3月，英印政府再次提出同样的请求。但此时的英国卷入了两场殖民战争，分别是第二次阿富汗战争（1878年）和祖鲁战争（1879年），无暇他顾。法国于19世纪60年代在越南南部建立了殖民统治，并企图向西扩张，试图进一步将暹罗和上缅甸纳入其殖民地范围，这增加了英国的紧迫感。

1879年10月7日，英印政府撤回驻曼德勒使馆的全体人员。底博王在10月向英印政府派出使团，呼吁双方恢复良好关系，但英印政府拒绝其使团入境印度。底博王转而联络法国，企图以法制英，为自己取得喘息的时机。1883年5月，一个由内廷大臣敏纪摩诃泽亚丁坚率领、6名高

① 名之为 *Raja Dhama Thingaha Gyan*。
② 《缅甸联邦史》，第336页。
③ 其中包括八莫阿敦蕴、仁安达侯、德拜因侯、马队统领和仰光镇守等重臣。

官组成的缅甸使团赶赴欧洲，使团表面上的目的是考察欧洲的科学和工业，但实际上负有秘密使命。该使团在意大利作了短暂停留后，于8月抵达巴黎，并在巴黎驻留了两年之久。尽管英国驻法国大使要求法国不得为缅甸使团提供外交便利并向其出售武器弹药，但在1885年1月5日，缅法双方还是签定了《法缅条约》，内容涉及设立合资银行，开采森林、矿产、石油，修筑越南到曼德勒、曼德勒到东吁的铁路，开辟伊洛瓦底江和丹伦江航线等内容。这一条约大大增强了英国的危机感，第三次英缅战争的爆发已经是无可避免了。

正当此时，"柚木案"给英国发动第三次英缅战争提供了极好的借口。英国的孟买缅甸木材公司经营柚木出口业务，在贡榜王朝的许可下，该公司在交纳税款后，可到贡榜王朝的管辖区伐木。但是，孟买缅甸木材公司多伐少报，偷税漏税。1885年4月，该公司未经许可，在东吁偷伐柚木。1885年8月20日，缅甸朝廷调查之后判决孟买缅甸木材公司应缴纳10.6万英镑的税款和7.3万英镑的罚款。[①]孟买缅甸木材公司不甘受罚，鼓动英国政府利用此机会把上缅甸纳入英国殖民地范围。英国政府决心发动第三次英缅战争。

1885年10月22日，英属缅甸专员查尔斯·伯纳特（Sir Charles Bernard）向缅甸朝廷提交了最后通牒，主要内容是：第一，英印总督派遣的代表团与缅方共同裁决孟买木材公司柚木案；第二，代表团到达之前不得对柚木案作出裁决；第三，一名英方代表常驻曼德勒，允许该代表保留1,000名卫兵和一艘军舰；第四，英方代表进宫时不脱鞋，有佩剑权；第五，没有英方许可，缅甸不得与其他国家交往。

在接到英印政府的最后通牒后，底博王认为该事端是由柚木案引起，只要不再处罚孟买缅甸木材公司，英国人就不会再提这些无理要求。底博王下令取消罚款，接受互驻使节的要求。但英方不为所动，继续增兵。11月6日，底博王召开御前会议，在会议上大臣金蕴敏基主和，王后素浦雅勒和以岱达敏基为首的大臣力主一战，主战派的意见占了上风。1885年11月7日，底博王向全国发布文告，宣布异教徒英国人破坏缅甸宗教和传统，侮辱缅甸民族尊严，号召缅甸将士和民众将英国侵略者赶出缅甸。[②]

---

① 《英缅战争史》，第280—283页。
② 同上书，第213页。

（二）第三次英缅战争

1885年11月13日，英国正式向缅甸宣战。"英印总督派普伦德加斯特少将（General Prendergast）率部向上缅甸进发。陆军9,467人，配备大炮50门、机枪27把，分为3个旅，由福特准将（Brigadier H. Ford）、怀特准将（Brigadier G.C. White）和诺曼准将（Brigadier F.B. Norman）率领；普伦德加斯少将则率水军溯伊洛瓦底江而上策应，由英资伊洛瓦底江轮船公司提供47艘轮船。"[①] 英军11月14日从上下缅甸交界处美德镇出发，进入上缅甸境内。缅军组织了伊洛瓦底江、东敦基、东吁三条战线抵抗英军，每条战线5,000兵力。11月14日，英军越过边境，开始进攻锡昂坎要塞，经过激烈战斗，攻克了这一堡垒，俘获了缅军的"无敌"号快艇。11月16日，英军进军到敏拉要塞，缅军在当地驻军有1,700多人。虽然驻守缅军进行了顽强抵抗，但英军还是以舰炮和机枪火力攻克了这一要塞，英军仅4死26伤，而缅军170死40伤，被俘267人。[②] 英军继续派4艘军舰北侵，占领了敏养，到达敏拉以北2英里处时，为缅甸朝廷效力的意大利人科莫特罗和莫林纳里向英军投降，并把缅军沿河工事和驻军图交给了英军。11月25日，英军占领了敏建。

底博王作为贡榜王朝的亡国之君，无心打仗。英缅实力差距悬殊，军队士气、组织和给养都有天壤之别。朝廷的两大重臣主和派金蕴敏基和主战派岱达敏基争吵不休。11月25日，英军已抵达曼德勒近郊的扬达波。26日，底博王曾试图与英军有条件地谈判休战，英军拒绝了谈判请求。无奈之下，底博王只得宣布无条件投降，命令沿江要塞缅军停止抵抗，缅军向英军移交了大量武器弹药。11月28日，英军占领王宫。29日，英国总司令普伦德加斯特来到王宫，将底博王和王后素浦雅勒押上军舰，流放到印度西海岸的亚德那奇黎岛，底博王在那里度过了他的余生。这场战争不到一个月，就葬送了缅甸的最后一个集权王朝——贡榜王朝。

1886年1月1日，英印总督达弗林（Lord Duffrin）发布了吞并缅甸的公告。公告非常简短：

> 奉女王陛下之命特此公告：底博王所管辖之领土将不再受其统治，而成为女王陛下领土之一部分，由代表女王陛下的印度总督治

---

① *British Rule and Before,* Vol.1, pp.84-85，转引自《基础缅甸政治史》第二卷第一部分，第320页。

② 《英缅战争史》，第233—235页。

理之，缅甸省首席专员将由印度总督随时委任。[1]

贡榜王朝灭亡，缅甸成为英属印度的一个省。

（三）王朝灭亡和缅甸人的初步反抗

第三次英缅战争之后，至1886年3月，英国兼并了除掸邦以外的整个上缅甸地区，英属缅甸已经基本囊括了整个缅甸。上缅甸是缅甸古代传统中心，民族、文化传统凝聚力较强。北部山区少数民族掸、克钦、钦等桀骜不驯，属于耶鲁大学人类学家斯科特（James C. Scott）在《不被统治的艺术：东南亚高地无政府主义者的历史》中所指出的"佐米亚"（Zomia）民族。这些民族有着独特的社会组织、意识形态和文学。缅甸王廷虽然破灭了，但被击溃的缅军并没有被消灭，而是化整为零，在各个村庄打游击战，总人数在3万左右。在全缅各地包括英国尚未占领的掸邦一带涌现出多支抗英力量，他们各自为战，也搞得英国占领者焦头烂额。英国以剿匪为名四处镇压，才逐渐镇压下去。有的缅甸学者遂将1886—1900年这15年称为"各自为王的缅甸"与英国政府抗争的年代。

在缅族中心区，贵族、头人和僧侣首先成为反抗者天然的领袖。1885年12月中旬开始，在缅北掸邦高原和中部锡当河流域，反英组织尤为活跃。在曼德勒附近，敏东王的儿子明壮王子曾发展了一支2,000多人的队伍，活跃于曼德勒周边。敏东王的两个孙子苏耶南和苏耶邦领导的500人的反英组织，转战实皆省和掸邦。此外，有很多贵族和僧侣参加了反英斗争，其中最有名的是吴欧德马大法师，[2]他在1886年发动了两次著名的战役，给英军造成了极大震动。1889年他落入敌人之手，后被英印政府判处绞刑，壮烈牺牲。在下缅甸，本来殖民统治已经建立，但当地的吴图利亚等领导人在勃固、勃生、比林、锡当、兴实达、达亚瓦底等地揭竿而起。英国不得不增派军警，前往各地镇压起义。在英国的镇压和安抚下，到了1895年，缅甸本部的起义逐渐被平息。

1886年11月，英军进攻掸邦。在底博王时就已竖起反叛大旗的加囊亲王之子林彬王子进入掸邦南部，联合孟乃、雅梢、孟密、迈崩、景栋等地势力组成"林彬邦联"，继续与英殖民者对抗，一直坚持到1887年6月被英军击溃。掸邦北部有以敏塞王子为首的"敏塞邦联"，除敏塞王子外，这个组织的领导人还有克钦邦的泰丁延柏（即苏延柏）、孟密土

---

① 《英缅战争史》，第284页。

② 和文后的吴欧德玛大法师非同一人，仅名字相同。

司吴坎莱、温多土司吴昂妙等人。他们的队伍经常往返于各自的基地，即缅甸本部、掸邦、克钦邦之间。直到1888年1月，英军才夺取了北掸邦。1890年，英军越过丹伦江占领景栋，东掸邦也被英军兼并。1889年，英军进入克钦山区，克钦人奋起抵抗。1893年，英军1,200多人进攻昔马，被克钦人打死打伤102人。英军一路报复，烧毁了克钦村庄和房子。1888年底到1889年初，英军3,000人对总数为8万的钦人发动攻击，在付出巨大伤亡后，占领了这一地区。[①] 总之，直到1900年英军才扑灭了缅甸山区少数民族的起义，真正占领了缅甸全境。

1885年11月，在缅甸的英军约有1.1万人，到1887年英军已增加到3.2万人，另有宪兵8,500人，军警总人数近4.05万人。[②] 英国在第三次英缅战争中的军费开支不过30万英镑，而1886年镇压各地起义的开支已达63.5万英镑，1887年又翻了一番，达到了130万英镑。[③]

第四节　贡榜王朝后期政治与经济

一、政治体制与机构

贡榜王朝前期的君王大多是抱着傲视左右、雄踞一方的心态，对左邻右舍都是强势的，动辄就武力相向。到了贡榜王朝后期，当权者尝到了以前历代君王只知穷兵黩武，不知富国强民的苦果后，才知道放下身段了解世界向外界学习的重要，开始开展与西方的交往，但为时已晚，失去了出海口，成了被英国玩弄于股掌之间的弱者，王朝灭亡的命运就无可避免了。

到贡榜王朝后期，缅甸历代王朝一贯执行的中央集权的政治体制出现了一些微小的变化。贡榜王朝时枢密院已从辖五大府院发展至拥有九个部门的行政机构，1827年实皆王在位时为枢密院增加了一个涉外事务的主管部门，任命了一位大臣专职负责，枢密院发展成为十部门制。

1853年敏东王即位后，约阿敦温吴波莱和金蕴敏基吴冈两大臣拟将缅甸的君主制改变为君主立宪制，他们二人与西方人士接触颇多。敏东王时，金蕴敏基曾奉命出国访问两次，著有《出使英国日记》和《出使

---

① ［缅］波巴信：《缅甸史》，陈炎译，商务印书馆，1965，第159页。

② *British Rule and Before*, Vol. 1, pp. 116-117. 转引自《基础缅甸政治史》第二卷第一部分，第360页。

③ 贺圣达：《缅甸史》，第280页。

法国日记》，把所见所闻记录了下来，成为贡榜王朝实行政体改革的重要参考文本。但当时缅甸实行的君主专制根深蒂固，他们的努力只是对这一制度进行了一点触动，未获成功。

贡榜王朝末年拟议的政体改革的核心内容是君主立宪制。但不论是缅甸的当朝君主，还是主张改革的臣民，甚至是有过出访见闻的金蕴敏基都只是知道西方经过了这样的政治体制改变后，经济得以发展，国力得以大增，事实上并不真正了解君主立宪制的具体情况。所有的改革只是口头上的几句"枢密院有权延迟或撤销公布国王的敕令""国王无权干预或修改经全体大臣们同意的枢密院决定"等口号。甚至对缅甸王朝一直设置的枢密院的五大府院是否应予废除，是否应重新组织政府机构等，都懵懵懂懂，没有明确的主张。加之君主本身仍然迷恋于自己能当个拥有绝对权力的国王，其改革也注定不会有什么实质性的内容。

二、经济

贡榜王朝后期的经济基本延续了贡榜王朝前期的情况，但也有少许改变，现分述如下：

（一）制度

到了敏东王时期，缅甸经济方面一个特殊的变化是采用垄断手段，把柚木、石油、宝石等产业牢牢地控制在政府手中，1875—1876年度，上缅甸对下缅甸的出口首次出现了顺差。贡榜王朝这一举措也可看作是对英国资本家及其买办一种有力的对抗手段。这一举措一直延续到了底博王时期。另一改变是1861年敏东王把大小官员的食邑制改为薪俸制。

（二）货币

沿用贡榜王朝前期的各种硬币及缅甸本国铸造的硬币，并继续铸造使用。1865年11月，敏东王又扩建了铸币厂。该厂一直运营到底博王被放逐，王朝灭亡时止。20年间，该厂共铸造了3641.8万枚硬币，总面值约为28,755,625缅银圆。[①]

1879年，底博王时期的缅甸已出现彩票，每张彩票售价5缅银圆，中奖后可兑换成等值缅银圆。

（三）筹建银行

1878年1月，敏东王在位时，意大利人杰迪瑞里曾与缅甸朝臣商议创办银行事宜。依其计划，缅甸人可自该银行贷款以购买国外的火车、

---

① 《基础缅甸政治史》第二卷第二部分，第115页，该币为银铸造，又称为银圆。

轮船或机器配件等，贷款利率设为10%。该行的工作人员应尽量雇用缅甸人。但在筹备工作进行了10个月之后，敏东王驾崩，该事遂被搁置，无果而终。

底博王在位时，缅法两国协议由曼德勒与法国资本家合作开办一家银行，投资规模拟为2,500万缅银圆（约160万英镑）。按协议，若缅王贷款，利率为12%；若其他人贷款，利率为18%。银行还将发行货币、支票，垄断宝石矿及其附属企业的贸易。法缅双方为此还成立了管理委员会，但因英国发动的第三次英缅战争，该银行的创办进程也被迫终止。

（四）农业

瑞波王曾派左宿卫长作为总管，由水利工程监、镇乡头人等具体负责修浚南部九县失修的堤堰沟渠；命令相关人员对年久失修的马达亚堰、瑞朗渠等进行疏浚。1854年，敏东王命人修浚了耶南达镇的布佐湖，同年还修浚了亚德那登卡镇的悉湖和勃莱湖。

英属下缅甸特别增加了甘蔗的种植。当时，租种一英亩甘蔗约能产糖1,000缅斤，盈利100缅银圆；若自有土地种则可盈利170缅银圆。[①]

（五）手工业

纺织业在原有的基础上有所发展。实皆王时期，在京城阿摩罗补罗为来自曼尼普尔的纺织工开办有织制绸缎作坊的地点。蒲甘王时，能将薄纱染得五颜六色，且可长久保持鲜艳不褪色；从法国请来了德尼戈里和卡尼法的两名纺织专家协助织制天鹅绒、毛呢、绸等制品。在敏东王时期，上缅甸有纺织作坊80余家。[②]当从英国进口的布料越来越多的时候，缅甸的手工纺织业逐步衰落了。

在英国占据的下缅甸，因从英国进口的食盐比缅甸国内自产的盐价格更低，缅甸原有的盐田开始萎缩。

（六）工业

从敏东王在位的1859年直至底博王被掳的1885年，这25年是贡榜王朝最特殊的年代。在此期间，缅甸与外国的交往最多，缅甸特别想使自己发展成为一个工业国；英法两个帝国主义国家在缅甸展开了激烈的竞争；缅王采用了国家垄断的办法，进行了某些资本主义性的改革。

敏东王在位时期，缅甸共兴建各类工厂50余个。

1860年，缅甸京都阿摩罗补罗开办了5家靛蓝染料厂，在京城附近

① 《基础缅甸政治史》第二卷第二部分，第124页。
② 同上书，第131页。

种植靛蓝，每年可生产靛蓝8,000缅斤，一缅斤靛蓝价值400缅银圆。

1865年建成铸币厂，铸币机来自英国，敏东王曾派出留学生赴法国学习铸币技术，该厂日铸币15,000枚。

大约在1870年建成火器厂，可生产先进的火药、子弹、手雷、来复枪以及大、小炮等。

1871年进口了制糖机，在京城西门外建成了制糖厂，在京城西门内建立了棉花加工的扎棉厂。

1872年在京城西婆罗门岗附近建成一座锯木厂。

1874年曾在实皆筹建炼钢厂，未果。

1875年左右曾兴建一家硫磺厂。

早在1724年，英国在丁因建有造船船坞，1854年，缅甸敏东王曾与加囊亲王筹划兴建造船厂，造船厂落成后曾造了好几艘轮船，加上从国外购买的轮船，到1883年时，缅甸已有22艘现代化的轮船。[①]

贡榜王朝建厂初期，各种机器机械全部购自英法，技术人员也聘自英法；又派出留学生赴英法学习技术知识。

（七）贸易

第一次英缅战争后，缅甸的贸易受到很大影响，若开和德林达依被分割出去的后果是国内贸易的范围缩减了一大块，对外贸易也受到一定影响，萎缩了不少。第二次英缅战争后，缅甸失去了半壁江山，对贸易的影响更大。敏东王把以前私人可以买卖的石油、柚木、宝石等全部改由国王垄断专营，后来又把稻谷、棉花也划由王廷经纪人管理。国王专营商品之外的商品在上下缅甸跨境贸易时，需征收5%的进口税，加重了商品交易负担。

英国侵占了缅甸半壁江山后，从上缅甸输往下缅甸的棉花量大增，1867年至1873年6年间就增加了10倍，[②] 其他货物的输出量也有较大增长。英国人已经不再满足于输入所得利润，更想进一步控制上缅甸的经济。英国商人从海路运来的孟加拉的糖和薄布，印度马德拉的毛巾和碗，欧洲产的铁、铜、玻璃和毛织品经仰光输往上缅甸；英国商人再从上缅甸把大量的柚木运走。跨境贸易中从下缅甸运往上缅甸的主要商品有：鱼、鱼露虾酱、鱼干、稻米和槟榔；而从上缅甸销往下缅甸的主要商品有：芝麻油、棕糖块、棉线、辣椒、大蒜、洋葱、儿茶、茶叶、烟叶、

---

① 以上有关数据均见《基础缅甸政治史》第二卷第二部分，第141—144页。
② 《基础缅甸政治史》第二卷第二部分，第147页。

火漆、靛蓝等。这些物品均需征收关税。

上下缅甸间的贸易通道水陆均有。英国在1877年5月铺设了仰光至卑谬的铁路，在1885年7月又开通了仰光至东吁的铁路。1854年5月—10月，经仰光进口的外国货品价值达64,228缅银圆，而缅甸的出口价值仅有5,683缅银圆。到1855年2月，上缅甸进口外国商品值为29,220缅银圆，其中主要是从英国进口的各种布匹。这些价格低廉质量上乘的英国布料的进口，使得缅甸的手工纺织业一蹶不振，自此，英缅贸易浪潮日渐高涨。1869年8月18日的一项统计显示，上缅甸入超严重，出口值仅800余万缅银圆，而进口值已达1,200余万缅银圆。可见当时缅甸已被英国经济所压制，缅甸经济开始沦落。早在敏东王即位时开始走下坡路的缅甸经济形势到敏东王执政后期更加严峻。出海口被英国控制，以仰光为中心的对外贸易额已达千万缅银圆以上，整个上缅甸的经济命脉已被英国人掌控。[①]

贡榜王朝后期的对外贸易主要是与英国进行的。自敏东王时期开始，法国大力发展与缅甸的贸易关系，向法国出口宝石和茶叶，从法国则进口了不少机械，如武器弹药厂、锯木厂所需机械等。1859年法国派来技术专家到曼德勒，还带来一艘法国造轮船。缅法贸易的发展也引起了英国的警觉，加快了英殖民者吞并缅甸的步伐。

第五节　贡榜王朝后期的社会与文化

一、贡榜王朝后期的社会

西方文化涌入缅甸，使缅甸传统社会受到很大冲击，也发生了不少变化。贡榜王朝后期的文化可称得上是一派繁荣，与同时期政治经济的没落形成了鲜明的反差。

缅甸社会一向还是比较开明的，尤其是妇女的社会地位比东西方一些国家都要高。到了贡榜王朝晚期，妇女在社会生活中的地位相当高，甚至开始参政。1765年，蒲甘一带就有6个村子是女性当村长。据载，1883年阿瓦镇德达乌村、德娄镇德别彬村也是女村长。缅甸的王后、公主、大臣夫人等，在她们的食邑地都享有审理诉讼权、司法管理权。当时到过缅甸的一些西方人士对此都感到十分惊讶。但总的说来，社会等

---

① 《基础缅甸政治史》第二卷第二部分，第151—152页。

级观念还是比较深的，尤其是君主不能容忍对自己的冒犯。例如：底博王时，一位敏钦公主爱上了一名平民小伙鄂都，底博王就将他们双双处死。总之，不同的人从言谈举止、穿着打扮到居室格局等各个方面都有严格的区分，不能擅自作出改变。

这一时期缅甸社会的另一个特殊的变化是英文和缅文报刊的陆续问世。不只在下缅甸的毛淡棉、勃固、勃生、仰光、实兑等地，就连上缅甸的曼德勒也开始出现了缅文报刊。

1871年，英属下缅甸潘尔博物馆①成立，由首任英属缅甸首席专员亚瑟·潘尔设立，这是缅甸的第一家博物馆，收藏有世界各地的藏品和各种动物，以及缅甸考古发现的一些硬币、念珠等文物。

二、贡榜王朝后期的文化

（一）宗教

贡榜王朝后期，缅甸民众的宗教信仰情况没有大的变化，只是由于外来文化的融入，伊斯兰教和天主教在缅甸有了一定的发展，尤其是天主教。据统计，到1824年时，在缅甸传教的西方教士已有118名之多。1842年以后，天主教获得了更大的发展。缅甸的国王们对大多数民众信奉的佛教仍非常推崇，尤其在敏东王在位期间，曾大力举办佛事活动，其中最著名的当数他举办的第五次佛经结集，表明他力图把缅甸打造成南传佛教的中心。1871—1874年，敏东王召集2,400名高僧，在曼德勒举行第五次佛经结集，考订校对三藏经，并刻于729块大理石之上。而上一次佛经结集还是1,800年前在迦腻色迦王时期的锡兰举行的。但因为英国殖民主义势力的入侵，缅甸自身国力的持续下滑，佛教日益衰微。1855年，敏东王下令关闭所有教授孩子们一般知识和谋生技能的寺庙学校，②这一禁令一度淡化了佛教对缅甸民众的影响。

（二）教育

随着19世纪基督教传教士们在缅甸的传教活动，西式教育开始在缅甸出现。最早在缅甸出现的教会学校是1826年由美国浸礼会传教士贾德森（Judson）与其妻在杰克米创立的，1827年，该校迁至毛淡棉。1829年在土瓦、1840年在丹兑各开一所基督教教会学校，在传递基督教教义的过程中，也教授学生基本的读写算。此后尤其在下缅甸克伦族居住的

---

① 后随着仰光人口的增加，该博物馆所在地（今日仰光大医院）被政府征用，其中的文物分别于1904年和1906年被送往蒲甘博物馆收藏。

② 缅甸文称为bwe kyang。

农村地区，此类教会学校越办越多。

到了敏东王时期，上下缅甸由缅、英两个政权分别掌控。在上缅甸，寺庙教育仍占据主导地位。但在敏东王的支持下，阿伯纳神父（Father Abbona）、比干德特主教（Bishop Bigandet）和马克博士（Dr. Marks/ Saya Mark）得以在上缅甸广泛地办起西式教育事业。敏东王支持马克博士自办现代世俗学校，并捐助100英镑。1871年，塞耶马克学校已有20名住宿生（费用全由敏东王承担）、70名走读生（其中有11位是王子）。西方传教士们在敏东王禁止寺庙搞世俗教育后，借机大力兴办教会学校，至1864年时，已建有教会学校22所，女子学校10所。[①]

敏东王得知西方技术发达，还遴选多人赴英、法、意、德、西班牙等国留学，金蕴敏基赴英访问时就带去了10名学习工业技术的学生，从此缅甸有了海外留学生。

第二次英缅战争后，英国占领了缅甸半壁江山。缅甸原有的寺庙教育已不能满足殖民统治的需要，殖民当局迫切需要发展西式教育。鉴于在印度的殖民教育经验，英占缅甸的西式教育建设很多方面都照搬了印度的方案。1854年，英印殖民政府在下缅甸占领区实行教育改革，改革主要遵循三个原则：（1）不鼓励东方文学文化，注重西方文学文化；（2）以英国文学为中心；（3）培养的人才皮肤可以为黄色，但要熟悉英国文学，要以英国思维思考。其目的，显而易见是为了巩固英国在缅甸的殖民统治，因为英国殖民统治的行政机器需要大批有知识、有文化的本地人充任当地的行政长官、助理和文书等职务。这种教育对教学内容是有限制的，它是一种仅为少数上层有钱人服务的贵族教育，远离普通民众，与其说是为了培养社会发展所需要的知识和技术人才，不如说是为了使殖民统治机器获得更加有效的运转。具体教学中，寺庙学校和私人学校仍以本地语言授课，教会学校则以英缅双语进行授课，部分大城市同期开办了公立学校，教学体系从低到高逐步铺开。在殖民统治初期，下缅甸的教育事业发展得非常缓慢。其小学教育完全依靠寺庙学堂和教会学校支撑。1864年，下缅甸只有师范和初中22所，女子学校10所，主要分布在仰光、兴实塔和勃生。1866年，在忽视教育长达10年之久后，英国殖民政府任命了教育官员。1867年，英属缅甸教育局成立，初设局长一名、巡视官四名、文书一名。

此后，缅甸的基础教育有所发展，但这种发展是不平衡的，伴随着

---

① 《基础缅甸政治史》第二卷第二部分，第187页。

的是寺庙教育的衰落和私立学校的兴起。1869—1870年，下缅甸的寺庙学校有3,478所，学生43,773人，私塾只有340所，学生5,069人。[①] 1875年，下缅甸增设教育官一名，并配有三名助理，中高级官员均为英国人，只有底层职员才任用缅甸人。1889—1890年，下缅甸有寺庙学校1,846所，私塾704所；1898—1899年，下缅甸的寺庙学校只有1,000所，私塾增至1,280所。[②] 从30年间寺庙学校数量的急剧减少来看，寺庙教育迅速衰落了，这种衰落既有殖民政府教育政策的原因，也有寺庙教育本身的原因。从殖民政府的教育政策来看，其对寺庙教育缺乏必要的支持和投入。殖民政府曾要求寺庙学校教授世俗教育的内容，并承诺配发课本，但是在两年的时间里，课本仅下发了不到200本。

英属缅甸教育局成立前，下缅甸仅有三所公立中学，分布在若开和德林达依省。1872—1873年，殖民政府决定在仰光再开办一所公立中学。1876年，该校开设高中部，在校高中生15人，其中基督徒7人、穆斯林1人、佛教徒7人，当时全校有200多学生。1876年，仰光高中的两名学生通过了加尔各答大学的入学考试；1877年，又有5名学生通过该考试。1878年，仰光公立高中开始教授大学课程。1879年，仰光公立高中改为仰光学院，缅甸高等教育自此发端。仰光学院1880—1881年有学生8人，1881—1882年有学生9人；1883年该学院增设文科，1887年有学生25人。1885年开始，该学院可授予化学、物理等学科理学学士学位。

（三）医药卫生

1837年，亨利·伯尼（Henry Burney）用缅文正式出版了一部欧洲医学著作《医典》。1867年，佛朗西斯·玛森又对上述《医典》补充后再版。十多年后，塞耶窦又重版了该《医典》。当时，缅甸不仅有了缅文的西医医典，也有了缅人西医，第一位缅人西医是留学美国归来的毛淡棉孟族医生貌晓陆。[③]

到了贡榜王朝后期，中医在缅甸也有了一定发展。在缅甸枢密院文书档案中就记有敏东王用西医、印医和中医治病事例。

在缅甸王廷的鼓励下，缅甸京城开办了不少诊所，也涌现了一些著名医生。而且，随着医药学的发展，缅甸的卫生保健事业也有了长足的进步。仅从19世纪下半叶吴波莱先后发表过的一系列专著：《问诊方法

---

① 缅甸社会主义纲领党中央组织委员会：《民族节和国民教育运动简史》（缅文），文学宫出版社，1970，第60页。

② 同上书，第60—61页。

③ 《基础缅甸政治史》第二卷第二部分，第170—171页。

论》（1859年）、《营养论》（1868年）、《人体考量论》（1876年）、《烹饪方法论》（1877年）、《季节与饮食关系论》（1881年）来看，就可得知当时缅甸卫生保健业已有了长足的发展。[①]

（四）建筑

贡榜王朝后期，上缅甸的社会形态仍处于封建体制统治之下。统治阶层分裂成倾向于资本主义体制的改革派和倾向于保持封建体制现状的保守派两阵营。资本主义文化和封建主义文化，即西方文化和东方文化的较量也体现在建筑领域。例如，约敏纪寺和金蕴敏基建的寺庙虽然都是佛寺，但都是受到了西方文化影响的建筑。究其原因，其一是当时在缅王手下任职的人员中有一些是外国人，他们也参与了某些建筑的设计工作；其二是缅甸与法国、英国、意大利等已有外交、经济等方面的往来，对他们国家的一些建筑样板有了某些了解，这些也融进了建筑理念之中。[②]

贡榜王朝后期，这种融进了西方风格的缅甸佛寺中，最有名的就是敏东王在1859年开始兴建，于1877年建成的阿杜摩西寺[③]。全寺用了246根立柱，其中最主要的顶柱高达30余米。建有五层顶阁，全部贴金；主体结构全部为木质，外围用砖石筑成围墙，粉刷成白色，非常庄严肃穆和美丽。该寺中有许多拱门，拱曲极其柔美流畅，充满了西式风格，成了当时缅甸京城最亮丽的一座佛寺。

1866年约敏基吴波莱捐献建成的约敏纪寺，充满了西式风格，该寺的建筑师中有缅甸人，也有印度人。有人说，吴波莱是选用了欧洲一座旅店的样式，建成了这座寺庙。该寺房间的分隔方法非常奇特，在内部中心设计了一个天井。

金蕴敏基兴建的萨嘎瓦纳寺[④]，据说是金蕴敏基出使英国归来后，依照欧洲式样建造的。有人说是依照法国王室的教堂式，有人说是依照英国王宫式，还有人说是依照罗马式，该寺设计了三角式顶、雄鹰造型、螺旋楼梯和木雕木刻等装饰。

内廷大臣吴比建的寺庙，人称"新城内廷大臣寺"，因为他曾出使法国，所以人们说他建的寺庙是法式的。

瑞卑埃格巴马匹监建的庙宇，有人认为是锡兰式的，有人则认为也

---

① 《基础缅甸政治史》第二卷第二部分，第172页。

② ［缅］吴谬敏盛:《贡榜王朝后期的佛寺》,《大学百科》（缅文）第5卷第3期第424页，转引自《基础缅甸政治史》第二卷第二部分，第229—231页。

③ Atumashi缅文原意为"无与伦比"。

④ Sarkawana系巴利文，原意为"用柚木建造的寺庙"。

是欧式的。①

总之，到了贡榜王朝后期，缅甸出现了一些基于缅甸传统，但又融入了某些欧洲文化因素的寺庙建筑。

（五）绘画

10世纪，随着佛教的传入，印度绘画作品也传入缅甸，对缅甸绘画艺术产生了重要影响。那时的绘画大多绘于佛窟、寺庙、佛塔的墙壁之上，内容大多与佛教有关。缅甸传统绘画共有四种技法：伽嬅、娜依、伽比和噶杂。②

到了贡榜王朝后期，缅甸绘画使用的工具、纸张开始有了变化：此前，缅甸多用迈改纸③和贝勒拜④等，这时开始使用西方造的纸张了；以前的画笔有两种，一种是将牛毛用丝线绑起的毛笔，另一种是用坚硬的苇秆儿削尖制成的尖笔，这时开始有人使用铅笔了；黑色颜料分为中国墨和缅甸墨两类，中国墨是用来自中国的墨块研磨而成的，缅甸墨有原油和油烟两种，原油较好；红色用中国来的朱砂，其他颜色大多可自行生产。

1795年以后才有一些西方的画家来到缅甸京城，如1855年来缅的格兰特（Grant）和特里普（Tripe），1875年来缅的伯朗（B.F. Brown）等人。缅甸人从西方画家那里学到了素描、水彩、油彩、临摹、立体感等五种技法。当时学习西方画法第一人是画家吴佳纽，他的代表作是画于1865年含15个页面的《敏东王"出巡图"》，当年著名诗人塞耶佩还专门赋诗一首以记述之，⑤后来吴佳纽被敏东王任命为"绘画监"。吴佳纽之子吴萨在底博王时也被任命为绘画监；吴萨双目失明后，他的嫡传弟子塞耶琼又被委以该职。当时著名的画家还有：塞耶崩、良彬泽吴貌基、当彬貌卡、敏加拉泽貌莱等人。⑥总之，到了贡榜王朝后期，缅甸绘画风格中非常成功地融入了西方现实主义和浪漫主义艺术的内容。

---

①　几座带有欧式风格的庙宇情况皆可参见《基础缅甸政治史》第二卷第二部分，第231—232页。

②　这四个词均为缅甸语绘画方面的专有名词。伽嬅（Kanout），从巴利文"莲"字变化而来，所以凡象征莲花、莲苞、莲叶、莲梗、莲藕等各种各样的吉祥花纹都属于这一类；娜依（nari），巴利文原意是姑娘，但作为绘画方面的专有名词则指包括女性、男子、神灵等一切人物形象的画法；伽比（kapi），原意是猴子，作为绘画的专有名词则指所有动态的鸟兽等动物的画法；噶杂（gaza），原意是大象，作为绘画的专有名词意指所有巨型的静止状态物品的绘画方法。

③　一种糙宣纸，多产于掸邦迈改，故称。

④　一种折纸，可供抄录文章、绘画用。

⑤　《基础缅甸政治史》第二卷第二部分，第212页。

⑥　吴登汉：《现代缅甸画》，《金色的缅甸》，仰光：文学宫出版社，1957，第50页。

（六）文学

贡榜王朝后期虽然仍像缅甸历代王朝一样，涌现不少佛教文学和宫廷文学作品，但是少有新意，有的则彻底脱离了这一窠臼，写就了反映民众生活的好作品。所以，贡榜王朝后期的文学得到了蓬勃发展，出现了"百花齐放"的兴旺局面，堪称缅甸文学史上的一个黄金时代。这期间的文学作品，无论在题材内容或体裁形式方面，都比缅甸历史上的任何其他历史时期的作品更为丰富多彩，它为整个缅甸文学增加了许多光彩。故人们称其为缅甸文学的"集锦时期"。

文学的几种体裁，散文、诗歌和戏剧都有了很大的发展。

其中书信体"密达萨"在贡榜王朝前期的基础之上，又得到了几位僧侣的发展。他们大多认为不能把密达萨简单地看作是一般的通信手段，而应将其视作是抑恶扬善的、训诫的利器。垒底大法师、阿信奥甘达马拉、吴邦雅等人都是代表人物，但风格各异。垒底大法师的作品《戒酒》《彩票》《牛》《灯节》等都是名篇，文风典雅，通俗易懂；阿信奥甘达马拉的密达萨中常把一些难解的字写成字谜，以提升读者的好奇心和了解欲；而吴邦雅则非常注意对情谊的描写，且笔调诙谐动人。

本生故事的写作方兴未艾，19世纪初，又出现了许多注解性的或节译的缅文佛本生故事。第二良甘法师和孟单彬法师译出的《五百五十本生故事》都出现在1819年前后，但前者流传更广，影响甚大。还有许多作家用不同的形式改写了本生故事，像貌唐大法师、蒙悦大法师、吴邦雅等人都有不少作品留世。《清迈五十本生》缅文本这一时期也广为流传，在敏东王举办第五次佛经结集时，一些高僧曾主张将此"伪经"付之一炬列为禁书，多亏貌唐大法师力排众议据理力争，才令《清迈五十本生》缅文版得以保存下来。

这一时期散文类的最高成就要数史学巨著《琉璃宫史》的问世。贡榜王朝前期，缅甸王朝统治达到鼎盛，局势稳定、经济发达、国力充实、版图最广。实皆王继位后不久英国发动了第一次英缅战争，缅甸初尝败绩，割地赔款；但实皆王心有不甘，暗下决心有朝一日雪此大辱，恢复祖辈霸业。在此背景下，1829年实皆王任命13名僧俗学者组成编写组，用近四年的时间写成了缅甸有史以来最大的一部缅甸编年史——《琉璃宫史》，洋洋百万言。《琉璃宫史》参考了缅甸历代的档案、史料以及神话传说等编成，它不仅具有地区史（缅甸以及周边一些相关地区）、国别关系史（缅甸与周边国家及各地区间的交往）、佛教史（特别是南传佛教方面）的史学价值，还具有很高的艺术性和文学性，是研究缅甸古代散文类作品的最佳范文。《琉璃宫史》文笔流畅典雅，叙事极富传奇性，人物塑造形象生动。

到了贡榜王朝后期，应制奉和的诗人显得越来越不被人们所青睐。而写生活、写现实，被普罗大众所喜爱的诗人却出现不少。

玛妙格礼（1809—1845年），女诗人，其祖辈为孟族人，是柏东王的家奴、轿夫。瑞波王当王储时，在勃生偶遇玛妙格礼，为其美貌才华所倾倒，收为王妃。瑞波王登基即位后，又封她为西宫皇后。她写过不少感人的宫怨诗，后因触怒国王，一度被打入冷宫，她写了一首名为《我所爱的一切》的巴比釉诗（意即"鼓曲"），倾吐了对国王忠贞不渝的爱情，情感真挚动人，国王深受感动，召其重返宫中。后来，瑞波王次子卑谬侯不赞同其父对英国的政策主张，有人告发卑谬侯企图谋反，并说玛妙格礼支持卑谬侯。瑞波王盛怒之下将玛妙格礼和卑谬侯一并处死。玛妙格礼临刑前还作了一首连韵诗《世间八法》，阐明佛教哲理与对瑞波王的不满。

兰太康丁（1833—1875年），瑞波王与玛妙格礼之女，12岁时其母亲被无辜处死。自幼聪慧过人，貌美如花，惹人怜爱，20岁时成了王储加囊亲王的王妃。1866年敏贡、敏空岱王子叛乱，加囊被杀时，兰太康丁仅33岁孀居。她写过诗歌多首，有连韵诗、四节短诗、雅都、巴比釉等，还独创了"波垒"诗（意为"回心转意"）。大多是宫怨诗。另还写过两部宫廷剧。

吴邦雅（1812—1866年），缅甸最著名的诗人之一，有"缅甸莎士比亚"的美誉，是位多产作家，所作诗文体裁题材都很丰富，据不完全统计，他写过茂贡（记事诗）4篇，讲道故事诗30篇，其他体裁诗歌数百首。还写过诗文间杂的密达萨约60篇，剧作七八部。[1] 他曾是一位僧侣，40岁还俗，又成为一位宫廷诗人。很多诗文是应王廷之命而作，但他桀骜不驯，作品并未囿于佛教文学与宫廷文学范畴。他用犀利的笔锋对社会恶习、腐败现象、宗教界与宫廷内的黑暗进行大胆揭露与鞭挞，具有一定的社会进步意义。正因为如此，他虽被朝廷任用为官，但从未被委以要职，且最后因被诬参与叛乱而死。

贡榜王朝后期有些诗人的作品注重反映广大农民的生活，如吴曦、吴桑、吴基[2]等写出了多首反映农村生活的短诗，其中吴基尤为有名。

---

① 关于吴邦雅的生平与写作，详情可参见《缅甸文学史》，第153—163页。
② 三位作家的情况参见《缅甸文学史》，第163—167页。

每一首诗都像一幅生动的画面，从不同的角度描绘出农村的情趣，色彩分明、生机盎然、恬静优美、感染力强。吴基所写的峦钦诗就有：以农民身份夸赞自己优美山村的《朋友，请到咱村来》，以少女口吻思念到河对岸耕地恋人的《真叫人心焦》，描写猎人夫妇恩爱叮咛的《带弓箭的人》，描述农家晚餐欢乐场景的《农夫》，以及把乡野的菜饭描绘得令人馋涎欲滴的《啊，好辣的菜》等多篇。

到了贡榜王朝末期，由于英国的野蛮入侵，唤起了缅甸人民抗英爱国的激情，涌现了一些爱国诗人如：齐班尼法师、塞耶佩等。齐班尼法师认为，英国人固然非常恶劣，但纵使英国人如此的，也应归咎于王朝官员的无能。他在写作中多处影射攻击当时主和的御前大臣金蕴敏基。他写过一首《你们记住我的话》为题的"曼德勒的毁灭"丹钦诗。塞耶佩更是用诗歌痛斥了侵略者和民族败类，揭露批判了社会腐败现象。当他闻听英国总督在新加坡遇刺身亡时，心中大喜，认为这是由于总督在缅甸不自量力地潜用缅王的白伞，遭到的因果"报应"。塞耶佩以《与国王相比》为题赋诗一首，将总督比喻为狗，英国为此特向缅甸提出抗议。在英国的压力下，缅甸朝廷将塞耶佩投入监狱。他还写过多首激情澎湃的爱国诗。比如，羞辱那些甘当亡国奴、卖国求荣的人们的《痛骂》，厌恶世态炎凉、金钱万能的《金钱至上》，记述第三次英缅战争、描写缅甸毫无还手之力悲剧的《底博王的过错》，以及抒发个人对王朝灭亡感慨的《赛孤儿》等。

这一时期的戏剧在贡榜王朝前期的繁荣基础之上又有了创新，代表人物是作家吴金吴[①]。一是其剧作不再像之前那样要一连演出几十天，而是短小精悍，当夜即可演完；二是其作品虽然也大多取材于神话或本生故事，但敢于影射实皆王和瑞波王年代所发生的事件，对英殖民者入侵缅甸的行径也有所隐喻，所以极大地吸引了当时的观众。现今查明，他曾写过《巴勃亨》《德瓦贡班》等九部剧作，但有三部只知剧名，原文却已散佚了。他的剧作语句简练、通俗易懂、格律工整、容易背诵，故深受当时戏剧演员们的欢迎。当时缅甸剧作的特点之一，是剧中人物相互所用的称呼语，吴金吴写得比较简短、通俗；特色之二，是在每幕结尾或换场时，乐师们会演奏间歇曲，剧作家要为此配上一些诗白，吴金吴采用了许多修辞文法，有的辞藻华丽、有的简洁明了，用词多样，不落俗套，且含义深刻。这也是他在缅甸剧作创作手法上的一个大胆创新。

---

① 参见《缅甸文学史》，第150—152页。

在吴金吴之后，缅甸戏剧创新的代表人物是吴邦雅，其处理戏剧人物称谓的手法较吴金吴略胜一筹，而在换场诗白方面却不如吴金吴着墨丰富。但他的作品更具大众性，有更深刻的社会意义。随着时代的变迁，吴金吴作品的隐喻内容渐渐不再容易被读者所理解，他的名字也就渐被淡忘了。与其相反，吴邦雅的剧作描写的多是一些民生百态，因而，尽管同样是时代变迁，其作品反而越来越广为流传了。

第八章

英国殖民时期的缅甸

（1900—1937 年）

1900年英国占领缅甸全境后将缅甸置于英属印度之下，缅甸变成英属印度的一个省，沦为"英国殖民地的殖民地"。缅甸受到英国和英属印度的双重盘剥，不仅英国资本进入缅甸，印度的高利贷主、农民工们也深入缅甸农村，缅甸农业被纳入英国殖民经济体系，农产品增产了，但农民收获所得却大幅减少了，濒临破产边缘。英国在缅甸还对缅甸本部和少数民族地区，采取"分而治之"的办法，实行不同的统治政策。如，组织缅甸本地军警时只招收某些少数民族人员，挑动民族间矛盾，埋下民族不团结的种子。同时，英国殖民者还在缅甸强推西方文化，使缅甸本土文化有了某些与以前不同的变化和发展。直到1937年4月1日英国宣布印缅分治，缅甸才成了英国一个直属殖民地。

第一节　英国殖民统治时期的缅甸行政

1885年第三次英缅战争结束，底博王被俘，贡榜王朝覆灭。英殖民者们又用了15年的时间，才把缅甸分散在各地的抗争者基本镇压下去，占领了缅甸全境。上缅甸除了缅族，同时还是掸、克钦、钦等山区少数民族的聚居区，这些山地少数民族在缅甸封建王朝时期，一直保持着程度不同的独立，有着各自独特的文化和传统。英国决定对缅甸的缅族和少数民族采取不同的统治方式，即"分而治之"（Devide and Rule）政策。1886年，英国将掸邦的山区划定为"规划区"（Scheduled District），即无须议会通过法律，总督可自行颁布行政法令直接管理的地区。

一、缅族地区的殖民统治政权

1886年1月1日，英属印度政府宣布原贡榜王朝统治的上缅甸成为英国殖民地的一部分，1886年3月将上下缅甸合并为缅甸省，任命伯纳特为缅甸省首位首席专员。

缅甸省作为英属印度的一个地区，英属印度的殖民地法律、文官制度和政府架构自然延伸到了缅甸。缅甸省的一切法律法规都由英印政府颁布，首席专员由英印总督任命，并听命于英印总督。1897年，英国在缅甸的统治出现了一个变化，即宣布缅甸享有英印总督签署的1861年《印度议会法》（The Indian Councils Act, 1861）规定的立法权，同时缅甸的地位也得到了提高，虽然仍是英属印度的一个省，但管理上由专员升级为省督（Lieutenant Governor）（或称为副总督）。同年，缅甸按照1861年《印度议会法》设立了立法议会（Legislative Council），这一立法机构成为后来缅甸议会的雏形。立法会议成员9人，全部由省督任命，其中5人是政府官员，4人为群众代表（包括两位欧洲人、一名缅族人、一名掸族人），省督任议长。但是立法议会的职权有诸多限制，财政预算要向印度政府专门请示，[①] 其权限后来随着政治形势的变化而扩大。省督仍然有至高无上的裁决权，可否决立法会议通过的议案。缅甸省以下各县设专员，城镇设副专员。高级职位由英国人担任，低级官员由当地人通过考试后担任。政府机构中，重要的警察、土地测量登记、城市规划、环卫和税收等部门都基本建立了起来，省政府设秘书处来协调这些部门的工作，由于最初曾在仰光设立了下缅甸的秘书处，所以又在曼德勒设立了上缅甸的秘书处，1887年两个秘书处最终合并。[②] 1908年，《秘书处法令》颁布，对秘书处的职权和运作做了系统性的规定。英缅时期，缅甸实行行政与司法分离制度，1905年后，缅甸明文规定行政官员与法官不得兼任。

在广大农村，英属缅甸政府制定了《上缅甸农村法令》和《下缅甸农村法令》，它们颁布时间有先后，均成为缅甸农村行政制度的基础。1907年，英缅政府将这两则法令进行了合并，统称为1907年《缅甸农村法令》。[③] 该农村法令的具体内容是：一村一头人，由副专员任命和管理。头人有权带银刀或涂金的刀，打红伞，拥有治安、税收权，对辖区内的小案件有审判权，可收取辖区税收额的十分之一作为报酬，有免税权和免税土地；头人有权镇压叛乱，维护当地秩序；副专员有权强迫窝藏和支持叛乱分子的村民搬迁，如村民不服从，则副专员可以下令烧毁该村。

这一乡村行政制度的目的是利用头人充当殖民政府的代理人。当时缅甸共有17,000多个村，任命了17,000多名头人，后来殖民政府将一些小村进行了合并。

---

① Albert D. Moscotti, *British Policy and the Nationalist Movement in Burma, 1917-1937* (Honolulu: The University Press of Hawaii, 1974), p14.

② 《少数民族问题与1947年宪法》第一册，第7页。

③ "Kyi Pyar Chit and Matthew Arnold," *Administering the State in Myanmar: An Overview of the General Administration Department*, October 2014, p.6.

1909年，根据明托–莫利（Minto–Morley）改革方案，立法议会的成员增加至19人，1915年再增加至30人。其中两人需由欧洲人担任，其中一名自欧洲人的缅甸商会（Burma Chamber of Commerce）选举产生，另一名由欧洲人的仰光贸易协会（Rangoon Trade Association）选举产生①，其他新增加的成员则由省督指定。1920年，立法议会成员改为28人，其中26人由省督指定，12人为官员、9人为缅甸人、3人为印度人和华人，其他民族2人。由省督单独任命2名社会贤达。立法议会有权制订法律，通过财政预案，任期三年。②立法议会的改革在一定程度上扩大了缅甸人的政治权利，使得一部分民族主义者获得了参加立法会议的选举的机会，并可通过合法途经开展议会斗争和谋取民族政治权利。

1917年8月21日，英政府印度事务部长（Secretary of State for India）爱德温·蒙太古和印度总督切姆斯福德向英国下议院提议：在印度逐步建立自治机构，成立责任政府（未用自治一词）作为印度宪政改革的目标；对省行政管理实行二元制政治体制③改革，将省辖部门分为两大类：一类为"保留部门"，对总督负责；另一类为"移交部门"，对省议会负责。这一提议成为1919年《印度政府组织法》的基础，所以该法又被称为《蒙太古–切姆斯福德改革法》（Montagu Chelmsford Reforms）。从长远来看，这是英国向印度逐步移交权力的开端。④

1920年大学生运动爆发，在缅甸人民暴风雨般的抗议之下，殖民当局终于认识到它已不再可能按照原来的方式继续统治下去了。1921年5月，英国政府宣布把在印度实施的《蒙太古–切姆斯福德改革法》扩大实施至缅甸，1922年，英国议会通过了《缅甸改革法案》，同意在缅甸施行二元政体改革，举行立法议会议员选举，但是掸邦、克钦族和钦族地区不包括在内。

在二元政体下，政府行政部门分为中央部门、省部门两部分。中央部门由英印政府管理，省部门由缅甸政府管理。省部门又分为保留部门和移交部门。"保留"部门由英印政府通过省督控制和管理，包括国

① 《缅甸的行政制度（19世纪到20世纪）》（缅文），妙瓦底出版社，1993，第144页。
② 波巴信：《缅甸史》，第163页。
③ 二元政治体制（dyarchy），由殖民官员埃德温·蒙塔古（Edwin S. Montagu, 1917–1922年在位）和印度总督切姆斯福德（Chelmsford）1919年引入印度，并颁布了《印度政府组织法》。二元制原则是指行政人员和机构由英国殖民政府指定和由被殖民地区"民选"。指定官员和机构人员的首长由总督代表英王任命，民选部门和机构的人员由立法议会选举产生，殖民地统治权由二者在总督最高统辖下分权管理。
④ 《印度近现代史》，第453页。

防、外交、法律、治安、财政、税收、货币金融、交通运输等重要部门；
"移交"部门是地方行政、教育、公共卫生、公共工程、林业和农业等
部门。[①]

在立法机构方面，为了吸引缅甸社会上层人士和争取更多的支持者，
《缅甸改革法案》规定组建地方议会，赋予其监督地方政府的职权。[②]改
革"立法议会"，选举组建新的立法议会，新的立法议会成员将扩大至
103名，其中80名议员将通过选举产生，缅甸省18岁以上的公民都有选
举权；立法会议制定法律的权力，仅限于"移交"部门范围内的事务，
即"移交"部门首长应对立法议会负责，但该法律须经过印度总督的批
准才能生效。改革法案还规定，新的立法议会的议员按民族选举产生。
按民族选举立法会议员是非常有潜在危险的一招棋。1909年，英印总
督莫利（Morley）在印度选举中为了获得穆斯林的支持，为与印度国民
大会进行对抗，就使用了这一手法。《蒙太古－切姆斯福德改革法》看到
了这种做法将带来的民族分裂的潜在危险，批评按民族选举议员的措施
是："将人们划分成为按信仰、阶层区分的小集团中的个人，而不是看作
是一个整体国家的公民，这种做法将对民族的融合产生不利的后果，使
英国容易受到道义上的指责。另外，以种种借口给予少数民族一些特权，
安抚少数民族，使他们停留在原来的政治立场上，而不是积极推动少数
民族进步，这一切都只会阻碍他们自治的步伐，对英国也是有害无利。"

为了监督在缅甸实行的行政制度改革，1922年，英国政府任命了以
怀特（Frederick Whyte）爵士为首的缅甸改革委员会，委员会成员一致
认为：虽然委员们反对按民族选举，但在找到更好的替代方法之前，为
了平均分配缅甸本部的缅族、克伦族等民族的利益，在缅甸只能暂时支
持按民族选举。因此，此番缅甸立法议会改革的最终妥协结果是在15个
民族选区中选出印度人8名，克伦族人5名，英国人1名和英印混血1名，
在商业行会和大学特别选区中选出议员7名；其余23名议员由总督指定，
其中包括行政委员会的两名官员和一名劳工代表。[③]

1923年实行二元政体改革后，统治缅甸的省督（副总督）升级为总
督。在二元政体下，英缅总督仍保留了相当大的权力，他有权对规划区
（包括克伦尼、掸邦、克钦和钦族地区）立法，阻止立法议会讨论"保留"
事务，批准立法议会拒绝编入预算的开销。

---

① ［缅］吴登佩敏：《登佩敏的政治经验》，瑞卑旦出版社，1956，第6页。

② John F. Cady, *A History of Modern Burma* (New York: Cornell University Press, 1958), p.242.

③ 《缅甸的行政制度（19世纪到20世纪）》，第151页。

1922年11月，缅甸举行了二元政体下的第一次立法议会选举，缅甸人民团体总会主席吴漆莱抵制立法会议选举，以缅甸人民团体总会副主席吴巴佩为首的部分人士主张参加选举，他们退出了人民团体总会，成立了"21人党"参加选举。这次实际投票者仅占选民总人数的6.92%，全国2,700个选区中有600个选区没有人参加竞选。二元政体下的第一届立法议会共有103名议员，其中民选议员79名，由总督任命的议员24名（省督行政委员会成员2名，在职官员14名，没有担任官职者8名）。他们协助总督制订法律。总督任命内政部长和财政部长，林业部长和教育部长从民选代表中选出。1925年，第二次立法议会选举举行，只有16.26%的选民参加选举。人民团体总会的吴布宣布退出人民团体总会，成立"自治党"参选，并成功当上了议员。吴漆莱允许部分成员参加立法议会，引起了吴素登等人的不满，这部分人退出人民团体总会，另组建了吴素登总会。1926年，吴巴佩的人民党（由"21人党"改名）提出了"缅甸人的缅甸"的自治口号。1928年的第三次英缅立法议会选举，18%的选民参加了选举，此后参选率逐步增长。

1935年8月，英国议会批准了《缅甸政府组织法》，宣布从1937年4月1日起，缅甸与印度分治，成为英国的直属殖民地。

二、英殖民者对缅甸少数民族的政策

（一）英国殖民者对掸族实施的政策

从一开始占领上缅甸，英国就将掸邦单独划分出来，采取不同的方式来统治，体现了它"分而治之"的特点。

殖民者对掸邦的基本政策是：掸邦土司要承认英国的统治权；可以继续保持传统的土司制度；英印政府以委任状的形式控制土司、谬沙（食邑者）和收税官，依靠他们来管理掸邦各地的行政，依靠罕（掸语：军官）、特蒙（掸语：头人）来行使司法权。[1] 按缅甸王朝统治时期定下的数额，向英缅殖民当局交纳贡赋；各邦首领之间的冲突由英缅殖民政府仲裁，当地的森林和矿产资源归属英缅殖民政府所有；英缅殖民政府承认当地土司传统的"权利和习惯"。这就是说，掸邦只担负进贡的任务，掸邦政治制度仍然实行传统的土司制度。英缅政府以法律方式规定掸邦这种地位的是《1886年上缅甸法》（Upper Burma Laws Act of 1886）。

---

[1] 在英国殖民政府开出的名单上，共有54位掸族土司得到正式承认。见［缅］杜坚：《缅甸状况（1885—1886）》（缅文），仰光：文学宫出版社，1973，第232页。

1888年颁布的《掸邦法》（The Shan State Act）又将土司的地位以法律形式作了确认，根据这一法律，土司、谬沙和税收官的地位得到了保证，成为殖民体系中的正式行政官员。

从1887年开始，英缅政府以委任状（Sanad）的形式强化了对土司的控制。委任状对土司的职权作了详细的界定，其中最重要的一条规定就是土司要接受副专员的指导。[①]1890年，英缅政府对委任状的形式和内容进行了统一，并宣布只有遵守委任状中的有关职责规定内容的土司才会得到英缅政府的承认，享有在本地区的民事和刑事审判、税收等特权。

土司委任状的主要内容是：本地区向殖民政府交纳的贡赋数目五年内维持不变，五年以后才可重新审议；英缅政府拥有包括少数民族地区在内的森林、矿产、宝石的唯一占有权；土司按照传统习俗进行统治，但要听从副专员的指导；土司必须对当地治安、交通负责，如果有商人在当地被抢劫，土司要交纳赔偿金；土司之间如果有争议应提交副专员裁决；如果政府要在当地修建铁路，那么除了给予当地居民一定的补偿，不应再支付任何费用；土司应配合政府缉捕罪犯；土司对英国人没有司法管辖权。[②]

英缅政府对谬沙和收税官也颁发委任状，但其中涉及内容显然不及对土司的委任状全面和详细，主要集中在税收和遵守法律方面。

1888—1897年，掸邦保持着这种比较独立的土司统治制度，但自从英缅政府向良瑞土司派驻了英国顾问后，向掸邦土司派驻顾问逐渐成了一种不成文的制度，此后"蕴道"一级的官员也被派驻到掸邦。显然，英缅政府对掸邦地区的统治在逐步加强，也更直接了。

为了便于统治，起初英国将掸邦分为南掸邦和北掸邦两个行政区。北掸邦以腊戍为中心，任命一位副专员；南掸邦包括掸邦东部的景栋以及与缅甸本部交界的一些地区，以东枝为中心，也任命一位副专员。到1920年才将南北掸邦所包括的地区合并，只任命了一位副专员进行管理。

掸邦不仅在行政制度，而且在财政制度上也不同于缅甸本部。掸邦的财政制度的基础是掸邦基金会，其主要有三个来源：以前买卖掸邦的森林、矿产资源所得的资金；各地按比例交纳的税收；1922年以前缅甸中央给予掸邦的固定援助。

① ［缅］宁基达亚：《缅甸的行政制度（19世纪到20世纪）》，第143页。
② ［缅］吴觉温等，《少数民族问题与1947年宪法》（缅文）第一册，大学出版社，1990，第11页。

1922年，英国还在掸邦建立了"山区公务员组织"（Burma Frontier Service），以培养为殖民政府在掸邦工作的公务员。

1923年掸邦没有实行缅甸本部的二元政体，时任缅甸总督克拉多（Sir Reginald Henry Craddock）另有计划。他起草了一个掸邦行政计划，于1920年上报给英印政府。这个计划的特点就是既要改革现有掸邦的行政制度，使其符合掸邦的特点，又要与缅甸本部的二元政体改革区别开来。克拉多说："自治的第一步就是宪法改革，掸族人不适合于其他任何统治方式，只能是通过地方土司管理的政治制度，此外别无他法。"对于掸邦土司统治制度的改革最终确定以马来联邦制度为样板。1919年，克拉多派利斯特（T. Lister）到马来考察当地的制度。经过5个月的考察，利斯特提交了一份掸邦制度改革的报告，其主要内容是将南北掸邦和孟密地区土司的辖地合并为一个整体的掸族联邦，设立一个顾问委员会就掸邦的共同利益协商合作，掸邦各地平均分摊应交纳的税收，英缅政府任命一名专员作为常驻掸邦的代表。克拉多极力支持这个计划，认为这样就能使掸邦不受缅甸本部建立二元政体和立法议会选举的影响，掸族人民也不会再提出与缅甸人民同样的要求。在他的游说下，1920年3月，掸邦土司接受了建立掸族联邦的计划。1922年8月，英属印度政府批准了该计划。这样掸族联邦计划比缅甸的二元政体还早了3个月。[1]

掸族联邦（The Shan State Federation）由北部掸邦6个地区和南部掸邦35个地区组成，是与缅甸本部同级别的行政区，由英缅总督直接管理。最开始命名为东北行政区，由东北行政区专员（Commissioner of the North East Frontier Division）管辖，1925年改名为掸族联邦行政区，为掸族联邦专员（Commissioner of the Federal Shan State）所管辖，专员驻东枝。

掸族联邦的行政制度中，人事、卫生、森林、教育、警察、农业等部门由掸族联邦中央控制，而司法、税收、治安的权利则下放给各地区，让各地区自行设立法庭，任命和监督官员。

根据克拉多的掸族联邦计划，专员应与联邦委员会（The Federal Council）一起统治掸邦。联邦委员会又叫作"掸族联邦土司委员会"（The Federal Council of Shan Chiefs），是给专员作顾问的机构。其成员包括掸邦所有的土司和部分谬沙与税收官。第一届土司委员会中有土司17人，谬沙和税收官4人，掸邦专员为主席。联邦委员会没有立法权，无

[1]　Robert H. Taylor, *The State in Burma* (London: C. Hurst & Company, 1987), p. 96.

权对英国殖民政权的政策提出异议，也无权更改现行政策。土司们只有讨论权和建议权，可以讨论有关掸邦的法律附加条款，也可讨论有关掸邦的事务和财政预算。在筹建掸族联邦时，克拉多向土司们游说说土司的利益在这个委员会能得到保障，但实际情况是土司们可得到的权利仍然是有限的。[①]

（二）英国殖民者对克钦与钦族地区的统治

人口分散、交通不便的克钦和钦族地区也同样被英国认为不便于直接统治而施以间接统治。1889年，英国入侵克钦和钦族山区，遇到了性格强悍的克钦族和钦族的激烈反抗，英军司令华尔特称他们是"最难对付的敌人"。在这些地区统治制度未被完全确立起来之前，英军对当地进行了残酷的军事镇压。[②]

英国占领了克钦山区后，将其单独划分开来，1895年颁布了专门针对克钦族的有关法律《克钦山区部落条例》[③]（The Kachin Hill Tribes Regulation），1896年又颁布了《钦族山区条例》（Chin Hills Regulation）。这两个法律成为英国在克钦族和钦族地区统治的基石，主要内容是：

第一，政府总的目标是对上述地区实行间接统治；尽量以传统法（customary law）为基础来统治；鼓励头人和当地领袖自行处理当地事务；政府尽量少干涉当地事务，只在必要的时候帮助头人解决问题；

第二，英国在克钦族和钦族地区实行的间接治理的关键是依靠当地领导或头人，法律规定了他们与英国殖民者的关系与职责；

第三，按照英缅政府的法令，副专员和助理专员分别有权任命克钦山区和钦族地区的某个部落、部族、村组的头人为官员，规定其职权范围，也能罢免其官职；

第四，副专员有权将特定的村或部落划分给特定的头人管辖；

第五，副专员要尽量按照传统习惯来划分这些村或部落。[④]

关于头人的权限，上述两部法律规定：头人依照英缅政府的法律和当地风俗管理他所在的地区；在他的辖区内根据习惯法收取税收。1898年将后一条修改为：在他的辖区内根据习惯法收取税收，也有权根据习惯法对居民进行惩罚，但不得过于残酷；头人负责辖区内的治安，执行

[①] 《少数民族问题与1947年宪法》第一册，第37页。
[②] ［缅］缅甸社会主义纲领党组织部：《少数民族反帝史》（缅文），文学宫出版社，1962，第136页。
[③] 《少数民族问题与1947年宪法》第一册，第14页。
[④] 同上书，第17页。

副专员或助理专员的指示，按人头提供粮食和劳役。如果头人执行不力，则要受到罚款50卢比的惩戒，甚至开除官职。

虽然克钦地区和钦地区的行政是实行间接治理，但在治安和法律方面则是直接治理，上述两部法律规定：

第一，克钦族和钦族土司、头人有审理克钦族刑事和民事案件的权力，但大的案件或涉及跨民族的案件只能由副专员来审理。

第二，克钦族或钦族的部落或村组如果从事反对政府的活动或敌视政府，副专员有权进行处罚，对克钦族的处罚方式包括扣押整个部落、部族或个人，没收他们的财产，取消他们的自由迁徙权和与外界的联络权；对钦族的处罚方式包括对部落、村组或个人进行长期或终生流放、关押、没收其财产、禁止他们走出钦族地区，也禁止他人走入该部落或村组。

第三，副专员在战时或其他必要的时候有权命令一地的居民迁移到其他地区，对此政府可以给予适当的赔偿。

第四，只有副专员才能任命、提升或罢免头人，副专员拥有全权解决本地区的治安、法纪问题；没有副专员的同意，克钦族地区不得随便建房屋和村寨；如果副专员认为该地区有军事意义，还可以命令迁移该村。[①]

总而言之，可以说英国在克钦实行的是间接治理，但实际上这是传统的土司在英国人的控制下实行管理的一种特殊形式。

直到英国在缅甸的统治结束，1895年《克钦山区部落条例》一直是英国殖民者在克钦地区统治的依据，没有做什么修改。

同样，1896年的《钦族山区法》是英缅在钦族地区统治的基石。到了1922年，英缅政府对法律作了小幅的修改，远远不如当时缅甸本部和掸邦的行政改革力度那么大。钦族的土司和头人在英缅官员的控制下，以传统习俗为依据，以维护社会治安为主要任务。副专员以委任状的形式任命当地的领袖，限制他们的权力范围为审理小案件和收税。这样，钦族地区基本上还是保留了以往的封建土司制度。英缅政府在钦族地区进行了60年的殖民统治，但钦族地区在经济、社会、交通等方面几乎没有得到什么发展，远远落后于其他民族聚居区，1947年山区少数民族调查团（Frontier Areas Committee of Enquiry）在进行少数民族调查时也不得不承认这一点。

---

① 《少数民族问题与1947年宪法》第一册，第22页。

与此形成鲜明对照的是：缅甸本部的政治制度从缅甸建省开始，经历了二元政体改革和印缅分治，一步步得以向前发展。由于缅甸本部与克钦族地区和钦族地区属于不同的行政区域，所以缅甸本部政治改革所带来的缅族民族利益的扩大，克钦族与钦族一点也未享受到。

1922年，英国也在克钦族山区和钦族山区分别建立了"山区公务员组织"（Burma Frontier service），以培养为殖民政府在山区工作的公务员。

（三）英国殖民者对克耶族的统治

英缅政府实行间接统治的地区还有克耶族（即克伦尼）地区。与其他几个少数民族不同的是，英缅政府保留了克耶族相对"独立"的地位，并以国家条约形式作出了确认，这在英国殖民历史上是一种特殊的情况。

第二次英缅战争后，英国势力就已经渗入到克耶族的西部地区，1857年更是将克耶族的西部地区直接置于它的"保护"之下。1875年，英国迫使缅甸贡榜王朝的敏东王承认克耶族西部地区的"独立"地位，1878年6月21日，缅甸代表金蕴敏基大臣与英属印度政府的代表道格拉斯·福塞斯爵士（Sir Douglas Forsyth）签定的条约对这种地位作出了确认：克耶族的西部地区单独划分出来，保持中立区的地位，英国政府和缅甸朝廷双方都不谋求在这一地区行使主权或行政管理权。[①] 这样，在当时，克耶族名义上既不是英国占领区，也不是缅甸的管辖区。

东克耶族地区则一直效忠于缅甸朝廷，1868年东克耶族首领苏拉波被敏东王封为当地的谬沙。在上缅甸与掸邦于1886年相继落入英国人手中之后，1887年英国试图将势力发展到东克耶族地区，于是派军进入冒梅城，并要求苏拉波承认英国的宗主国地位，但遭到了后者的拒绝。1888年，英国派出一支军队攻打苏拉波，苏拉波抵挡不住出逃，当地居民推选苏拉波的侄子苏拉维为谬沙，英国随即向苏拉维颁发了委任状，确认了英国宗主国地位。1892年英属印度政府正式向克耶族四区：波拉克、杰波基、瑙不勒、南梅空的土司颁发了委任状，确认了他们的统治。[②]

克耶族地区与缅甸本部和掸邦不同，它从未成为英属印度领土的一部分，而是取得了印度封建王公统治的土邦那样较为独立的地位。1858年印度民族大起义后，英国政府撤回了东印度公司，由英国政府直接管

---

① 《少数民族问题与1947年宪法》第一册，第23页。
② 《少数民族反帝史》，第151—154页。

辖印度，改变了对王公统治的土邦政策，停止兼并王公的领地，改为利用王公行使一部分统治权力，实行间接统治，与此相应的是加强了对王公的控制。同样，英国对克耶邦没有实行直接占领，而是保持了其地位上的相对独立性，将其作为类似于印度王公的土邦来看待。在任命克耶族土司的委任状中，英国对土司的职权作了规定："你们的内政、跨民族联系事务都应遵循副专员的指导，听从其建议。"委任状的基本内容也与掸邦相同，但是有两条是专门针对克耶族的："禁止克耶族与其他地区的人有任何联系，如果有所联系，必须向掸邦的副专员报告；不经专员同意，外人不能在当地任职。"从这几点来看，克耶族的相对独立也是有限的。

三、维持殖民政权的基石——军队

英国殖民者有目的地运用"分而治之"的政策，不仅表现在行政制度上，而且体现在以山区少数民族为主的缅甸军队建设上。这一点很像英国政府在进攻缅甸时派出的军队，那些军人中的大多数是来自尼泊尔廓尔喀的雇佣兵。第一次英缅战争后，英国就组建了以缅甸少数民族为主的军队，主要有两个营，一个为若开地区的若开营，另一个为德林达依的孟族营，这两支部队均参加了第二次和第三次英缅战争，与缅甸封建王朝军队作战。英国人此后逐步组建了以廓尔喀人和少量缅族人为主的军队。由于1857—1859年印度民族大起义的主要力量就是印度士兵，英国殖民者吸取了教训，于1858年宣布解散全部由廓尔喀人和缅族人组建的军队，此后英国殖民者在组建军队问题一直都很谨慎，直到1887年，英国殖民者才组建了一个缅甸工兵排，其中大部分为缅族人。到第一次世界大战之前，英国殖民者只招收克钦、钦、克伦族人担任缅甸的军警职务，不再招收缅族人。

在第一次世界大战期间，由于战争的需要，英国又组建了缅甸来复枪团第70团和第85团。第70团包括4个营，其中有一个营全部为缅族人，第85缅甸来复枪团中也有一个缅甸排，但大部分都是由缅甸的少数民族军警选拔而来。随着战争的进展，英国又相继组建了一个缅族人为主的工兵地雷排，7个缅族机械运输排，一个钦族和缅族为主的劳工营。他们都被派往海外执行任务，表现得也很出色。但是在战后，英印政府决定：只有山区少数民族才能留在军队，缅族人不能留下，理由是缅族人不符合要求，不守纪律，个人素质比不上其他民族。这样，战后除了缅族工兵排之外，军队的其他缅族人都逐渐离开了军队。1929年，唯一的缅族工兵排也被解散了，理由是派驻军队更能节省费用。

对此，英缅立法议会曾表示反对，认为这是对缅甸人的侮辱，没有本民族的军队对增加缅甸的自治权也不利，希望保留工兵排，其军费可以由缅甸来承担。但缅甸立法议会最终没有能够推翻英印政府的决定。

1935年《缅甸政府组织法》将防务大权交给了总督，当时缅甸国防军队中的大多数人是英国人、尼泊尔的廓尔喀人，少数是克伦、克钦、钦族人，缅族人无权进入军队。一直到印缅分治后，英国殖民者才开始招收少量的缅族人参加军队，但人数与缅族人口比例很不相称。

第二节　英国殖民统治时期的缅甸经济

英殖民当局对缅甸经济的根本原则是利用缅甸丰富的自然资源，结合殖民地劳动力和移民，发展农业种植业、林业、采矿业和石油开采业等，以获取资本最大利润。缅甸经济在殖民时期得到了快速发展，但各部门存在着严重不均衡，未形成产业链，且依附于宗主国，在遭遇世界经济危机时就受到极大的冲击。

英国殖民政府大力修建交通基础设施。1866—1920年，缅甸全国铁路里程从500公里增加到了2,500公里，增加了4倍。1886—1889年，东吁—曼德勒铁路建成，1898年延伸到密支那，1902年延伸到腊戍。1907年，仰光到毛淡棉的铁路开通。公路从1891年的4,000公里增加到1915年的8,000公里，增加了一倍。1934年，连接阿瓦和实皆的阿瓦大桥建成。在5,000居民以上的城市，基本上建立了发电厂，铺设了柏油道路。几乎所有城市都设立了电报局，在大城市还设立了电话局和邮政局。在远洋航运方面，英属印度轮船公司开辟的加尔各答—仰光—毛淡棉—实兑的航线和加尔各答—仰光—日本的航线，成为世界上较为繁忙的航线。仰光港开发成为国际大港。缅甸的内河航运也得到了长足发展，伊洛瓦底江轮船公司成为世界上最大的内河航运公司之一，拥有500多艘船，1.1万名职员。

殖民时期，缅甸水稻种植、石油开采和对外贸易得到飞速发展。1886—1917年，缅甸水稻种植面积从400万英亩增加到800万英亩，稻米产量从不到200万吨提高到了400万吨，翻了一番。1933—1934年，缅甸共出口大米37.78万吨，超过了泰国和法属印度支那的总和。[1] 石油产

_____

① ［缅］波巴信：《缅甸史》，第167页。

量从200万加仑一跃增加至2.09亿加仑。[①] 外贸额从1886年的1.5亿卢比增长到1915年的5.6亿卢比。

英国殖民者设立了采矿公司，有色金属如锌、铅、锡、银等得到了规模化开采。1914—1918年，缅甸钨产量居世界第二，铜产量位居亚洲第四，翡翠和红宝石也占有重要地位。

随着殖民地经济的增长，英国殖民者设立的公司也得到了飞速发展。最著名的是英缅石油公司、孟买缅甸贸易公司和斯蒂尔兄弟公司。英缅石油公司是英国殖民者在缅甸的最大公司，垄断了石油业。孟买缅甸贸易公司垄断了伐木和木材加工，并从事外贸和石油业。斯蒂尔兄弟公司主要垄断缅甸的大米贸易，占据了缅甸市场的四分之三，并从事柚木出口。该公司1907年建立印缅石油公司，并将业务扩大到造船、水泥、橡胶行业。殖民地缅甸的经济发展在中南半岛一枝独秀。

随着经济的发展，仰光迅速从一个港口小镇转变成一个国际大都市。仰光超过了纽约成为世界移民最多的城市。1880—1890年，仰光迎来了建筑热潮，仰光市区主要街道西式砖石建筑林立，大型政府部门纷纷建成。1886年11月，仰光市政厅竣工。1887年，道弗林医院开业。19世纪末，仰光街道仍然使用油灯照明，到1906年，仰光市政委员会将街道照明全部更换为电灯。1906—1908年，有轨公交车也进行了电气化。1915年，仰光拥有8辆公交车、139辆摩托车、28辆出租车、426辆私人轿车，道路总长183英里。1936年，仰光无轨电车取代了有轨电车。[②]

从1930年开始，世界经济危机蔓延到了缅甸，缅甸人民的生活受到了极大影响。1934年的稻米价格只有1929年的40%，日用品价格不断上涨，农民日益失去土地，50%以上的土地落入高利贷者和地主手中。铁路、公路等基础设施建设基本陷入停顿，英缅经济由20世纪20年代领先于印支三国变为落后于印支三国。工业领域的投资也急剧下降，外国投资者将所获利润汇出缅甸，而不是用来升级产业。缅甸虽然保持了世界最大大米出口国的地位，在整个20世纪30年代年均出口大米314万吨，但缅甸人的大米消费量却萎缩了25%。[③] 20世纪30年代末的对外贸易额仅为20世纪20年代末的四分之三。经济危机沉重打击了缅甸，也推动了缅甸民族主义运动的发展。

---

① 贺圣达：《缅甸史》，第285页。

② Michael W. Charney, *A History of Modern Burma* (Cambridge: Cambridge University Press, 2009) p.21.

③ 贺圣达主编《当代缅甸》，四川人民出版社，1993，第173页。

第三节　英国殖民统治时期的缅甸社会

一、新社会阶层的出现

殖民地经济的增长也带来了移民的流动。1881—1911年，在缅甸的华人和印度人分别从1.2万、13.7万增加到6.3万和60.6万。随着大米进出口贸易的繁荣，大量荒地、闲地需要劳动力开垦，缅甸本身的劳动力不足，英殖民当局于是引进印度农民到缅甸进行农业耕作，印度农民主要来自吉大港、比哈尔、奥里萨、马德拉斯和泰米尔等地。仰光成为一个各国人口混居之地，泰米尔人主要在碾米厂工作，轮船上的船员大部分是吉大港人，来自广东的华人从事建筑业，福建华人在金店售卖黄金；许多印度齐智人也来到缅甸，放高利贷获取高额利润。英殖民政府在1872、1881年进行了两次社会普查，随后每10年进行一次普查，一直延续至1931年。调查范围涵盖缅甸人的职业、宗教、语言和人口等。根据1872年的普查，仰光市居民9.9万人，其中三分之二的居民是缅甸人，但缅甸人占的比例一直在减缩，到1937年，仰光40万居民中只有12.7万人是缅甸人，流动人口为2万人。1921年，华人在整个缅甸的总人数为2.4万人。[1] 从1881年到1911年，下缅甸印度人从13.7万人增加到60.6万人，占缅甸总人口的9%。到1921年，仰光55%的居民来自印度。到第二次世界大战前，仰光主要居民是南亚人，主要来自印度、孟加拉、巴基斯坦，少数来自尼泊尔和斯里兰卡。上缅甸的缅族贫困农民也大量迁入下缅甸，与当地孟族混居，加速了缅孟民族的交流与融合。

缅甸工人的产生略早于民族资本家。在英国殖民者投资开办的工厂中，雇佣了一些来自缅甸和印度的工人，但他们人数太少，还不能称为一个阶级。20世纪20年代，缅甸开始形成独立的工人阶层。缅甸作为稻米出口国，仰光、勃生、毛淡棉等地分布着大量的碾米厂，这些碾米厂雇佣了超过3.8万名工人。在伊洛瓦底江等内河航线和码头上有近4万名工人，在铁路工作的职员和工人约2.8万人。其他行业的工人也超过了4万人，整个缅甸工人人数达到了14万人。但是刚刚出现的工人阶层，在农业社会仍属少数人群，其中多数是印度人，具有流动性大、组织能力低的特点，未能在政治舞台上发挥重大作用。

---

[1]　Michael W. Charney, *A History of Modern Burma*, p.22.

缅甸民族资本家出现于1910年代。随着缅甸经济的发展，一部分缅甸人从高利贷和大米贸易中获利，投资碾米、木材加工、采矿业，从而转变成为民族资本家。但由于国内市场狭小和受到外国资本的挤压，他们普遍投资的规模小、资本薄弱，产业结构单一。到20世纪30年代末，民族工业中雇佣工人50人以上的工厂仅381家，其中碾米厂就占了90%。[①]在采矿业，英国垄断企业控制了大型矿的开采，缅甸民族资本家因成本和技术原因，仅能从事小型矿开采。由于在仰光等大城市外国资本占据了绝对优势，因此缅甸民族资本往往分布在地方县市一级。制约缅甸民族资本发展的另一个因素是管理和技术人员的缺乏，在英国殖民教育体系中，商业、法律和教育占有很重要的地位，毕业生大部分进入公务员体系和从事商务、律师等高薪或体面的工作，很少有人愿意从事管理。缅甸在引入现代西式教育体系后，新的知识分子阶层也得以逐渐形成。

缅甸传统社会中没有严格意义上的地主。19世纪80年代后，印度齐智人来到缅甸，从事高利贷活动。到20世纪初，部分缅甸商人、官员也加入了高利贷者的队伍。农民借贷时，往往以土地为抵押，当农民不能偿还债务时，就丧失了土地的所有权。到19世纪末，农民因破产失去土地已经成为普遍现象。到1910年，下缅甸产稻区的23%土地集中到了高利贷者的手中。齐智人和缅甸高利贷者共同盘剥农民，产生了贫农和地主的分化。有些贫农铤而走险，依靠偷盗和抢劫生存。整个缅甸刑事犯罪率遽然升高。殖民政府也意识到了问题的严重性，试图通过法律来约束放贷行为，但世界经济危机的到来使得大量农民破产，土地日益集中到以齐智人为代表的高利贷者和地主手中。

仰光成为一座国际性大都市后，随着流动人口和国际移民的增加，出现了一些负面现象。鸦片、赌博和刑事犯罪行为急剧上升，殖民政府不得不在19世纪90年代对鸦片和可卡因进行管控。

二、现代教育的兴起

殖民时期的缅甸教育是从传统的寺庙教育走向现代西式教育的过渡，英缅时期的寺庙教育经历了从占绝对的垄断地位到逐步走向衰落的进程。英缅殖民政府对佛教的限制和排挤政策，导致了缅甸佛教的衰落，随之而来的是寺庙教育的萎缩。首先是寺庙出于抵制殖民政府控制寺庙学校

---

① 《当代缅甸》，第130页。

的意图，不接受世俗教育课本和政府派来的世俗教师；其次因其教育内容已经远远不能适应时代的发展，随着社会的进步和经济的发展，急需有一定的外语水平或相应的技术能力的人才，而寺庙教育除了教授佛教教义外，只有简单的读写算，可以说没有任何一技之长，越来越多的家长不再把孩子送到寺庙学校就读。英缅政府主政下的缅甸社会，高等教育和职业教育从无到有得以缓慢发展，但其主要目的是为殖民统治培养低级官吏和办事员，客观上为缅甸培养了现代知识分子阶层。

（一）基础教育

1904年，英缅的教育经费总支出为4,000万卢比，而政府仅出资1,040万卢比，其余均由地方设法解决。1903—1904年，全缅有各类学校19,716所，其中政府开办或政府承认的学校有5,557所，在校生187,098人。1904—1905年，政府开办或承认的学校有5,760所，在校生206,209人，基本上达到每三个村庄有一所学校。以缅语授课的学校有309所，学生人数21,214人，其中只有一所是公立的，全缅英缅双语授课学校有77所。1905—1906年，全缅共有各类学校28,996所，在校生385,214人。未在政府注册的学校有15,064所，学生总数170,932人。[①] 1916—1917年，全缅各类学校共计27,086所，在校生591,816人。其中公办或政府承认的学校有初高中1,400所，在校人数128,843人；小学7,725所，在校学生256,729人；职业学校和其他各类学校425所，在校人数6,457人。小学教师12,532人，初中教师4,422人，高中教师377人，共17,331人。其中教授缅语的小学教师11,630人，教授英语的小学教师148人，教授两种语言的小学教师754人。[②]

政府注册的寺庙学校从1916年的3,418所减少至1925年的1,182所。[③] 在英国殖民统治开始较早的下缅甸地区，竟有一半的村庄根本没有寺庙。与寺庙教育的衰落相反，私塾教育却迅速发展起来。因为私塾教育多少带有营利的目的，受到的束缚少，转向快。在1900年，私塾已多达1,300所，当人们看到受过西式教育的人能够在城市工商业界和殖民政府的行政机构中谋求到有薪水或工资的工作，富裕人家或城市居民便纷纷把子女送到私塾接受教育，以迎合殖民政府的教育政策，这也得到了殖民政府的支持，遂得到较快的发展。

---

① 《民族节和国民教育运动简史》（缅文），第80—81页。
② 同上书，第82页。
③ 净海：《南传佛教史》，第174页。

（二）高等教育

1872年，美国传教团体在仰光创办了一个洗礼学院，1894年开始和加尔各答大学合作，学生可以参加加尔各答大学的预科考试。1909年，该校开设学士学位班，到1911年，已有两人获学士学位。1918年，为了纪念美国传教士贾德逊，将该学院改名为贾德逊学院。1905—1906年，隶属于印度加尔各答大学的仰光学院已有学生187人。

到1918年，缅甸仅有仰光学院和贾德逊学院两所高等学校，还没有一所大学，缅甸全国获得本科学位的人数也只有400人。[①] 1920年，仰光学院和贾德逊学院合并，扩建为仰光大学，仰光大学全部造价高达350万英镑，在当时的中南半岛这是一所颇具规模的大学。该大学由5个学院组成，除大学学院和贾德逊学院，还有医学院、农学院和师范学院，后来又在曼德勒设立分院。1920—1940年，仰光大学的毕业生达到了3,000人，其中有2,500人获得了学士学位。

（三）职业教育

英国殖民当局只注重培养其急需的文书和低级官吏，长期忽视职业教育的发展。但出于发展殖民地经济的需要，以及在缅甸开荒修路等原因，英缅社会急需测绘人才，因此测绘学校成为英殖民地当局在缅甸开办的最早职业培训学校。1885—1886年，共有7所测绘学校，在校生110人，到1907年时，测绘学校达到了18所。

其他方面，1895年在茵盛开办了工业学校，1907年共有学生63人，其中缅甸人只有17人。1899年，达耶瓦底开设了林业技术学校，1910年，该校搬到彬文那，学制为23个月，首年招生12人。1907年，仰光开设了医学学校，1912年在校生仅有22人，缅族学生约占一半。此前，缅甸人想学医只能去加尔各答学习。农业虽然是缅甸很重要的经济部门，但是直到1912年才出现了农学校，虽然1896年英缅政府曾经规定在高中开设农业方面的课程，但是课本和师资都准备不足，所以一直未能实现。1911—1912年，阿摩罗补罗开办了纺织学校。可见，职业技术教育在缅甸是非常落后的，而且很多学员还是外国人，给缅甸本国人的机会很少。

虽然寺庙教育的衰落是历史的必然，但是由于殖民政府的投入和重视不够，西式教育的发展同样也是有限和缓慢的，表现在：1. 基础教育仍然靠寺庙教育作为补充，在农村地区和偏远地区，大部分儿童只能接受寺庙教育；2. 中学课程设置不合理，基础自然科学教育极为薄弱，到

---

① 《民族节和国民教育运动简史》（缅文），第97页。

1937年只有10所高中开设了用英文讲授的物理和化学课程，只有一所女子中学开设了动物学和植物学课程；3. 大学课程也以实用为主，缺乏科学和学术类课程，大学生以学文学、法律、商业、医学和教育者居多；4. 职业教育非常落后。

毕竟西式教育是一种比较先进的教育，是进入现代社会必不可少的工具，它必然会取代传统的寺庙教育，从这个意义上说，殖民政府为缅甸现代教育打开了一扇门，但是殖民地政府有它自己的目的，因此在发展西式教育的过程中并不是全面发展，而是只选取最急需的，以最小的投入来获得较大的效益，导致了当时缅甸教育整体发展的有限和缓慢。

第四节　缅甸民族主义运动的兴起与发展

一、缅甸民族主义的萌芽

英国殖民缅甸后，缅甸人民曾经进行了顽强的抵抗，这些抵抗并不是现代民族主义运动，而是缅甸人民自发地和本能地针对外来统治的抵抗。现代民族主义和西方政治体系对于缅甸民众是两个崭新的概念，缅甸政治精英和活动家在随后数十年间才接受和参与了这两者在缅甸的本土化和发展进程。随着殖民统治的建立，缅甸形成了统一的国内市场、新的边界，教育和出版业得到了发展，即形成了人类学家本尼迪克特·安德森所指称的"想象的共同体"，缅甸人的民族认同感开始增强。到20世纪初，民族主义运动开始在缅甸的大地上萌芽，而最早投身于民族主义运动的人，恰恰是殖民者培养出来的缅甸知识分子。

本尼迪克特·安德森演绎了一个殖民地民族主义产生的一般性论证。一方面，殖民政府利用殖民地培养了一批通晓双语的殖民地精英。通过殖民教育，这些来自不同族群背景的人拥有了共通的语言，并有机会接触到欧洲的历史，包括百年来的民族主义的思想、语汇和行动模式。这些双语精英就是潜在的最初的殖民地民族主义者。另一方面，歧视性的殖民地行政体系与教育体系同时将殖民地民众的社会政治流动限定在殖民地的范围之内，为被殖民者创造了想象中的民族的领土。在20世纪的亚非被殖民者眼中，殖民地的边界也终将成为"民族"的边界。语言、出版物的发展更进一步使得被殖民者精英将殖民地想象成他们的祖国，将殖民地原住民想象成他们的"民族"。

英国殖民缅甸后，缅甸现代民族国家的观念、民族主义思想开始涌现。20世纪初，缅甸出现了现代民族主义的萌芽，它的产生与传统紧密联系在一起。[①] 民族主义者往往强调他们所谓的民族传统，如缅甸语言、粗布衣、民间的风俗等文化象征符号。民族主义者强调不管文化如何变迁，民族认同是会保持下来的。缅甸民族主义最初以宗教的面目出现，缅甸佛教青年会成为民族运动的领导，动员了大量的僧侣参加的"1300年运动"等政治性运动；这一时期缅甸的民族主义也以"纯粹民族"的面目出现，在各个领域掀起了一场复兴运动。[②]

1897年7月，知识分子在曼德勒建立了第一个研究佛教的组织"曼德勒佛教复兴会"。随后，相似的组织如雨后春笋般地在毛淡棉（1899年）、若开（1902年）等地成立。1904年，一部分青年知识分子在仰光学院成立了佛学会。1906年，当时最主要的知识精英在仰光成立了全国性的"佛教青年会"组织，规定其宗旨是"发展民族语言、佛教精神和教育"。其会员为归国留学生、教师、公务员、退休官员、商人和学生等，该会蓬勃发展，到1908年创办《缅甸佛教徒》报，1909年开始出版《缅甸人》周刊和《巴利人》月刊。1910年4月20日，佛教青年会在仰光举行第一届全国代表大会，成员达346人，决定改名为"佛教青年会总会"。

佛教青年会总会是缅甸殖民化和民族主义萌芽的产物，纲领是争取缅甸佛教徒在宗教、社会和教育事务中的权益。最开始，该会讨论入寺仪式、婚丧嫁娶仪式、个人修行、资助宗教等话题，后来渐渐转向政治话题。1911年，该总会成员吴巴佩和吴拉佩创办了第一份全国性缅文报纸《太阳报》，吴巴佩撰文呼吁提高缅甸人的政治地位，给予缅甸人担任较高级职员如副专员和一些重要部门官员的权益。1916年，该总会率先在外国人进佛寺是否脱鞋问题上发起大讨论，吴巴佩等人认为外国人也应尊重缅甸宗教，进寺庙也应脱鞋。因为涉及缅甸人的宗教感情，缅甸社会各界对于这一问题进行了热烈讨论，普遍认同该会的观点，并形成了一个群众性政治运动，要求政府将这一条款写入法律。各界群众在仰光举行集会，呼吁政府听取民意，制定相关法律，全国人民群起响应。佛教青年会总会并没有完全否定殖民统治，而是淡化了与殖民政府的对立色彩，力图在殖民政府许可的范围，尽力争取缅甸人的合法权益。因此，该总会宣称"感谢"英国统治的进步作用，在第一次世界大战爆发

---

① Thant Myint U, *The Making of Modern Burma* (Cambridge: Cambridge University Press, 2001) p. 254.

② ［缅］吴巴开：《缅甸政治史》（缅文），古玛拉出版社，1966，第249页。

后，该总会表示完全支持英国宗主国。

佛教青年会总会作为缅甸第一个本土民族主义组织，开创了缅甸民族主义运动的先河，为此后的民族主义运动从殖民体系范围内争取权益转向争取国家独立进一步发展奠定了基础。

第一次世界大战期间，参战的英国政府为了得到殖民地的支持，向殖民地人民许诺战后将增加殖民地的自治权。第一次世界大战后，印度次大陆的民族主义情绪高涨，殖民地人民要求英国政府兑现诺言，进行宪制改革。

在英国政府给予印度人更多的权利的时候，缅甸人自然也希望增加本民族的自治权。1917年12月，佛教青年会总会召开第五次全国代表大会，决定派代表团向蒙太古面陈缅甸人的诉求，要求增加缅甸人的权益，保障缅甸人的土地权，但其诉求遭到了蒙太古的拒绝。英国殖民政府以缅甸人在教育水平和政治上不太成熟为由将缅甸人的呼吁束之高阁，1918年英国议会通过的印度政治改革方案和1919年通过的《印度政府组织法》将缅甸排除于印度行政改革之外，宣布缅甸的行政改革留待未来某个时刻再议。[①] 佛教青年会总会代表团立即赶赴印度加尔各答，要求印缅分治，行政机构职位本地化。但英殖民当局对缅甸人民参与殖民地行政治理的要求反应迟缓，直到1918年12月，缅甸省督克拉多（Craddock）才宣布了他的计划：在得到印度那样的自治权之前，缅甸要经历一个过渡时期。克拉多的计划是打算先将缅甸从印度分离出来，并限制民选代表的权力。

英国殖民者的做法激起了缅甸人民的不满和抗议。佛教青年会总会拒绝了克拉多计划。1919年5月，该总会在仰光举行了群众大会，共同声讨克拉多计划，要求在缅甸也实行政治改革。吴巴佩等成员甚至直接前往英国伦敦，要求英国政府把在印度进行的改革扩大到缅甸，但英国政府采取了拖延的态度。佛教青年会总会得到了缅甸各界人民群众的声援，佛教青年会总会成为全国民族运动统一战线的领导力量。

二、民族主义运动的兴起

佛教青年会总会的兴起启蒙了缅甸民众的民族主义思想，随着形势的发展，越来越多的人加入到民族主义运动中来，使之呈现蓬勃发展的态势。

---

① Michael W. Charney, *A History of Modern Burma*, p.33.

　　1920年9月，佛教青年会总会在卑谬举行大会，与会代表一致同意将总会改名为"缅甸人民团体总会"，原佛教青年会总会领导人吴漆莱和吴巴佩分别当选为总会的正副主席，成员大多是农民、手工业者、商人、地主、僧侣和知识分子。他们扛起了民族主义的大旗，成为这一时代要求自由和进步的缅甸民众的代言人。

　　人民团体总会发动的运动也发展到大中学生中，从此以学生为中坚力量的学生运动蓬勃兴起，校园成为民族主义的一个新的阵地。1920年，仰光大学生以反对英殖民当局制定的大学条例为由，发起了抵制运动。这一运动迅速扩大为全国性运动，并取得了胜利。1920年8月，英属缅甸政府通过了《仰光大学条例》，将仰光学院和贾德逊学院合并为仰光大学，规定仰光大学为全日制寄宿大学，不得走读，提高了对学生的英语要求，将学制延长到三年，这些规定引发了学生的反对。1920年12月3日，仰光大学学生在仰光召开会议，决定成立《条例》抵制委员会。12月8日，抵制委员会发表《告缅甸人民书》，提出了反对殖民主义教育的主张，指出缅甸人应建立本土的国民学校，英缅殖民当局通过的条例损害了缅甸民族的自尊。12月17日，抵制委员会向英缅殖民当局递交了请愿书，要求取消寄宿制，降低英语要求，减少学习期限。英缅殖民当局拒绝了这一要求。学生罢课运动迅速扩展到整个缅甸。在学生运动的鼓舞下，1920年12月，一些商人和有识之士在仰光、曼德勒、勃固等地纷纷建立国民学校，提倡国民教育，主要开设缅语、缅甸文学和历史课，宣传缅甸传统文化精粹。这一运动受到缅甸人民团体总会的大力支持，各地总会的领导人纷纷发表演讲，号召支援学生的爱国行动。

　　缅甸人民团体总会从1921年开始在全国各地建立"温达努协会"，领导和发动农民运动，反对公务员贪污腐败行为，打击偷盗抢劫活动，有的激进领导人还号召农民不与政府合作，发动抗税斗争，目标直指殖民地司法机关和基层政权。还有部分农民走上了暴力反抗的道路，武力袭击殖民地乡村的村长头人，破坏生产工具和庄稼。

　　第一次世界大战之后，随着工人力量的崛起，缅甸工人反殖反帝运动也开始兴起。当时全缅工人有10多万人，分布在碾米业、运输业和石油采掘业等各个部门。1919年，在缅甸中部石油产地仁安羌爆发了首次缅甸石油公司工人大罢工。1920年12月，仰光丁因炼油厂约8,000名工人举行大罢工，要求提高待遇，罢工最终取得了成效，工人普遍加薪10%。1920年，全缅甸的印度裔工人组建了缅甸工人协会，吸引了8,000多工人加入。1921年，仁安羌的缅甸裔工人和印度裔工人组成了缅甸工人联合会，该联合会于1923年发动了4,000多人的油田工人大罢工，以争取资方增加薪资，为工人提供住房。1925年，伊洛瓦底江轮船公司3,000多名工人发动罢工，要求提高薪资，改善工作条件。

缅甸民族主义运动的兴起促使英国殖民者进行二元制政体改革，以平息缅甸人民日益高涨的请愿要求。但缅甸人民团体总会并不满足于二元制改革，于1921年在曼德勒开会，提出了实现缅甸自治的政治要求。吴欧德玛的僧伽总会更是公开呼吁实现缅甸的独立，到英缅各地宣传反对二元制，其主张得到了各界人民的广泛支持。1921年，英国殖民政府逮捕了吴欧德玛和吴漆莱，试图以此镇压民族运动。

佛教僧侣参加了这一时期的民族主义运动，吴欧德玛成为缅甸民族主义运动的先驱。吴欧德玛1879年出生于若开，在印度教授巴利语和佛教经典，后加入印度国大党，获得了现代政治斗争的经验。他游历了中国、韩国、越南、美国、英国和日本各国后，于1918年回到缅甸，开始投身于民族主义运动。他激烈反对二元制，呼吁缅甸人建立自己的国民学校，抵制外国商品，禁止缅甸人像西方人一样饮酒，主张缅印团结，抵制向英缅当局纳税。1922年，吴欧德玛获释，但分别于1924年和1927年又因组织反抗活动而两度被英国殖民当局逮捕入狱，对吴欧德玛的缉捕每次都引起大规模的僧侣抗议活动。在曼德勒，警察在镇压吴欧德玛组织的游行时，曾打死打伤多名民众。在仰光费奇广场，警察打伤了多名僧侣，民众因而要求殖民当局调查警察的暴力行径，但遭殖民当局拒绝。一部分激进僧侣刺伤了4名欧洲人。1939年，吴欧德玛在狱中去世。[①] 另一名僧侣吴威泽亚于1927年因组织民众反抗英殖民主义而被捕入狱，其被民众誉为"缅甸的政治传经师"。他的巨大影响也震动了英国殖民当局，为此三次将其逮捕入狱。在狱中，吴威泽亚为了争取穿袈裟和每月两次在戒坛听念戒律的权利毅然绝食，最终于1929年9月在坚持了166天之后圆寂于狱中。吴威泽亚的死亡引发了缅甸民众的抗议浪潮，他也成为缅甸人民敬仰的民族主义运动烈士。

三、萨耶山起义

20世纪20年代，在地主土地所有制和高利贷的压榨下，缅甸农民生活愈发困苦。部分佃农随着地租的增加，高利贷的盘剥，愈发难以租到土地，只能打短工，成为剩余劳动力。一些人铤而走险，走上了偷盗打

---

① Michael W. Charney, *A History of Modern Burma*, p.33.

劫的道路，缅甸由一个传统佛教社会转变成一个犯罪率较高的殖民地社会。1929年世界经济危机给缅甸带来了较大冲击，农民日益贫困化，而殖民当局对农民要求减税的呼声置若罔闻，甚至变本加厉。1930年5月5日，缅甸发生大地震，仰光和勃固民房大量被毁，26日印度裔和缅甸裔发生大冲突。在这样的背景下，1930—1932年爆发了席卷缅甸全境的达耶瓦底萨耶山农民大起义。

虽然这次参加起义的主力是农民，但"将有关起义的全部情况和事实考虑在内，则不能不得出这样的结论：这次起义实质上是人民反帝的起义，而且是自从英国侵占缅甸以来最大的一次起义。""依据如下：第一，起义的主要口号具有政治上反帝的性质，并客观地反映了缅甸人民最广大社会基层的利益。土地问题虽然也是起义的主要政治要求之一，但是与起义者的全部口号相比，仍处于从属的地位。换言之，全民对自由的要求压倒了农民对土地变革的单纯要求。第二，起义者包括了分散在广大农村的小资产阶级和无产阶级各个阶层的广大群众。殖民者把这次起义看成是对殖民制度传统基础的侵犯，并把起义者当作是最危险的政治犯加以镇压，这一切都不是偶然的。第三，城市虽不曾直接参加起义，但城市居民是同情农民的，甚至中间阶层也认为农民起义体现了缅甸民族的愿望。值得注意的是，参加起义的不仅有缅族人，而且还有掸族人和印度裔人。起义的主要目的是从英国殖民者的压迫下解放缅甸和恢复独立。"[1]

萨耶山生于1876年10月24日，实皆省德勃因镇区人，[2]幼年时曾在寺院读书，青年云游四方，早年在漂镇区结婚，后因生活困苦，远行到毛淡棉行医和占卜。他在1920年加入缅甸人民团体总会，1925年成为吴素登总会的执行委员。他对总会领导人向英国殖民当局请愿的行为深感不满，指出请愿毫无作用，只能被视为软弱，缅甸人民需要武力推翻殖民统治。

1930年10月22日，萨耶山召集追随者，在耶代村发动起义，发出攻打达耶瓦底监狱、释放被关押的农民和温达努组织成员的命令，萨耶山自称"咖咙王"。[3]当时全缅稻米价格创历史新低，农民陷入破产的境

---

① ［苏联］瓦西里耶夫：《缅甸史纲》上册，中山大学东南亚历史研究所译，商务印书馆，1975，第296—297页。

② 也有资料称他是瑞冒县敏温村人。见［缅］敏邦雅：《殖民时期缅甸政治史（1885—1948）》（缅文），信心文学社，2011，第95页。

③ 《殖民时期缅甸政治史（1885—1948）》，第91页。

地，大批农民加入了起义队伍，起义很快波及茵盛、卑谬、壁榜等地，并于1931年发展到了掸邦，大量掸族、克伦族和克钦族人民加入了起义队伍。他们破坏铁路，攻打军营，手持棍棒、长矛等原始武器与英殖民军作战。殖民当局调集印度和新加坡的军队对其予以镇压，并悬赏5,000卢比捉拿萨耶山，还宣布在15个县减少10%的土地税，对投降者实行大赦，以瓦解起义队伍。

1931年8月2日深夜，萨耶山在掸邦囊丘与掸邦人民召开会议时被捕。10月28日，殖民当局特别法庭判处萨耶山死刑。1931年11月28日，萨耶山被绞死于达耶瓦底监狱。他的余部一直作战到1932年3月。在长达两年的起义中，起义军有302人被判处绞刑，880人被判无期徒刑，英殖民军队有78人死亡。[①]

萨耶山起义是一次反抗英国殖民统治的大规模农民起义。虽然全国人民同情起义者，但知识精英和城镇居民并没有加入其中，起义军各自为战，迷信"护身符"能保护自己刀枪不入，在英殖民军的现代化武器的攻击下最终失败了。但这次起义推动了缅甸民族主义的发展，巴莫博士主动担任萨耶山的辩护律师，并从此成为民族主义运动的领导人之一，后来出任总理一职。《太阳报》《缅甸新光报》等报纸对起义作了详细报道，并站到了农民起义军一边。殖民当局为此加强了新闻审查，并对这些报纸处以罚款。

四、印缅分治

1929年开始，缅甸民族运动进入了一个高峰期，表现为我缅人协会的成立、萨耶山起义等，如何维持英国在缅甸的殖民统治，成为英国对缅政策中的主要问题。1927年，英国政府决定组建由西蒙（John Simon）领导的印度宪法委员会，研究印缅分治问题。1929年，西蒙委员会到达缅甸，经过一年多的调查之后，于1930年提交了备忘录，认为缅甸目前还不适合获得自治领的地位，但应给予比二元政体更进一步的行政制度，增加缅甸的自治权，将缅甸从印度分离出来。印缅分治的问题提出后，以立法议会议员吴巴佩为首的人士组成了"分治派"，同意英国提出的方案，实行分治。而缅甸人民团体总会的一部分人士组成了"反分治派"，对印缅分治的政治目的持不信任态度，要求实行真正的自治。双方争论

---

① 《殖民时期缅甸政治史（1885—1948）》，第93页。

很激烈，最后决定于1931年11月在伦敦举行圆桌会议作出最终决定。[①]

　　1931年11月，缅甸圆桌会议（Burma Round Table Conference）在英国伦敦召开，出席会议的24名缅甸代表中有12名缅族人，印度人、克伦族、华人、掸族、英印混血和英国人各两名。大多数代表同意实行印缅分治。按照这一方案，分治后的缅甸军事、国防、外交和财政权由英国总督掌握，其他部门由缅甸选举组成的政府掌握。就在这次会议上，掸族代表苏翁加表明掸邦准备保持相对独立的地位。他说："一些缅族人认为，掸族联邦要与缅甸本部联合，就必须放弃本民族的独立，接受相同的法律。我们的意见是我们宁可不联合，也不能废除我们的传统法律，我们掸族不同于缅族，引进我们不熟悉的政治制度和宪法会产生很多问题，损害我们在群众中的形象，对于这样的宪法我们不准备接受。"[②] 苏翁加的讲话引起了土司们的共鸣。土司们纷纷表示，掸邦不准备与缅甸发展很密切的关系。土司们还向英国政府递交请愿书，表示希望在英国政府的统治范围内获得自治的地位。

　　印缅分治前，在1932年11月举行的大选中，反分治派获得了53万张选票和44席，分治派获得29万张选票和29席。缅甸人民团体总会主张与英国殖民者合作，领导人吴漆莱在1935年成为立法议会议长。巴莫也于1932年当选为议员，1934年出任教育部长。英国议会于1935年8月通过《1935年缅甸政府组织法》，规定从1937年4月1日开始，缅甸与印度正式分治。缅甸总督掌握国防、外交、财政、税收和海关大权，并控制山区少数民族。议会上院共36席，其中一半由总督提名；下院共132席，由选举产生。政府内阁由9名部长组成。1936年，根据该政府组织法，缅甸举行了第一次议会选举。"五花同盟"获得议会多数议席，巴莫成为首任总理。

　　殖民政府根据民族来选举代表的做法遭到了缅族人的一致反对。缅族人担心，少数民族议员的选举将唤醒少数民族的民族主义意识，增强缅甸本部的克伦族的地位，从而引起民族矛盾。因此在上下两院的联合提案中，缅族议员批评说：不论这种制度对印度是多么必要，但对缅甸却是一种多余。但克伦族人可不这么认为。参加伦敦圆桌会议的克伦族人代表吴悉尼鲁尼（Sydney Loo Nee）提出：下缅甸的每一个县都应选出一名克伦族代表参加议会，这样克伦族将有16名议员。虽然最终克伦

---

① ［缅］拉德绵：《简明缅甸史》（缅文），健康出版社，1971，第120页。
② 《少数民族问题与1947年宪法》第一册，第27页。

族没有达到他们想要的16个议员的名额，但也争取到了殖民政府对他们的照顾，使他们的名额增加到12个。[①]

克伦族的12名议员在下院中不能算是强有力的集团。但从当时一直到二战爆发，缅甸的政治舞台上小党林立，纷争不断，谁也不能算是多数，只能组成联合政府，在这种情况下少数民族的票就有了举足轻重的意义，谁也不敢轻视他们。克伦族的12名议员成为重要的政治力量，为了争取到他们的票数支持，在第二次世界大战前巴莫博士、吴布、吴素三届政府，每届都有一名克伦族的部长。

同时，对于山区少数民族的行政区划，英国的政策也有了新的变化。1935年《缅甸政府组织法》规定，少数民族所在的地区（主要是上缅甸）称为"规划区"（Scheduled Areas），分为两个分区：第一规划分区（Part one Scheduled Areas）为未开发地区，包括掸邦、佤族地区、克耶族地区、钦族山区、克钦族山区，由总督直接统治；第二规划分区为开发区，包括克钦族平原地区、侯马林、德姆、加迎等平原地区，以及东吁和直通的克伦族地区，是次开发地区，由英缅政府掌管，但总督有最终决定权，[②]并受英国议会的监督。英缅政府划分一、二分区的目的是将山区最终融入缅甸本部做准备，第二分区是介于山区与缅甸本部之间的一种过渡形态。

随着少数民族地区政治经济的发展，英国也曾将属于第一分区的地区划归第二分区，并希望将政治制度发展到一定程度的地区合并到缅甸政府总理管辖的缅甸本部。如丹伦地区最初被划在第一分区，后来被改划在第二分区（这也造成了日后自由同盟与克伦族领导人在丹伦问题上的对立）。自此以后，英国在掸、克钦、钦族地区的统治制度改革基本告一段落。

五、活跃的我缅人协会

随着殖民地教育的发展，缅甸知识精英数量不断增多。他们深受西方民族主义理论的影响，成为缅甸民族主义运动的领导核心。1930年"我缅人协会"成立，该协会主要由爱国知识分子组成，领导人包括德钦巴盛、德钦巴当、德钦吞欧、德钦哥都迈和德钦雷貌等。"德钦"是主人的意思，由德钦巴当在东敦基受到一位僧侣启发而加之于名字前面，因

---

① 《缅甸的行政制度（19世纪到20世纪）》，第163页。
② ［缅］我缅人协会史编辑委员会：《我缅人协会史》（缅文），文学宫出版社，1976，第213页。

此我缅人协会又称"德钦党"。

我缅人协会的早期领导人信仰尼采的"超人哲学"，希望缅甸出现强势的领袖，带领缅甸人走向独立。1934年加入协会的德钦哥都迈是本土爱国知识分子的代表，德钦雷貌深受民主主义和社会主义思想的影响，曾赴印度接触印度共产党，阅读了一些马克思主义著作。

我缅人协会主要在仰光、仁安羌、勃生、毛淡棉、直通、勃固等城市活动，成员大多数是青年知识分子，但萨耶山起义后，一些成员开始深入基层发展力量。1934年，我缅人协会在仁安羌举行第一次代表大会，通过了加强与学生和工人农民联系的决议，选举德钦巴盛为主席，德钦雷貌为副主席。

1931年，"缅甸青年联盟"成立，它也是一个民族主义组织，提倡使用国货，发展本国经济，团结本国青年，争取国家独立。1935年3月30日—4月1日，缅甸青年联盟与我缅人协会合并为新的我缅人协会，协会的信条是"缅甸是我们的国家，缅语是我们的语言。热爱我们的国家，尊重我们的语言"。1931—1935年，缅甸各派政治力量围绕印缅分治问题展开了争论，但协会并没有发挥影响力。

1935年，仰光大学举行学生会选举，吴努当选为学生会主席，昂山当选为秘书长兼《孔雀之声》主编。他们多次批评学校当局，次年遭到开除。听到这个消息，学生会举行全体会议，决定罢课以示抗议。1936年2月25日，仰光大学700多学生罢课，并得到各地学生的响应和全国各界的支持，各地有26个城镇47所中学的学生参加罢课。在强大的学生运动的压力下，巴莫总理进行了干预，两人的学籍得以恢复。1936年5月8—9日，全缅学生代表大会在仰光召开，成立了"全缅学生联合会"，这是一个政治组织，与我缅人协会有着密切联系。

1938年，昂山和吴努等人离开大学加入"我缅人协会"，这些新时代的青年知识分子为协会带来了新的理念和工作方式。这些年轻人认为作缅甸人是与生俱来的权利，因此他们勇敢地亮出了自己的民族主义情怀，在自己的名字前都加上"德钦"二字。"我缅人协会"后又一分为二，昂山选择了缅甸著名爱国人士兼作家德钦哥都迈领导的"我缅人协会"，（吴）努、拉佩、登佩、丹通和梭等人也都选择了这一派。丹通和梭虽然不是学生领袖，但在后来的缅甸政治中他们都成长为重要的领导人。昂山不久即当选为协会秘书长，负责起草协会的宣言。[①]

马克思主义对我缅人协会领导层产生了巨大的影响。1938—1939年，按照共产国际的指令，印度共产党派孟加拉地区党组织到缅甸帮助创办缅甸共产党组织。1939年8月19日，正式成立了缅甸共产党，仰光的缅甸裔马克思主义学习小组和印度裔马克思主义学习小组合并成立，德钦昂山当选为党的总书记，德钦梭、德钦巴丁、德钦丹东、德钦巴欣和德钦拉佩进入领导层，他们同时也是我缅人协会的领导成员。

我缅人协会领导了"1300年运动"，奠定了它在历史上的地位。这场运动始于下缅甸，1938年（缅历1300年）勃固和若开遭受了水灾，庄稼颗粒无收。1月3日，沃镇5,000名农民在区长办公楼前集会，高呼"缓征地租和人头税"的口号，上街示威游行，游行得到了社会各界群众的欢迎。一周之后，仁安羌和乔（稍埠）油田工人群起响应，大约5,000名石油工人开始罢工。罢工由我缅人协会主席德钦雷貌领导，下设罢工委员会，德钦妙和吴巴顿为罢工委员会的领导。工人提出了改善住房条件，增加节假日的要求。而英国资方要求工人先停止罢工，然后才可考虑工人的条件，于是罢工迅速扩大，资方求助于殖民当局。2月下旬，殖民当局派军队进驻油田，发布了禁止集会、游行的禁令，双方陷入对峙。6月28日，殖民当局逮捕了协会主席德钦雷貌。在协会的鼓舞下，6月27日，缅甸石油公司丁因炼油厂工人也开始罢工，缅甸裔和印度裔工人联合起来，队伍迅速扩大到了3,000人，工人提出了25点要求。1938年11月30日，仁安羌油田和乔的工人组织了一支400人的游行队伍，从仁安羌出发步行前往仰光，一路上受到了群众的欢迎。协会领导人德钦巴欣、德钦巴瑞也从仰光北上到达马圭，迎接游行队伍，勃固、马圭等地民众也组织了队伍，从四面八方向仰光进军，为工人造势。1939年1月，石油工人到达仰光，他们高举我缅人协会的旗帜进行游行示威，展示了工人的力量和决心，对殖民当局造成了极大震动。[②]仰光学生也开始行动起来进行示威，但是却遭到了巴莫政府的镇压。

1939年2月16日，印缅议会召开会议，通过了对巴莫政府的不信任案，巴莫政府垮台，印缅成立了以五花联盟的吴布为首的新政府。吴布新政府同罢工工人进行谈判，作了较大妥协。6月17日，双方达成协议，罢工工人回到原地，遣散费用由政府承担，1300年运动胜利结束。这次

---

① ［缅］昂山素季：《缅甸的昂山——女儿为父亲所做的传记素描》，杨国影译，《南洋资料丛》2018年第2期。

② 《殖民时期缅甸政治史（1885—1948）》，第157页。

运动共2,000人被逮捕，17人牺牲。

1939年3月，我缅人协会召开全国第一次工人代表大会，决定成立全缅中央工会组织。6月16日，德钦丹东当选为协会的劳工书记。5月14日，协会召开全缅农民组织会议，成立全缅农民组织，德钦妙当选为主席。[①]

我缅人协会还于1939年组建了自己的军队，一些政客如吴素和巴莫博士也分别组建自己的军队，这为日后缅甸政治舞台上以武力解决纷争留下了危险的种子。

第五节　英国殖民统治时期的缅甸文化

在英国殖民统治时期西方文化涌入缅甸，使缅甸传统文化受到很大冲击，随之也出现了不小的变化。主要表现在以下几个方面：

一、佛教的衰落与民族独立运动的启蒙

缅甸沦为殖民地，完全改变了佛教在缅甸社会生活中的崇高地位。自从阿奴律陀奉信阿罗汉为国师，大力推崇小乘佛教以来，小乘佛教一直是缅甸社会占绝对主导地位的宗教，也可以说是"国教"。缅甸的历任国王都自称是"佛教的保护者"。僧侣在社会上享有崇高的地位，国师是国王的重要智囊，他任命各地寺院的长老，解决寺院土地和财产纠纷，维护戒律，主持全国的僧侣考试。各级僧侣都是受人尊敬的精神导师和知识的传播者。在小乘佛教盛行的地区，村村都有的寺庙在社会中承担着学校和精神家园的作用。但是沦为英国殖民地后，缅甸国王遭到流放，佛教失去了上层的保护，自上而下的宗教组织遭到了破坏，在60年的被殖民历史中曾两度出现没有国师的局面，分别为1895—1903年和1938年，而以前这是由国王来任命的。僧侣的地位也一落千丈，丧失了原来受尊崇的地位，失去了对宗教事务的司法裁判权，和普通民众一样，服从于警察和世俗法庭。

佛教的衰落一方面和失去了传统政权的保护有关，另一方面也和英国对佛教的政策有关。英国对佛教采取的是中立政策，这个表面上看起来公正的政策实际上是任其自生自灭，也是对其限制和排挤的一种手段。这是因为：1. 佛教原本就对政权具有很高的依存度，佛教最高领袖国师

① 贺圣达：《缅甸史》，第399页。

由国王任命，统管全国的宗教事务，而殖民政权对其不管不问就使其失去了依靠，各地的寺庙也就成了一个个独立的个体，缺乏有效的横向和纵向联系；2. 在山地少数民族地区大力弘扬基督教和天主教，排挤佛教，掸邦、钦邦、克钦邦和克伦邦等少数民族山区，自东吁王朝以来佛教一直在缓慢有序地传播，但英国殖民统治中断了这一进程，而西方传教士则在殖民政府的支持下，深入到信奉原始宗教的山区少数民族中传播基督教和天主教。3. 西式教育和科技的兴起本身也削弱了传统寺庙教育。

英缅殖民政府也深知佛教在缅甸社会和民众中的重要作用，因此，为了统治的需要，也采取了一些笼络人心的做法，如在1903年任命国师，称为"掌控佛教大业者"（Sasanabaing），使中断了8年之久的佛教最高领袖有了着落。1922年，英缅政府同意把国师的宗教司法权扩大到下缅甸地区，从1895年起，英缅政府开始组织巴利文考试，并颁发奖金，使这一考试逐步成为一项传统，参加人数逐年增加，从1895年的116人增长到20世纪30年代的3,500人。

缅甸的僧侣自古以来就重视对三藏经尤其是论藏的研究，各个历史时期都出现过不少这方面的论著。20世纪初期，缅甸对阿毗达摩经的研究非常流行，不仅僧人，连在家居士也有不少人研究，其中最有名的是垒底法师，他著述丰富，其中《双论》和《哲学关系》较为有名，分别于1914年和1916年由伦敦巴利文圣典协会出版。良渊法师的佛教论著多达150多种，较为有名的有《大会经》（长部20经）、《梵天请经》（中部49经）、《雪山（夜叉）经》（相应部19经）、《戒蕴疏》、《礼敬疏》等。直通法师明恭著有《弥兰陀注》《藏释注》《迦毗那（衣）抉择》《涅槃论》等多种佛教著作，他在《弥兰陀注》中，认为比丘可以为女子传授戒法。[①] 除了用缅文或者巴利文著述外，也有一些学者和僧人用外文写作或把佛教著作译为外文。著名的佛教哲学家瑞尤昂在1900年前后把三藏经中的《论藏》译成英文，并写了一篇介绍巴利文佛教哲学的文章，他的佛教哲学思想在缅甸产生了不小的影响。[②] 貌廷教授译《法集论义疏》和《清净道论》为英文，还有一位智光法师用孟加拉语撰写了阿毗达摩方面的论著。[③]

---

① 《2500 Years of Buddhism》，转引自净海：《南传佛教史》，第174页。

② 德尔·雷伯编《亚洲哲学》，转引自贺圣达：《东南亚文化史》，第423页，人民出版社，1992年。

③ 《2500 Years of Buddhism》，转引自净海：《南传佛教史》，第174—175页。

除了佛教本身的发展外，这一时期佛教发展的一个重要表现是佛教参与了缅甸争取民族独立的斗争。主要表现在三个方面：成立宗教团体、团结组织民众和发动民众运动。

佛教失去了政权的保护，地位逐渐下降后，为了振兴佛教，保护传统习俗，争取僧侣权益，缅甸先后出现了多个民间佛教团体，如1897年的"缅甸佛教协会"、1898年的"护法会"、1902年的"阿育王协会"、1903年的"外国佛教传教会"、1904年的仰光学院"佛教学会"、1906年的"佛教青年会"、1907年的"佛教宣教会"、1908年和1920年分别在仰光和曼德勒成立的"僧伽团契会"，以及20年代初期成立的"缅甸佛教团体总会"等。[①] 这些组织在成立的初期大多是宗教性质的，但是随着争取民族独立运动的开展，各佛教团体的政治内容不断增加。其中影响最大的是"佛教青年会"，其宗旨是"振兴宗教、维护习俗、发展民族文化教育和语言文字"。该会还创办了《缅甸人》周刊和《缅甸佛教徒》月刊（用缅、英、巴利三种文字出版）。佛教青年会很快在全国各地得到了广泛的支持和响应，先后成立了300多个分会，为争取英缅殖民政府承认佛教做了大量工作。到20年代。全国民族独立运动高涨时，佛教青年会加入了当时全缅甸最大的政治团体——缅甸人民总会。[②]

由于佛教在缅甸深入人心，"保护和振兴佛教"便成为这一时期唤起民众、组织民众参加斗争的最有效的口号，同时由于僧人在广大民众中拥有广泛的群众基础，是民众的精神和文化导师，他们的话民众都深信不疑，因此僧侣具有很大的号召力和影响力，许多僧侣成为争取独立运动的积极参与者和领导者。其中最有名的就是吴欧德玛和吴威泽亚两位高僧。他们以实际行动为民众做出了表率，极大地鼓舞了民众的爱国热情，激发了民众争取民族独立的信心。

在佛教团体和爱国僧侣的领导和鼓舞下，缅甸各地爆发了反殖民统治争取民族独立的运动。其中，1930年爆发了缅甸历史上规模最大的农民运动萨耶山起义。在这次运动中，寺庙和佛塔成了运动的发源地和指挥部，许多僧侣参与其中，成为骨干力量。僧侣们说："我们为驱逐异教而团结在一起，直到摆脱英国统治，我们愿服从迦咙会的领导，复兴佛教。大大小小的神明保佑和帮助我们的宗教，……让迦咙会统治这片

---

① 杨长源、许清章、蔡祝生等编著：《缅甸概览》，中国社会科学出版社，1990，第250页。

② 同上书，第250页。

土地。"①

二、报刊业和图书出版业飞速发展

西方现代印刷业在缅甸的兴起和报纸杂志的发行对缅甸文学的繁荣起到了巨大推动作用。从殖民地时期缅甸文学史的发展历程看，每一次文学的繁荣都伴随着报刊业的繁荣，缅甸人的办报传统也和殖民统治密切相关。

1824—1826年，第一次英缅战争后，南部的德林达依和西部的若开成为英国的殖民地，英国人在这里可以自由地行使管辖权、贸易权、传教权和出版权。1836年后，在缅甸英占区开始出现报刊，并逐步有所发展。英国通过第三次英缅战争彻底吞并缅甸之后，在实兑、毛淡棉、仰光和勃生等地会使用英文的人越来越多，对英文报纸的需求量也越来越大，使英文报纸也快速发展起来。一份发行于1899年的《缅甸时代》（*Times of Burma*）周报在短期内迅速达到1,000份的销量，1905年该报由周报改为日报。1900年曼德勒出版的《上缅甸公报》（*The Upper Burma Gazette*）发行，初期每周三期，因发行量较大，五个月后改为日报。1906年，勃生市出现《勃生新闻》（*Bassein News*），由于这是当时勃生唯一的一份报纸，读者数量增加很快。1907年曼德勒《缅甸批评家报》（*Burma Critic*）发行。1908年发行的《缅甸星期天》（*Burmese Sunday*）是缅甸第一份图文版周报。1909年《勃生广告商报》（*Bassein Advertiser*）发行，为了适应勃生市的人口结构，该报纸以英文、缅文和克伦文三种文字发行，这在当时也算别具一格。1910年，《缅甸人报》（*The Burman*）发行，这是缅甸人拥有并主编的报纸，后来该报纸改为英文缅文各一半，但不久即停刊。1918年，《缅甸观察家报》（*Burma Observer*）发行，每周三期，多个缅人成为股东，该报后因发表与殖民政府不同的观点而遭到罚款，1924年改为日报，1925年停刊，但其作为缅甸人创办的早期英文报纸而受到大家缅怀。1919年《新缅甸》（*The New Burma*）发行，该刊一直坚持到第二次世界大战结束才停刊。此外还有印度人办的《仰光日报》（*Rangoon Daily News*）和《仰光邮报》（*Rangoon Mail*），这两份报纸在战后自行消失。缅甸的英文报纸最初大多由殖民者主办发行，主要供外国人阅读，由于读者群相对狭窄，经营稍有闪失就会无法维持下去，因此出现的多，消失也快。

---

① 卡迪：《缅甸现代史》，转引自贺圣达：《东南亚文化史》，第380页。

1889年，缅文报纸《汉达瓦底》报在仰光创刊，其内容非常广泛，从政治、贸易、宗教、道德到百姓的日常生活等内容一应俱全，并有专门版面报道仰光地区的消息，其刊登的文章具有较大影响力。该报直到1969年被收归国有，是缅甸存在时间最长的一份缅文报纸。

1910年前后，随着民族主义情绪的高涨，为了唤醒民众的觉悟，拓展民众视野，迫切需要创办符合时代潮流的报纸，在这种情况下，《太阳报》和《缅甸之光报》（The Light of Burma）面世，这两份报纸在缅甸的报业发展史上有着重要的地位。《太阳报》创办于1911年7月4日，由缅甸佛教青年协会主办，主编为吴巴佩和吴拉佩，后吴巴格雷和吴龙（即德钦哥都迈）加入，该报声名鹊起，恰逢第一次世界大战，民众对战情的渴求使该报在每周二四六的例行刊期外，增印战情号外，这一报刊发行创举在缅甸报刊发行史上是第一份，报纸销量很快就突破了一万份。此外，该报因为刊登了敏感内容，曾被英缅殖民政府勒令缴纳2,000元保证金，这也开了一个先河。由于发行量的上升，1915年该报改为日报。1930年，受图文报纸的影响，该报改版为图文报纸，但恰逢世界经济危机，终于1933年1月停刊。《缅甸之光报》创刊于1914年8月15日，创办人为吴瑞久，是由1912年1月创刊的《缅甸之光》杂志改版的，总编辑为吴貌基。该报由于报道了第一次世界大战，深受民众欢迎，出版量大增。1915年因交不起罚款而停刊，1919年3月14日复刊，更名为《缅甸新光报》。该报在缅甸人民反对英国殖民统治、争取民族独立的斗争进程中起到了十分重要的作用，可以称作缅甸反法西斯自由同盟的喉舌。该报从各个方面全面支持了反法西斯自由同盟的工作。直到今天，该报依然是缅甸的国家喉舌，现为日报，每日分缅文版和英文版出版。

同周边邻国相比，缅甸报纸出现的时间是比较早的，虽然比英国的另一殖民地印度要晚很多，但是比邻国泰国要早，而当时中国和泰国甚至还没有用机器印刷的报纸。由于报纸的读者群是英国人以及为殖民政府服务的人，因此办报中心也随着英国人聚居的毛淡棉向殖民政府所在地仰光转移。

从内容来看，这些报纸基本以翻译同时期当地的英文报纸上的消息为主，只有在社论和文章方面报社才各尽所能，力求不同。缅文报纸因为读者对象是缅甸人，因此所刊登消息除了英文报纸上的消息外，还刊登一些立足于国内民众关注的事情，如拍卖消息、书讯、刑事新闻和读者来信等；在一些细节的安排上也注重本地化风格，如在封面上刊登一周七天的缅历日历，以方便读者查阅。此外，广告是这一时期报纸的又一重要内容，因为英国把缅甸作为商品倾销地，此地的英国人又多，因此报纸上有着各种各样的英国商品广告，威士忌、白兰地、香烟、食品和其他生活用品等一应俱全。

缅甸报纸业发展的早期以英文报纸居多，缅文报纸较少；早期以周报和月报为主，后期以日报为主；报纸的种类殖民后期更为齐全，分类更加详细，几乎任何一个领域都有专门的报纸；殖民地后期，报纸的内容更为翔实和丰富，新闻性、知识性、趣味性更强；殖民地后期的报纸因为政治形势的需要，大多具有鲜明的政治色彩。

与报纸相比，期刊杂志的出现要晚得多。缅甸第一份期刊的出现是在1905年，名为《缅甸杂志》，但没有坚持多久就停办了。这一时期还有《太阳》（Thuriya）杂志（月刊，创刊于1917年3月）、《达贡》（Dagon）杂志（月刊，创刊于1920年）等。

每种杂志其办刊宗旨不同，关注点也各异，其根本出发点都是读者的兴趣。最初的文章关注的是世界局势、古代经典、宗教、文化等，后来更关注缅甸的现代化、爱国心、农村改革、发达国家的经验、反殖民统治、独立、穷人的解放、卫生。例如《达贡》杂志最初是一本纯文学杂志，昂山在该刊发表了《政治概述》一文后，该刊一跃而成为缅甸争取独立运动的先锋杂志。

大部分杂志无论其办刊宗旨为何，为了吸引读者，内容都必不可少地会刊登文学作品，最初的杂志小说以言情、探险和鬼怪为主，也会翻译一些外国的文学作品进行连载，到后期以关注经济、社会、民生、反抗旧思想等为主。1917年《太阳》杂志创刊后，短篇小说开始在杂志上出现并广受欢迎，此后，《太阳》杂志为了增加优秀稿源，专门刊发广告面向社会各界征求短篇小说稿件。此前，缅甸报纸杂志的小说多由杂志社的编辑们创作，经此一改，报纸杂志的小说稿源更加广泛，随之陆续涌现了一批优秀的作家和作品。除小说外，诗歌因其短小精悍、格调高雅，也是各报纸杂志必不可少的栏目之一。漫画因其通俗易懂性，更能吸引读者，因此也在报纸杂志中占据了一席之地。缅甸报纸杂志中首登漫画的也是《太阳》杂志。

缅甸从贡榜王朝柏东王在位时开始有了印刷的图书，到了英属缅甸时期，缅甸的图书出版业开始有了较大的发展。据统计：从1817—1912年的95年时间里，缅甸总共出版图书1,300多种，包括佛教书籍600多种，基督教书籍50多种，巴利文语法书和词典100多种，缅文语法书、词典和正字法书籍约30种，缅甸古代诗集约60种，缅甸史籍50多种，法典50多种，缅甸医学书籍40多种，英国当局制定的法律条例60余种，现代科学知识普及读物约35种，现代剧本140余种。[①] 从1914—1933年的近20年中，缅甸总共出版图书2,133种，出版类别包括宗教、历史、小说、话剧等23大类，其中最多的依然是宗教类图书，占673种，其次是文学类，约375种。

三、现代诗歌、小说的出现和发展

报刊和图书出版事业的发展，锻炼和培养了一大批作家和诗人，这对缅甸文学的发展也起了巨大推动作用。例如，1921年《太阳》杂志上就发表过这样一首诗：

> 今日农民命运苦，
> 人间世道实在糟。
> 耕牛涨价多灾疫，
> 稻谷难粜苦难熬。
> 比起往昔天地差，
> 家什物品价亦高。
> 世态炎凉难评理，
> 天佑丰收把命饶。

诗人怀着极大的同情，真实地描绘了广大农民的贫困和对现实的不满。

报刊和图书出版业的发展也促进了另一种文学形式——小说在缅甸文坛的出现和发展。1904年，缅甸律师詹姆斯·拉觉根据法国作家大仲马所著《基督山伯爵》中的某些片段，写就了缅甸第一部现代白话小说《貌迎貌玛梅玛》[②]。这是一部以青年男女爱情故事为主题的小说。这与当时充满宗教轮回思想、源于佛本生经故事的讲道故事截然不同，而且又是用白话文写成的，因而备受读者欢迎。《貌迎貌玛梅玛》无论是创作题材，抑或是表现形式，都为缅甸现代小说的创作开辟了一条新的途径。不久，其他作家纷纷仿效，现代白话文小说风靡一时。小说《貌迎貌玛梅玛》出版不久，大臣秘书吴基创作的小说《卖玫瑰茄菜人貌迈》也随

---

① 李谋、姜永仁：《缅甸文化综论》，北京大学出版社，2002年，第337页。

② 中译本改名为《情侣》。［缅］詹姆斯·拉觉：《情侣》，李谋、姚秉彦、蔡祝生译，山西人民出版社，1985。

之问世。《卖玫瑰茄菜人貌迈》的主人公貌迈，是一名20岁左右的卖玫瑰茄菜的小商人。他经常出入豪门贵族家庭，兜售供家奴们吃的玫瑰茄菜。他能说会道，所以深得买菜主妇们的欢心。貌迈大胆地以突然袭击的方法，骗到了宫廷侍卫官的女儿钦钦基的爱情和钱财。从此，貌迈就开始了他的欺骗生涯。就这样他前后共娶了13房妻妾。貌迈还依靠岳丈的权势，取悦于皇室，受诰晋封，成了朝廷命官，奉旨筹办佛会等事。作者通过对貌迈这个典型人物的描写，把封建制度下堕落的缅甸社会揭露得淋漓尽致，使人们看到这种社会没有出路和必然灭亡的结局。尽管小说《卖玫瑰茄菜人貌迈》的艺术水平并不是很高，但小说主人公貌迈这个玩世不恭的形象，却深深地留在了广大缅甸读者心中。缅甸著名爱国诗人吴龙（即德钦哥都迈）为了鞭挞那些效仿英国人以"密斯脱"相称的数典忘祖的"恐英崇英症"患者，他选择了貌迈这个名字，并冠以"密斯脱貌迈"作为自己的笔名。这件事大大地震惊了"密斯脱"阶层，使他们不敢再以此相称了。《貌迎貌玛梅玛》和《卖玫瑰茄菜人貌迈》的出版，也受到守旧派的非难和攻击，然而现代小说毕竟符合时代的潮流。据不完全统计，1904—1916年，类似的小说就出版了近50部。可见继《貌迎貌玛梅玛》之后，小说得到很快的发展。当然，就缅甸整个现代小说的发展来说，这一时期还仅仅处于探索阶段。直到缅甸现代小说家吴腊创作的小说《茉莉》（1913）、《瑞卑梭》先后问世之后，缅甸现代小说才发展到了一个新的阶段。这些小说著作在内容上反映了缅甸民众的社会生活，表达了缅甸人民要求维护民族传统文化的愿望；在创作上既吸收了西方文学的某些写作手法，又继承了缅甸民族的优秀传统，创造出许多栩栩如生的人物形象。

在文化教育界，吴欧德玛、德钦哥都迈等人大力宣传、创办使用缅甸语的国民学校。1921—1922年，缅甸学者吴佩貌丁从英国归来，担任仰光大学缅文教授，他深感当时仰光大学缅文教学水平之低下，与一个觉醒起来的民族相较极不相称。在他的倡导下，仰光大学开设了高级缅文班，并积极开展对缅甸古典文学的研究，特别是对蒲甘碑铭的研究，这些举措为缅甸人回忆起和保持住本民族的文化起到了积极作用。

随着反帝爱国斗争的高涨和深入，缅甸的广大作家积极投身民族运动斗争之中，他们纷纷以反殖民统治为主题进行文学创作以推动全民的抗争。1930年间德钦丁创作的《我缅人歌》，以激昂的语调回顾了缅甸的光荣历史，鼓舞缅甸人民为独立、自由而斗争。这支歌很快便在全缅各地、各阶层人民当中流传开来。它激发着成千上万的缅甸人民，特别是缅甸青年的斗志，鼓舞着他们的斗争，成为反帝斗争中的有力武器。此外，列蒂班蒂达吴貌基、比莫宁、吴波稼、瑞林勇、摩诃瑞、泽亚、达贡钦钦礼、德钦巴当等均为这一时期的著名作家。他们的作品或多或少地从某个角度反映了当时缅甸的社会情况，反映了人民要求自由，要求独立，要求摆脱封建的和殖民主义束缚的愿望。其中，德钦哥都迈是缅甸现代文学史上最负盛名的、深受群众热爱和尊敬的爱国诗人。他不仅发出震动缅甸文坛的豪言："我要用我的诗歌，将我的缅甸、佛祖的宗教大业发扬光大！"而且还身体力行，把他的创作活动与当时缅甸人民的民族独立斗争紧紧地结合在一起。但就英缅时期的整个缅甸文坛来说，文学作品严重脱离现实生活，一味追求华丽词句，矫揉造作、冗长烦琐的现象仍较严重。文坛上的这种颓废倾向，卿卿我我的情调，广为进步作家和广大读者所反对。

1930年前后，一个反对旧文学，提倡蒲甘王朝散文的简洁、清晰、通俗文风的，以青年教师和学生德班貌瓦、佐基、敏杜温等人为代表的"实验文学"创作运动，在仰光大学校园内蓬勃地开展起来了。虽然这项文学运动没有鲜明的政治内容，是偏重于艺术革新的文学改良运动，但它对缅甸文学内容和形式的革新起了很大作用。他们对蒲甘碑铭的清晰、简练的写作文风产生了特别兴趣。同时，又受到欧洲文艺复兴时期的文艺思想以及中国、印度诗歌的影响，都希望改变英缅时期文学创作的现状。他们纷纷发表以新形式和新内容创作的诗歌和短篇小说，广受读者的青睐。20世纪30年代初期，在吴佩貌丁推动下，缅甸教育普及会又将这些青年作者创作的诗歌、小说汇编成册，出版了《实验文学作品选》。虽然实验文学运动因受第二次世界大战的影响而暂时中断了，但后来缅甸文学界仍然深受其影响。

四、戏剧由宫廷走向民间

贡榜王朝后期是缅甸文艺最为活跃的时期，虽然此时缅甸已经历了两次英缅战争，但因为战争均发生在下缅甸，缅甸的封建王朝虽已失去半壁江山，但并没有造成广大内陆地区的恐慌。在美都王于1767年将阿瑜陀耶宫廷中的歌舞演员作为战利品全部带到缅甸以后，命他们在宫廷中继续演出。缅甸《罗摩剧》《伊瑙剧》等也就是在这一时期首先在宫廷中流行开来。贡榜王朝后期，宫廷内流行的戏剧有四部，分别是：《罗摩剧》《伊瑙剧》《达莫达郭达剧》和《丁卡巴达剧》，前两者是将阿瑜陀耶的《罗摩剧》和《伊瑙剧》翻译改编而来，后两者是缅甸宫廷学者自己创作而成。在缅甸封建王朝最后两位国王时期，这种由演员亲自唱、演、舞的戏剧已经超越原来一直被封为"高戏"的木偶剧，使木偶剧和地戏逐步转向地方。敏东王在1857年迁都曼德勒，这是一个完全新建的都城，在开始建造时就在王宫里修建了观戏楼和戏台。东侧的剧场是专门演罗摩剧的，里面的道具非常齐全，并且其技术含量在当时看来是非常高的。在《贡榜王朝史》中有如下记载："东剧场中陈列着可以在天上飞和行走的道具，各种崭新的冠带、面具镶满了宝石，闪闪发光。"西侧剧场是专门演伊瑙剧的剧场，陈列着各种道具，看戏的王公大臣们按男左女右的规矩分开就座。

底博王被英国殖民者流放之后，缅甸宫廷的艺人们从演出到创作都失去了支持，宫廷艺人被迫流落民间，和原有的民间剧社结合，宫廷剧作为古典剧目得以流传。其中，流传最广的要数《罗摩剧》和《伊瑙剧》。

较有名气的剧团有：仰光敏边吴丁主持的吉祥罗摩剧团、将军市场罗摩剧团、奥波罗摩剧团、卑道达罗摩剧团、皮亚蓬罗摩剧团、博格雷罗摩剧团、兴实达罗摩剧团、曼德勒菩提岗罗摩剧团、曼德勒婆罗门罗摩剧团等。其中，皮亚蓬罗摩剧团是在底博王被流放后三年、即1888年左右开始演出的，据说他们用的面具还是原来宫中所用的。著名作家佐基在20世纪30年代曾经看过皮亚蓬罗摩剧团的演出。[①] 当时罗摩剧和伊瑙剧的剧团通常可达200人，只有对剧情最为熟悉、演艺最为精湛的人才能出任剧团长。

五、电影艺术在缅甸的兴起

电影艺术发明于19世纪末，随着私人放映团体在世界各地的巡回放映，电影这种艺术形式也传到了缅甸。据记载，1901年和1906年在土瓦已经有无声片的放映了。[②] 1910年，德国人爱迪逊夫妇在仰光建立了影院并放映无声纪录片。1911年，美国威达格拉公司到缅甸拍摄了纪录片并在仰光放映，当时日本在仰光也有一家影院放映纪录片，这些电影的放映开阔了缅甸人的视野。

缅甸电影创办于1920年，其创始人吴翁佩被称作"缅甸电影之父"。他原本是一名摄影师，出于对电影的喜爱，他开始尝试拍摄电影。1919年，他应政府的要求，将缅甸的稻米、柚木、石油、各种矿产品和棉花

---

① 泰伦：《缅甸戏剧与罗摩剧》（缅文），《缅甸星光报》2002年8月25日。
② 《缅甸电影史》（缅文），缅甸电影协会，2004，第15页。

等出口商品以及漆器、勃生伞和曼德勒丝绸等家庭手工业拍成纪录片，在伦敦举行的大英帝国博览会上放映。此后，他又拍摄了新闻纪录片《赴英谈判的缅甸代表吴吞新的葬礼》，这是缅甸第一部电影。1920年，吴翁佩与朋友合作开办电影公司——缅甸电影公司，购进新的器材和设备，拍摄了缅甸第一部无声故事片《爱情与勇士》，获得了观众的喜爱。1922年，英缅殖民政府成立了电影审查委员会。1920—1930年，缅甸共出现了40多家电影公司，但长期稳定经营的只有伦敦艺术公司、缅甸之友公司（前身为缅甸电影公司）、英缅电影公司等几家。1924—1930年，缅甸年均拍摄影片10部左右。这一时期电影还处于初级阶段，无论是拍摄技术还是演员的演技都还不够成熟。

1930年代，缅甸电影进入有声电影时代。1932年，英缅电影公司拍摄出缅甸第一部有声故事片《勃迪克亚金屋和梭罗王》。1931—1941年，全缅共拍摄影片459部，其中有声片77部。这一时期，动画片也开始问世，漫画家吴巴兼等人创作的《鸡翅膀》是缅甸第一部动画片。殖民地后期，由于缅甸国内争取民族独立的斗争热情日益高涨，电影界也深受这一形势的影响，拍摄出了数部宣扬民族意识、唤起民族觉醒的影片，如《纯洁的少女》《阿兰山》《罢课》《胜利的花枝》等，缅甸文艺界能在英国殖民政府统治下拍摄出此类影片，充分显示他们的巨大勇气和民族气节，这一传统一直延续到1948年缅甸获得独立。但总的来看，这一时期描写男女青年悲欢离合的爱情片和家庭生活的影片一直占据垄断地位，上座率也最高。

第九章

第二次世界大战前后的缅甸

（1937—1947 年）

在第二次世界大战前后的十多年的时间里，缅甸政局历经了曲折与磨难，发生了急剧变化。1937年4月起，印缅分治，缅甸从一个殖民地的殖民地变成了英国直属殖民地。而日本早有在亚洲太平洋地区扩张的野心，第一次世界大战后，出于长远战略考虑，日本政府就鼓励日侨旅缅"南进"。20世纪30年代，日本在缅侨民已有600人以上，其中不少是刺探各方面情报的特工人员。1940年后，日本成立了专门针对缅甸的特务机构"南机关"，并派其领导人在缅甸开展活动，促成了1941年3月缅甸"三十志士"奔赴海南岛，接受日本培训。1941年底，由日本南机关的成员和"三十志士"合作组成"缅甸独立军"，配合日军入缅作战。1942年初，日军开始进攻缅甸，直到当年5月初，日军和原驻缅英军、前来增援的中国远征军激战4个多月后，英中联军退守印度，日本占领缅甸全境。

第一节　第二次世界大战前的缅甸

一、英国鲸吞40年后缅甸政治体制的改变

1886年英国殖民者鲸吞全缅，缅甸沦为英属印度的一个省，成为名副其实的殖民地的殖民地，但根据英国议会批准的1935年《缅甸政府组织法》，自1937年4月1日起，缅甸与印度分治，缅甸成为英国的直属殖民地。这一政治体制直到日本侵入缅甸后才解体。

1935年的《缅甸政府组织法》规定英属缅的殖民统治机构实行二元政治体制，即政府由总督、总督任命的内阁和两院制的议会所组成，实行91部门制。

依照1935年的《缅甸政府组织法》，英属缅甸政府机构共设98个部门，其中的91个部门由缅甸民选议员进行管理，因此称此政府组织形式为"九十一部门制"。总督在与相关人士协商基础上，会任命9名部长和总理组成内阁。该内阁对下院负责，当下院通过不信任案时，内阁应集

体辞职。[1]

议会分上下两院，下院共有132名议员，均自按照1935年缅甸选区划分委员会划定的选区选举产生：即从缅族大选区选出91名议员；从民族选区选举出25名议员，其中克伦族人12名、印度裔8名、欧洲裔3名、英缅混血人2名；[2]从劳工、商会和大学选区中选出16名议员，其中商会代表11名（6人为英国人），劳工代表2名，一名从仰光选出，另一名从石油产地仁安羌选出。

上院有36名议员，其中18名由总督直接任命，其他议员由间接选举产生。上院对下院通过的法律有否决权，但无权讨论财政议案，其权力小于下院。议会上院的民族组成与下院大致相同。上院议员资格限定为有高收入的商人、地位较高的社会名流和专家、官员和信誉高的地主。这一制度设计的原本用意是引入一个有保守色彩的上院，用以制衡下院的权力。

为了平衡内阁和下院的权力，一些较重要的权力仍保留在总督手中。总督拥有规划区（掸邦和其他山区民族）的行政控制权，以及对国防、外交、财政和教会事务的管理权；总督还有权维持社会秩序和财政金融的稳定，有义务防止对少数民族或宗教的歧视，保护公务员合法权益，确保缅甸议会通过的税收法不会歧视印度和英国的商人。为了协助总督行使职权，一名总检察长、一名财政顾问直接听命于总督，还在议会中设置了3名顾问作为总督的代表。而最为关键的是政府组织法的第139条所做的特殊规定，当总督认为局势危及缅甸政府的安全时，该法赋予总督获取任何个人或机关所能行使的最高权力。[3]

根据1935年《缅甸政府组织法》，缅甸的自治权比二元政体时期有所增加。它最引人注目的特色就是引入了对下院负责的政府，以及增加了33个农村选区，使选举在农村具有更加广泛的代表性，该法案的许多因素被1947年《缅甸联邦宪法》所继承和吸收。

当时"在缅甸社会金字塔最上层的，基本上是由外国人、主要是由英国人所组成的社会上层，包括殖民地政府的中上层行政官员、军官和警官，以及大商行、大公司、大工厂和银行的董事、经理、大地主以及高利贷者……他们中有一部分印度裔（主要是齐智人高利贷主兼地主）

---

[1] J.S. Furnivall, *Colonial Policy and Practice: A Comparative Study of Burma and Netherlands* (New Delhi: Cambridge University Press India), 1948, p.168.

[2] 《缅甸的行政制度（19世纪到20世纪）》，第163页。

[3] John F. Cady, *A History of Modern Burma*, p.353.

和少数缅甸裔（人数极少的中上层行政官员、买办、大地主）……1937
年印缅分治前，殖民地缅甸的官员都由印度文官处委派……1937年印缅
分治后，才设立了缅甸文官处，当年文官处官员共46人，其中英国籍约
36人。1938年英属缅甸有警官80人，其中59人是欧洲裔，只有7个是缅
甸裔"。[①] 所以说，1937年的印缅分治，表面上看是缅甸的自治权较以前
有所增加，不再是英国殖民地的殖民地了，但实际上只是换作由英国直
接控制缅甸，分治只让少数缅甸政客分到了一杯羹，广大民众依然享受
不到任何权利，依旧遭受着残酷的盘剥，没有丝毫实惠可言，生活更加
困苦。

二、第二次世界大战前，英属缅甸经济概貌

由于英国把缅甸变成了它的粮食与原材料的供应地，使原本就十分
落后的缅甸，变成了民众更加贫困的经济畸形发展的落后农业国。英国
殖民统治下的缅甸仅有的一点儿工业，主要是为了出口服务的工业，如：
碾米厂、木材加工厂和石油、银、铅、锡矿等。到1939年，除了一些手
工业小作坊之外，有动力设备且雇工在20人以上的工厂全缅有1,027家，
其中，为出口服务的碾米、锯木、石油、采矿等共计907家，占83%；
在这907家工厂中，碾米厂最多，有673家，占工厂总数的64%。而服
务于当地民生的工厂加在一起，仅有118家，包括榨油厂32家、面粉厂
3家、糖厂5家、烟厂5家、棉纺织厂1家、服装厂2家、汽水厂7家、火
柴厂5家、肥皂厂1家、化工品厂2家、铅制品厂3家、水泥厂4家、制
绳厂4家、橡胶厂2家、印刷厂19家、其他27家。[②] 按投资者来分，这
1,027家工厂的情况详如表1。[③]

碾米业中主要是由英资主办的。"1936年，英资碾米厂共有36家，
平均每厂雇工为519人，雇工总数共计18,688人，占碾米业工人总数的
41.3%。最大的碾米厂一天可碾米1,000吨。"[④]

锯木厂中大型的也是英资，如斯蒂尔兄弟公司等。"1940年缅甸共有
161个锯木厂，工人11,756人。锯木厂相对集中在下缅甸，主要是仰光

---

① 缅甸总理办公室经济和社会发展委员会：《缅甸社会经济史研究》，转引自贺圣达：《缅甸史》，第346页。
② 埃赖：《1870—1940年缅甸的经济增长和收入分配趋势》，表11缅甸的工厂数，载《缅甸学会学报》1964年6月第57卷，仰光，转引自贺圣达：《缅甸史》，第324页。
③ 赵松乔：《缅甸地理》，人民出版社，1956，第159页。
④ 贺圣达：《缅甸史》，第327页。

和毛淡棉。"①

表1　二战前缅甸的工厂数量

投资者	工厂数	工人数	平均每厂工人数	占工人总数比
缅甸人	381	14,859	39	17.0%
英国人	119	33,419	281	38.2%
印度人	303	21,754	72	24.9%
华人	197	11,109	56	12.7%
殖民政府	27	6,263	232	7.2%
共计	1027	89,383	86	100%

　　垄断缅甸85%石油生产的是英缅石油公司，当时全缅约有10家公司从事石油开采和冶炼，雇工总计7,000余人，年产原油3亿加仑。②

　　垄断缅甸矿业生产的也是英资缅甸公司，1934—1938年这些公司平均年产量为：锌71,706吨、锡6,612吨、银184吨、铅锑合金1,269吨、铜8,220吨、镍4,032吨。③

　　当时缅甸的对外贸易更是英国控制缅甸经济的手段。20世纪30年代末，缅甸出口仍几乎全部是农林产品和石油、金属矿产品。其中，最大宗的是稻米，年出口量达300余万吨，英属缅甸成为世界上最大的稻米输出地。但是，这种出口的增长是以单纯增加种植面积，而不是提高单产和劳动生产率来实现的，这种出口的增长也是以缅甸人民的更加贫困为代价的，缅甸的人均稻米消费水平大幅下降，从20世纪20年代的150公斤降至30年代的110公斤。④

三、第二次世界大战前，英属缅甸的社会

　　长期以来，英国就是利用分而治之的办法，以印治缅；在缅甸又用钦、克钦族人组成缅甸本土军队进行治安管理，以便淡化缅甸人与英国的直接矛盾，挑起缅甸人与印度人以及少数民族间的矛盾。

　　缅甸是英属印度的一个省，印度的官员、高利贷主兼地主、工厂主、印度教徒、普通工人（包括农民）大量涌入缅甸。当时的仰光有不少印

---

①　贺圣达：《缅甸史》，第327页。
②　［苏联］伊那什杰尔：《缅甸》，三联书店，1956，第157页。
③　同上书，第157页。
④　A. 芬尼奇、W. 胡夫：《殖民主义对缅甸经济发展的影响》，第21页，转引自贺圣达：《缅甸史》，第327页。

度人置办的房产，开办的工商企业，加上政府部门的官员、军警也有一些是印度人，使得仰光逐渐变成一座印度裔居民占多数的城市。缅甸其他大城市里的印度人的比例也在上升。印度人可分成两大人群，一部分是印度教徒，另一部分是穆斯林。

上述情况是英国殖民者一手造成的。从缅甸攫取的利润的大部分都落入到了英国的大资本家手中，另一部分则大多被印度裔的高利贷主、地主、工厂主们所夺取。这是缅甸一般民众在日常生活中时时都能体验到的真实感受，缅甸民众与印度裔民众之间的民族、信仰、经济利益等诸多方面的矛盾在日益积累，社会上充斥着不满情绪。1938年7月，貌廷博的小说《神庙》将1931和1936年曾两次出版的穆斯林攻击佛教的小册子的内容编为附录再版，结果引发了印缅教派冲突。首先，右派政客们组织的"爱国党"的喉舌《太阳报》于1938年7月19日发出采取"强硬行动"反对穆斯林的号召。7月26日，仰光民众在大金塔旁举办"保卫佛教"集会，发表言辞激烈的反伊斯兰教的演说并号召"复仇"。集会结束后，僧侣队伍向印度市场进发，途中与警察发生了冲突，由于警察中有不少印度裔，这就使得群众的情绪不但没有得到平息，反而愈加强烈。次日，就发生了缅甸人冲入街区残杀穆斯林的惨剧。至9月初教派残杀从仰光进一步蔓延至仁安羌、曼德勒、实皆、瑞波等地，断断续续几个月时间。"在这场骚乱中，死伤人数多达1,227人，其中穆斯林662人，印度教徒225人，缅甸（佛教徒）317人。有113所清真寺在骚乱中被毁。"[1] 惨遭蹂躏的受害者中不仅有中上层印度人，还有大量在缅甸谋生的普通印度裔劳动者。"我缅人协会"在印缅教派冲突问题上采取了唯一正确的立场，它谴责印缅教派冲突，指出宗教冲突是为引诱人们离开主要目标而挑起的事件，而殖民主义者们却把挑起印缅教派冲突的责任归咎于"我缅人协会"。

四、先进思想的传播与民族民主力量的集聚

缅甸的知识阶层可分为两大部分，一部分是受到传统教育的寺庙僧侣，到1930年代末，全缅大约有10万僧侣；另一部分是接受现代教育的大中学生，当时缅甸唯一的大学——仰光大学在校学生已达2,000多人，成为东南亚著名学府之一。殖民地的新生代知识分子大部分在这所大学接受的教育，然后再继续到印度或英国接受留学教育。他们往往将来自

---

[1]　贺圣达：《缅甸史》，第465页。

西方的民族主义与佛教结合，用以表达他们要求与英国人享有平等权利的诉求。殖民地的民族知识分子以复兴佛教为旗帜，开始了他们的民族主义活动。与此同时，中学教育也得到了大力发展。到1930年代末，缅甸全国已有500多所中学，学生总数约20余万人。

俄国十月革命胜利后，缅甸的报刊也开始介绍和宣传马克思主义思想。受英国左派读书俱乐部的影响，1937年11月4日，"我缅人协会"领导人吴努、德钦丹东和德钦梭倡议成立了"红龙书社"，翻译出版了一系列介绍马克思主义的书籍，如德钦梭的《社会主义》、吴努翻译的《资本论》部分章节，德钦巴欣翻译的《列宁传》等，对指导当时的缅甸民族主义革命运动和鼓舞群众斗志起到了很大作用。红龙书社还专门组织吴巴丁律师翻译出版了《日本间谍》一书，以教育民众。埃德加·斯诺的《西行漫记》的缅文译本影响也很大，中国共产党人勇于斗争的事迹尤其令缅甸年轻德钦党人向往，他们纷纷想效仿中共依靠自己的力量抗击英帝。红龙书社同时还出版了一些文艺书籍，其中有蜚声缅甸文坛的吴登佩敏创作的小说《摩登和尚》和德钦巴当根据英国作家哈代的长篇小说《德伯家的苔丝》改写而成的缅甸小说《班达·玛沙乌》等，都是具有较大社会意义或较高艺术水平的作品。

1938年，《新缅甸》报社成立了"社会主义书社"，发表了大量研究马克思主义的文章，马克思主义学习小组在全缅各地如雨后春笋般涌现。

五、日本对缅甸民族主义者的拉拢

（一）第二次世界大战前日本人在缅甸的活动

第一次世界大战后，日本出于长远战略考虑，鼓励日侨旅缅，派特务到缅进行"南进"战略研究并广交朋友。日本认为控制缅甸，可切断中国西南对外通道，逼中国就范；可掠夺缅甸粮食及战略物资以充实自己实力；还可控制整个东南亚，进而西进，与德、意在中东会师。据统计，20世纪30年代在缅日本人猛增。1931年有653人，1936年有661人，1939年有450人。[①] 有的在当地当医生开镶牙馆，有的开照相馆、理发店，有不少人则是有着明确政治目的的间谍，其中最为有名是陆军部的铃木敬司大佐[②]。1940年，铃木敬司奉命潜入缅甸开展间谍活动，他化名

---

① 《我缅人协会史》第二卷，第478页。
② 铃木敬司，1897年2月6日生于日本滨松，1918年毕业于日本陆军士官学校，1929年毕业于日本陆军大学校，1932年任日本驻菲律宾武官。日本占领缅甸后调任日军第七师团参谋长，1945年任札幌铁道司令官。日本投降后，铃木敬司被免于起诉。1967年9月20日去世。

南世益，以《读卖新闻》记者身份为掩护。再如退役日本海军大尉国分正散则以牙医身份在缅活动。这些人在缅甸境内刺探情报，并通过在缅甸的日侨，与当时的"我缅人协会"部分领导人建有联系。

（二）缅甸民族主义者们心目中的日本形象

从20世纪30年代起，缅甸国内一些民族主义精英在观察世界的过程中，对同样身为亚洲国家，却成为世界强国的日本产生了浓厚的兴趣。他们认为，亚洲各国大多数已经沦为西方的殖民地，只有日本保持了独立，并且国力强大，能与西方列强平起平坐，甚至打败了沙俄这样的老牌帝国主义国家。[1] 提倡向日本学习以图自强的缅甸人中，以著名的高僧吴欧德玛为代表。吴欧德玛在20世纪二三十年代积极宣扬民族主义精神，他常以日本为例子，鼓励国内民众不要畏惧殖民强权，团结奋斗以改变自己的处境。20世纪30年代后期，缅甸政治人士中产生了相当数量的亲日派，如巴莫、登貌、吴素、德钦巴盛、德钦吞欧等人。

第二次世界大战全面爆发前夕，"我缅人协会"第四届年会在讨论争取缅甸独立问题时提出"英国的困难是缅甸的良机"。要特别指出的是，这一时期，缅甸民族主义者在争取独立的路径选择上，一开始并没有清晰的思路，只是认为欧洲战场的形势使英国陷入困境，无力维系对海外殖民地的控制，这是争取独立的大好时机。除以德钦巴盛、德钦吞欧为首的亲日民族主义者提出与日本取得联系，派人赴日本学习军事，要求日本提供武器和资金以开展抗英活动的主张外，也有人主张与英国合作参战，以此换取缅甸独立。还有的人认为，英国和日本都不可相信，应当向中国共产党取经，学习斗争经验。然而缅甸独立运动组织和领导者们最终还是选择了与日本合作，希冀借助日本的力量以赶走英国人这条道路。回顾这段历史，可谓充满了戏剧性，也充分体现了历史演进过程中的必然性与偶然性相结合的规律。

1940年8月，"我缅人协会"选派昂山和德钦拉棉伪装成华人，乘船前往中国厦门，试图在当地寻找中国共产党组织。但历时3个多月，都未能联系到中国共产党。在此期间，他们的行踪被日本间谍发现，在日本人的游说下，昂山等人于同年11月12日抵达东京。在日本期间，日本人千方百计地拉拢昂山等人，不仅安排他们觐见了天皇，还承诺愿意帮助缅甸获得独立。昂山等人一开始对日本人心存疑虑，他"赞赏日本人

---

① 1904年2月8日，日俄战爆发，双方海、陆军持续交战，最终以日本的胜利而结束。双方在1905年9月5日签订和约，沙俄承认日本在朝鲜的利益，并将其在中国辽东半岛享有的特权转让给日本。

民的爱国、整洁和谦抑，另一方面又对日本黩武主义者的'粗野残忍'非常反感"。同时，日本人也不清楚昂山等人的真实立场。经过一段时间的接触和游说，昂山做出了选择，"谁出来反对我们的敌人，谁就是我们的朋友"，"如果日本人来了，我们要和他们谈判独立"。[①] 1941年2月，日本大本营成立专门针对缅甸的间谍机构"南机关"（对外名为"南方企业研究会"），铃木敬司任机关长。南机关的任务是搜集完善对缅作战的军事情报，煽动缅甸人武装反抗英国殖民政府，配合日军对缅甸的侵略行动。日本大本营对"南机关"提出了四点要求：一是安排50名缅甸人到日本；二是在日本占领的海南岛训练缅甸人；三是训练结束后提供武器给缅甸人；四是在泰国设立机构，专责指挥缅甸人开展反英行动。[②]

　　1941年2月，昂山返回缅甸，与当时尚未被捕的我缅人协会领导人德钦妙、吴巴瑞、吴觉迎、德钦漆等人举行会谈，大家一致同意促进各政党团体的合作，将我缅人协会的两个组织重新合二为一；在全国组织地下革命组织；从日本人处取得武器与资金的援助，由日本人向缅甸空投武器；派人赴日学习军事；向公众宣布缅甸人民将以武装革命手段争取独立；要求日本政府承认缅甸为独立国家。而且决定：武装抗英的时间定在日本在亚洲开始对英宣战之时；由德钦妙领导的秘密革命组织负责选派赴日青年；昂山继续负责国外联络事宜等。至此，缅甸民族独立运动的主要领导人都走上了幻想联日抗英以争取独立的政治道路。

六、"三十志士"与"缅甸独立军"的成立

　　1941年3月以后，我缅人协会先后分四批秘密派出25人赴日开展政治活动。加上先期经厦门抵达日本的昂山、拉棉，经泰国赴日的昂丹、丹丁，还有在日本学习的哥桑，共30人，人们合称其为赴日"三十志

---

① A. C. 考夫曼，《昂山的思想路线》，《东南亚问题》1975年第4期。
② ［日］斋藤照子：《二战时期日军对缅工作机构——南机关再考》，《南洋资料译丛》2009年第2期。

士"①。其中，德钦哥都迈派以昂山为首共计18人，德钦巴盛派以德钦吞欧、德钦秀貌（即奈温）为首共8人，另有学联4人。②三十志士抵达日本标志着缅甸民族主义精英们正式开始借助日本的力量争取独立。

为了保密，日本决定在中国海南岛三亚的日本海军基地为缅甸青年专门举办一次短期军训班。对外则掩人耳目地称为"三亚农民培训班学校"，训练班从1941年4月开办，三十志士被分批送至，最后一批11人直至6月才到达该地。学员们除了接受基础军事训练外，还分为三组分别学习基层指挥官技能及培训新兵、游击战与侦察爆破、师以上高级指挥官等军事科目的知识与技能。

在日本人对三十志士进行军训的同时，日本"制定的对缅作战方案是个兵分五路的进攻计划。这五路军队将由日军和缅甸爱国青年即将组织的缅甸独立军分别组成。第一路为妙瓦底一线，以占领毛淡棉为目标；第二路为土瓦一线；第三路从维多利亚角向丹老进发；第四路为帕本一线；第五路为景栋一线……妙瓦底一路军队占领毛淡棉和德林达依后，日军参谋本部官员将宣布给予缅甸独立，接着便有计划地组建政府"。③

日本人为三十志士举办的军训班至1941年10月结束。1941年12月7日，日本偷袭珍珠港，向英美宣战，第二次世界大战的战火从欧洲蔓延至东亚地区。12月8日，日军进入泰国，泰国投降。12月10日，日本空军击沉了美国威尔士亲王号和反击号两艘战舰。随后，太平洋中的关岛、威克岛，英属香港等一一落入日本手中。在这样的背景下，1941年12月17日，"缅甸独立军"（BIA）在泰国曼谷公开亮相，26日日本人公布了募集缅甸独立军新兵入伍的命令，12月28日举行了缅甸独立军誓师大会。缅甸独立军成立初期共约200人，其中日本人70余人，大多是"南机关"的成员，总部司令长官是化名为波莫久上将的铃木大佐，总部中除一些日本军官外，还包括昂山（被任命为中将高级参谋）和拉棉、昂

---

① 三十志士是：德钦昂山（波德扎）、德钦秀貌（波奈温）、德钦山莱（波昂）、德钦昂丹（波晒贾）、哥吞辛（波仰乃）、哥拉貌（波泽亚）、德钦拉棉（波仰昂）、哥瑞（波觉佐）、哥仑（波滕温）、德钦吞瑞（波林永）、德钦巴坚（波拉扬）、德钦昂登（波耶实）、德钦丁埃（波蓬敏）、德钦梭（波敏昂）、德钦吞钦（波敏瑞）、德钦山妙（波道腾）、哥拉（波敏扬）、德钦觉盛（波莫纽）、德钦吞伦（波勃拉）、德钦丹纽（波津约）、德钦埃貌（波莫）、德钦迪（波苏瑞）、德钦委（波苏昂）、德钦貌貌（波仰纳）、德钦钦貌吴（波达亚）、哥苏伦（波敏康）、德钦丹丁（波丹丁）、德钦丹丁（重名、波妙丁）和德钦吞欧。其中，德钦丹丁在穿越缅泰边境赴日途中染上疟疾，抵日后不治亡故，未能参加军训；德钦吞欧被日本人安排学习行政管理，拟让他充当日本占据缅甸后行政负责人，未参加军训。

② 《我缅人协会史》第二卷，第543—544页。

③ 《1945年缅甸反法西斯斗争史》，第83页。

丹（二人为中校参谋）等。独立军总部下设几个支队，但人数都不多，有的还不足20人，主要长官皆由日本人担任，一般原来为中尉者，都被任命为中校或上校。三十志士的其他人员也分别被任命为上尉、少校、中校或上校长官。

1941年11月，缅甸独立军开始派遣人员潜回缅甸，但只有吞欧、拉貌二人于12月初成功入缅。他们与当地地下组织共同筹办军训班，派员前往各地招募人员，搜集武器，并分别电告在毛淡棉的德钦哥都迈与在缅泰边境的德钦妙预做准备，等待配合日军进入德林达依，及筹备宣布缅甸独立事宜。

第二节　第二次世界大战中的缅甸

一、日本与中英联军在缅甸的较量

（一）日军与英军和中国远征军的战斗

第二次世界大战前，英军虽早已与中方协议共同抗日，但又出于盲目自信而不愿中国军队进入缅甸以提前布防。"驻守在缅甸的英国政府军是英印第17师和英缅第5师。根据英国殖民地军队编制规定，一个师应有15,000人，但是英印第17师只有12,000人，英缅第5师只有8,000人，有些士兵甚至还未上完军事训练课，加上其他英国部队在内，在缅甸境内抵抗日军和独立军进攻的兵力总共有35,000人，再扣除休假和生病的人员，实际兵员只有25,000人。""1941年12月15日，英国政府要求中国派出5万援军协助保卫缅甸……（中国遂于12月16日）派第5军和第6军中的几个师通过滇缅公路进入缅甸……驻扎在缅甸的中国援军共有兵力约50,000人。"[①]

反观日军，在侵略缅甸之前进行了长期扎实细致的准备。太平洋战争爆发后，1941年12月8日，日本对英国宣战并开始轰炸仰光。日军在接下来的1个月时间内，40万大军先后攻陷菲律宾、马来西亚、关岛、香港、新加坡、印度尼西亚等地，士气正旺。12月9日，日军第15军司令官饭田祥二郎中将抵达曼谷部署进军缅甸事宜。命该军下属第55师团、第33师团向泰缅边境达府、湄索一带集结。

战争伊始，守缅英军司令赫顿对防守仰光缺乏信心，采取了退却战

---

① 《1945年缅甸反法西斯斗争史》，第94—95页。

略，不仅将供应仰光的战备物资转移至仰光以北的曼德勒山区，还从印度的曼尼普尔赶修了一条退却山路与曼德勒、滇缅公路相通。

日本军队共有4个陆军师和两支装甲部队参战，兵力共计75,000人，含第55师、第33师、第18师和第56师。[①] 1941年，日军在曼谷由昂山为首的三十志士和日本"南机关"刚刚组建的缅甸独立军的配合下，自曼谷开拔进入缅甸，向驻缅英军发起了闪击战，势如破竹。一些缅甸民众认为，缅甸独立军是为了实现缅甸独立而组建的民族武装，日本人是来帮助解放缅甸的。因此，从日军开始侵略到占领缅甸全境，基本没有受到当地民众，尤其是缅族人的抵抗和反对。

面对日军的进攻，驻缅甸的英军明显准备不足，仓促应对。当时英军不仅兵力有限，素质较差，没有热带作战经验，而且在战事开始时盲目乐观地认为日本人不会进攻缅甸；之后又对日军的作战意图出现严重误判，认为日本人将自缅甸东北部的掸族地区进入。1942年1月4日，日军第33和第55师团从泰国兵分两路进攻缅甸南方的毛淡棉和土瓦。1月19日，日军占领土瓦。当日军越过泰缅边境，从缅甸南部攻入时，英军彻底乱了阵脚，很少组织起像样的防御，进行有效的抵抗。1941年12月，根据《中英共同防御滇缅路协定》，中国组建了"中国援缅远征军"，由第5军、第6军、第66军编成，共计9个师10万余人。驻缅英军总司令赫顿请求中国远征军第6军93师派一加强营进入缅甸景栋布防。22日，又请求中国远征军第6军第39师全部入缅担负泰缅边境守备。1月31日，日军占领毛淡棉，英军有些惊慌。1942年2月3日，英军总司令赫顿在腊戍会见中国领导人，急切要求中国远征军尽速入缅配合其抵抗日军。2月11日，日军第33师团突破英军设在萨尔温江的防线。2月中旬，中国远征军仓促应邀入缅布防。但由于道路不畅加之运输力量有限，中国远征军入缅速度甚慢，中国远征军决定派遣先头部队入缅后深入东吁一带直接增援英军。2月20日，英军第17师被迫向锡当河后撤。但是锡当河唯一的大桥——锡当河大桥英国守军受到日军骚扰，误以为第17师已被歼灭，遂于2月23日将大桥炸毁。当英军第17师撤至河边时才发现大桥已毁，陷入前无退路后有追兵的绝境，遭受重创，12,000人的队伍仅有3,300人携1,000支步枪和几挺机枪，仓皇绕道逃往东吁。此时，英军仍寄希望于澳大利亚能派来援军，以防仰光失守。英国首相丘吉尔写信向澳大利亚总理柯廷求援，但遭澳大利亚拒绝。日军第55师团突破英军锡

---

① 《1945年缅甸反法西斯斗争史》，第147—148页。

当河防线后，开始进攻仰光。英国只好走马换将，急调英国名将亚历山大为驻缅总司令，原司令赫顿改任参谋长。3月4日，日军第55师团又击败英军第7装甲旅，占领勃固。3月5日，亚历山大飞抵仰光奉命坚守，但获知日军正从勃固向北翼包抄，企图切断仰光至卑谬的公路，堵死仰光陆路的唯一通道，亚历山大认为仰光陷落已不可避免，遂下令炸毁仰光炼油厂，毁掉城市设施，迅速从仰光至卑谬的公路撤离。3月8日，日军占领仰光。正当中国远征军全速驰援仰光时，仰光已告失守。3月9日，中国远征军两团兵力抵达东吁，接替了当地英军的防务；而被日军击败的英军残部皆转移至东吁以西的卑谬集结。进入3月中旬，中英军计划分别占据东吁与卑谬，呈掎角之势，与日军在东吁会战。3月17日，日军沿伊洛瓦底江向缅甸中部和北部地区发动进攻。从3月19日开始，中国援缅远征军与日军在东吁激战十余日直到29日，中国远征军毙伤日军多人，固守阵地如初，但此间英军在卑谬一线却节节败退，一路伤亡，最终从卑谬撤离。至此，处于东吁的中国远征军几乎成为孤岛，不得已于3月30日主动后撤，日军占领东吁。后撤的中国远征军4月中旬又为仁安羌英军解围顽强战斗，一度让日军尝到苦头，迟滞了日本人进军的步伐。4月16日，缅甸重要的产油地仁安羌陷落。中国远征军又曾策划彬文那会战，挽回颓势，又因英军放弃阿兰谬而告吹。至此，日军在缅甸的胜局已定。英军继续后撤，4月29日和5月1日，日军先后占领上缅甸重镇腊戍、曼德勒。5月中国远征军也奉命后撤。5月8日，缅北最后一个大城市密支那失守。5月下旬，缅甸全境被日军控制，日军还占领了中国云南的腾冲、龙陵等地，切断了滇缅陆路通道。幸存的英军则撤退至印度的英帕尔。至此，缅甸战役第一阶段作战结束，日军仅耗时5个月，以伤亡4,500余人的代价，取得了占领缅甸的战果，基本实现了战前设定的目标。

日本进攻缅甸造成英军伤亡13,000人。入缅作战的中国远征军伤亡更加惨重。如中国第5军，全军4.2万余人，在缅战斗中损失过半，撤退时的伤亡比战斗中的伤亡更重，高达1.4万人之多。再如戴安澜将军率领的新编200师，在撤退过程中的减员达75%，1万多人的队伍，回到国内时仅剩2,600多人，戴安澜本人也身负重伤不治，在5月26日殉国。[1]因为英军是在战局十分被动的情况下才要求中国军队入缅作战的，战机

---

[1] 关于中国远征军奉命入缅作战的详细过程可参见戴孝庆、罗洪彰主编《中国远征军入缅抗战纪实 1941—1945》，西南师范大学出版社，1990，第一至第三章，第6—127页。

已逝，而且在实际作战指挥中，英国人首先考虑的是如何保证他们自己的部队全身而退，并没有把组织两国军队联合作战、有效抗击日军放在第一位，一些计划安排甚至罔顾中国军队的死活。例如，1942年3月，日军沿伊洛瓦底江北侵时，负责防守西路的英军一触即溃，防线瓦解，留下防守另外两个方面的中国军队浴血苦战，还要抽调兵力援救被困英军。可以说，中国远征军入缅后浴血奋战1,500多公里的行动，几乎完全是配合英军撤退的掩护战，战况十分惨烈。

（二）日军进攻时缅甸独立军的作用

在日军进攻缅甸时，缅甸独立军发挥了不可替代的作用，1942年1月缅甸独立军开始分南、中、北三路与日军一起入缅。他们作为向导配合日军行动，筹集军粮，有一些则直接参与对英军的作战。独立军另派德钦秀貌（即奈温）等6人事先潜回缅甸境内组织国内武装。独立军南路为海上登陆支队，从缅甸南端的维多利亚角进军丹老，占丹老后配合攻占毛淡棉，进一步进攻仰光。独立军中路随日军攻土瓦。1942年1月19日独立军随日军进占土瓦后，力量大增，很快从20人左右增至1,000人，后又得到日本为缅甸独立军运来的约可装备一个营的轻重武器作为补给。缅甸独立军本部本来拟与日本第15军55师一起从泰国境内来兴（Rahain）出发进攻毛淡棉，后因故从原线路北侧单独迂回进入缅境。2月18日过萨尔温江时已扩至2,000人，不久即与进攻土瓦的支队会合，2月26日过锡当河直指勃固，3月7日日军攻占仰光。缅甸独立军的影响和实力也不断增大，至1942年3月，缅甸独立军已有12,000人，到1942年5月底日军占领全缅时，发展至50,000人。[①]

由于缅甸独立军得到了缅甸民众的普遍欢迎与支持，往往能先于日军到达指定位置。当独立军攻入丹老、土瓦等地时，先期抵达的缅甸人随即成立了临时行政机构。但日本人食言，不仅未宣布承认缅甸独立，在占领毛淡棉后更不准缅甸人成立临时行政机构，而是代之以军事管制。日本人除在进攻缅甸前夕供给过一些武器外，并未给缅境内地下反抗组织空投武器，也未再加强独立军的军备。在向上缅甸进军时，又有意与独立军划分路线，以保证由日军先期到达，以防再出现缅甸人抢先成立临时行政机构的情况。由于日军背信弃义且胡作非为，本来在缅人头脑中膨胀起来的依靠日本人取得独立的幻想在日军进入缅甸不久就彻底破灭了。

---

① 《缅甸国防军史（1824—1993年）》第一卷，第180页。

二、日本占领缅甸

日本人打着"大东亚共荣圈"、"解放"东南亚和帮助缅甸"独立"的旗号来到缅甸，普通的缅甸民众也欢迎日本人来帮助他们打跑英国人。

（一）日本侵略者安排缅甸"独立"

缅甸民族主义精英选择联日反英，是在当时复杂环境下做出的选择，是日本军国主义的战略目标与缅甸民族主义者们的独立愿望产生了"共振效应"。事实证明，缅甸民族主义精英希望借助日本的力量实现缅甸独立的想法只能是一厢情愿。日本人根本不会履行战前的承诺，更不会承认缅甸的独立地位。日军高级幕僚石井秋穗曾表示："日军作战结束后要马上在缅甸实施军政，极力压制'独立'。"[1] 日军攻陷仰光后，组建了军事占领当局，提出了"缅甸独立政府要到'大东亚战争'结束后才能产生，现在不应再提此事"。[2] 同时，缅甸独立军的迅速壮大和在缅甸民众中的影响，引起了日本人的警惕和不满。为防止缅甸人凭借自己的武装力量提出独立的要求，威胁到日本在缅甸的殖民统治，日军决定改组独立军。1942年7月27日，日本人以"组建正规军"为由，将缅甸独立军改名为"缅甸国防军"（Burma Defence Army），全军裁减至3,000人，编为3个营，由昂山担任司令，波晒贾中校和波力耶中校为参谋长，奈温任第一营营长，另有28名日军军官担任顾问。[3] 日军还规定，缅甸国防军必须接受驻缅日军的指挥，协助日军抵御盟军的进攻。

1942年4月—1943年6月，美军和日军在太平洋水域先后进行珊瑚海战役、中途岛战役、瓜达尔卡纳尔岛战役，日军接连失败、人员装备损失惨重，更重要的是日本从战略进攻转为战略防御，战局开始向美军有利的方向发展，而日军则步步被动，处处设防。在印度境内，中英美三国军队也正在积极筹备反攻缅甸。在此背景下，日本不得已开始策划安排缅甸"独立"。1943年3月10日，日本大本营和政府联席会议通过了《缅甸独立指导原则》，计划于当年8月1日承认缅甸独立，"政府各部门由日本顾问指导；外交上与日本合作，向英美宣战；军事上与日本进

---

① ［日］斋藤照子：《二战时期日军对缅工作机构——南机关再考》，《南洋资料译丛》2009年第2期。

② 贺圣达：《缅甸史》，第415页。

③ 《缅甸国防军史（1824—1993年）》第一卷，第195页。

行全面合作，缅军由日军指挥"。[①] 可以看出，日本给予缅甸的"独立"，目的是巩固它在缅甸的统治，以集中精力对付盟军的反攻。根据筹备方案，1943年8月1日，缅甸宣布"独立"，巴莫出任国家总理，德钦妙担任副总理，昂山任国防部长，德钦努任外交部长，德钦丹东任农业部长，奈温出任缅甸国防军总司令。1943年8月6日，奈温在记者招待会上宣布将把缅甸国防军改为缅甸人民军，还要组建其他兵种，但是日本人不承认这一称谓，并于1943年9月15日将缅甸国防军改称缅甸国民军（Burma National Army）。[②] 日本与"独立"的缅甸政府签署了政治、军事合作条约，明确规定在缅甸政府重要部门设立顾问，所有的缅甸高层都必须宣誓效忠日本，日军提供一切必要的援助，支持"大东亚战争"。[③] 缅甸的"独立"仅仅是形式上的，所谓政府也只是一个需要随时向日本人汇报工作，根据日本人的指示行事的傀儡政府，缅甸一切重要的军事、外交和行政权力仍在日本掌控之下。出任缅甸"独立"政府总理的巴莫是个政治投机分子，他曾担任过英属缅甸殖民政府总理，自从20世纪30年代中期开始转为亲日，特别是在第二次世界大战爆发后，他开始宣扬反对英国殖民统治的论调，公开呼吁引入日本的力量以实现缅甸的独立，在一部分缅甸民族主义者和民众当中得到了支持，也受到了日本侵略者的青睐。

（二）日本在缅甸的残暴统治和掠夺破坏

政治上，日本占领当局统治缅甸的残暴程度不亚于英国殖民主义者，在某些方面甚至更甚。日本侵略者处处凌驾于缅甸人民之上，随意逮捕，奸淫掳掠之事在各地时有发生。"日本人在缅甸设立了334个警察署，警员15,968人，""在管理上实行保甲制度，日本军警采取残酷、野蛮的手段，镇压缅甸人民的反抗，严刑拷打对日本统治不满的人，枪杀抗日人士。"[④] 日本还大量征用缅甸劳工为其修桥筑路，建造机场、军事设施，运送军用物资等，"到1944年底，这类劳动力高达80万，远远超过了在东南亚其他国家和地区征用的劳动力"。[⑤] 最具代表性的就是修建被称为

---

① 《日本帝国主义对外侵略史料选编》，上海人民出版社，1975，第421—422页，转引自贺圣达：《缅甸史》，第420页。

② 《缅甸国防军史（1824—1993年）》第一卷，第293—294页。

③ John Leroy Christian, *Burma and the Japanese Invader* (Bombay: Thacker & Company, Limited, 1945), p.351.

④ 贺圣达：《缅甸史》，第417页。

⑤ V. 丹尼森：《英国在远东的军事行政，1943—1946》，伦敦，1956，第281页，转引自贺圣达：《缅甸史》，第418页。

"死亡铁路"（Death Railway）的缅泰铁路。日军于1942年开始修建连接缅甸丹漂泽亚和泰国北碧府，全长415公里的铁路。先后共有1.2万名日军，18万缅甸劳工、8万马来西亚劳工、4.5万印度尼西亚劳工，以及来自英国、澳大利亚、荷兰、美国等国军队的战俘6.2万人参与工程修建。由于环境恶劣、条件艰苦，日军以刺刀强迫工人劳动，连基本的饮食和卫生条件都无法保证。据不完全统计，至少有9万多人在筑路过程中被摧残身亡，其中包括1.2万名战俘、4万名缅甸劳工、4.2万名马来西亚劳工。

除了政治上的残暴控制外，日本的侵略和统治，对缅甸社会经济的破坏也是巨大的。从1941年底日本开始侵略缅甸到1945年8月日本投降，日本对缅甸的直接统治持续了三年多。为了不让生产设备落入日本人之手，英国人在撤退时主动摧毁了缅甸大多数工矿企业和交通运输设施，而日本占领当局又对缅甸实施了经济掠夺政策，再次对缅甸经济造成严重破坏。日本在经济上以"没收敌产"为名义接管了全部英国资本，进而全面控制了缅甸经济，并强制性推行战时经济政策，把缅甸完全纳入了日本的战争轨道。日本明确提出"采取特别措施，加强日本的经济实力"，"建立新的经济机构，铲除英美影响，并对华侨和印度人的经济势力采取措施"，"占领军应控制矿山、工厂，亟须加强发展石油、锡、棉花等重要资源的生产"。[1] 只发展能够满足日本侵略者需要的工业，如强行扩大日本所需要的棉花和麻等经济作物的种植面积。而日本自身又不能提供缅甸所需要的商品，尤其是1943年以后，盟军的空袭和海上封锁导致缅甸的大米和柚木无法出口。不过日本对缅甸的统治也带来了一个积极的变化，那就是日本的侵略和统治使大量印度地主和高利贷者（齐智人）逃回了印度，削弱了地主在缅甸农村中的地位，下缅甸无地和少地的农民、佃农以及农业工人自发地占用了逃跑了的印度地主的几百万英亩土地。[2] 总之，日本的统治使缅甸经济社会全面衰退，交通运输几乎瘫痪，对外贸易几乎完全停止，日用消费品极其缺乏，物价上涨了20倍。从下面一组数字就可以看出日本对缅甸的侵略和统治给缅甸带来了多么大的损失。战争期间，缅甸16,000个村庄被损坏；油田和炼油设备几乎全部被摧毁（缅甸战前日产原油709,360加仑，到1944年初下降至44,640加仑）；矿井由战前的601个减少到82个；85%的船只被毁（伊洛

---

① 贺圣达：《缅甸史》，第416页。

② J. Russell Andrus, *Burmese Economic Life* (Palo Alto: Stanford University Press, 1947), p.337.

瓦底江航运公司的650艘船中有550艘被毁掉）；50%的铁路和桥梁遭到破坏；铅、锌、镍、银、钨、锡等有色金属的产量差不多都下降了10倍；木材产量不及战前的五分之一；稻田由战前的500万公顷减少到不及250万公顷；1944年缅甸的大米出口只相当于战前的2%，仰光只有一半的碾米厂开工；[①] 1946/1947年度，缅甸稻谷产量只有战前的一半。[②] 据统计，缅甸在第二次世界大战期间的全部损失高达230.7亿缅币，而1938/1939年度，缅甸的国内生产总值仅49.45亿缅币。[③] 经过这场战争，"无论在国内运输或对外贸易方面，缅甸都倒退了一个世纪"，[④] 缅甸独立后进行现代化建设的物质基础被极大地削弱了。

三、战局的发展与抗日战争的胜利

1943年后，日本在缅甸推行的殖民统治和凶残的法西斯面目已经被越来越多的缅甸人所看清。以昂山为首的缅甸左翼民族主义精英也抛弃了对日本人的幻想，由"联日驱英"转向"反日抗日"，最终带领全国人民与盟军一起赢得了缅甸抗日战争和世界反法西斯战争的胜利。

（一）缅甸左翼民族主义者的地下反日活动

在日本侵略统治缅甸之前，一些缅甸人就意识到日本的帝国主义本质，认为不可能依靠日本实现独立的目标。日军侵入缅甸后，德钦梭、德钦丹东、德钦登佩（吴登佩敏）等左翼人士组织了一些地下反日活动，秘密与英国和中国的抗日力量接触，寻求支持。1942年4月，一些左翼人士在缅甸曼德勒附近的卡包村召开了一次会议，决定派德钦登佩、德钦梭等前往中国和印度，为缅甸人民的抗日斗争寻求外部支持。随后，德钦登佩进入印度，与英国人取得联系。1943年1月，德钦登佩到中国重庆，与蒋介石领导的国民政府接触。德钦登佩在重庆生活了7个月，对蒋介石领导的国民政府和中国共产党各自的抗日态度都有着深刻的认识。缅甸共产党另一位领导人德钦梭主要在缅甸国内开展地下反日宣传和组织工作，他翻译、编写了一批宣传马克思主义和抗日精神的书籍，冠以"缅甸共产党"的名义秘密传播。1943年初，缅甸共产党第一次代表大会在德达耶镇举行，德钦梭在会上做了政治报告，提出："让我们抗击欺辱缅甸人民的日本法西斯吧！全缅甸男女同志们，现在个人谋求自

---

①　贺圣达：《缅甸史》，第424页。

②　史晋五：《缅甸经济基本情况》，第15页。

③　《1956年缅甸经济评论》，仰光，1957，转引自贺圣达：《缅甸史》，第439页。

④　J. Russell Andrus, *Burmese Economic Life*, p. 335.

己的利益和幸福是无济于事的，必须团结起来，同心协力地争取全民族的利益和幸福……必须建立起全民族的统一的独立大军。"① 缅甸共产党在缅甸农村、工厂开展活动，发展成员，并广泛接触各类进步人士，积极宣传抗日主张。缅甸共产党通过其组织和骨干成员在仰光码头工人、仁安羌油田工人中开展宣传活动，秘密成立了抗日活动小组，还在缅甸北部组织了抗日游击队，开辟了数个抗日根据地。

在公开活动的缅甸民族主义精英当中，除巴莫等少数"铁杆"亲日派之外，大部分人并未完全投向日本。早在1942年初，还在海外接受日本人训练的昂山就私下表示："日本人让人放心不下，还得依靠自己。"② 随着日本人对缅甸进行残暴统治，压迫奴役缅甸人民，大肆掠夺缅甸资源，昂山等人对日本人的恶行更加反感，对日本法西斯的本质有了更加清醒的认识。1944年8月1日，在纪念缅甸"独立"一周年大会上，昂山再次指出："人民群众并没有真正享受到独立的滋味，……独立只是纸上的独立。"③ 在日本人监督控制下的缅甸国民军中，也出现了反日力量。许多缅甸国民军官兵怀着争取民族独立的理想，投身军队，接受训练，配合日军击败英国殖民军队，却未能实现理想，反而迎来了新的殖民者——日本。他们对此强烈不满，在军中秘密组建了抵抗组织，宣扬反日思想。这部分人大多数是军队基层的营、连级干部，昂山、奈温等人也知道他们的活动，这也是促使昂山下定决心投身抗日的主要依靠力量。总的来说，这一时期缅甸国内的反日、抗日活动还比较分散，各派政治势力各自为战，思想和方式尚未统一。

（二）缅甸反法西斯人民同盟的建立

1944年初，缅甸共产党与缅甸国民军中的反日力量建立了联系，并通过他们促成了昂山与德钦梭的会面。此后的几个月，双方多次接触，商讨建立统一组织，领导全国反日力量的事宜。昂山和德钦梭一致认为，日本是缅甸人民的主要敌人，双方合作的共同目标是实现缅甸独立。在昂山、德钦梭等人的努力下，各派反日力量于1944年8月决定成立"反法西斯人民同盟"④。参加同盟的政治组织和重要人士有：缅甸共产党的德钦丹东、德钦梭、德钦巴欣；人民革命党的吴觉迎、吴巴瑞、德钦妙、

① 《1945年缅甸反法西斯斗争史》，第142页。
② 《我缅人协会史》第二卷，第552页。
③ ［缅］貌貌博士：《缅甸政治与奈温将军》，赵维扬、李孝骥译，云南省社科院东南亚研究所，1982，第191—192页。
④ 1945年改为"反法西斯人民自由同盟"。

德钦漆；缅甸国民军的昂山、奈温、波力耶等。由昂山任主席，德钦丹东任总书记。反法西斯人民同盟以完全彻底干净地消灭日本法西斯、实现真正的民族独立为纲领，对内统一协调各抗日武装力量，对外与盟军取得联系，争取武器支援，配合盟军作战。

　　缅甸反法西斯人民同盟的建立，使原来分散活动的各派反日力量加强了团结，在同盟的统一领导下，组织不断壮大。在军事组织方面，昂山邀请了一批缅甸共产党人进入国民军中担任政治干部，加强了对武装力量的思想领导和控制。在社会组织方面，反法西斯人民同盟指导缅甸国民军与青年组织建立联系，向爱国青年提供军训。在民族关系方面，针对英军曾招募克钦族、克伦族民众为其作战，这些少数民族与缅族民众产生了一些误会冲突，昂山、德钦梭开展工作，劝说各民族人民放弃成见，团结起来，一致抗击日本侵略者。在昂山的安排下，缅甸国民军中还组建了克伦营、掸族连等，吸收少数民族群众参军。在对外联系方面，同盟与在印度的英军建立了无线电联系，派人赴印度接受军事训练，准备配合盟军的反攻行动。到1945年，反法西斯同盟领导下的武装力量已经有1万多人，吸收了几乎所有缅甸的政党参加，成员达到20万人。

　　昂山等人利用在政府任职的条件，着重加强了武装力量的建设。由于日本人同意缅甸国防军最终可扩充到14,000人，[①] 因此，昂山计划借此建立一支由陆海空三军组成的强大军队，在原有的三个营的基础上，先后组建了第4营、第5营、第6营。到1943年8月1日"独立"，日缅国防军扩充至约8,500人。[②] 此外，日军帮助缅甸国防军于1942年8月20日在仰光敏加拉洞创办的陆军军官学校为缅军培养了一批指挥人才。到1945年2月28日为止，陆军军官学校先后毕业了586名军官、960名士官，外加70名留日学员，共计1,616人。[③] 昂山和奈温还多次上书驻缅日军，要求扩大缅甸国民军。到1944年3月，由于日本人在战场上节节败退，为了弥补兵员的不足，日军同意昂山等人的扩军方案。1944年4月17日，扩军后的缅甸国民军被分为三大军区：西北军区、西部军区和仰光军区。至此，缅甸反法西斯同盟已经拥有上万人的正规军，还有更多的游击队武装。

　　（三）盟军反攻与缅甸抗日起义

　　揭开缅甸反攻战序幕的是驻印中国远征军发动的胡康河谷战役。战

---

　　① 《缅甸国防军史（1824—1993年）》第一卷，第195页。

　　② 同上书，第235页。

　　③ 同上书，第251页。

役从1943年3月开始发动，目的是为修建通往孟拱河谷一带的中印公路扫清障碍。1943年8月，英美首脑在加拿大的魁北克举行会议，决定组建"东南亚战区"（SEAC），范围包括缅甸、马来亚、苏门答腊和泰国，任命蒙巴顿为东南亚盟军总司令。中国远征军自1943年10月开始大规模反攻缅甸，分别从印度境内和中国云南怒江东岸发起进攻，目的是打通中印公路，驱逐侵占中国腾冲、德宏和缅甸北部的日本侵略军。1944年，世界反法西斯战争进入到全面反攻阶段。

胡康河谷战役共分三个阶段：第一阶段是缅北丛林战，防止盘踞在野人山的日军出击，进而将其歼灭，掩护中印公路的修筑；第二阶段是在大龙河西岸和大龙河与大奈河交汇处，与敌对峙进而攻击日军在临宾、于邦、打洛、大柏卡等地的据点，对孟关形成合围；第三阶段是攻克孟关，完全控制胡康河谷，扫清残敌，打开孟拱河谷通道。历时1年，至1944年3月胡康河谷战役完满收官。

1944年3月，盟军在缅甸北部地区的大规模反攻展开之际，侵缅日军调集3个师团抢攻印度东北部的英帕尔，日军企图摧毁盟军设在印度的反攻基地，打乱反攻计划，并为进攻印度创造条件。日军虽然包围了英帕尔，但是负责当地防御的英国军队在美英空军的支援协助下，坚守英帕尔长达4个月。在此期间，盟军源源不断地向英帕尔守军空运补给，补充兵员，撤离伤病人员。而日军却进攻无果，徒增伤亡，补给线在盟军的空袭中完全被切断，进入雨季之后，日军已经断粮，许多士兵因饥饿疾病而死。担负作战任务的日军师团长公然抗命，要求撤退，这也是日军历史上的首次战场抗命事件。1944年7月，日军下令撤退，英帕尔战役结束。此役日军参战人数8.5万人，因战因病损失6.5万人。而英军参战人数15万人，伤亡只有1.7万人。英帕尔战役是日军在陆地战场遭遇的最惨重失败，自此，侵缅日军战斗力和士气均受到重挫，而英军则重拾信心，开始组织对下缅甸的反攻行动。

1944年4月5日，驻印中国远征军控制胡康河谷后继续进军孟拱河，又发动了孟拱河谷战役。远征军用了1个月的时间在孟拱河谷南端隘口加迈外围迂回作战。6月25日攻入孟拱，7月7日开始从加孟公路南北两端夹攻，7月10日两部会师。孟拱河谷战役历经3个月，攻占加迈、孟拱两镇，打通了加迈、孟拱、密支那公路铁路线。击毙日军6,800余人，俘获180余人。

在孟拱河谷战役发动不久，中美盟军在1944年4月又发起密支那战役，5月17日占领密支那机场。从5月23日直到7月中旬，密支那战事呈拉锯式进行，联军、日军双方伤亡均较惨重，7月15日后，日军残部全部龟缩至密支那城中，进入7月下旬，日军阵地被逐步压缩，7月31日中美联军占领密支那市区过半，8月1日日军开始渡江撤退，8月3日密支那光复。

1944年5月11日，中国境内的远征军部队强渡怒江，9月收复腾冲，11月收复龙陵、芒市，12月1日收复遮放；12月15日，中美盟军攻克缅甸北部另一重镇八莫；1945年1月，畹町解放；1月27日，东西两路中国远征军部队在畹町附近的芒友胜利会师。至此，缅甸北部被盟军解放。

1944年9月，第二次魁北克会议决定盟军在1944—1945年冬季发动缅甸战役，从北部即缅甸掸邦和克钦邦、中部即那加山区和上钦敦地区、西部即若开分三路进攻缅甸。1945年初，英军从缅甸西部的若开山区和中部的钦敦山区、伊洛瓦江沿岸向密铁拉、曼德勒发动进攻，3月19日占领曼德勒。1945年1月底缅甸北部被盟军解放后，中国远征军继续南下，先后收复缅甸掸族地区的腊戌、胶迈等重要城镇，与英军胜利会师。

1945年2月，盟军占领若开地区。在盟军大举进攻时，反法西斯同盟也抓紧了武装起义的准备工作。1945年2月27日，缅甸共产党发表了《起义的时候到了》的宣言，提出缅甸共产党员不应消极等待盟军援助，而要主动发起武装起义和人民斗争，武装起义不仅要动员武装部队，也要动员人民群众。宣言表明了缅甸共产党积极抗日的立场，团结并发动全国一切可以团结的力量开展抗日活动的路线。1945年，反法西斯同盟更名为"反法西斯人民自由同盟"。

1945年3月1—3日，反法西斯人民自由同盟秘密讨论起义问题，会议明确，同盟与盟军在政治和军事上的地位是平等的，同盟不接受盟军将其置于驻印英军指挥之下的安排，要自主发挥作用，不论盟军是否提供援助，同盟都将在缅甸全国范围内发动起义。同盟组成了九人最高会议，全权负责起义准备工作和指挥。这九人是昂山、奈温、波力耶、德钦梭、德钦丹东、德钦丁妙、德钦漆、吴巴瑞、吴觉迎。其中，昂山负责军事方面的工作，德钦梭负责政治发动工作。会议还发布了武装起义第一号命令，根据安排，同盟各成员组织分头展开工作。当时缅甸国民军总兵力为11,480人。为配合盟军向曼德勒方向的进攻，时任缅甸国防军曼德勒战区司令的巴突少校于3月8日首先率部在曼德勒起义。他号召："同志们向前，向前！以二万五千里长征的中国红军为榜样，克服困难，打击敌人！"为了迷惑日军，他还发表声明攻击昂山、巴莫是日本的傀儡。巴突少校率实皆、曼德勒、底博等地部队向日军发起猛攻，在盟军进入曼德勒地区之前已经将当地日军消灭殆尽，有力地支持了英军在缅甸中部向日军发动的攻势。

面对盟军的进攻，驻缅日军曾制订过三个作战计划，一是针对中国远征军，以切断中印公路为目标的"断"作战计划；二是针对缅甸中部曼德勒和伊洛瓦底江沿岸的"盘"防御战计划；三是在若开沿岸阻击英军登陆部队的"完"作战计划。皆以失败告终。

根据1945年3月初会议的精神，缅甸共产党主要在全国范围内发动各阶层、各行业力量投入到抗日运动中。农民、工人、商人都被动员起来反抗日本人，缅甸工人提出了"不为日本干活儿，要为人民干活儿"的口号。[①] 缅甸国民军作为武装起义的骨干力量，在昂山等人的领导下，进行了周密的策划。昂山故意向日本人提出武装缅甸国民军，然后将他们送往前线配合日军作战，这一要求得到了日军的同意。随后，1.2万名缅甸国民军根据起义指挥部的安排，分为7大战区，分批开赴前线，逐步摆脱了日军的直接控制。3月23日，昂山在敏巫设立起义军指挥部。在得知日军已经对缅甸国民军的行动有所怀疑，起义计划可能泄露的情况下，昂山下令将起义日期从原定的4月2日提前到3月27日。1945年3月27日，缅甸国民军以"人民独立军"的名义和其他抗日武装一道举行抗日总起义，调转枪口，配合盟军向驻缅日军发动全面进攻。缅甸独立后将这一天定为缅甸建军纪念日。

缅甸"3·27"抗日武装起义爆发，对英军在缅甸的作战行动十分有利，盟军东南亚战区总司令蒙巴顿建议英国政府支持缅甸人民的起义，但是直到4月底，英国政府才批准支持缅甸抗日起义，盟军向缅甸人民独立军提供的军事物资十分有限。在反法西斯人民自由同盟的指挥下，缅甸人民独立军依靠自己的力量开展对日作战。到日本宣布投降，缅甸人民独立军与日军作战1,000余次，消灭日军不下2万。[②] 缅甸人民抗日起义爆发时，在缅甸境内的日军大部分兵力被牵制在缅甸中部和西部山区。4月23日，日本缅甸方面军司令官木村兵太郎[③] 偷偷乘坐侦察机逃离仰光。4月28日，仰光守军留下大批日本伤病员和侨民后逃跑。5月1日，缅甸人民独立军600多人解放仰光，次日英国军队进入仰光。至此，日本对缅甸的侵略统治终结。接着，缅甸人民独立军和英军对锡当河流域和丹伦江以东缅泰边境地区残存的日军进行了追剿。8月15日，日本

---

① 《1945年缅甸反法西斯斗争史》，第153页。

② 《缅甸国防军史（1824—1993年）》第二卷，第126页。

③ 1944年出任日本缅甸方面军司令官，1948年作为甲级战犯在东京审判中被判处绞刑。

宣布无条件投降，缅甸人民取得了抗日武装起义的胜利。缅甸人民的抗日斗争也是世界反法西斯战争中的重要组成部分。

第三节　第二次世界大战的结束与缅甸独立

英国在第二次世界大战中，先以溃败的方式结束了对缅甸的殖民统治，之后又在盟军和缅甸人民的配合下，赶走了日本法西斯，但却试图重新建立对缅甸的殖民统治。然而经历了现实斗争的锻炼，缅甸国内的民族意识高涨，武装力量已由弱变强，对争取民族独立的目标和方式也从盲目迷茫变得清晰坚定。昂山等人率领广大民众对英国在缅甸恢复殖民统治的企图进行了坚决的抵制，最终获得了独立。

一、英国企图恢复殖民统治与缅甸人民尝试和平争取独立

尽管英国在1942年以非常狼狈的方式逃离缅甸，但是英国人一直没有放弃恢复对缅甸殖民统治的打算。战后英国重返缅甸，1945年下半年又创办《仰光解放者报》（*The Rangoon Liberator*），后改名为《缅甸新时代报》（*The New Times of Burma*），以加强对缅宣传，该报后来继续出版，直至1960年停刊。在日本入侵入缅甸时，英属缅甸总督雷纳尔德·多曼·史密斯（Doman Smith）率殖民官员撤至印度，在印度西姆拉建立了流亡政府。1942年8月，史密斯向英国政府提出，英国战胜日本重返缅甸之后，应当在缅甸实行直接统治。1945年5月17日，就在仰光解放半个月后，英国政府发表白皮书，公布关于战后缅甸前途的政策立场。白皮书声称，战争结束后，缅甸先由英国总督统治3年，以便恢复秩序，在此期间，一切政治问题由总督决定。总督挑选并任命缅甸人参与行政委员会，负责对总督提供协助和咨询。3年之后，恢复1935年宪法，举行立法议会选举，最后缅甸将取得在英联邦内部自治领的地位。同时，白皮书规定，山区少数民族仍由总督直接管理，直到他们自己作出回归缅甸本部的选择。这份白皮书不但没有提及缅甸人民所梦想的独立问题，甚至把给予缅甸人的政治权利和地位降到比战前还低的程度，终止了1937—1942年在缅甸实行的内阁制。可以说，白皮书根本无视缅甸人民已经日益高涨民族情绪，仅仅"旨在恢复英国政权及其商业利益"，[①] 是一次极大的历史倒退。英国抛出缅甸问题白皮书，激起了缅甸国内的强

---

① 《剑桥东南亚史》II，第276页。

烈不满和抗议。1945年5月25日，反法西斯人民自由同盟发表声明，拒绝接受英国对缅甸前途的安排，要求给予缅甸独立。昂山表示："我们要恢复缅甸人民的缅甸，而不是英国人的缅甸。"[①] 不过昂山等人还是希望通过同英国政府开展谈判等和平手段争取缅甸的独立。东南亚战区盟军总司令蒙巴顿也意识到，在缅甸国内民族情绪日益高涨的情况下，"迫切需要同昂山达成谅解"，[②] 以保证军事占领的秩序。

双方最初的斗争焦点是反法西斯人民自由同盟领导的缅甸抗日武装力量。1945年7月23日，英军将已发展到1万多人的缅甸人民独立军正式改名为"缅甸爱国军"（Patriot Burmese Army）。以昂山为首的缅甸民族解放运动领导人与英国人围绕缅甸爱国军的前途问题展开了激烈斗争。昂山同意改组为缅甸爱国军，但要求保留现有人员和编制序列，保持缅甸对这支武装的控制权，而英国人则要求解散大部分没有作战任务的爱国军成员，并要由英国人领导这支部队。1945年8月19日，反法西斯人民自由同盟在仰光尼杜迎大剧院开会，会后发表了著名的《尼杜迎宣言》，宣言要求英国政府立即停止解散缅甸爱国军的活动，组建一支以缅甸爱国军和各民族游击队为基础的新式缅军。[③] 经过多轮谈判之后，昂山、德钦丹东与蒙巴顿分别代表缅英双方于1945年9月7日在锡兰（今日之斯里兰卡）康提签署了《康提协议》。协议规定缅甸爱国军的番号取消，可以加入缅甸正规军（Regular Burma Army）的爱国军士兵不超过5,200名（可适当增加200～300名），军官不超过200名（最多可再增加50名）；缅甸正规军设两名副司令，分别由一名缅族军官和一名少数民族军官担任，但他们的职责是对整个缅甸军队负责，而非只管理本民族部队。[④] 其余的爱国军官兵被遣散，加入缅甸正规军的官兵被编为第3、第4、第5步兵营，奈温任第4营营长，而昂山没有接受英国人的准将军衔以及在缅甸正规军中任职的建议，而是退出军界，专心从事政治活动。受其影响，缅甸爱国军也退出了反法西斯人民自由同盟。根据协议，1945年10月到12月，英军共审查了爱国军官兵8,324人，但只接受了其中4,763人加入缅甸正规军。[⑤] 为了加强对新组建的正规军的控制，英国人在接收原爱国军官兵的同时，继续采用分而治之的方略，又组建

---

① 《缅甸史纲》，第594页。
② 《剑桥东南亚史》II，第281页。
③ 《缅甸国防军史（1824—1993年）》第三卷，第25页。
④ 同上书，第52页、第57—58页。
⑤ 《缅甸国防军史（1824—1993年）》第三卷，第52页、第118页。

了克钦族第1步兵营和第2步兵营、钦族第1步兵营和第2步兵营、缅族第1、第2、第3步兵营和克伦族第1步兵营和第2步兵营。这些由少数民族组成的武装后来成为缅甸独立初期发动叛乱的主力军。1945年12月17日，昂山以安置爱国军老战士为由，以退役抗日官兵为主体，组建了另外一个准军事组织——"人民志愿军"（People's Volunteer Organization）。人民志愿军除进行军事训练外，还负责城镇农村的社会治安和福利工作，并很快发展成为反法西斯人民自由同盟内仅次于缅甸共产党和社会党[①]的第三大力量。

　　反法西斯人民自由同盟为了体现通过和平方式争取独立的诚意，在《康提协议》中做出了重大让步，大批的爱国武装人员被遣散回家，但此举并未得到他们想要的回报。英国人在解决了缅甸武装力量问题后，于1945年10月，安排流亡印度的缅甸总督史密斯返回缅甸，从英军手中接管缅甸政权。史密斯上任之后就强调，将按照英国政府之前发布的白皮书，实施重建缅甸的计划，并任命了一个没有反法西斯人民自由同盟成员的行政委员会，旋即遭到缅甸人民的一致反对。11月18日，缅甸民众在仰光大金塔举行大规模集会，要求解散不具代表性的行政委员会。1946年1月，反法西斯人民自由同盟召开首次全国代表大会，会议正式提出争取实现缅甸的完全独立的目标。在缅甸共产党的领导下，缅甸国内工人、农民不断发起罢工、示威活动，以非暴力方式表达对英国人统治的抗议。面对缅甸人民的不满，史密斯使用强硬手段进行镇压，逮捕了大批反英人士，缅甸民众则报之以更大规模的示威集会。从1946年5月到9月，工人、农民、学生、职员的罢工、罢市、罢课示威波及缅甸全国，争取独立斗争的规模不断扩大。看到英国人的顽固和缅甸人的民族情绪，昂山的态度变得更加坚定，并趋于强硬。他认为："鉴于我们国内发生的各种情况，现在我们感到，只利用合法手段可能本来就不会达到我们的目的。必要时我们也应准备通过非法斗争来争取我们的自由。"[②]英国政府为稳定缅甸局势，挽回颓势，被迫调整策略。1946年8月，史密斯被召回英国，总督职务由休伯特·兰斯（Hubert Lance）接替。兰斯主张与反法西斯人民自由同盟合作，到仰光就任后，他就亲自与其他领导人和其他党派展开协商。9月27日，兰斯任命新一届行政委员会，他本人担任主席，昂山任副主席兼国防、外交部长。在昂山等人的支持

---

　　①　即人民革命党，1945年9月1日更名为"社会党"，领导人还是德钦妙、吴巴瑞、吴觉迎。

　　②　贺圣达：《缅甸史》，第445页。

下，英国人采取措施平息全国大罢工，缅甸国内局势暂时得到缓和。

二、反法西斯人民自由同盟内部的分歧与分裂

抗日战争刚刚结束时，反法西斯人民自由同盟内部三大力量：缅甸共产党、社会党和人民志愿军在如何争取缅甸独立的问题上，立场基本一致，《尼杜迎宣言》中发表了要求结束英国统治、获得完全独立的政治目标。但是，随着缅甸人民争取独立斗争的规模不断扩大，反法西斯人民自由同盟内部围绕斗争方式、规模、方向、目标等问题逐渐产生分歧。而英国人也看到了反法西斯人民自由同盟内部的不和谐因素，采取种种措施进行分化。

反法西斯人民自由同盟内部分歧首先产生于社会党和缅甸共产党领导人之间。1946年5月，缅甸共产党领导人德钦丹东被迫辞去反法西斯人民自由同盟总书记的职务，社会党的吴觉迎成为总书记。随后，缅甸共产党在农村的支部也被迫停止活动。与此同时，缅甸共产党内部出现分裂。德钦梭指责党的领导层中有机会主义者，宣布退党，自行组建"红旗共产党"，声称要通过武装斗争取得缅甸的独立。德钦丹东成为缅甸共产党新的总书记，主张坚持以反法西斯人民自由同盟为争取独立的统一阵线。兰斯担任缅甸总督后，一方面主动吸收昂山等人进入行政委员会，使反法西斯人民自由同盟的一部分领导人相信通过对话是可以获得独立的；另一方面镇压缅甸国内的抗英大罢工和大罢课。而这些全国性的政治运动，主要是通过缅甸共产党的发动掀起的，缅甸共产党公开指责反法西斯人民自由同盟领导人，批评他们向英国人妥协，参与镇压行动。反法西斯人民自由同盟内部矛盾进一步激化，1946年11月，反法西斯人民自由同盟宣布开除缅甸共产党。

反法西斯人民自由同盟的分裂，除了独立斗争路线分歧和英国人分化瓦解等因素外，还与战后缅甸政治思潮中"共产主义"和"社会主义"引发的"主义之争"有着密切关系。在20世纪30年代后期，社会主义已经成为一面鼓舞缅甸人民大众反对殖民统治、建立理想社会的旗帜，缅甸各个主要的政治派别都曾提出过要在缅甸建立社会主义或共产主义国家的理想目标。但缅甸各派别对"社会主义"的理解却五花八门各种各样，这也是社会精英们政治上不够成熟的表现，相互辩论也辩不清孰是孰非，反而催化了反法西斯人民自由同盟内部的分歧和矛盾。反法西斯人民自由同盟中的缅甸社会党与缅甸共产党形同水火，势不两立。在缅甸共产党被开除出反法西斯人民自由同盟后，代表城乡小资产阶级的政

党——缅甸社会党在组织内部的作用和地位得到了加强。1946年12月，缅甸社会党召开了第一次代表大会，党主席吴巴瑞在大会上发提出，社会党是"依靠脑力劳动或体力劳动为生的工人、农民和贫民的政党"，其政治理论是"以马克思主义为基础的社会主义"，目的是"要使缅甸人民摆脱被压迫被剥削的地位，建设一个人人都富裕并有平等权利自由发展的'社会主义的缅甸'"，并强调该党虽然是以马克思主义为基础的，但不以教条主义的方法来研究政治理论，而是从实际出发，根据时间、环境来运用马克思主义，使之适合于缅甸的情况。[①] 总之，缅甸大多数民族主义精英活动的中心目标都是争取缅甸独立，要建立一个"社会主义缅甸"。各派政治力量都长期打着"社会主义"的旗帜不放，以达到争取群众、夺取或长期掌握国家权力的目的。

三、昂山为实现民族独立所付出的努力和牺牲

在开除缅甸共产党后，昂山成为反法西斯人民自由同盟中最具影响力的领导人，他继续为争取缅甸独立而努力。另一方面，第二次世界大战和战后的经济危机，彻底摧毁了英国在全球经济与金融领域的领导力，随着美国的崛起，英国对恢复昔日"日不落帝国"的辉煌已无能为力。克莱门特·艾德礼（Clement Richard Attlee）首相领导的英国工党政府决定于1946年底至1947年初撤离印度，当年为印度帝国的利益而夺取和保护的缅甸已经失去了维系的必要。他们考虑与昂山这个"可以与之合作的铁腕人物"[②] 协商，向缅甸移交权力，最大限度地争取未来英国在缅甸的地位和利益。1947年1月，艾德礼邀请昂山率领代表团至伦敦就缅甸独立问题进行谈判。经过半个月的磋商，双方于1月27日签订了《昂山–艾德礼协定》。该协定明确：英国政府同意缅甸脱离英联邦获得完全独立；缅甸在1947年4月举行制宪议会选举，制定宪法；现任临时政府继续执行1935年宪法，行使行政权；通过协商解决缅甸少数民族与缅甸本部同时宣布独立的问题，[③] 英军要把缅军的指挥权完全移交给缅甸临时政府。但这一协定没有确定缅甸独立和英国军队撤离缅甸的具体时间，行政委员会仍被视为缅甸的临时政府，最高行政权仍然掌握在总督手中，英国人还保留了许多特权。因而该协定遭到了缅甸国内左、右两派的抨击，缅甸国内一些地方甚至发生武装骚乱。但缅甸共产党表现得比较冷

---

① 《各国社会党重要文件汇编》（第一辑），世界知识出版社，1964，第67—68页。

② 《剑桥东南亚史》II，第281页。

③ ［缅］耶博拉谬编《缅甸历史文件汇编》，1968，第304页。

静和克制，强调尽管与反法西斯人民自由同盟有分歧，但要避免冲突，以防被帝国主义者所利用。

昂山并不因为部分政客的反对而气馁，从英国回到国内后，立即着手解决少数民族边区与缅甸本部一起独立的问题。《昂山－艾德礼协定》规定，边区少数民族在"自愿同意"的基础上与缅甸本土统一。为此，1947年2月9—12日，昂山率反法西斯人民自由同盟领导人与掸邦土司、钦族、克钦族和英国政府的代表在掸邦彬龙镇举行会议，通过了具有历史意义的《彬龙协议》，宣称："与会代表相信，如果掸族人、克钦族人、钦族人立即与缅甸临时政府合作，将会很快获得自由。"与会代表一致同意"成立边区联合最高委员会，最高委员会推举一名代表参加临时政府处理边区事务"。① 这样，缅甸少数民族居住的边区与缅族聚居的本土在国家关系上基本达成了统一，《彬龙协议》也成为未来缅甸联邦的基石。但以克伦民族联盟领导人为首的克伦族上层人士却拒绝参加彬龙会议，并且派代表团去英国伦敦要求自治和留在英联邦内，这就预示着独立以后的缅甸民族关系存在着复杂性。

1947年4月，缅甸举行制宪议会选举，反法西斯人民自由同盟以绝对多数票获胜。5月1日，波力耶取代英国人成为缅甸正规军总司令，但钦族和克钦族步兵营仍由英国军官领导。6月9日，缅甸制宪议会一致通过《关于缅甸独立的决议》，并派吴努率领代表团前往伦敦，同英国谈判确定缅甸独立的日期和英方移交权力等具体事宜，但未获结果。7月13日，昂山发表声明，再次强调"除了完全独立，缅甸不同意任何东西"。② 7月19日上午，4名身着军装的暴徒持冲锋枪闯入政府办公室，枪杀了正在开会的昂山等7名政府领导人。案件被迅速侦破，涉嫌谋害昂山的缅甸右翼政客吴素被逮捕并判处死刑。关于昂山遇害案，学界众说纷纭，普遍看法是吴素在英国的唆使下，指派暴徒实施此罪行。但是，也有学者对此提出异议，英国政府既然已经同意缅甸独立，却又杀害昂山这位在缅甸具有广泛影响的政治人物，是非常不合常理的。因而认为英国政府并未参与此案，而是一些不愿意看到缅甸独立的英国国内政治势力或财阀所为。无论如何，昂山之死，不仅在缅甸国内，甚至在全世界都引起了轰动。昂山是位爱国主义者，一生都在为缅甸的独立而努力奋斗，特别在创建缅甸人自己的武装力量，协调各民族间关系，奠定独

① 《少数民族事务与1947年宪法》下卷，第675页。
② 贺圣达：《缅甸史》，第451页。

立后缅甸的国家形态等关键问题上发挥了无可比拟的重要作用，在缅甸人民心中建立了个人威望，虽然他遇害时年仅32岁，缅甸独立尚未最终实现，但缅甸人民还是将昂山尊称为"缅甸国父"，将他遇害的7月19日定为烈士节。

昂山遇害，缅甸人民的民族主义情绪和独立愿望被空前激发起来，一致要求尽快结束英国统治，实现独立。英国政府也迅速做出让步，加快了缅甸独立的进程。1947年7月21日，吴努接替昂山出任行政委员会主席。8月2日，行政委员会变更为临时政府，吴努任临时政府总理，波力耶任副总理兼国防部长。9月24日，制宪会议通过了《缅甸联邦宪法》。宪法规定缅甸是一个主权独立的联邦制共和国。

由于英国将缅甸边区少数民族自愿选择与本部统一作为缅甸独立的前提之一，因此，缅甸1947年宪法对少数民族的权益给予了较多的关注。缅甸宪法第一章第二条规定，作为主权国家的缅甸包括本部、掸邦、克耶邦和克钦山区以及钦族山区等地区；第一章第三条规定缅甸实行联邦制；第三条第一款规定了成立少数民族邦的7个条件，第四款规定必须承认少数民族在民族、语言、文化、历史传统等方面与主体民族有差别；第十一章专门规定必须承认少数民族作为人的权利、与民族习俗有关的权利、文化权和自由交往权、派合适代表参加立法委员会的权利，并对这四项权利做了详细解释，例如，在人民院中必须按照该少数民族的人口比例为该少数民族留出议席，在民族院中，少数民族的议席可以超过按人口比例必须留出的议席；宪法第十二章规定必须给予联邦邦区和自治邦区能从联邦分离出去的权利，但从加入缅甸联邦之日起，有关邦区在10年之内不能行使分离出去的权利；10年之后要从联邦分离出去，必须获得有关邦区三分之二以上的立法委员会委员的同意，并在有关邦区举行全民公决，根据有关邦区所有人民的真实意愿才可决定是否可以脱离联邦。[1]

"对少数民族来说，没有比这更开明的政治结构了，"[2]从另外一个角度看，允许有关邦区在10年后选择是否从联邦内分离出去留下了一个难以解决的"尾巴"，但在当时的历史条件下，这一规定有一定的合理性，最重要的是宪法充分体现了《彬龙协议》精神，在国家独立问题获得少数民族的认同和一致，使得缅甸独立成为现实。

---

① 《少数民族事务与1947年宪法》下卷，第685—733页。
② 《剑桥东南亚史》II，第323页。

1947年8—10月，缅甸临时政府与英国政府就缅甸的独立和未来英缅关系进行了多轮谈判，并最终于10月7日签署了《努–艾德礼协定》（又称《英缅协定》）。双方均做出一定让步，英国承认缅甸为完全独立的主权国家，缅甸则接受《英缅防御协定》。英国通过《英缅防御协定》保留了一些特权，如独立后的缅甸政府必须接受英国军事代表团，英国海、空军部队拥有在知会缅甸政府的情况下进入缅甸领海和领空的权利。11月，英国国会通过《缅甸法案》，承认缅甸为英联邦之外的一个独立主权国家，同时批准了《努–艾德礼协定》。1948年1月1日，缅甸临时国会以压倒性多数通过《努–艾德礼协定》。1948年1月4日凌晨4时20分，仰光隆重举行了独立仪式。

参考文献

一、缅文文献（附中文翻译对照）[①]

缅文古籍：

1.《加苏瓦王公告碑》（ကျွန်တာမင်းအမိန့်တော်ပန်တမ်း），1249年，李谋译，载姚秉彦、李谋、杨国影:《缅甸文学史》，世界图书出版广东有限公司，2015，第23—24页。

2.《妙齐提碑/亚扎古曼碑》（မြစေတီကျောက်စာ），1112年，李谋译，载姚秉彦、李谋、杨国影《缅甸文学史》，世界图书出版广东有限公司，2015，第22页。

3.《缅甸诸王征战史（6部）》（မြန်မာမင်းများအရေးတော်ပုံ(၆)တွဲ၊ နန်းမြင့်စာပေ၊ ၁၉၇၀)，〔缅〕南敏文学，1970。

4.《信第达巴茂克碑》（ရှင်ဒိသာပါကောက္ကကျောက်စာ），1285年，李谋译，载/姚秉彦、李谋、杨国影:《缅甸文学史》，世界图书出版广东有限公司，2015，第25—26页。

5.《摩诃蒂拉温达、摩诃三末多王系史》（ရှင်မဟာသီလဝံသ၊ မဟာသမ္မတဝံသကျမ်း(ရာဇဝင်ကျော်)၊ ဟံသာဝတီပုံနှိပ်တိုက်၊ ၁၉၆၅)，〔缅〕仰光汉达瓦底出版社，1965。

6.《莱德些碑（1058）》（လက်သည်းရှည်ကျောက်စာ），李谋译，载姚秉彦、李谋、杨国影《缅甸文学史》，世界图书出版广东有限公司，2015，第21页。

其他缅文文献：

၁၊ ချစ်ကြည်ရေးကြည်ညွှန်၊ ခေတ်လေးခေတ်တရုတ်-မြန်မာဆက်ဆံရေး၊ ချစ်ကြည်ရေးစာပေတိုက်၊ ၁၉၇၆

（《戚基耶基纽4个时期的中缅关系》，〔缅〕仰光友谊文学社，1976）

၂၊ ချစ်စံဝင်း၊ အသစ်တွေ့ရှိမှုပျူအထောက်အထားများ၊ ပန်းမျိုးတစ်ရာစာပေ၊ ၂၀၀၄

（漆山温:《新发现的骠人的证据》，〔缅〕仰光百花文学，2004）

[①]　部分缅文文献年代较为久远，无明确的出版信息，难以补充，故空缺或标示相关信息不详，特此说明。

၃၊ ဌေးဝေၚ၊ ပျူမြို့ပြယဉ်ကျေးမှုသမိုင်း၊ ထွန်းဖောင်ဒေးရှင်းဘဏ်စာပေကော်မတီ၊ ၂၀၀၉

（泰威：《骠国文化史》，〔缅〕仰光通基金银行文学委员会，2009）

၄၊ တို့ဗမာအစည်းအရုံးသမိုင်းပြုစုရေးအဖွဲ့၊ တို့ဗမာအစည်းအရုံးသမိုင်း၊ စာပေဗိမာန်၊ ၁၉၇၆

（我缅人协会史编写组：《我缅人协会史》，〔缅〕仰光文学宫出版社，1975）

၅၊ တက္ကသိုလ်စိန်တင်၊ ၁၉၄၅ခုနှစ်ဖက်ဆစ်တော်လှန်ရေးသမိုင်း၊ မြစာပေ၊ ၁၉၆၈

（德格多盛丁：《1945年缅甸反法西斯斗争史》，〔缅〕妙文学，1968）

၆၊ တင်နိုင်တိုး၊ ပုဂံမင်းဆက်ရာဇဝင်သစ်၊ ပုပ္ပါးစာပေ၊ ၂၀၀၄

（丁乃都：《新蒲甘王朝史》，〔缅〕卜巴文学，2004）

၇၊ ဒေါက်တာတိုး၊ လှ၊ ကုန်းဘောင်ခေတ်မြန်မာ့လူ့အဖွဲ့အစည်းနှင့်တရားမှုခင်များ၊ တက္ကသိုလ်များသုတေသနဦးစီးဌာန၊ ၂၀၀၃

（都拉博士：《贡榜时期缅甸的社会组织及法制》，〔缅〕大学历史研究局，2003）

၈၊ ဒေါက်တာတိုးလှ၊ မြေပေါ်မြေအောက်ကျောက်စာမှတ်တမ်းများကပြောသောရှေးဟောင်းမြန်မာနိုင်ငံသမိုင်း၊ **Myanmar Knowledge Society**, ၂၀၁၉

（都拉博士：《地上地下文物讲述的古代缅甸》，〔缅〕缅甸知识社会，2019）

၉၊ ဒေါက်တာမတင်ဝင်း၊ ကုန်းဘောင်ကိုဆန်၍၊ နန်းချစ်ကြည်စာပေ၊ ၂၀၁၇

（玛丁温博士：《倒叙贡榜时代》，〔缅〕楠戚基文学，2017）

၁၀၊ ဒေါက်တာရီရီ၊ မြန်မာနိုင်ငံအခြေအနေ(၁၇၁၄-၅၂)၊ စာပေဗိမာန်၊ ၁၉၇၅

（依依博士：《缅甸局势：1714—1752》，〔缅〕文学宫出版社，1975）

၁၁၊ ဒေါက်တာရီရီ၊ ကုန်းဘောင်ခေတ်ဦးမြို့နယ်အုပ်ချုပ်ပုံ၊ ပြည်ထောင်စုမြန်မာနိုင်ငံစာပေနှင့်လူမှုသိပ္ပံဂျာနယ်၊ ၁၉၆၈

（依依博士：《贡榜前期地方行政》，〔缅〕《缅甸联邦文学与社会科学》1968）

၁၂၊ ဒေါက်တာသန်းထွန်း၊ မြန်မာမင်းများအမိန့်တော်များ(၁၀တွဲ)၊ အရှေ့တောင်အာရှသုတေသနစင်တာ၊ ကျိုတိုတက္ကသိုလ်၊ ၁၉၇၃-၁၉၈၇

（丹吞博士：《缅甸国王诏令集（十卷本）》，〔日〕日本京都大学东南亚研究中心，1983—1987）

၁၃၊ ဒေါက်တာသန်းထွန်း၊ မြန်မာသမိုင်းပုံ၊ မုံရွေးစာပေ၊ ၂၀၀၄

（丹吞博士：《图说缅甸历史》，〔缅〕蒙悦文学，2004）

၁၄၊ ဒေါက်တာသန်းထွန်း၊ အသစ်မြင်မြန်မာသမိုင်း၊ မြကန်သာစာပေ၊ ၁၉၇၅

（丹吞博士：《新观点缅甸史》，〔缅〕妙甘达文学，1975）

၁၅၊ နတ်မောက်ဘုန်းကျော်၊ အင်္ဂလိပ်-မြန်မာစစ်သမိုင်း၊ စွန်ရဲစာပေ၊ ၂၀၀၁

（纳茂蓬觉：《英缅战争史》，〔缅〕松耶文学，2001）

၁၆၊ နှင်းကောသရာ၊ မြန်မာနိုင်ငံ၏အုပ်ချုပ်ရေးစနစ်အမျိုးမျိုး(၁၈၂၄-၁၉၈၇)၊ မြဝတီပုံနှိပ်တိုက်၊ ၁၉၉၃

（宁格德亚：《缅甸行政制度（1824—1987）》，〔缅〕妙瓦底出版社，1993）

၁၇၊ ဝန်းမော်တင်အောင်၊ ကိုလိုနီခေတ်မြန်မာသမိုင်း၊ ရွှေကြက်စာပေ၊ ၁၉၇၇

（巴莫丁昂：《殖民时期的缅甸史》，〔缅〕瑞阶文学，1977）

၁၈၊ ဝန်းမော်တင်အောင်၊ မြန်မာနိုင်ငံတော်သမိုင်း၊ ပြည်သူ့အလင်းစာပေ၊ ၁၉၆၃

（巴莫丁昂：《缅甸史》〔缅〕仰光人民之光文学，1963）

၁၉၊ ဗိုလ်မှူးဘရင်၊ အနော်ရထာအရင်ကမြန်မာနိုင်ငံ၊ ရန်ကုန်ဆွေဆွေမော်စာပေ၊ ၁၉၇၅

（波巴信：《阿奴律陀王以前的缅甸》，〔缅〕仰光萃萃茂文学，1975）

၂၀၊ မောင်ကျော်ရှင်း၊ တတိယမြန်မာနိုင်ငံတည်ဟန်၊ ပုံနှိပ်ရေးနှင့်စာအုပ်ထုတ်ဝေရေးလုပ်ငန်း၊ ၂၀၀၁

（貌觉信：《第三缅甸帝国的建立》，〔缅〕印刷及书籍出版公司，2001）

၂၁၊ မောင်နွယ်သန်း၊ မြန်မာမနိပူရစစ်သမိုင်း၊ ထွန်းဖောင်ဒေးရှင်းဘဏ်စာပေကော်မတီ၊ ၂၀၀၉

（貌内丹：《缅甸曼尼普尔战争史》，〔缅〕通基金银行文学委员会，2009）

၂၂၊ မောင်သိန်းထွန်း၊ ကုန်းဘောင်ခေတ်ဦးစီးပွါးရေးသမိုင်း(၁၇၅၂-၁၈၁၉)၊ ရန်ကုန်တက္ကသိုလ်သမိုင်းဌာန၊ ၁၉၇၈

（貌登通：《贡榜前期经济史》，〔缅〕仰光大学历史系硕士学位论文，1978）

၂၃၊ မြန်မာ့ခေတ်ဦးဘထူး၊ ဦးဥတ္တမ၊ ၁၉၅၅

（吴巴图：《吴欧德玛传》，〔缅〕，出版机构不详，1955）

၂၄၊ မြန်မာဆိုရှယ်လစ်လမ်းစဉ်ပါတီဗဟိုကော်မတီဌာနချုပ်၊ တိုင်းရင်းသားလူမျိုးများ၏နယ်ချဲ့ဆန့်ကျင်ရေးသမိုင်း ၁၉၇၁

（缅甸社会主义纲领党中央委员会编《少数民族反殖运动史》，〔缅〕纲领党党刊编辑部出版，1971）

၂၅၊ မြန်မာဆိုရှယ်လစ်လမ်းစဉ်ပါတီဗဟိုကော်မတီဌာနချုပ်၊ အခြေပြုမြန်မာနိုင်ငံရေးသမိုင်း(ပထမတွဲ)၊ ၁၉၇၀

（缅甸社会主义纲领党中央委员会：《基础缅甸政治史（第一卷）》，〔缅〕纲领党党刊编辑部出版，1970）

၂၆၊ မြန်မာဆိုရှယ်လစ်လမ်းစဉ်ပါတီဗဟိုကော်မတီဌာနချုပ်၊ အခြေပြုမြန်မာနိုင်ငံရေးသမိုင်း(ဒုတိယတွဲ ၁၊ ၂)၊ ၁၉၇၇

（缅甸社会主义纲领党中央委员会：《基础缅甸政治史（第二卷上、下）》，〔缅〕纲领党党刊编辑部出版，1977）

၂၇၊ ရီရီ၊ ကုန်းဘောင်ခေတ်သမိုင်းမှတ်တမ်းများ၊

（依依：《贡榜时期的历史档案》,〔缅〕出版地、出版机构、年份不详）

၂၈၊ ရဲဘော်လှမျိုး၊ ပြည်ထောင်စုမြန်မာနိုင်ငံသမိုင်းဝင်စာချုပ်စာတမ်းများ အမြင်သစ်စာပေ၊ ၁၉၆၈

（耶博拉谬：《缅甸历史文件汇编》,〔缅〕仰光新观点文学,1968）

၂၉၊ ရဲဘော်သစ်မောင်၊ ပြည်တွင်းသောင်းကျန်းမှုသမိုင်း၊ ပြန်ကြားရေးဝန်ကြီးဌာန၊ ၁၉၉၀

（耶保迪貌：《国内叛乱史（1—4卷）》,〔缅〕缅甸宣传部,1990）

၃၀၊ သိပွံစိုးရင်၊ မြန်မာ့ယဉ်ကျေးမှုသမိုင်း၊ ယမနေ့စာပေ ရန်ကုန်မြို့၊ ၁၉၆၈

（德班梭迎：《缅甸文化史》,〔缅〕仰光亚敏文学,1968）

၃၁၊ ဦးကုလား၊ မဟာရာဇဝင်ကြီး၊ ဟံသာဝတီပုံနှိပ်တိုက်၊ ၁၉၆၀

（吴格拉：《缅甸大史》,〔缅〕仰光汉达瓦底出版社,1960）

၃၂၊ ဦးကျော်ဝင်း၊ တိုင်းရင်းသားရေးရာနှင့်.၁၉၄၇ခုနှစ်ဖွဲ့စည်းပုံအခြေခံဥပဒေ၊ တက္ကသိုလ်များစာပေတိုက်၊ ၁၉၉၀

（吴觉温等：《少数民族事务与1947年宪法》,〔缅〕大学出版社,1990）

၃၃၊ ဦးညွန့်ဟန်၊ ဦးအောင်ကြိုင်၊ မြန်မာ့ရေးဟောင်းမြို့တော်များ၊ယဉ်ကျေးမှုဝန်ကြီးဌာနသမိုင်းသုတေသနဦးစီးဌာန စာအုပ်စာတမ်းများထုတ်ဝေရေးကော်မတီ၊ ၂၀၀၇

（吴纽罕、吴昂坚：《缅甸古都》,〔缅〕缅甸文化部历史研究局,2007）

၃၄၊ ဦးမောင်မောင်တင်၊ ကုန်းဘောင်ဆက်မဟာရာဇဝင်တော်ကြီး(၁)(၂)(၃)၊ ရာပြည့်စာပေ၊ ၂၀၀၄

（吴貌貌丁：《贡榜王朝史（一）（二）（三）》,〔缅〕亚别文学,2004）

၃၅၊ ဦးမောင်မောင်တင်၊ မြန်မာမင်းလက်ထက်တော်စာတမ်းများ၊ ဝင်းနိုင်ဦးစာပေ၊ ၁၉၈၂

（吴貌貌丁：《缅甸宫廷见闻录》,〔缅〕温奈乌文学,1982）

၃၆၊ ဦးမောင်မောင်သိုက်၊ ကုန်းဘောင်ခေတ်ဦးလူနေမှုအခြေအနေ၊ ပြည်ထောင်စုမြန်မာနိုင်ငံစာပေနှင့်.လူမှုရေး သိပွံဂျာနယ် ၁၉၆၉

（吴貌貌岱《贡榜早期的人民生活状况》,〔缅〕《缅甸联邦文学与社会科学》1969）

၃၇၊ ဦးရည်စိန်၊ ဦးရည်စိန်၏လက်ရွေးစဉ်စာတမ်းများ၊ ယဉ်ကျေးမှုဝန်ကြီးဌာနသမိုင်းသုတေသနဦးစီးဌာနစာအုပ် စာတမ်းများ ထုတ်ဝေရေးကော်မတီ၊ ၂၀၀၇

（陈孺性：《陈孺性论文选》,〔缅〕缅甸文化部历史研究局书籍论文出版委员会,2007）

၃၈၊ ဦးအောင်သော် ဦးမြင့်.အောင် ဦးစိန်မောင်ဦး ဦးသန်းဆွေ၊ ရေးဟောင်းမြန်မာမြို့.တော်များ၊ ၄ ပန်ကြားရေးဝန်ကြီးဌာန သတင်းနှင့်စာနယ်ဇင်းလုပ်ငန်း၊ ၁၉၉၃

（吴昂道、吴敏昂、吴盛貌吴、吴丹萃：《古代缅甸都城》,〔缅〕缅甸

宣传部报刊公司，1993）

二、中文

［汉］司马迁：《史记》，公元前104—公元前91年基本写成。

［东汉］班彪、班固、班超：《汉书》，1世纪90年代初。

［三国（吴）］康泰：《扶南传》，3世纪初。

［南朝（宋）］范晔：《后汉书》，432（？），该书有8志系司马彪补做。

［南朝（宋）］竺枝：《扶南记》，5世纪中。

［唐］杜佑：《通典》，801年。

［唐］姚思廉：《梁书》，7世纪初。

［唐］樊绰：《蛮书》，862年。

［后晋］刘昫：《旧唐书》，10世纪初。

［北宋］王溥：《唐会要》，10世纪中。

［北宋］李昉：《太平御览》，10世纪中。

［北宋］乐史：《太平寰宇记》，979—986年。

［北宋］欧阳修、宋祁：《新唐书》，1060年。

［宋］周去非：《岭外代答》，1178年。

［宋］赵彦卫：《云麓漫钞》，13世纪初。

［宋］赵汝适：《诸蕃志》，1225年。

［元］脱脱、欧阳玄：《宋史》，1345年。

［元］佚名：《至元征缅录》，又名《元朝征缅录》或《皇元征缅录》，1321—1323年写成。

［宋］马端临：《文献通考》，1307年。

［元］汪大渊：《岛夷志略》，1339年。

［元］宋濂、王祎：《元史》，14世纪中。

［明］钱古训：《百夷传》，1396年。

［元］张洪：《使缅录》，又名《南夷书》，写于1406年。

［明］李元阳：《云南通志（万历）》，约1530年。

［明］杨慎：《南诏野史》，1550年。

［明］王宗载：《四夷馆考》，1580年。

［明］朱孟震：《西南夷风土记》，1585年。

［明］谢肇淛：《滇略》，1618年。

［明］包见捷：《缅略》，1620年。

［明］刘文征：《滇志》，1621—1627年。

《明实录》，完整记录了明代1372—1644年的官方活动）。

［清］冯甦：《滇考》，1662年。

［明］溪樵隐：《求野录》，记录永历帝入缅前后始末，1665年先后写成。

［明］自非逸史《也是录》，1665年左右。

［明］刘茝：《狩缅记事》，1665年左右。

［清］张廷玉等：《明史》，1739年。

［清］周裕：《从征缅甸日记》，1790年。

［清］王昶：《征缅纪略》《征缅纪闻》，1790年。

《清文献通考》，1736—1796年乾隆年间官修。

［清］师范：《滇系》，1808年。

［清］徐松辑《宋会要辑稿》，宋代从1030年起至1236年，史官先后修《会要》10次，但未曾刊印。1809年清代人徐松重新辑成《宋会要辑稿》，1935年由北平图书馆影印正式出版。

［清］彭崧毓：《缅述》，1848年。

［清］《清实录》，即《大清历朝实录》，由大清历朝使官编纂。

［清］赵尔巽等编《清史稿》，1914—1927年。

［清］柯绍忞：《新元史》，1920年。

［清］刘锦藻：《清续文献通考》，1921年。

戴安澜：《缅甸作战时期戴安澜将军日记》，贵阳中央日报社，1942。

伯华：《峰烟缅甸》，伊甸出版社，1943。

蔡力行：《中国远征军》，福建永安联合编译社，1945。

陈宝鎏：《悠悠'胞波'未了情》，八方文化创作室，2012。

陈立人：《缅甸，中日大角逐》，解放军文艺出版社，1992。

陈立人：《中国远征军缅甸滇西抗战秘录》，团结出版社，2013。

陈明华：《当代缅甸经济》，云南大学出版社，1997。

陈序经：《陈序经东南亚古史研究合集》（两卷），海天出版社，1992。

陈炎：《陈炎文集》上、中、下，中华书局，2006。

程瑞生：《睦邻外交四十年》，四川人民出版社，2006。

戴孝庆、罗洪彰主编《中国远征军入缅抗战纪实》，西南师范大学出版社，1990。

范宏伟：《和平共处与中立主义》，世界知识出版社，2012。

冯励冬：《缅华百年史论》，香港镜报文化企业有限公司，2000。

［英］阿诺德·托因比主编《1942—1946年的远东》，复旦大学外文系英语教研组译，上海。

韩德英:《缅甸经济》，德宏民族出版社，1996。

贺圣达、李晨阳:《列国志·缅甸》，社会科学文献出版社，2005。

贺圣达:《缅甸史》，人民出版社，1992。

贺圣达:《英缅战争》，商务印书馆，1991。

贺圣达等:《当代缅甸》，四川人民出版社，1993。

黄祖文:《缅王孟既与第一次英缅战争》，香港社会科学出版社有限公司，2004。

黄祖文:《中缅边境之役1766—1769》，新加坡南洋学会，2000。

乐恕人、丁懋德:《反攻缅甸》，天地出版社，1944。

乐恕人:《缅甸随军纪实》，胜利出版社，1942。

李晨阳:《军人政权与缅甸现代化进程研究》，香港社会科学出版社有限公司，2009。

李根源编《永昌府文征》(1941—1943)。

李航:《缅甸远征记》，文献出版社，1944。

李谋、姜永仁:《缅甸文化综论》，北京大学出版社，2002。

李谋、李晨阳、钟智翔主编《缅甸历史论集——兼评〈琉璃宫史〉》，社会科学文献出版社，2009。

李谋:《缅甸与东南亚》(论文集)，世界图书出版广东有限公司，2014。

林锡星:《中缅友好关系研究》(论文集)，暨南大学出版社，2001。

罗古:《印缅之征战》，1945年11月10日。

米良:《缅甸经济法研究》，云南大学出版社，2006。

彭和清编《缅甸大战实录》，青年文化服务社，1942。

全国政协文史资料委员会编《远征印缅抗战》(回忆录文集)，商务印书馆，1990。

史晋五:《缅甸经济基本情况》，世界知识出版社，1961。

史晋五:《缅甸少数民族地区的政治经济情况》，世界知识出版社，1960。

孙克刚:《抗战史料:缅甸荡寇志》，上海时代图书公司，1946。

王宝珏:《缅甸人民的解放斗争》，东方书社，1951。

王介南、王全珍:《缅甸——佛光普照的稻米之国》，香港城市大学出版社，2005。

王介南、王全珍：《中缅友好两千年》，德宏民族出版社，1996。

王介南：《缅甸贡榜王朝》，商务印书馆，1991。

王介南《缅甸爱国诗人德钦哥都迈》，商务印书馆，1990。

王婆楞：《中缅关系史》，商务印书馆，1939。

王全珍等：《缅甸》，军事谊文出版社，1995。

［英］弗尼瓦尔（J.S. Furnivall）：《缅甸社会经济史纲要》，王泰译，商务印书馆，1944。

王永泽：《缅甸》，商务印书馆，1979。

韦承二：《开放以来中缅民族关系研究》，云南民族出版社，2001。

谢仁钊：《缅甸纪行》，独立出版社，1942。

杨长源、许清章、蔡祝生主编《缅甸概览》，中国社会科学出版社，1990。

姚秉彦、李谋、杨国影：《缅甸文学史》，世界图书出版广东有限公司，2015。

余定邦、黄重言编《中国古籍中有关缅甸资料汇编（上中下）》，中华书局，2002。

余定邦：《中缅关系史》，光明日报出版社，2000。

余定邦等：《缅甸》，广西人民出版社，1994。

张旭东：《缅甸近代民族主义运动研究》，泰国曼谷大通出版社，2006。

赵松乔：《缅甸地理》，科学出版社，1957。

赵维扬：《从缅甸政局的剧变看今后的缅甸》，云南省社会科学院东南亚研究所，1988。

赵勇民、解柏伟：《金三角揭秘》，中共中央党校出版社，1993。

中山大学东南亚历史研究所编《缅甸简史》，商务印书馆，1979。

［苏联］瓦西里耶夫《缅甸史纲（上下）》，中山大学历史系东南亚历史研究室、外语系编译组合译。

钟智翔、李晨阳：《缅甸武装力量研究》，军事译文出版社，2004。

钟智翔主编《缅甸文化导论》，军事译文出版社，2005。

钟智翔主编《缅甸研究》，军事谊文出版社，2001。

朱志和：《缅甸》，世界知识出版社，1957。

祝湘辉：《山区少数民族与现代缅甸联邦的建立》，世界图书出版公司，2010。

三、英文

Anthony Reid, *Southeast Asia in the Age of Commerce 1450-1680, Volume One: The Lands below the Winds*, New Haven: Yale University Press, 1988.

Anthony Reid, *Southeast Asia in the Age of Commerce 1450-1680, Volume Two: Expansion and Crisis,* New Haven: Yale University Press, 1993.

Arthur P. Phayre, *History of Burma, including Burma Proper, Pegu, Taugu, Tenasserim and Arakan, from the Earliest Times to the End of the First War with British India.* London: Trubner & Co., Ludgate Hill, 1883.

Ba Maw, *Breakthrouth in Burma: Memoirs of a Revolution, 1939-1946*, New Haven: Yale University Press, 1968.

D.G.E. Hall, *Early English Intercourse with Burma, 1587-1743,* London: Longmans Green and Company, 1928.

D.G.E. Hall, *Europe and Burma: A Study of European Relation with Burma to the Annexation of Thibaw's Kingdom 1886,* Oxford: Oxford University Press,1945.

D.G. E.Hall, *A History of Southeast Asia,* London: Macmillan, 1955.

Daw Mya Sein, *The Administration of Burma,* Oxford: Oxford press, 1973.

Donald M. Stadtner, *The Art of Burma: New Studies*, Marg Pubns, 1999.

Dorothy Woodman, *The Making of Burma,* London: The Creset Press, 1962.

Edmund Leach, *Political Systems of Highland Burmar: A Study of Kachin Social Structure,* Cambridge, Mass.: Harvard University Press, 1954.

F.N. Trager, *Burma: From Kingdom to Republic: A Hisorical and Political Analysis,* New York: Frederick A. Praeger, 1966.

Father [Vincentius] Sangermano, *A Description of the Burmese Empire, Compiled Chiefly from Burmese Documents,* Oriental Translation Fund of Great Britain and Ireland, 1833.

G. H. Luce, "The Economic Life of the Early Burman," *Journal of the Burma Research Society 30* (1940).

G.E. Harvey, *British Rule in Burma ,1824-1942,* London: Faber & Faber, 1946.

G.E. Harvey, *History of Burma, from the Earliest Times to March 1824, the Beginning of the English Conquest,* London: Longmans, Green and Company, 1925.

G.W. Bird, *Wanderings in Burma,* London: Simpkin, Marshall, Hamilton, Kent & Co., Ltd, 1897.

Geoffrey Gorer, *The Burmese Personality,* Washington, DC.: Office of War Studies, Mimeo, 1943.

Grattan Geary, *Burma after the Conquest,* London: Sampson Low, Marston, Searle, & Rivington, 1886.

H.G. Deignan, *Burma-Gateway to China*, Washington: Smithsonian Institution, 1943.

Henry Yule, *A Narration of the Mission to the Court of Ave in 1855,* London: Smith, Elder, and Co. 65 Cornhill, 1858.

Hugh Tinker, *Burma: The Struggle for Independence,1944-1948*, London: H.M. Stationery Office, 1983.

Hugh Tinker, *The Union of Burma: A Study of the first Year of Independence,* 1957.

J. S. Furnivall, *Colonial Policy and Practice: A Comparative Study of Burma and Netherlands*, New York: New York University Press, 1956.

J. S. Furnivall, *Introduction to the Political Economy of Burma*, Rangoon: Burma Book Club, Limited, 1931.

J.G. Scott, *The Burman: His Life and Nations,* London: Macmillan and Co., 1896.

J.L. Christian, *Modern Burma: A Survey of Political and Economic Development*, Berkeley: University of California Press, 1942.

J.Russell. Andrus, *Burmese Economic Life*, Palo Alto: Stanford University Press, 1947.

J.Russell. Andrus, *The Burma Delta: Economic Development and Social Change on an Asian Rice Frotier, 1852-1941*, Madison: University of Wisconsin Press, 1974.

John Cady, *A History of Modern Burma*, New York: Cornell University Press, 1958.

John F. Cady, *The History of Post-War Southeast Asia*, Athens: Ohio University Press, 1974.

M.E. Spiro, *Burmese Supernaturalism: A Study in the Explanation and Reduction of Suffering*, Upper Saddle River, Englewood Cliffs, N.J.: Prentice-Hall, 1967.

M.W. Charney, *Powerful Learning: Buddhist Literati and the Throne in Burma's Last Dynasty, 1752-1885,* Ann Arbor: University of Michigan, 2006.

Manuel Sarkisyanz, *"Peacocks, Pagodas and Professoe Hall: A Critique of the Persisting Use of Historiography as an Apology for British Empire-Building in Burma,"* Paper in *International Studies, Southeast Asia Series*, No.24, Athens: Center for International Studies, Ohio University, 1972.

Maung Htin Aung, *The Stricken Peacock: Anglo-Burmese Relations 1752-1948*, Dordrecht M. Nijhoff, 1965.

Maung Htin Aung, *A History of Burma,* New York: Columbia University Press, 1967.

Maurice Collis, *Trials in Burma*, London: Faber & Faber, Limited, 1938.

Maurice Collis, *Last and First in Burma (1941-1948),* London: Faber & Faber, 1956.

Michael Aung Thwin and Maitrii Aung-Thwin, *A History of Myanmar, since Ancient Times, Traditions and Transformations*, London: Reaktion Books, 2012.

Michael Aung Thwin, *Myth and History in the Historiogrphy of Early Burma: Paradigms, Primary Sources, and Prejudices*, Singapore: Athens and Singapore, 1998.

Michael Aung Thwin, *Pagan: The Origins of Modern Burma*, Honolulu: University of Hawaii Press, 1985.

Michael Aung Thwin, *The Mists of Ramanna: The Legend that Was Lower Burma*, Honolulu: University of Hawaii Press, 2005.

Michael Symes, *Account of an Embassy to the Kingdom of Ava Sent by the Governor-General of India in the Year 1795,* London,1800.

Michael W. Charney, *A History of Modern Burma*, Cambridge: Cambridge University Press, 2009.

Nicholas Tarling, *The Cambridge History of Southeast Asia*, Cambridge: Cambridge University Press, 1992.

Nu, *U Nu: Saturday's Son*, New Haven: Yale University Press, 1975.

Prince Damarong, *"Our Wars with the Burmese,"* translated by U Aung

Thein, *Journal of Burma Research Society*, 1958.

Robert. H. Taylor, *Marxism and Resistance in Burma, 1942-1945*, Athens: Ohio University Press, 1984.

S.L. Keck, "*Picturesque Burma: British Travel Writing 1890-1914*," *Journal of Southeast Asian Studies*, No.3 (2004), pp.387-414.

Sao Saimong Mangrai, "*The Shan States and the British Annexation*," Department of Asian Studies, Cornell University, 1965.

U Tin, *The Royal Administration of Burma*, Bangkok: AVA Publishing House, 2001.

V.B. Lieberman, *Burmese Administrative Cycles: Anarchy and Conquest, 1580 – 1760*, Princeton New Jersey: Princeton University Press, 2014.

V.C.S.O. Connor, *The Silken East: A Record of Life and Travel in Burma.* London: Hutchinson & Company, 1904.

William Slim, *Defeat into Victory: Battling Japan in Burma and India, 1942-1945*, New York: Cooper Square Press, 1956.

缅甸大事年表

（远古至1948年）

4,000万年前始新世前期　缅甸中部崩当崩尼亚地区出现古猿。

100万年前第四纪更新世　缅甸大地出现石器时代的直立人。

50万年前　在缅甸生活的古人类造出了许多砍砸器、切割器、手斧、刮削器之类的石器。

公元前8,000年至公元前4,000年　生活在缅甸的古人类已制作出与今日铁质农具造型一样的石制手斧、楔子、扁凿、环石、石槌等。据此可知当时人们除渔猎耕种外，已经学会制陶、结绳、彩绘、织席等技艺。

公元前1000年左右　孟族先民从中国大陆迁徙到缅甸一带。

公元前5—6世纪　孟人在下缅甸一带建成苏伐那蒲迷（金地）等国。

公元前3世纪　印度阿育王派出的僧团来到金地，孟人王国皈依佛教，佛教从此传入缅甸。

公元初始前　藏缅语族的骠、缅、若开、克钦、钦、那加、傈僳等族先民从中国大陆先后进入缅甸。

公元初始后　属于侗台语族泰掸语支的掸、克伦、克耶等族先民从中国大陆迁来缅甸。

公元前后　中国西南丝绸之路开通，缅甸成为该商路迈出中国国门后的第一站；孟人王国控制了通过缅甸南部连接孟加拉湾海路和暹罗湾海路的水陆联运通道，下缅甸开始成为中国海上丝路与中国西南陆上丝路的交汇处。

公元1世纪前后　骠人建成德冈、汉林（林阳）、毗湿奴城、室利差呾罗、孟卯等古城，建立骠国。

公元1世纪　若开人建成定耶瓦底国（此年代依据考古、文献材料而定，若按缅甸历史传说则比此年代早出很久，不足信）。

公元2世纪前后　掸人建成掸国。

327年　若开定耶瓦底时期结束。维沙里时期开始。

638年　缅历纪元开始。

802年　骠国王子率乐团随南诏使唐，轰动长安。

818年　若开维沙里时期结束，若开四城王朝开始。

832年　南诏军战胜骠国，"掠其民三千，徙之拓东（今昆明）"，骠国逐渐消亡。

849年　彬比亚王建蒲甘城，蒲甘王朝开始。

858年　锡兰兵袭蒲甘未果。

1044年　阿奴律陀夺回了原属于本族系的王位，登基为王。

1057年　阿奴律陀征服直通孟王国，确立了上座部佛教在全缅独尊的地位。

1084年　孟人起义被镇压，蒲甘苏卢王被杀。有孟人血统的江喜陀继蒲甘王位，采取各方面得力措施，蒲甘王朝势力大盛。

1277年　蒲甘与中国元朝发生战事。

1279年　东吁城建，东吁国立，但此后一直是蒲甘、阿瓦王朝的附庸。

1284年　元军再次进入缅甸境内，蒲甘王那腊底哈勃德弃城而逃。

1286年　缅甸派高僧信第达巴茂克赴大都（今北京）和谈，和谈成功。

1287年　元军撤离，那腊底哈勃德被其子弑毙。蒲甘王朝大势已去，仅能维持蒲甘周边一带的管辖权。各地各族势力蜂起争霸，缅甸进入战国时期。

　　　　　孟人再次独立，建立勃固王朝。

1312年　彬牙王朝建立。

1315年　实皆王朝建立。

1364年　彬牙、实皆王朝结束。

　　　　　德多明帕耶建立阿瓦王朝。

1368年　蒲甘最后一代君王苏蒙涅死，蒲甘王朝结束。

1386—1425年　阿瓦王朝与勃固王朝之间发生四十年战争。

1412年　阿瓦明耶觉苏瓦击败中国军队。

1430年　若开四城王朝结束，妙吴王朝开始。

1485年　明基纽夺得东吁王位，建成独立的东吁王朝。

1531年　德彬瑞梯王继位，在位20年间，四出征讨，使东吁王朝成为全缅第二个统一的王朝。

1547年　德彬瑞梯王迫使暹罗签订条约。

1558年　勃印囊征讨清迈。

1563年、1568年　勃印囊两度征讨暹罗。

1583年　暹罗脱离东吁控制恢复独立。

1598年 东吁王朝良渊王在阿瓦建城，有人亦称此后的东吁王朝为良渊王朝。

1600年 葡萄牙人勃利多占据丁因为王。

1613年 东吁王朝阿瑙白龙王收复丁因，处死勃利多。

1614年 阿瑙白龙征服清迈。

1615年 阿瑙白龙征若开。

1619年 亚齐王派使来缅。

1632年 东吁王朝达龙王征清迈。

1634年 达龙王遣使通好阿瑜陀耶。

1635年 达龙王迁都阿瓦。

1659年 明朝永历帝避清兵追杀入缅。

1662年 清朝向缅索永历，永历被送回。

1740年 下缅甸叛乱。

1752年 孟王朝征服上缅甸，东吁王朝亡；吴昂泽亚始建贡榜王朝。

1753年 英国人未经孟人允许在恒枝岛（尼格莱斯岛）居住，并非法占据该岛。

1756年 吴昂泽亚夺得丁因，处死法国人布鲁诺。

1757年 吴昂泽亚攻占勃固，孟王朝亡。

1758年 吴昂泽亚征服曼尼普尔。

1759年 吴昂泽亚夺回恒枝岛，杀死在该岛的所有英国人。

1760年 吴昂泽亚入侵暹罗，暴毙军中，缅军撤回。

1766年 缅军入侵暹罗，次年攻占阿瑜陀耶。

1767年 缅军入侵暹罗镇压叛乱，缅军失利，暹罗恢复独立。

1785年 妙吴王朝京都妙吴城被贡榜王朝军队攻破，妙吴王朝亡。
　　　　缅军入侵暹罗，被击退。

1813年 贡榜王朝重申对若开的统治权。

1817年 贡榜王朝任命阿萨姆国王。

1824—1826年 第一次英缅战争。

1826年 英缅签订《扬达波条约》，缅甸丧失若开、德林达依等沿海地区。

1852—1853年 第二次英缅战争，缅甸丧失下缅甸勃固地区。

1871年 下缅甸仰光建"潘尔博物馆"

1885年11月 第三次英缅战争爆发。英军占京都曼德勒，俘获底博王并将他流放，贡榜王朝亡。

1886—1900年　缅甸人民分散开展反英抗争。

1900年　缅甸全境沦为英国殖民地，成为英属印度的一个省。

1906年　缅甸第一个民族主义组织佛教青年会成立。

1920年9月　缅甸佛教青年总会更名为"缅甸人民团体总会"。

1920年12月　缅甸爆发大学生运动。

1922年　英国议会通过《缅甸改革法案》，同意缅甸实行二元政体。

1930年　我缅人协会成立。

1930年10月　萨耶山起义爆发。

1934年　缅甸民众反英的德钦运动达到高潮。

1937年　缅甸脱离印度，成为直属英国的殖民地。

1941年2月　日本成立专门针对缅甸的间谍机构"南机关"。

1941年3月　缅甸"三十志士"分批前往日本占领下的中国海南岛开始接受军事训练。

1941年12月28日　在日本的支持下，"三十志士"组建"缅甸独立军"（BIA），并在泰国曼谷集结完毕。

1942年1月4日　日军正式进攻缅甸。

1942年5月　日本占领缅甸全境。

1942年7月27日　日本人将缅甸独立军改名为"缅甸国防军"（Burma Defence Army），全军裁减至3,000人，编为3个营，由昂山担任司令。

1943年9月15日　缅甸国防军改称"缅甸国民军"（Burma National Army）。

1944年8月　缅甸各派反日力量决定成立"反法西斯人民同盟"，昂山任主席，德钦丹东任总书记。

1945年　缅甸反法西斯人民同盟更名为"缅甸反法西斯人民自由同盟"。

1945年3月27日　缅甸"3·27"抗日武装起义爆发。

1945年8月15日　日本宣布无条件投降，缅甸人民取得抗日武装起义的胜利。

1945年8月19日　缅甸反法西斯人民自由同盟发表了《尼杜迎宣言》，要求结束英国统治、缅甸完全独立；英国政府必须立即停止解散缅甸爱国军的活动，组建一支新式缅甸军队。

1945年9月7日　昂山、德钦丹东与蒙巴顿分别代表缅英双方在锡兰康提签署了《康提协议》，规定取消缅甸爱国军的番号，成立缅甸正规军（Regular Burma Army），限制在 5,000 余人。

1945 年 12 月 17 日　昂山以安置爱国军老战士为由，以退役抗日官兵为主体，组建了一个准军事组织——人民志愿军（People's Volunteer Organization）。

1946 年 11 月　缅甸反法西斯人民自由同盟内部矛盾进一步激化，公开分裂，宣布开除缅甸共产党。

1947 年 1 月　英国首相艾德礼邀请昂山率领代表团赴伦敦，就缅甸独立问题进行谈判。经过半个月的磋商，于 1 月 27 日签订了《昂山–艾德礼协定》。协定申明：英国政府同意缅甸脱离英联邦完全独立。

1947 年 2 月 9—12 日　昂山率缅甸反法西斯人民自由同盟领导人与掸邦土司、钦族、克钦族和英国政府的代表在掸邦彬龙镇举行会议，通过了《彬龙协议》。

1947 年 4 月　缅甸举行制宪会议选举，缅甸反法西斯人民自由同盟以绝对多数票获胜。

1947 年 6 月 9 日　缅甸制宪会议一致通过《关于缅甸独立的决议》，并派吴努率团赴伦敦谈判确定缅甸独立日期等事宜，未果。

1947 年 7 月 19 日　身着军装的暴徒持冲锋枪闯入政府办公室，枪杀了正在开会的昂山等 7 名政治领导人。

1947 年 8 月 2 日　吴努任缅甸临时政府总理。

1947 年 9 月 24 日　缅甸制宪会议通过了《缅甸联邦宪法》。

1947 年 10 月 7 日　缅甸临时政府与英国政府签署了《努–艾德礼协定》（又称《英缅协定》）。英国承认缅甸为完全独立的主权国家，缅甸则接受《英缅防御协定》。

1948 年 1 月 4 日　缅甸仰光隆重举行独立仪式，自由同盟继续掌权。苏瑞泰成为缅甸联邦首任总统，吴努任政府总理。

缅甸地名对照表

中文	缅文	英文或拉丁文转写
阿利摩陀那补罗	အရိမဒ္ဒနာပုရ	Arimaddanapura
阿摩罗补罗	အမရပုရ	Amarapura
阿瓦（因瓦）	အင်းဝ	Inwa
哀布	အိုင်ပု	Ainebu
安达曼海	အန္တာမန်ပင်လယ်(ကပ္ပလီပင်လယ်)	Andaman Sea
安山	အန်းတောင်	Ann Mountain
昂彬莱	အောင်ပင်လယ်	Aungpinle
奥波	အုတ်ဖို	Okpo
八莫	ဗန်းမော်	Bamaw (Bhamo)
巴登	ပတိန်	Patein
班扬河	ပန်းယံမြစ်	Panyan River
榜朗河	ပေါင်းလောင်မြစ်	Paunglaung River
包（镇区）	ပေါက်	Pauk
卑道达	ပြည်တော်သာ	Pyitawthar
卑谬	ပြည်မြို့	Pyimyo (Prome)
崩当崩尼亚（地区）	ပုံတောင်ပုံညာ	PontaungPonnyar
崩羌（地区）	ပုံချောင်း	Ponchaung
比林	ဘီးလင်း	Bilin
彬莱（宾垒）	ပင်လယ်	Pinle
彬龙	ပင်လုံ	Pinlon
彬文那	ပျဉ်းမနား	Pyinmana
彬乌伦	ပြင်ဦးလွင်	Pyinoolwin
彬牙	ပင်းယ	Pinya
勃达林窟	ပြဒါးလင်းဂူ	Pyadalin cave
勃得伽	ပတိက္ကာ	Pateikka
勃东	ပဒုံ	Badon
勃固（古称白古）	ပဲခူး	Bago (Pegu)
勃莱	ပုလဲ	Pale
勃舜马	ပရိမ္မ	Pareinma
勃生	ပုသိမ်	Pathein (Bassein)
卜巴	ပုပ္ပါး	Popa

中文	缅文	英文或拉丁文转写
布坎	ပုခန်း	Pukhan
达格雅	သာဂရ	Thargara
达拉	ဒလ	Dala
达林杰	သလင်ကြေ	Thalingyay
达耶瓦底	သာယာဝတီ	Thayarwaddy
大光（德贡，仰光旧称）	ဒဂုံ	Dagon
岱格拉	တိုက်ကုလား	Taikkala
岱基	တိုက်ကြီး	Taikkyi
丹巴迪巴（蒲甘古称）	တမ္ပဒီပ	Tanpadiba
丹兑	သံတွဲ	Thandwe (Sandoway)
丹老（墨吉）	မြိတ်	Myeit (Mergui)
丹伦（萨尔温）江	သံလွင်မြစ်	Thanlwin (Salween) River
丹漂泽亚	သံဖြူဇရပ်	Thanbyuzayat
当构山口	တောင်ကုတ်	Taunggok
德勃因	တပယင်း	Tapayin
德达耶	ဒေးဒရဲ	Dedaye
德冈（太公）	တကောင်း	Tagaung
德括	တကွာ	Takwar
德林达依	တနင်္သာရီ	Tanintharyi (Tenasserim)
德姆（地区）	တမူး(နယ်)	Tamu
德努漂	ဓနုဖြူ	Danubyu
德耶谬	သရက်မြို့	Thayetmyo
登尼	သိန္နီ	Theinni
底博	သီပေါ	Thipaw (Hsipaw)
丁恩（窟）	တင်းအိမ်ဂူ	Tinein (Cave)
丁基	သင်းကြီး	Thingyi
丁因	သံလျင်	Thanlyin (Syriam)
顶都	သင်တုတ်	Thintok
顶兑	သင်းတွဲ	Thintwe
定耶瓦底	ညဝတီ	Dhanyawaddy
东卑雍	တောင်ပြုံး	Taungpyon
东敦基	တောင်တွင်းကြီး	Taungtwingyi
东枝	တောင်ကြီး	Taunggyi
东吁	တောင်ငူ	Taungngu
墩兑（运河）	တွံတေးမြောင်	Tunte (Canal)

中文	缅文	英文或拉丁文转写
堕罗钵底	ဒွါရဝတီ	Dwaryawaddy
额仑千	ငဆောင်ချမ်း	Ngahsaungchan
鄂第叶斌	ငတေဉ်ပြင်	Ngatinpyin
鄂基茵	ကျည်းအင်း	Ngagyi Inn
鄂奎顶山	ငခွေးတင်တောင်	Ngakhwaytin Hill
伽基	ကပ်ကျည်း	Katkyi
甘马育	ကမာရွတ်	Kamayut
甘尼	ကနီ	Kanni
甘延	ကမ်းယံ	Kanyan
干高	ဂန့်ေဂါ	Gangaw
格拉丹（河）	ကုလားတန်(မြစ်)	Kaladan River
格雷	ကလေး	Kalay
格雷瓦	ကလေးဝ	Kalaywa
给杜摩底	ကေတုမတီ	Kaytumadi
给拉达（山）	ကေလာသ(တောင်)	Kaylartha Mountain
贡榜	ကုန်းဘောင်	Konbaung
古梅	ကူမဲ	Kume
官屯	ကောင်းတုံ	Kaungdon
果敢	ကိုးကန့်	Kogan
汉达瓦底	ဟံသာဝတီ	Hanthawaddi
汉林	ဟန်လင်း	Hanlin
恒枝岛	ဟိုင်းကြီးကျွန်း	Hainggyi Island
侯马林	ဟိုမာလင်း	Homarlin
基科沙	ကျိုက္ကသာ	Kyaikkathar
坚尼亚	ကြံညပ်	Kyanhnyat
姜比亚	ကြောင်းပြား	Kyaungbya
皎勃当	ကျောက်ပန်းတောင်း	Kyaukpadaung
皎茂茵	ကျောက်မော်အင်း	Kyaukmaw Inn
皎漂	ကျောက်ဖြူ	Kyaukphyu
皎栖	ကျောက်ဆည်	Kyaukse
杰沙	ကသာ	Katha
景丁	ကျိုင်းတင်	Kyaingdin
景栋	ကျိုင်းတုံ	Kyaingdon (Keng Tung)
景永	ကျိုင်းယွန်း	Kyaingyun
九文台	ကြည်မြင်တိုင်	Kyimyindaing

中文	缅文	英文或拉丁文转写
卡格博亚济（峰）	ခါကာဘိုရာဇီ	Khakaborarzi
卡恰尔	ကချာ	Kacha
卡随	ကသည်း	Kathe
坎迪	ခန္တီး	Khanti
克榜（河）	ခပေါင်း(မြစ်)	Khapaung River
克伦（邦）	ကရင်(ပြည်နယ်)	Kayin State
克钦（邦）	ကချင်(ပြည်နယ်)	Kachin State
克耶（邦）	ကယား(ပြည်နယ်)	Kayah State
腊戌	လားရှိုး	Lasho (Lashio)
朗杰城	လောင်းကြက်	Laungkyet
莱茂（河）	လေးမြို့.(မြစ်)	Laymyo River
垒安	လွယ်အံ	Lwe-an
垒敦	လယ်ကွင်း	Letwin
良彬	ညောင်ပင်	Nyaungpin
良彬基	ညောင်ပင်ကြီး	Nyaungpingyi
良瑞	ညောင်ရွှေ	Nyaungshwe
良吴	ညောင်ဦး	Nyaung0o
良渊	ညောင်ရမ်း	Nyaungyan
罗摩迎	ရာမည	Yarmanya
马达亚	မတ္တရာ	Mattayar
马圭	မကွေး	Magway
马垒	မလေး	Malay
马拍	မဘဲ	Mabe
迈崩	မိုင်းပွန်	Maingpun
迈隆	မိုင်းလုံ	Mainglon
麦克亚	မက္ခရာ	Metkhara
曼昂（岛）	မာန်အောင်(ကျွန်း)	Man-aung Island
曼德勒	မန္တလေး	Mandalay
曼尼普尔	မဏိပုရ	Manipura (Manipur)
毛淡棉	မော်လမြိုင်	Mawlamyine (Moulmein)
毛丁（岛）	မော်တင်း(ကျွန်း)	Mawtin Island
茂扎	မော်ဇာ	Mawzar
貌达瓦（窟）	မောင်တာဝ(ဂူ)	Maungtarwa Cave
梅育（河）	မေယု(မြစ်)	Mayyu River
美都	မြေဒူး	Myedu

中文	缅文	英文或拉丁文转写
蒙育瓦	မုံရွာ	Monywa
孟（邦）	မွန်(ပြည်နယ်)	Mon State
孟都	မောင်တော	Maungdaw
孟拱	မိုး;ကောင်း	Mogaung
孟加拉（湾）	ဘင်္ဂလား(ပင်လယ်အော်)	Bingla Bay
孟卯（古称突旻）	မိုင်းမော	Maingmaw
孟密	မိုး;မိတ်	Momeit
孟乃	မိုး;နဲ	Mone
孟养	မိုး;ညှင်း	Mohnyin
密良	မြစ်ညှောင်	Myitnyaung
密尼（河）	မြစ်ငယ်(မြစ်)	Myitnge River
密萨格里	မိဿကရီ	Meithsakari
密铁拉	မိတ္ထီလာ	Meiktila
密支那	မြစ်ကြီးနား	Myitkyina
绵因	မြိုင်	Myaine
缅昂（原称龙翠）	မြန်အောင်	Myan-aung
渺米亚	မြောင်;မြ	Myaungmya
妙达贝（山）	မြသပိတ်(တောင်)	Myathabeit Hill
妙当	မြတောင်	Myataung
妙齐提	မြစေတီ	Myazedi
妙瓦底	မြဝတီ	Myawaddy
妙吴（末罗汉、谬杭）	မြောက်ဦး(မြို့ဟောင်းမ)	Myauk Oo (Myohaung)
敏东	မြင်တုံ	Myindon
敏贡	မင်း;ကွန်း	Mingun
敏建	မင်း;ချံ	Mingyan
敏金	မင်းခင်	Minkhin
敏拉	မင်း;လှ	Minhla
敏塞	မြင်စိုင်း	Myinsiang
敏巫	မင်း;ဘူး	Minbu
模（河）	မူး;(မြစ်)	Mu River
摩谷	မိုး;ကုတ်	Mogok
莫塔马	မုတ္တမ	Mottama
牟梯	မုထီး	Mokhti
木梳波	မုဆိုးဘို	Mokhsobo
那加（山脉）	နာဂ(တောင်တန်း)	Naga Mountain

中文	缅文	英文或拉丁文转写
那伽意	နဂါးရာဇ်	Nagarit
纳（河）	နတ်(မြစ်)	Nat River
纳派	နဘက်	Nabek
纳外奎	နွယ်ခွေ	Nwekhway
襄丘	နောင်ချို	Naungcho
尼拉勃东	နီလာပန်းတောင်း	Nilarpandaung
帕本	ဖာပွန်	Hpapun
帕甘	ပါးကန့်	Hpakan
帕科库	ပခုက္ကူ	Pakokku
皮亚蓬（壁榜）	ဖျာပုံ	Pyapon
毗湿奴（班特瓦城）	ဝိသ္သနိုး(ပန်ထွာ)	Beikthano (Panhtwar)
葡萄山脉	ပူတာအိုတောင်တန်း	Putao Mountain
蒲甘	ပုဂံ	Bagan
前达	ချမ်းသာ	Chanthar
乾陀罗国	ဂန္ဓလရာဇ်	Gandalarit
羌玛基	ချောင်းမကြီး	Chaungmagyi
羌乌	ချောင်းဦး	Chaung Oo
乔（稍埠）	ချောက်	Chauk
钦（邦）	ချင်း(ပြည်နယ်)	Chin State
钦敦（江）	ချင်းတွင်း(မြစ်)	Chindwin River
钦乌	ခင်ဦး	Khin Oo
清迈	ဇင်းမယ်	Chiangmai (Zinme)
仁安羌	ရေနံချောင်း	Yenangyaung
瑞波	ရွှေဘို	Shwe bo
瑞当	ရွှေတောင်	Shwe daung
瑞德宫（佛塔）	ရွှေတိဂုံ(ဘုရား)	Shwedagon Pogoda
瑞丽	ရွှေလီ	Shweli
瑞良彬	ရွှေညောင်ပင်	Shwenyaungbin
若开	ရခိုင်	Rakhaine (Arakan)
萨尼亚	စညှတ်	Sahnyat
三塔山	ဘုရားသုံးဆူ	Payathonzu
色坝当	စပါးတောင်	Sabadaung
色固	စကု	Sagu
色垒（实庙）	စလေ	Salay
色林	စလင်း	Salin

中文	缅文	英文或拉丁文转写
色隆	စလုံ	Salon
瑟兜德雅	စေတုတ္တရာ	Saytoktayar
掸邦	ရှမ်းပြည်နယ်	Shan State
实兑	စစ်တွေ	Sittwe (Akyab)
实皆	စစ်ကိုင်း	Sagaing
室利差呾罗	သရေခေတ္တရာ	Srikitra
苏瓦	ဆွာ	Swar
苏伐那蒲迷（金地）	သုဝဏ္ဏဘူမိ	Suvarnabhumi
提林	ထီးလင်း	Htilin
土瓦	ထားဝယ်	Dawe (Tavoy)
瓦都羌	ဝါးတူချောင်း	Wadu River
维多利亚（角）	ဗိတိုရိယ(အငူ)	Victoria Cape
维沙里	ဝေသာလီ	Waytharli
维扎亚补罗	ဝိဇေယျပုရ	Wizayyapura
委达比亚	ငွေတစ်ပြား	Ngaydapya
委莱	ဝက်လက်	Wetlet
温多	ဝန်းသို	Wuntho
文敦	ဝင်းတွင်း	Wintwin
翁榜	အုန်း�‌ဘောင်	Ohnbaung
沃镇	‌ဝေါမြို့	Wawmyo
乌奈因	ဥနဲ့အင်း	Ohnne Inn
乌骚迪伽	ဥစောတိက	Usawtika
雾露（河）	ဥရု(ချောင်း)	Uyu River
西博达亚	စည်ပုတ္တရာ	Sipoktayar
锡当（河）	စစ်တောင်း(မြစ်)	Sittaung River
喜马拉雅（山脉）	ဟိမဝန္တာ(တောင်)	Himalayas
辛古	စဉ့်ကူး	Sintgu
辛漂遵	ဆင်ဖြူကျွန်း	Hsinpyu Island
信玛漂（岛）	ဆင်မဖြူ(ကျွန်း)	Hsinmapyu Island
兴实达	ဟင်္သတ	Hinthada
雅梢	ရပ်စောက်	Yatsauk
雅盛因丹	ငါးစိန်အင်းတန်	Ngaseininndan
延别岛（又称兰里岛）	ရမ်းဗြဲကျွန်း	Yanbye (Ramree) Island
岩昂	ရန်အောင်	Yan-aung
岩囊	ရန်နောင်	Yannaung

中文	缅文	英文或拉丁文转写
央米丁	ရမည်းသင်း	Yamethin
扬达波	ရန္တပို	Yandabo
仰光	ရန်ကုန်	Yangon
耶城	ရေးမြို့	Yemyo
耶色久	ရေစကြို	Yaysagyo
伊洛瓦底	ဧရာဝတီ	Ayeyarwadi (Irrawaddy)
因布茵（因都茵）	အင်းဘူးအင်း(အင်းတူးအင်း)	Innbu (Inntu) Lake
茵岛	ယင်းတော်	Yindaw
茵莱（湖）	အင်းလေး(ကန်)	Inle Lake
茵耐	အင်းနက်	Innet
茵盛	အင်းစိန်	Insein
永录（岛）	ယုန်လွှတ်(ကျွန်း)	Yonhlut Island
育瓦安	ရွာအံ	Ywa-an
约	ယော	Yaw
泽丘彬	ဈေးချိုပင်	Zaychopin
直通	သထုံ	Thaton
邹窦	ဇုတ်သုတ်	Zokthoke
佐基（河）	ဇော်ဂျီ(မြစ်)	Zawgyi River

缅甸人名对照表

缅甸人名对照表

中文	缅文	拉丁文转写
阿毕罗阇王	အဘိရာဇာ	Abi Rarzar
阿丁克亚	အသင်္ချာ	Athinkhayar
阿丁克亚苏云	အသင်္ချာစောယွမ်း	Athinkhayar Sawyun
阿都敏纽	အဒူမင်းညို	Adu Minnyo
阿杜拉大法师	အတုလဆရာတော်	Atula Sayardaw
阿朗悉都	အလောင်စည်သူ	ALaungsithu
阿里钦	အလိခင်	Alikhin
阿罗汉（达摩达蒂）	အရဟံ (ဓမ္မဒဿီ)	Arahan (Damadatthi)
阿南达法师	ရှင်အနန္ဒာ	Shin Anandar
阿难陀旃陀罗	အာနန္ဒစန္ဒြ	Arnanda Sandara
阿瑙白龙	အနောက်ဘက်လွန်	Anaukpetlun
阿奴律陀	အနော်ရထာ	Anawrahtar
阿奴律陀苏	အနော်ရထာစော	Anawyahtar Saw
阿信奥甘达马拉	အသျှင်ဥက္ကံသမာလာ	Ashin Oukkan Thamarlar
埃哥昂	အေးကိုအောင်	Aye Ko Aung
埃蒙德亚	အဲမွန်ဒယာ	Emundayar
昂丹	အောင်သန်း	Aung Than
昂山	အောင်ဆန်း	Aung San
巴德塔亚扎	ပဒေသရာဇ	Padaytha Rarza
巴莫	ဘမော်	Ba Maw
巴绍漂	ဘစောဖြူ	Ba Saw Pyu
巴梭敏纽	ဘစောမင်းညို	Ba Saw Min Nyo
柏东王（波道帕耶、孟云）	ဗတုံးမင်း (ဘိုးတော်ဘုရား)	Baton Min (Bodawpaya)
班当侯	ပန်းထောင်းမင်း	Padaung Min
榜加侯貌貌（孟鲁）	ဘောင်ကားမင်းမောင်မောင်	Baungkamin Maung Maung
抱绵西都	ပေါက်မြိုင်စည်သူ	Paukmyaing Sithu
卑明	ပြည်မင်း	Pyi Min

中文	缅文	拉丁文转写
卑谬纳瓦德基	ပြည်မြို့နဝဒေးကြီး	Pyimyo Nawaday Gyi
本拉乌底哈勃德	ပွင့်လှဦးသီဟပတေ့	Pwinhla Oo Thiha Pate
本那伽罗阇	ဘိန္နကရာဇာ	Beinnaka Rarzar
弁琪艾	ပုံချိုငယ်	Pyanchi Nge
弁琪基	ပုံချိုကြီး	Pyanchi Gyi
骠敏梯	ပျူမင်းထီး	Pyuminhtee
彬比亚	ပျဉ်ပျား	Pyinbya
彬德莱	ပင်းသလဲ	Pinthale
彬尼亚勃东（彬尼亚努委号亚扎底律）	ဗညားပသုံ၊ ဗညားနွဲ့၊ ရာဇာဓိရာဇ်	Binnya Pathon (Binnya Nwe, Rarzardirit)
彬尼亚勃仰	ဗညားဗရန်	Binnya Bayan
彬尼亚勃尤	ဗညားပရူ	Binnya Payu
彬尼亚达拉	ဗညားဒလ	Binnya Dala
彬尼亚达马亚扎	ဗညားဓမ္မရာဇ	Binnya Dama Rarza
彬尼亚江	ဗညားကျမ်	Binnya Gyan
彬尼亚劳	ဗညားလော	Binnya Law
彬尼亚乌	ဗညားဦး	Binnya Oo
彬尼亚仰	ပညားရ	Binnya Yan
彬西王子	ပြင်စည်မင်းသား	Pinsi Prince
波巴信	ဗိုလ်ဘရှင်	Bo Ba Shin
波波滚	ဗိုလ်ဖိုးကွန်း	Bo Pho Kun
波觉佐	ဗိုလ်ကျော်စော	Bo Kyaw Zaw
波拉昂	ဗိုလ်လှအောင်	Bo Hla Aung
波力耶	ဗိုလ်လက်ျာ	Bo Let Yar
波木昂	ဗိုလ်မျိုးအောင်	Bohmu Aung
波塞伽	ဗိုလ်စကြာ	Bo Set Gyar
勃利多（鄂辛伽）	ဒီပရစ်တို (ငဇင်ကာ)	Filippe de Brito Nicate
勃特那果王子	ပဋ္ဌနဂိုရ်မင်းသား	Pathtanago Prince
勃印囊（觉廷瑙亚塔）	ဘုရင့်နောင်(ကျော်ထင်နော်ရထာ)	Bayinnaung
勃印囊南达梅觉廷	ဘုရင့်နောင်နန္ဒာမိတ်ကျော်ထင်	Bayinnaung Nandarmeit Kyaw Htin
曹侯	ဆော်မြို့စား	Hsaw Myosa
达都敏纪敏摩诃	သတိုးမင်းကြီးမင်းမဟာ	Thatoe Mingyi Minmaha
达拉班	တလပန်း	Talapan
达龙王	သာလွန်မင်း	Tharlun Min

中文	缅文	拉丁文转写
达马塞底	ဓမ္မစေတီ	Damma Zedi
达摩巴拉	ဓမ္မဗလ	Damma Bala
达摩伐罗沙	ဓမ္မဝိလာသ	Damma Wilartha
达亚瓦底	သာယာဝတီ	Tharyarwaddi
大甘罗阇	ကံရာဇာကြီး	Kan Rarzar Gyi
岱达敏纪	တိုက်တာမင်းကြီး	Taiktar Mingyi
岱旃陀罗（摩诃旃陀罗、兑温旃陀罗）	ဒိုင်စန္ဒြ(ဒွေဝင်စန္ဒြ၊ မဟာစန္ဒြ)	Daing Sandra (Dwaywin/Maha Sandra)
丹奈	တန်နက်	Tan Net
丹吞	သန်းထွန်း	Than Tun
当辟拉大法师	တောင်ဘီလာဆရာတော်	Taungbilar Sayardaw
道家彬大法师	သော်ကပင်ဆရာတော်	Thawkapin Sayadaw
德班貌瓦	သိပွဲမောင်ဝ	Theippan Maung Wa
德彬瑞梯	တပင်ရွှေထီး	Tapin Shwe Htee
德勃音	တပယင်း	Tapayin
德多达马亚扎	သတိုးဓမ္မရာဇာ	Thatoe Dama Rarzar
德多杜达马亚扎	သတိုးသုဓမ္မရာဇာ	Thatoe Thudama Rarzar
德多敏绍	သတိုးမင်းစော	Thaoe Minsaw
德多明帕耶	သတိုးမင်းဖျား	Thadoe Minphya
德格多盛丁	တက္ကသိုလ်စိန်တင်	Tetkatho Sein Tin
德门巴仰	သမိန်ပရမ်း	Thamein Baram
德门丹比亚	သမိန်သံပြား	Thamein Thanbya
德门陶亚马	သမိန်ထောရာမ	Thamein Htaw Rarma
德宁格内王	တနင်္ဂနွေးမင်း	Taninganwe Min
德钦巴当	သခင်ဘသောင်း	Thakhin Ba Thaung
德钦巴盛	သခင်ဗစိန်	Thakhin Ba Sein
德钦巴廷	သခင်ဘထင်	Thakhin Ba Htin
德钦巴欣	သခင်ဘရှင်	Thakhin Ba Shin
德钦丹东	သခင်သန်းထွန်း	Thakhin Than Tun
德钦丁	သခင်တင်	Thakhin Tin
德钦丁妙	သခင်တင်မြ	Thakhin Tin Mya
德钦哥都迈	သခင်ကိုယ်တော်မှိုင်း	Thakhin Ko Daw Maing
德钦拉觉	သခင်လှကျော်	Thakhin Hla Kyaw
德钦拉绵	သခင်လှမြိုင်	Thakhin Hla Myaing
德钦礼貌	သခင်လေးမောင်	Thakhin Lay Maung

中文	缅文	拉丁文转写
德钦伦	သခင်လွင်	Thakhin Lwin
德钦妙	သခင်မြ	Thakhin Mya
德钦敏密	သခင်မင်းမိ	Thakhin Min Mi
德钦漆	သခင်ချစ်	Thakhin Chit
德钦漆貌	သခင်ချစ်မောင်	Thakhin Chit Maung
德钦梭	သခင်စိုး	Thakhin Soe
德钦吞欧	သခင်ထွန်းအုပ်	Thakhin Tun Ouk
德温艾	သဝန်ငယ်	Thawun Nge
德温基	သဝန်ကြီး	Thawun Gyi
德耶帕耶基	တရဖျား:ကြီး	Tarahpya Gyi
登大臣	အမတ်ဒိန်	Amat Dein
登格巴王	သိင်္ဂပါမင်း	Theingapar Min
登卡	သိန်	Thein Kha
登卡都	သိန်သူ	Thein Kha Thu
登科	သိန်းပိုင့်	Thein Go
登空	သိန်းခွန်	Thein Khun
登貌	သိန်းမောင်	Thein Maung
底贝茵大法师	ဒီပဲယင်းဆရာတော်	Dipeyin Sayardaw
底博王（锡袍王）	သီပေါမင်း	Thibaw Min
底哈勃德	သီဟာပတေ.	Thihapate
底哈都	သီဟသူ	Thihathu
底哈都拉	သီဟသူရ	Thihathura
底哈都拉摩诃达马亚扎	သီဟသူရမဟာဓမ္မရာဇ	Thihathura Maha Dama Rarza
底哈罗阇	သီဟရာဇ	Thiha Rarzar
底里摩诃南达丁坚	သီရိမဟာနန္ဒသင်္ကြန်	Thiri Maha Nandathingyan
底里泽亚都亚	သီရိဇေယသူရ	Thiri Zayyathura
底里泽亚诺亚塔（吴布）	သီရိဇေယျနော်ရထာ (ဦးပု)	Thiri Zayya Nawyarhta (U Pu)
第二觉昂珊他大法师	ဒုတိယကျော်အောင်စံထားဆရာတော်	Dudiya Kyawaungsanhta Sayardaw
第二良甘大法师	ဒုတိယညောင်ကန်ဆရာတော်	Dutiya Nyaungkan Sayadaw
丁登	တင်သိန်း	Tin Thein
都信德伽育毕	သူရှင်တကာရွတ်ပိ	Thushin Tagayutpi
窦达玛娅	သုဒ္ဓမာယာ	Thoutdamaryar
杜巴芭	သုပပ္ဂ	Thupatpar
杜生诰	တော်စိန်ခို	Taw Sein Kho

续表

中文	缅文	拉丁文转写
顿丁敏纪	တွင်းသင်းမင်းကြီး	Twinthin Mingyi
多岸发	သိုင်ံဘွား	Thonganbwa
多汉发	သိုဟံဘွား	Thohanbwa
铎拉亚辛漂信	ဒေါလျာဆင်ဖြူရှင်	Dawlyar Hsinbyushin
鄂勃孟（德勒帕耶）	ငပမွန် (တရဖျား)	Nga Pa Mun (Tarabya)
鄂都	ငသူ	Nga Thu
鄂隆赖佩	ငလုံးလက်ဖယ်	Nga Lon Let Pe
鄂推友	ငထွေးရိုး	Nga Htwe Yoe
鄂耶曼甘	ငရမန်ကန်း	Nga Ramangan
甘巴敏	ကမ်းပါးမြင့်	Kan Ba Myint
格礼杰当纽	ကလေးကျေးတောင်ညို	Kalaygyay Taung Nyo
宫错姜漂	ကွမ်းဆော်ကြောင်းဖြူ	Kun Hsaw Kyaung Phyu
宫里雁	ကွေ့ဂုဏ္ဏာအိန်	Kway Kongna-ein
基德雷榻大法师	ကျီးသဲလေးထပ်ဆရာတော်	Kyithelayhtat Sayardaw
基甘辛基	ကြည်းကန်ရှင်ကြီး	Kyi Kan Shin Gyi
基梭	ကြည်စိုး	Kyi Soe
加囊亲王	ကနောင်မင်းသား	Ka Naung Prince
加苏瓦	ကျစွာ	Kyaswa
江喜陀（梯莱辛）	ကျန်စစ်သား (ထီးလှိုင်ရှင်)	Kyan Sit Tha (Htee Hlaing Shin)
姜陀牟纪	စန္ဒမုခိ	Sandamukhi
皎勃当敏纪	ကျောက်ပန်းတောင်းမင်းကြီး	Kyaukbatuang Mingyi
觉昂	ကျော်အောင်	Kyaw Aung
觉盛	ကျော်စိန်း	Kyaw Sein
觉苏瓦	ကျော်စွာ	Kyaw Swa
觉梭	ကျော်စိုး	Kyaw Soe
觉廷	ကျော်ထင်	Kyaw Htin
金萨纳德瓦	ကဉ္စနဒေဝ	Kinzanadewa
金蕴敏纪	ကင်းဝန်မင်းကြီး	Kinwun Mingyi
克伦爸	ကရင်ဘ	Kayinba
赖亚基	လက်ယာကြီး	Letyar Gyi
赖亚明南	လကျ်ာမင်းနန်	Letyar Minnan
赖亚晒加	လက်ယာစကြာ	Letyar Setkyar
赖亚泽亚丁坚	လက်ယာဇေယသင်္ကြံ	Letyar Zayya Thingyan
兰太康丁	လှိုင်ထိပ်ခေါင်တင်	Hlaing Hteit Khaung Tin
劳加通当木	လှော်ကားသုံးထောင်မှူး	Hlawga Thonghtaunghmu

中文	缅文	拉丁文转写
勒宫恩	လကွန်းအိန်	Lagunein
垒底大法师	လည်တီဆရာတော်	Leti Sayardaw
良彬泽吴貌基	ညောင်ပင်ဈေးဦးမောင်ကြီး	Nyaungpinzay U Maung Kyi
良吴毕	ညောင်ဦးဘီး	Nyaung Oo Bi
良吴苏罗汉	ညောင်ဦးစောရဟန်း	Nyaung Oo Saw Yahan
良渊王	ညောင်ရမ်းမင်း	Nyaungyan Min
列蒂班蒂达吴貌基	လယ်တီပဏ္ဍိတဦးမောင်ကြီး	Letipandita U Maung Kyi
列维诺亚塔	လက်ဝဲနော်ရထာ	Letwe Nawrahtar
列维通达拉	လက်ဝဲသုန္ဒရ	Letwe Thondara
林彬王子	လင်ပင်းမင်းသား	Linpin Prince
玛妙格礼	မမြကလေး	Ma Mya Kalay
玛努亚扎	မနုရာဇာ	Manu Rarzar
茂稻王（雷穆陶）	မော်တောမင်း (လိတ်မွတ်ထော)	Mawdaw Min (Leitmuthtaw)
貌唐大法师	မောင်းထောင်ဆရာတော်	Maunghtaung Sayardaw
貌廷昂	မောင်ထင်အောင်	Maung Htin Aung
貌廷博	မောင်ထင်ပေါ်	Maung Htin Paw
貌晓路	မောင်ရှော့လူ	Muang Shaw Lu
梅努	မေနု	May Nu
美都王（辛漂信、孟驳）	မြေဒူးမင်း (ဆင်ဖြူရှင်)	Myedu Min (Hsinpyushin)
蒙悦大法师	မုံရွှေးဆရာတော်	Monywe Sayardaw
孟单彬大法师	မုံတိုင်ပင်ဆရာတော်	Mondaingpin Sayardaw
孟乃亲王	မိုးနဲမင်း	Moene Min
孟屋亲王	မောင်အုပ်	Maung Ouk
孟养德多	မိုးညှင်းသတိုး	Moehnyin Thatoe
孟养色隆	မိုးညှင်းစလုံး	Moehnyin Salong
敏艾骠拉西都	မင်းငယ်ဖြူလှစည်သူ	Minnge Phyu Hla Sithu
敏东王	မင်းတုံးမင်း	Mindon Min
敏杜温	မင်းသုဝဏ်	Min Thu Wun
敏贡王子	မင်းကွန်းမင်းသား	Minkun Prince
敏纪摩诃敏拉底哈都	မင်းကြီးမဟာမင်းလှသီဟသူ	Mingyi Maha Minhla Thihathu
敏纪摩诃敏拉觉廷	မင်းကြီးမဟာမင်းလှကျော်ထင်	Mingyi Maha Minhla Kyawhtin
敏纪摩诃西都	မင်းကြီးမဟာစည်သူ	Mingyi Maha Sithu
敏纪诺亚塔	မင်းကြီးနော်ရထာ	Mingyi Nawrahtar
敏卡伊	မင်းခရီ	Min Kha Yi
敏空岱王子	မြင်းခုံတိုင်မင်းသား	Myinkhontain Prince

中文	缅文	拉丁文转写
敏拉亚扎	မင်းလုရာဇာ	Minhla Rarzar
敏钦（公主）	မင်းခင်	Min Khin
敏塞西都	မြင်စိုင်းစည်သူ	Myinsaing Sithu
敏绍孟	မင်းစောမွန်	Min Saw Mun
敏绍乌	မင်းစောဦး	Min Saw Oo
敏梯	မင်းထီး	Min Htee
敏廷敏康	မင်းထင်မင်းခေါင်	Min Htin Min Khaung
敏亚扎基	မင်းရာဇာကြီး	Min Rarzar Gyi
敏延昂	မင်းရန်အောင်	Min Yan Aung
敏耶多涂艾阿奴律陀	မင်းရဲတော်ထွက်အနော်ရထာ	Minye Tawhtwet Anawrahta
敏耶仰达梅	မင်းရဲရန္တမိတ်	Minye Yandarmeit
明艾觉廷	မင်းငယ်ကျော်ထင်	Minnge Kyaw Htin
明榜加	မင်းဘောင်းကား	Minbaungga
明勃卢王	မင်းဘီလူး	Minbilu
明基囊	မင်းကြီးနောင်	Mingyi Naung
明基纽（摩诃底里泽亚都拉）	မင်းကြီးညို (မဟာသိရိဇေယျသူရ)	Mingyi Nyo (Mahathirizayyathura)
明基苏瓦	မင်းကြီးစွာ	Mingyiswa
明基苏瓦绍盖	မင်းကြီးစွာစော်ကဲ	Mingyiswa Sawke
明基仰瑙	မင်းကြီးရန်နောင်	Mingyi Yan Naung
明康	မင်းခေါင်	Min Khaung
明康第二	ဒုတိယမင်းခေါင်	Dutiya Minkhaung
明拉艾	မင်းလှငယ်	Min Hla Nge
明拉突	မင်းလှထွတ်	Min Hla Htut
明奈米	မင်းနေမိ	Min Ne Mi
明西都	မင်းစည်သူ	Min Sithu
明耶勃亚	မင်းရဲဘယ	Minye Baya
明耶岱巴	မင်းရဲဒိဋ္ဌ	Minye Deitba
明耶底哈都	မင်းရဲသီဟသူ	Minye Thihathu
明耶觉苏瓦	မင်းရဲကျော်စွာ	Minye Kyawswa
明耶觉廷王	မင်းရဲကျော်ထင်	Minye Kyawhtin
明耶南达梅	မင်းရဲနန္ဒမေ	Minye Nandamay
明耶乌兹那	မင်းရဲဥဇနာ	Minye Uzana
明因那拉登卡	မင်းယဉ်နရသိခံ	Minyin Naratheinkha
明泽亚仰达梅	မင်းဇေယျရန္တမိတ်	Min Zayyayantameit

中文	缅文	拉丁文转写
摩别那腊勃底	မိုးဗြဲနရပတိ	Moebye Narapati
摩诃班都拉	မဟာဗန္ဒုလ	Maha Bandula
摩诃彬尼亚觉	မဟာဗညားကျော်	Maha Binnya Kyaw
摩诃达马亚扎迪勃底	မဟာဓမ္မရာဇာဓိပတိ	Maha Dama Rarzar Dipati
摩诃达玛丁坚	မဟာဓမ္မသင်္ကြံ	Maha Dama Thingyan
摩诃丹婆瓦	မဟာသမ္ဘဝ	Maha Thanbawa
摩诃底哈都拉	မဟာသီဟသူရ	Maha Thihathura
摩诃丁克亚	မဟာသင်္ခယာ	Maha Thinkayar
摩诃坦	မဟာတန်	Maha Tan
摩诃敏廷亚扎底哈都	မဟာမင်းထင်ရာဇာသီဟသူ	Maha Minhtin Rarza Thihathu
摩诃悉利丁坚	မဟာသီရိသင်္ကြန်	Maha Thiri Thingyan
摩诃泽亚丁坚	မဟာဇေယျသင်္ကြန်	Maha Zayya Thingyan
摩努哈	မနုဟာ	Manuhar
那拉登卡乌兹那	နရသိင်္ခဥဇနာ	Nara Theinkha Uzanar
那腊勃底	နရပတိ	Narapati
那腊勃底悉都	နရပတိစည်သူ	Narapati Sithu
那腊底哈勃德（德右别敏）	နရသီဟာပတေ (တရုတ်ပြေးမင်း)	Nara Thiha Pate (Tayoutpyemin)
那腊都（格拉甲）	နရသူ(ကုလားကျ)	Narathu(Kala kya)
那腊瓦亚	နရာဝရ	Nararwara
那信囊	နတ်ရှင်နောင်	Nat Shin Naung
奈温（德钦秀貌）	နေဝင်း (သခင်ရှူမောင်)	Ne Win (Thakhin Shu Maung)
南达勃因	နန္ဒဘုရင်	Nanda Bayin
南达都利亚	နန္ဒာသူရိယာ	Nandar Thuriyar
南达帕坚	နန္ဒပကျံ	Nanda Pakyan
内谬觉苏瓦	နေမျိုးကျော်စွာ	Nemyo Kyawswa
内谬西都	နေမျိုးစည်သူ	Nemyo Sithu
诺亚塔	နော်ရထာ	Nawrahtar
诺亚塔绍	နော်ရထာစော	Nawrahtar Saw
欧扎那艾	ဥစ္စနာငယ်	Oukzanar Nge
欧扎那基	ဥစ္စနကြီး	Oukzana Gyi
蒲甘王	ပုဂံမင်း	Bagan Min
仁安羌敏纪	ရေနံချောင်းမင်းကြီး	Yaynanchaung Mingyi
瑞波王（孟坑）	ရွှေဘိုမင်း	Shwebo Min
瑞当代阿奴律陀	ရွှေတောင်တက်အနော်ရထာ	Shwetaungtet Anawrahtar

中文	缅文	拉丁文转写
瑞当底哈都	ရွှေတောင်သီဟသူ	Shwetaung Thihathu
瑞南觉欣	ရွှေနန်းကြော့ရှင်	Shwenan Kyawt Shin
瑞南觉欣那腊勃底	ရွှေနန်းကြော့ရှင်နရပတေ့	Shwenan Kyawt Shin Narapate
萨林伽都	စလင်္ကာသူ	Salingathu
萨牟陀梨	သမုဒ္ဒရာဇ်	Samoutdarit
萨耶山	ဆရာစံ	Sayar San
塞耶佩	ဆရာဖေ	Sayar Hpay
塞耶琼	ဆရာချွန်	Sayar Chun
色固丁克亚	စကုသင်္ချာ	Sagu Thinkhayar
色雷鄂奎	စလေငခွေး	Sale Nga Khwe
色隆	စလုံး	Salong
色内王	စနေမင်း	Sane Min
盛达觉杜吴奥	စိန္တကျော်သူဦးဩ	Seindakyawthu U-Aw
盛涅法师	စိမ်းညက်မဟာထေရ်	Seinnyet Mahahtay
实皆王（孟既）	စစ်ကိုင်းမင်း (ဘာကြီးတော်)	Sagaing Min
释迦温基	စကြာဝန်ကြီး	Setkyar Wungyi
叟格德	စုက္ကတေး	Soutkade
苏卢	စောလူး	Sawlu
苏鲁丁克亚	စောလူးသင်္ချာ	Sawlu Thinkhayar
苏蒙拉	စောမွန်လှ	Saw Mun Hla
苏蒙涅	စောမွန်နစ်	Saw Mun Nit
苏涅	စောနစ်	Saw Nit
苏乌	စောဦး	Saw Oo
苏乌推	စောဦးထွေး	Saw Oo Htway
苏耶邦	စောရန်ပိုင်	Saw Yan Baing
苏耶南	စောရန်နန်	Saw Yan Nan
苏云	စောယွန်း	Saw Yun
素拉旃陀罗	စုဠစန္ဒ	Sular Sandra
素浦雅叻	စုဘုရားလတ်	Su Paya Lat
套垒加	ထောက်လှေကား	Htaukhlayga
提罗明罗	ထီးလိုမင်းလို	Hteelominlo
瓦杜德瓦	ဝါသုဒေဝ	Warthudewa
瓦里鲁	ဝါရီရူ	Wariyu
瓦亚达摩亚扎	ဝရဓမ္မရာဇာ	Wara Dama Rarzar
瓦耶毗顶伽那他大法师	ဝရာဘီသယံနာဃထဆရာတော်	Warabithingarnarhta Sayardaw

中文	缅文	拉丁文转写
韦路瓦底	ဝေဠုဝတီ	Wayluwaddi
温辛波亚扎	ဝန်စင်းဘိုးရာဇာ	Wunsinboe Rarzar
翁榜孔迈	အုန်းဘောင်ခုန်မှိုင်း	Ongbang Khonhmaing
乌巴德瓦王	ဥပဒေဝ	Upadaywa
乌兹那	ဥဇနာ	Uzanar
吴埃	ဦးအေး	U Aye
吴昂都	ဦးအောင်သူ	U Aung Thu
吴昂基	ဦးအောင်ကြီး	U Aung Kyi
吴昂乃梭	ဦးအောင်နိုင်စိုး	U Aung Naing Soe
吴昂漂	ဦးအောင်ဖြိုး	U Aung Phyoe
吴昂泽亚（雍籍牙）	အလောင်းဘုရား (ဦးအောင်ဇေယျ)	ALaungpaya (U Aungzayya)
吴奥巴达	ဦးသြဘာသ	U Awbartha
吴巴坚	ဦးဘဂျမ်း	U Ba Gyan
吴巴莫	ဦးဘမော်	U Ba Maw
吴巴佩	ဦးဘဖေ	U Ba Pe
吴巴瑞	ဦးဘဆွေ	U Ba Hswe
吴邦雅	ဦးပုည	U Ponnya
吴波	ဦးဗို	U Po
吴波稼	ဦးဘိုးကျား	U Boe Gya
吴波莱	ဦးဘိုးလှိုင်	U Bo Hlaing
吴伯昂	ဦးဗိုအောင်	U Po aung
吴布	ဦးပု	U Pu
吴达妙	ဦးသာမြတ်	U Tharmyat
吴登佩敏	ဦးသိန်းဖေမြင့်	U Theinpemyint
吴迪伦	ဦးသစ်လွင်	U Thit Lwin
吴都（内谬泽亚觉都）	ဦးတိုး (နေမျိုးဇေယျကျော်သူ)	U Toe (Naymyo Zayya Kyawthu)
吴多定	ဦးသော်တင့်	U Thaw Tint
吴格拉	ဦးကုလား	U Kala
吴基	ဦးကြီး	U Kyi
吴佳纽	ဦးကြာညွန့်	U Kya Nyunt
吴觉迎	ဦးကျော်မြိုင်	U Kyaw Nyein
吴金吴	ဦးကြင်ဥ	U Kyin U
吴拉佩	ဦးလှဖေ	U Hla Pe
吴拉威	ဦးလှဝေ	U Hla Way

中文	缅文	拉丁文转写
吴腊	ဦးလတ်	U Lat
吴卢佩温	ဦးလူဖေဝင်း	U Lu Pe Win
吴蒙	ဦးမွန်	U Mun
吴淼吞	ဦးမြတ်ထွန်း	U Myat Tun
吴努（德钦努）	ဦးနု(သခင်နု)	U Nu (Thakhin Nu)
吴欧德马	ဦးဥတ္တမ	U Ouktama
吴佩貌丁	ဦးဖေမောင်တင်	U Pe Maung Tin
吴漆莱	ဦးချစ်လှိုင်	U Chit Hlaing
吴漆纽	ဦးချစ်ညို	U Chit Nyo
吴前	ဦးချိန်	U Chein
吴钦貌觉	ဦးခင်မောင်ကျော်	U Khin Maung Kyaw
吴瑞顶	ဦးရွှေတင်	U Shwe Tin
吴瑞琪	ဦးရွှေခြည်	U Shwe Chi
吴瑞赞	ဦးရွှေဇံ	U Shwe Zan
吴萨	ဦးစ	U Sa
吴桑	ဦးဆောင်း	U Hsaung
吴素	ဦးစော	U Saw
吴威泽亚	ဦးဝိဇယ	U Wizaya
吴翁佩	ဦးအုန်းဖေ	U Ong Pe
吴屋	ဦးအုပ်	U Ouk
吴曦	ဦးစည်	U Si
吴轩	ဦးရွှန်း	U Shun
吴仰威	ဦးရန်ဝေး	U Yan Way
西都丹勃瓦	စည်သူသမ္မဝ	Sithu Thanbawa
西都觉廷	စည်သူကျော်ထင်	Sithu Kyawhtin
西都明乌	စည်သူမင်းဦး	Sithu Min Oo
悉利都达摩亚扎	သီရိသုဓမ္မရာဇ	Thiri Thudama Rarza
悉利觉廷	သီရိကျော်ထင်	Thiri Kyawhtin
小甘罗阇	ကံရာဇာငယ်	Kan Rarzar Nge
辛艾	ရှင်ငယ်	Shin Nge
辛古侯	စဉ့်ကူးမြို့စား	Singu Myosa
辛古王（旧译赘角牙）	စဉ့်ကူးမင်း	Singu Min
辛基	ရှင်ကြီး	Shin Gyi
辛漂玛信	ဆင်ဖြူမရှင်	Hsinbyumashin
信彬尼亚德卡	ရှင်ပညာတိက္က	Shin Pinnyar Teikkha

中文	缅文	拉丁文转写
信达丹玛林加耶	ရှင်သဒ္ဓမ္မာလင်္ကာရ	Shin Thatdanmar Lingarya
信丹柯	ရှင်သံခို	Shin Thankho
信都耶	ရှင်သူရဲ	Shin Thuye
信兑那登	ရှင်ထွေးနားသိန်	Shin Htwenathein
信伽威达亚	ရှင်ကဝိတာရာ	Shin Kawitaryar
信摩诃蒂拉温达	ရှင်မဟာသီလဝံသ	Shin Maha Thilawuntha
信摩诃拉塔达拉	ရှင်မဟာရဋ္ဌသာလ	Shin Maha Rathtatharla
信南达梅达	ရှင်နန္ဒာမေဓာ	Shin Nandar Maydar
信宁梅	ရှင်ငြိမ်းမေ	Shin Nyein May
信珊达林加	ရှင်စန္ဒာလင်္ကာ	Shin Sandar Lingar
信绍布（彬尼亚托）	ရှင်စောပု(ဗညားထော)	Shin Saw Pu (Binnyahtaw)
信绍尼	ရှင်စောနစ်	Shin Saw Nit
亚扎底律	ရာဇဓိရာဇ်	Yarzadirit (Razadirit)
亚扎丁坚	ရာဇသင်္ကြန်	Yarza Thingyan
亚扎都	ရာဇသူ	Yarza Thu
亚扎古曼	ရာဇကုမာရ်	Yarza Kumarrat
央米丁西都	ရမည်းသင်းစည်သူ	Yamethin Sithu
仰达梅觉廷	ရန္တမိတ်ကျော်ထင်	Yantameit Kyawhtin
约敏纪	ယောမင်းကြီး	Yaw Mingyi
越马沙纳瓦德	ဝက်မစွတ်နဝဒေး	Wetmasuk Nawaday
泽亚	ဇေယျ	Zayya
泽亚登卡南当米亚	ဇေယျသိင်္ခနန်းတောင်းများ	Zayya Theinkha Nantaungmya
泽亚丁卡亚	ဇေယျသင်္ခယ	Zayya Thinkaya
泽亚都拉	ဇေယျသူရ	Zayya Thura
扎亚德瓦	ဇယဒေဝ	Zaya Daywa
詹姆斯·拉觉	ဂျိမ်းစ်လှကျော်	James Hlakyaw
竺多般	ဒွတ္တပေါင်	Duttapaung
遵温邦玛泽亚	ကျူးဝန်ဘုမ္မဇေယျ	Kyonwun Bonma Zayya
佐基	ဇော်ဂျီ	Zaw Gyi

各章有关内容索引

第三章　缅甸集权王朝的肇始——蒲甘王朝